INDOGERMANISCHE BIBLIOTHEK
Begründet von H. Hirt und W. Streitberg
Fortgeführt von H. Krahe

Herausgegeben von
Alfred Bammesberger
Thomas Lindner

ERSTE REIHE
Lehr- und Handbücher

ROBERT NEDOMA

Altisländisches Lesebuch

Ausgewählte Texte
und Minimalwörterbuch
des Altisländischen

Universitätsverlag
WINTER
Heidelberg

Bibliografische Information Der Deutschen Bibliothek
Die Deutsche Bibliothek verzeichnet diese Publikation
in der Deutschen Nationalbibliografie;
detaillierte bibliografische Daten sind im Internet
über *http://dnb.ddb.de* abrufbar.

UMSCHLAGBILD

Ari Þorgilsson, *Íslendingabók* – AM 113 b, fol.
unterer Teil von fol. 4^v: Beginn von Kapitel 7 (vgl. Text 11)

ISBN 978-3-8253-5951-5

Dieses Werk einschließlich aller seiner Teile ist urheberrechtlich geschützt.
Jede Verwertung außerhalb der engen Grenzen des Urheberrechtsgesetzes
ist ohne Zustimmung des Verlages unzulässig und strafbar. Das gilt insbesondere für Vervielfältigungen, Übersetzungen, Mikroverfilmungen und
die Einspeicherung und Verarbeitung in elektronischen Systemen.

© 2011 Universitätsverlag Winter GmbH Heidelberg
Imprimé en Allemagne · Printed in Germany
Druck: Memminger MedienCentrum, 87700 Memmingen

Gedruckt auf umweltfreundlichem, chlorfrei gebleichtem
und alterungsbeständigem Papier

Den Verlag erreichen Sie im Internet unter:
www.winter-verlag.de

Kratzen Katzen?
Katzen kratzen.

Vorbemerkung

Später als geplant lege ich nun das bereits mehrfach angekündigte *Altisländische Lesebuch*, Beiwerk meiner *Kleinen Grammatik des Altisländischen* (Heidelberg ³2010), vor. Bei der Zusammenstellung der Texte bzw. Textpassagen habe ich darauf geachtet, ein möglichst breites Spektrum an möglichst vergnüglich Lesbarem anzubieten; der angestrebte Mix von gut Bekanntem und weniger gut Bekanntem hätte naturgemäß auch völlig anders ausfallen können. Sagas (mit ihren verschiedenen Untergattungen) und Eddalieder sind jedenfalls ihrer literarhistorischen Bedeutung entsprechend in den Mittelpunkt gerückt, die Skaldendichtung – so interessant sie auch ist – habe ich wegen der Komplexität der Texte hingegen in nur geringem Ausmaß berücksichtigt. Nach einigem Zögern habe ich mich dafür entschieden, Sachliteratur (mit Ausnahme der Historiographie) auszuklammern; die sperrigen Rechtstexte der *Grágás* etwa hätten ein Übermaß an Zusatzerklärungen erfordert.

Jedem Text ist ein kurzer Steckbrief vorangestellt, der mit den wichtigsten Daten, Zahlen und Fakten bekanntmacht; in einem angeschlossenen Kommentar werden Kontexte abgeklärt bzw. sachliche Hintergründe verständlich gemacht. Die Reihenfolge, in der Texte im Lesebuch erscheinen, entspricht zumindest im großen auch ihrem Schwierigkeitsgrad. Nicht alle Passagen erscheinen im vertrauten normalisierten klassisch-altisländischen Gewand, es sind auch Textpartien in frühaltisländischer und spätaltisländischer Sprachgestalt – die Unterschiede sind ohnehin nicht besonders groß – aufgenommen, zwei kurze Stücke auch in nicht normalisierter Form. Ferner habe ich versucht, in einem Exkurs den Weg vom Text der Handschrift über die Texte von Editionen zu den Texten von Übersetzungen nachzuzeichnen – im eigenen universitären Unterricht muß ich immer öfter feststellen, daß Übersetzungen als authentische Textinstanzen genommen werden.

Der lexikographische Teil, ursprünglich als bloßes Glossar gedacht, hat sich im Laufe der Arbeiten an diesem Band zu einem richtiggehenden Minimalwörterbuch des Altisländischen ausgewachsen, das schließlich den Umfang des Textteils übertroffen hat. Es enthält den gesamten

Basiswortschatz der altisländischen Prosasprache (und damit wohl auch der altisländischen Sprache überhaupt) und ermöglicht damit auch die Lektüre weiterer Originaltexte. Im übrigen wird der Charakter des Vokabulars dadurch transparent(er) gemacht, daß seltenes Vorkommen und Zugehörigkeit zum poetischen Sonderwortschatz gekennzeichnet sind – man soll wissen, ob es sich um ein Allerweltswort handelt oder um ein Exquisitum.

Ein letztes: Leider haben sich in die unlängst erschienene dritte Auflage meiner *Kleinen Grammatik des Altisländischen* einige Druckfehler eingeschlichen; ich schließe eine Liste von Errata (und Addenda) an. Im übrigen gilt: *tolle lege, tolle lege!*

Wien, im August 2011   Robert Nedoma

Errata und Addenda zu
Kleine Grammatik des Altisländischen (Heidelberg [3]2010)

S. 49, Zeile 4 von oben: „anorw. *ræidi*" > „anorw. *ræiði*".

S. 52, § 16.1., Paradigmata, Sg. Akk., Spalte 1: „*armi*" > „*arm*"; Spalte 2: „*katli*" > „*ketil*"; Spalte 4: „*manni*" > „*mann*"; Spalte 6: „*sǫngvi*" > „*sǫng*".

S. 62, Zeile 3 von unten: „**Flexionstyp III: Verwandtschaftsbezeichnungen**" > „**Flexionstyp III: Verwandtschaftsbezeichnungen (*r*-Stämme)**".

S. 71, [§ 22.1.]c., (6): „*siðar(r)i/síðri*" > „*síðar(r)i/síðri*".

S. 84, Zeile 8 von unten: „'735'" > „'733'".

S. 123, [§ 44.1.]a, Zeile 3: „(Übersicht: § 37.0.)." > „(Übersicht: § 37.0). In der 3. Person Pl. Ind. tritt neben -*u* auch -*a* (*eiga* etc.) entgegen."

S. 125, § 45.1., Paradigmata, 3. Pers. Sg. m. Perfekt, Spalte 1: „*han*" > „*hann*".

S. 167, Zeile 5 von unten: „*Gesta Danorum* des" > „*Gesta Danorum*".

S. 179, Nr. [6.8], Zeile 2: „Oslo [4]1990 = 1993" > „Oslo [5]2008".

S. 206, s.v. **Merkmal**, Zeile 2: „['big]" > „['bɪg]".

S. 212, s.v. **Silbengewicht**, Zeile 4: „Konsonant (°V̄C, °VVC) und als" > „Konsonant (°V̄C, °VVC), und als".

Inhalt

I. AUSGEWÄHLTE TEXTE 11
1. Nicht authentische Kurztexte 11
2. Aus *Eiríks saga rauða* und *Grænlendinga saga* 13
3. Altisländisches *Paternoster* 17
4. Aus der *Gautreks saga konungs* 19
5. Aus der *Heimskringla (Haralds saga Sigurðarsonar)* 27
6. Aus der *Orkneyinga saga* 31
7. Aus der *Brennu-Njáls saga* 36
8. Aus der *Gísla saga Súrssonar* 41
9. Aus der *Snorra Edda (Gylfaginning)* 46
10. Aus der *Erex saga* 53
11. Aus der *Íslendingabók* des Ari Thorgilsson 58
12. *Íslendings þáttr sǫgufróða* 63
13. Aus der *Vǫlundarkviða* 66
14. Aus der *Atlakviða* 76
15. Aus den *Hamðismál* 82
16. *Hjalmars Sterbelied* 86
17. Aus der *Vǫlospá* 90
18. Exkurs: Handschrift – Edition – Übersetzung 96
19. Runeninschrift von Gripsholm / *Yngvars saga víðfǫrla* 101
20. Runeninschrift von Karlevi 107
21. Aus der *Ragnarsdrápa* des Bragi Boddason 110
22. Übersichten 114

II. MINIMALWÖRTERBUCH DES ALTISLÄNDISCHEN 117
0. Hinweise zur Benutzung 117
1. Wörterverzeichnis I: Appellativa 120
2. Wörterverzeichnis II: Namen 281

I. AUSGEWÄHLTE TEXTE

1. Nicht authentische Kurztexte

Klassisches Altisländisch (ǫ : ø; œ : æ; -sk 3. Pers. Sg. Mediopassiv); normalisierter Text mit Grammatik-Hinweisen. – Einfachere Texte als Einstieg. Text B (modifiziert) nach Sigrid Valfells / James E. Cathey, Old Icelandic. An Introductory Course (Oxford 1981), 18. – Zu Text D (mittelirische Vorlage) vgl. URL http://www.smo.uhi.ac.uk/sengoidelc/donncha/tm/ (Stand: 7.7.2011).

A. Ein Märchen

Hannes ok Gretta ganga af leið í skógi. Er þá myrkt ok kalt mjǫk; koma þeir til húss eins ór piparsbakstri. Hverr má húsbóndi vera? „Húhú", þá sér út gamalt gífr: hon vill svíða Hannes í ofni. Ok er gífrit sér inn í ofni, drepr Gretta hana inn. Gífrit verðr at svíða, ok bǫrn ganga heim. Ok nú lúkum vér sǫgu þessi.

B. Ein historischer Bericht

Ingólfr Arnarson er víkingr ok maðr ríkr. Kona hans heitir Hallveig Fróðadóttir; hon er góð kona ok væn. Skip Ingólfs er gott, ok hann siglir sumar eitt frá Nóregi til vestrs ok finnr land eitt. Þat er nýtt land ok engi maðr lifir á þeirri eyju. Landit er fagrt; þar er fugl ok fiskr nógr. Vatn er bæði heitt ok kalt, ok gras er grønt. Lendir Ingólfr þar ok gerir bú. Margt fólk fylgir honum síðan til Íslands ok byggir þar víða. Svá Ísland byggvask af Nóregi.

C. Unterhaltung bei den Wikingern

Víkingar kenna einn leik. Fyrst kømr fagr drengr ok spyrr þrjú mál. Þrjár fagrar meyjar svara glaðan, ok tekr hann þá, er honum þykkir bezta vera. Síðan kømr fǫgr mær ok spyrr þrjú mál. Þrír fagrir drengar svara glaðan, ok tekr hon þann, er henni þykkir bezti vera. Víkingar sitja ok eru teitir. Þeir kalla þat *hjartablað*.

D. Ein Witz

Für Jk

1 Þrír munkar snúask frá veraldarlífi. Fara þeir í eyðimǫrk til þess at bœta
2 syndir sínar. Ekki mælask þeir um árit við. Ok at ári segir einn manna:
3 „Vel gengr oss." Ekki mælask þeir enn um hríð, ok at ǫðru ári segir ann-
4 arr manna: „Rétt er þat." Þeir eru þar um árit. „Ek sver við kufl minn,"
5 segir inn þriði maðr þá, „ef þit þegið eigi, skal ek eyða eyðimǫrkina!"

HINWEISE

1. Formen starker Verba: *er* 3. Pers. Sg. Präs. Ind. zu *vera* (*er* aber auch Konjunktion und Relativpartikel!); *eru* 3. Pers. Pl. Präs. Ind. zu *vera*; *gengr* 3. Pers. Sg. Präs. Ind. zu *ganga*; *kømr* 3. Pers. Sg. Präs. Ind. zu *koma*; *má* 3. Pers. Sg. Präs. Ind. zu *mega*; *mælask* 3. Pers. Pl. Präs. Ind. Mediopassiv zu *mæla* (*mælask* [*þeir um árit*] *við* 'miteinander sprechen'); *sér* 3. Pers. Sg. Präs. Ind. zu *sjá*; *skal* 1. Pers. Sg. Präs. Ind. zu *skulu*; *snúask* 3. Pers. Pl. Präs. Ind. Mediopassiv zu *snúa*; *sver* 1. Pers. Sg. Präs. Ind. zu *sverja*; *þegið* 2. Pers. Pl. Präs. Ind. zu *þegja*.

2. Umgelautete Nominalformen: *bǫrn* Nom./Akk. Pl. zu *barn* n.; *fǫgr* Nom. Sg. f. zu *fagr* Adj.; *sǫgu* Gen./Dat./Akk. Sg. zu *saga* f. – Sonderform: *Eyðimǫrkina* Akk. Sg. (mit bestimmtem Artikel).

3. 'Kleine' Wörter mit anlautendem *þ* (z.B. *því, þeir, þat* etc.) sind nicht selten Pronominalformen; vgl. KGA³, § 29.1–2 (S. 77; Demonstrativpronomina) und § 26 (S. 74 f.; Personalpronomina).

WEITERFÜHRENDES

Zu Text C vgl. den Online-Artikel URL http://de.wikipedia.org/wiki/Herzblatt_ Fernsehsendung (Stand: 1.8.2011).

Zu Text D vgl. Kathrin Pöge-Alder, Schweigsame Leute. In: Enzyklopädie des Märchens, ed. Rolf Wilhelm Brednich et al. XII (Berlin – New York 2007), 391–393.

2. Aus *Eiríks saga rauða* und *Grœnlendinga saga* (vereinfachte Textpassagen)

Klassisches Altisländisch; normalisierter Text mit Grammatikhinweisen und kurzem Kommentar. – Handschriftliche Grundlagen: 1. *Eiríks saga rauða*: AM 557, 4° (*Skálholtsbók*), 2. Viertel 15. Jahrhundert; AM 544, 4° (*Hauksbók*), Anfang 14. Jahrhundert. 2. *Grœnlendinga saga*: GkS 1005, fol. (*Flateyjarbók*), Ende 14. Jahrhundert. – Genre: Isländersaga (*Íslendingasaga*).

Text (zu didaktischen Zwecken leicht bearbeitet, also nur zum größten Teil authentisch) nach: Eyrbyggja saga, Brands þáttr ǫrva, Eiríks saga rauða, Grœnlendinga saga, Grœnlendinga þáttr, ed. Einar Ól. Sveinsson / Matthías Þorðarson (= Íslenzk fornrit 4; Reykjavík [2]1985), 209 ff. 252 f. 227. 261 ff. 231 f.

Von den Nordamerikafahrten der Nordleute wird vor allem in zwei Werken berichtet: zum einen in der *Eiríks saga rauða* ('Saga von Erik dem Roten'), zum anderen in der *Grœnlendinga saga* ('Saga von den Grönländern'). In Inhalt und Struktur differieren diese beiden sog. Vinlandsagas teilweise beträchtlich, und sie sind auch verschiedenen Alters: allem Anschein nach gehört die von der Erzähltechnik einfachere *Grœnlendinga saga* in die Zeit um 1200 und ist damit eine der ältesten Isländersagas, die literarisch anspruchsvollere *Eiríks saga rauða* wird um oder nach 1250 entstanden sein.

Literatur: Reallexikon der Germanischen Altertumskunde, ed. Heinrich Beck et al. (Berlin – New York [2]1973–2008) [= RGA[2]], VII (1989), 57–58 (*Eiríks saga rauða*; H[einrich] Beck); RGA[2] XIII (1999), 71–73 (*Grœnlendinga saga*; E[lse] Ebel).

A. *Eiríks saga rauða*, Kap. 5: Die Entdeckung Vinlands

Eiríkr átti þá konu, er Þjóðhildr hét, ok við henni tvá sonu; hét annarr 1
Þorsteinn, en annarr Leifr. Þeir váru báðir efniligir menn. Var Þorsteinn 2
heima á Grœnlandi með fǫður sínum [...]. 3
[Leif will im Auftrag des norwegischen Königs Olaf Tryggvason nach Grönland segeln, um dort das Christentum zu verbreiten:]
Lætr Leifr í haf ok er lengi úti ok hittir á lǫnd þau, er hann eigi ken- 4
nir. Váru þar hveitiakrar sjálfsánir ok vínviðr vaxinn. Þar váru þau tré, er 5
mǫsurr heita [...]. 6

B. *Grœnlendinga saga*, Kap. 3: Die Landesbeschaffenheit Vinlands

[Nach der abweichenden Darstellung der *Grœnlendinga saga* entdeckt Bjarni Herjolfsson das neue Land; Leif leitet hier eine zweite Expedition:]

1 Um kveldit var manns vant af liði þeira, ok var þat Tyrkir suðrmaðr. [...]
[Tyrkir kommt dann spät zurück:]
2 Leifr fann þat brátt, at Tyrkir var skapgott. [...]
3 Hann talaði þá fyrst lengi á þýzku [...], en þeir skilðu eigi, hvat hann
4 sagði. Hann mælti þá á norrœnu [...]: „Ek [...] fann vínvið ok vínber."
5 [...]
6 Gaf Leifr nafn landinu eptir landkostum ok kallaði Vínland. [...]

C. *Eiríks saga rauða*, Kap. 10: Die Bewohner Vinlands I

[In der *Eiríks saga rauða* erkunden Thorfinn Karlsefni und seine Leute das Land in Richtung Süden:]

7 Ok einn morgin snemma, er þeir lituðusk um, sá þeir mikinn fjǫlða húð-
8 keipa. [...] Þá reru þeir í mót [...]. Þeir váru svartir menn ok illiligir ok
9 hǫfðu illt hár á hǫfði; þeir váru mjǫk eygðir ok breiðir í kinnum.

D. *Grœnlendinga saga*, Kap. 6: Die Bewohner Vinlands II

[Auch die *Grœnlendinga saga* berichtet von Begegnungen mit den indigenen Bewohnern Vinlands:]

10 Eptir þann vetr inn fyrsta kom sumar. Þá urðu þeir varir við Skrælinga.
11 [...]
[Bewaffnete Auseinandersetzungen bleiben nicht aus:]
12 Í því var ok veginn einn Skrælingr af einum húskarli Karlsefnis, því at
13 hann hafði viljat taka vápn þeira. [...]
14 Nú var þar bardagi, ok fell fjǫlði af liði Skrælinga.

E. *Eiríks saga rauða*, Kap. 12: Die Bewohner Vinlands III

[In Vinland gibt es aber auch Fabelwesen:]

15 Þat var einn morgin, er þeir Karlsefni sá fyrir ofan rjóðrit flekk nǫkkurn,
16 sem glitraði við þeim, ok œptu þeir á þat. Þat hrœrðisk, ok var þat ein-
17 fœtingr, ok skauzk ofan á þann árbakkann, sem þeir lágu við. Þorvaldr,
18 Eiríks son rauða, sat við stýri; ok skaut einfœtingr ǫr í smáþarma hon-
19 um. [...]

2. Aus Eiríks saga und Grænlendinga saga

Þorvaldr dó af sári þessu litlu síðar. – Þá hleypr einfœtingr á braut ok
norðr aptr. Þeir Karlsefni fóru eptir honum; [...] þat sá þeir síðast til hans,
at hann hljóp á vág nǫkkurn.

HINWEISE

1. Formen starker Verba (oben [S. 12] gebotene Angaben sind hier nicht wiederholt!) und sonstige Sonderformen: *átti* 3. Pers. Sg. Prät. Ind. zu *eiga*; *dó* 3. Pers. Sg. Prät. Ind. zu *deyja*; *fann* 3. Pers. Sg. Prät. Ind. zu *finna*; *fell* 3. Pers. Sg. Prät. Ind. zu *falla*; *fóru* 3. Pers. Pl. Prät. Ind. zu *fara*; *gaf* 3. Pers. Sg. Prät. Ind. zu *gefa*; *hét* 3. Pers. Sg. Prät. Ind. zu *heita*; *hleypr* 3. Pers. Sg. Präs. Ind. zu *hlaupa*; *hljóp* 3. Pers. Sg. Prät. Ind. zu *hlaupa*; *hǫfðu* 3. Pers. Pl. Prät. Ind. zu *hafa*; *kom* 3. Pers. Sg. Prät. Ind. zu *koma*; *lágu* 3. Pers. Pl. Prät. Ind. zu *liggja*; *lituðusk* 3. Pers. Pl. Prät. Ind. mediopass. zu *lita*; *lætr* 3. Pers. Sg. Präs. Ind. zu *láta*; *reru* 3. Pers. Pl. Prät. Ind. zu *róa*; *sá* 3. Pers. Pl. Prät. Ind. zu *sjá*; *sat* 3. Pers. Sg. Prät. Ind. zu *sitja*; *skaut* 3. Pers. Sg. Prät. Ind. zu *skjóta* (*skauzk* = /°t-sk/ Mediopassiv!); *urðu* 3. Pers. Pl. Prät. Ind. zu *verða*; *var* 3. Pers. Sg. Prät. Ind. zu *vera*; *váru* 3. Pers. Pl. Prät. Ind. zu *vera*; *vaxinn* Part. II (m.) zu *vaxa*; *veginn* Part. II (m.) zu *vega*; *viljat* Part. II (n.) zu *vilja*.

2. Umgelautete Nominalform: *lǫnd* Nom./Akk. Pl. zu *land* n.

KOMMENTAR

[Seite] 14 [Zeile] 2: *Tyrkir var skapgott* 'Tyrkir war angeheitert'. Die Trunkenheit des Tyrkir ist ein Kuriosum ersten Ranges, handelt es sich doch um den außergewöhnlichen Fall, daß bereits der Konsum von Weintrauben Alkoholisierung hervorruft; vgl. Heiko Uecker, Altnordische Reiseliteratur. In: Der Reisebericht. Die Entwicklung einer Gattung in der deutschen Literatur, ed. Peter J. Brenner (= suhrkamp taschenbuch materialien 2097; Frankfurt/Main 1989), 68–80: 75.

14 16 f.: *einfœtingr* 'Einfüßler'. Die Existenz von Fabelvölkern – u.a. Ganzohrige, Pferdefüßler, Menschenfresser, Amazonen und eben auch Einfüßler – am Rande der bewohnten Welt ist ein ethnographisches Klischee, das in zahlreichen Texten der Antike und des Mittelalters verarbeitet ist; s. zuletzt Teresa Pàroli, How many are the unipeds' feet? Their tracks in texts and sources. In: Analecta Septentrionalia. Beiträge zur nordgermanischen Kultur- und Literaturgeschichte [quasi Festschrift Kurt Schier], ed. Wilhelm Heizmann et al. (= Reallexikon der Germanischen Altertumskunde, Ergänzungsbd. 65; Berlin – New York 2009), 281–327.

14 17 f.: *Þorvaldr, Eiríks son rauða*. Der dritte Sohn Eiriks wird zuvor (Kap. 5) nicht genannt.

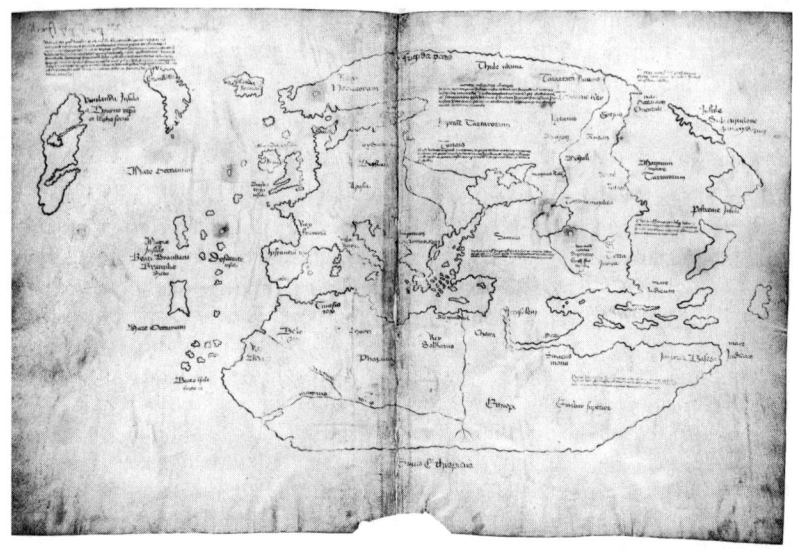

Abb. 1: Mittelalterliche Weltkarte (Yale University, Beinecke's Rare Book and Manuscript Libr., MS 350 A; sog. Vinland-Karte), 15.[?]/20. Jahrhundert. – Auf dieser vermeintlich mittelalterlichen Karte ist im nordwestlichen Bereich *Grouelanda* ('Grönland') abgebildet, westlich davon findet sich ein dreifach gegliedertes Landgebiet mit der Legende *Vinilanda Insula a Byarno reperta et leipho sociis* ('Insel Vinland, von den Gefährten Bjarni und Leif entdeckt'); der Beitext in der linken oberen Ecke führt nicht über das hinaus, was aus *Eiríks saga rauða* und *Grœnlendinga saga* bekannt ist. Wegen mehrerer Ungereimtheiten – dazu gehört vor allem, daß bis in das 19. bzw. 20. Jahrhundert hinein nicht bekannt war, daß Grönland eine Insel ist – bleibt die Vinland-Karte der Fälschung dringend verdächtig.

3. Altisländisches *Paternoster* (Mt 6,9–13)

Frühaltisländisch; nicht normalisierter Text. – Handschriftliche Grundlage: SKB perg. 15, 4° (*Stockholmer Homilienbuch*), um 1200. – Genre: Gebet.
Text (leicht modifiziert) nach: The Icelandic Homily Book. Perg. 15 4° in the Royal Library, Stockholm, ed. Andrea de Leeuw van Weenen (= Íslenzk handrit, Series in quarto 3; Reykjavík 1993), fol. 15^r 23 bis 16^r 17.

In der Handschrift ist das altisländische *Pasternoster* mit dem lateinischen Vorlagentext sowie nachfolgenden Erläuterungen zum Bittspruch vergesellschaftet.

Faþer váR es ert a himnom. [...]	1
Vater – unser – REL – bist – in – Himmel-DAT.PL. [...]	2
Helgesc nafn þitt. [...]	3
heilig-3.SG.MEDIOPASS.KONJ.I – Name – dein [...]	4
Til kome ríke þitt. [...]	5
(da)zu – komm-3.SG.KONJ.I – Reich – dein [...]	6
Verþe vile þiN svasem a himne oc a iorþo. [...]	7
werd-3.SG.KONJ.I – Wille – dein – so wie – in – Himmel-DAT.SG. – auch – auf –	8
Erde-DAT.SG. [...]	9
Braúþ várt hversdaglect gefþu os i dag. [...]	10
Brot-AKK.SG. – unser-AKK.SG. – täglich-AKK.SG. – geb-IMP.-du – uns – in – Tag	11
(heute) [...]	12
Fyr gefþu oss scuLder órar. [...]	13
ver- – geb-IMP.-du – uns-DAT. – Schuld-AKK.PL. – unser-AKK.PL. [...]	14
Svasem oc vér fyr gefom skulderom órom. [...]	15
so wie – auch – wir – ver- – geb-1.PL.IND. – Schuldiger-DAT.PL. – unser-DAT.PL.	16
[...]	17
Oc eige leíþþv os i fréistne heldr leys þv os fra iLo.	18
und – nicht – führ-IMP.-du – uns-AKK. – in – Versuchung-AKK.SG. – sondern	19
(vielmehr) – befrei-IMP. (lös-IMP.) – du – uns-AKK. – von – übel-DAT.SG.N.(ADJ.)	20

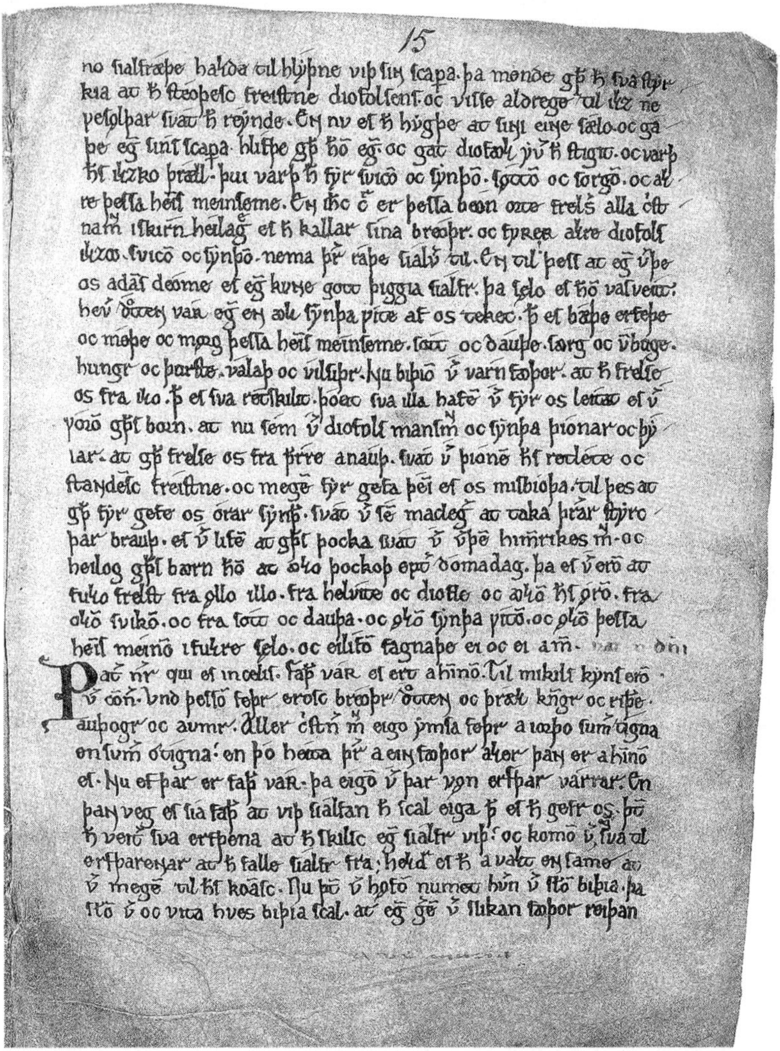

Abb. 2: SKB perg. 15, 4° (*Stockholmer Homilienbuch*), fol. 15ʳ. – Das *Paternoster* beginnt im unteren Drittel:

Pater no*ſtre*r qui eſ in celiſ. Faþer vár eſ ertt a himnom. (etc.)

4. Aus der *Gautreks saga konungs*

Nachklassisches Altisländisch (*æ* < *-œ*; *-zk* 3. Pers. Sg. Mediopassiv etc.); normalisierter Text mit Übersetzung und Kommentar. – Handschriftliche Grundlagen: AM 590 b–c, 4° (A), 17. Jahrhundert; SKB pap. 11, 8° (b), ca. 1650; AM 152, fol. (C), frühes 16. Jh. (alle längere Version). – Genre: Vorzeitsaga (*fornaldarsaga*). Text (modifiziert) nach: Die Gautrekssaga in zwei Fassungen, ed. Wilhelm Ranisch (= Palaestra 11; Berlin 1900), 27–31.

Die *Gautreks saga konungs* ('Saga von König Gautrek') ist in zwei Fassungen überliefert; die in Umfang und Erzählstil differieren. Die längere Fassung erzählt zunächst von einer Familie überaus geiziger Hinterwäldler (*Gauta þáttr* 'Erzählung von Gauti') und dem Schicksal des Königs Vikar und seines Gefolgsmannes Starkad (*Víkars saga* 'Saga von Vikar'); am Ende steht eine Art Hans-im-Glück-Geschichte (*Gjafa-Refs saga* 'Saga von Gaben-Ref'). Diese drei an sich eigenständigen Fabeln sind zum einen durch die handelnden Personen, zum anderen durch den geradezu leitmotivischen Gegensatz von Freigebigkeit und Geiz miteinander verbunden. In der kürzeren Fassung der Saga fehlt das Hauptstück der längeren Fassung, die *Víkars saga*, aus dem die folgende Passage stammt; Starkad befindet sich hier in einem tragischen Zwiespalt zwischen seiner Bindung zu seinem Ziehvater und der zu seinem König. So wie sie uns vorliegt, ist die längere Fassung der *Gautreks saga* gegen Ende des 13. Jahrhunderts entstanden.

Literatur: RGA[2] X (1998), 491 (*Gauten- und Schwedensagen*; R[obert] Nedoma); RGA[2] XXIX (2005), 538 f. (*Starkaðr*; H[ans-]P[eter] Naumann).

Gautreks saga konungs, Kap. 7: Vikars Tod

Víkarr konungr gerðizk hermaðr mikill ok hafði marga kappa með sér, þá 1
er ágætir váru; en Starkaðr var mest metinn af ǫllum þeim ok kærastr kon- 2
ungi, svá at hann var ǫndvegismaðr hans ok ráðgjafi ok landvarnarmaðr. 3

....

König Vikar wurde ein bedeutender Heerführer und hatte viele Kämpfer um sich, die berühmt waren; von ihnen allen aber genoß Starkad das höchste Ansehen und wurde vom König am meisten geschätzt, sodaß er ihm gegenüber auf dem Ehrenplatz saß, sein Ratgeber und für die Verteidigung des Landes zuständig war.

---

3 svá at *b*] þar *A*, því at *C*.

Hann þá margar gjafir af konungi; Víkarr konungr gaf honum gullhring
þann, er stóð þrjár merkr, en Starkaðr gaf honum eyna Þrumu, er Haraldr
konungr hafði gefit Stórvirki, fǫður hans. Hann var fimtán sumur með Víkari konungi, sem hann segir:

    Mér gaf Víkarr   valamálm,
    hring inn rauða,   er ek á hendi ber,
    mér þrímerking,   en ek Þrumu honum;
    fylgða ek fylki   fimtán sumur.

Víkarr konungr sigldi af Ǫgðum norðr á Hǫrðaland ok hafði lið mikit. Hann lá í hólmum nǫkkurum lengi ok fekk andviðri mikit. Þeir feldu spán til byrjar, ok fell svá, at Óðinn vildi þiggja mann at hlutfalli at hanga ór hernum. Þá var skipt liðinu til hlutfalla, ok kom upp hlutr Víkars konungs! – Við þat urðu allir hljóðir, ok var ætlat um daginn eptir, at ráðsmenn skyldu eiga stefnu um þetta vandmæli.

    Um nóttina, nær miðri nótt, vakti Hrosshársgrani Starkað, fóstra sinn, ok bað hann fara með sér. Þeir taka bát einn lítinn ok reru til eyjar einnar inn frá hólminum. Þeir gengu upp til skógar ok fundu þar rjóðr eitt í skóginum. Í rjóðrinu var fjǫlmenni mikit, ok var þar þing sett. Þar sátu ellifu

....

Er erhielt vom König viele Geschenke; König Vikar gab ihm den Goldring, der drei Mark wog, und Starkad schenkte ihm die Insel Thruma, die König Harald seinem Vater Storvirk gegeben hatte. Er hielt sich fünfzehn Sommer bei König Vikar auf, wie er mitteilt:

    Mir gab Vikar fremdländisches Gold,
    den roten Ring, den ich am Arm trage,
    mir den drei Mark schweren Ring, und ich ihm Thruma;
    ich folgte dem Fürsten fünfzehn Sommer lang.

König Vikar segelte von Agder nordwärts nach Hördaland und hatte eine große Streitmacht. Er hatte starken Gegenwind und lag lange Zeit bei einer Gruppe kleiner Inseln. Sie warfen Losstäbchen wegen des Segelwinds, und es fiel so aus, daß Odin forderte, einen durch Los ermittelten Mann aus dem Heer als Hängeopfer zu bekommen. Da entschied die Truppe durch Loswerfen, und es fiel auf König Vikar! – Daraufhin wurden alle still, und es wurde beschlossen, daß sich die Berater am nächsten Tag treffen und dieses Problem besprechen sollten.

    In der Nacht, gegen Mitternacht, weckte Roßhaar-Grani Starkad, seinen Ziehsohn, und forderte ihn auf, mit ihm zu kommen. Sie nahmen ein kleines Boot und ruderten von dort landeinwärts zu einer Insel. Sie gingen zu einem Wald hinauf und kamen zu einer Lichtung im Wald. In der Lichtung hielt sich eine große

4. Aus der *Gautreks saga* 21

menn á stólum, en inn tólfti var auðr. Þeir gengu fram á þingit, ok settizk
Hrosshársgrani á stólinn inn tólfta; þar heilsuðu allir Óðni. Hann mælti, at
dómendr skyldi þá dæma ørlǫg Starkáðs.

Þá tók Þórr til orða ok mælti: „Álfhildr, móðir fǫður Starkaðs, kaus
fǫður at syni sínum hundvísan jǫtun heldr en Ása-Þór, ok skapa ek þat
Starkaði, at hann skal hvárki eiga son né dóttur ok enda svá ætt sína."

Óðinn svaraði: „Þat skapa ek honum, at hann skal lifa þrjá mannsaldra."

Þórr mælti: „Hann skal vinna níðingsverk á hverjum mannsaldri."

Óðinn svaraði: „Þat skapa ek honum, at hann skal eiga in beztu vápn
ok váðir."

Þórr mælti: „Þat skapa ek honum, at hann skal hvárki eiga land né
láð."

Óðinn mælti: „Ek gef honum þat, at hann skal eiga of lausafjár."

Þórr mælti: „Þat legg ek á hann, at hann skal aldri þykkjazk nóg eiga."

Óðinn svaraði: „Ek gef honum sigr ok snild at hverju vígi."

....

Menge an Leuten auf: es wurde dort eine Versammlung abgehalten. Elf Männer saßen auf Stühlen, aber der zwölfte war leer. Sie betraten die Versammlung, und Roßhaar-Grani setzte sich auf den zwölften Stuhl; dort begrüßten ihn alle als Odin. Er erklärte, daß die Gerichtsmitglieder nun über Starkads Schicksal entscheiden sollten.

Da ergriff Thor das Wort und brachte vor: „Alfhild, die Großmutter Starkads, gab als Vater für ihren Sohn einem ungemein klugen Riesen den Vorzug vor Asen-Thor, und ich verhänge über Starkad, daß er weder einen Sohn noch eine Tochter haben und so sein Geschlecht beschließen soll."

Odin antwortete: „Ich gewähre ihm, daß er drei Menschenalter leben soll."

Thor sagte: „Er soll in jedem Menschenalter eine Meucheltat begehen."

Odin antwortete: „Ich gewähre ihm, daß er die besten Waffen und Kleider besitzen soll."

Thor sagte: „Ich verhänge über ihn, daß er weder Land noch Herrschaft haben soll."

Odin sagte: „Ich erkenne ihm zu, daß er eine große Menge an beweglicher Habe besitzen soll."

Thor sagte: „Ich erlege ihm auf, daß er niemals glauben soll, genug zu besitzen."

Odin antwortete: „Ich schenke ihm Tapferkeit und Sieg in jedem Kampf."

22   I. Texte

1 Þórr svaraði: „Þat legg ek á hann, at hann fái í hverju vígi meizlasár."
2 Óðinn mælti: „Ek gef honum skáldskap, svá at hann skal eigi seinna
3 yrkja en mæla."
4 Þórr mælti: „Hann skal ekki muna eptir þat, er hann yrkir."
5 Óðinn mælti: „Þat skapa ek honum, at hann skal þykkja hæstr inum
6 gǫfgustum mǫnnum ok inum beztum."
7 Þórr mælti: „Leiðr skal hann alþýðu allri."
8 Þá dæmdu dómendr allt þetta á hendr Starkaði, er þeir hǫfðu um mælt,
9 ok sleit svá þinginu. Fóru þeir Hrosshársgrani ok Starkaðr til báts síns.
10 Þá mælti Hrosshársgrani til Starkaðs: „Vel muntu nú launa mér, fóstri,
11 liðsemd þá, er ek veitta þér."
12 „Vel", sagði Starkaðr.
13 Þá mælti Hrosshársgrani: „Þá skaltu nú senda mér Víkar konung, en ek
14 mun ráðin til leggja."
15 Starkaðr játar þessu. Þá fekk Hrosshársgrani geir í hǫnd honum ok
16 sagði, at þat mundi sýnazk reyrsproti. Þá fóru þeir út til liðsins, ok var þá
17 komit at degi.

....

Thor antwortete: „Ich erlege ihm auf, daß er in jedem Kampf schwere Verletzungen davontrage."

Odin sagte: „Ich schenke ihm die Kunst des Dichtens, sodaß er nicht langsamer dichten als sprechen soll."

Thor sagte: „Er soll das nicht im Gedächtnis behalten, was er dichtet."

Odin sagte: „Ich gewähre ihm, daß er auf die vornehmsten und besten Menschen besonders tiefen Eindruck machen soll."

Thor sagte: „Er soll dem ganzen gewöhnlichen Volk verhaßt sein."

Darauf erkannten die Gerichtsmitglieder Starkad all das zu, was sie besprochen hatten, und so wurde die Versammlung beendet. Roßhaar-Grani und Starkad gingen zu ihrem Boot.

Da sagte Roßhaar-Grani zu Starkad: „Nun wirst du mir wohl einen Gegendienst für die Unterstützung erweisen, die ich dir gegeben habe, mein Ziehsohn."

„Gut", antwortete Starkad.

Da sagte Roßhaar-Grani: „Dann opfere mir König Vikar, ich aber werde die Mittel und Wege beisteuern."

Starkad stimmte dem zu. Darauf übergab ihm Roßhaar-Grani einen Speer und erklärte, er werde wie ein Rohrstengel aussehen. Dann ruderten sie zu der Truppe hinaus, und der Tag war angebrochen.

4. Aus der *Gautreks saga*   23

Um morguninn eptir gengu ráðgjafar konungs á stefnu til umráða. – Kom þat ásamt með þeim, at þeir skyldu gera nǫkkura minning blótsins, ok sagði Starkaðr upp ráðagerðina. Þar stóð fura ein hjá þeim ok stofn einn hár nær furunni. Neðarliga af furunni stóð einn kvistr mjór, ok tók í limit upp. Þá bjuggu þjónustusveinar mat manna, ok var kálfr einn skorinn ok krufðr. Starkaðr lét taka kálfsþarmana; síðan steig Starkaðr upp á stofninn ok sveigði ofan þann inn mjóva kvistinn ok knýtti þar um kálfsþǫrmunum.

Þá mælti Starkaðr til konungs: „Nú er hér búinn þér gálgi, konungr, ok mun sýnazk eigi allmannhættligr. Nú gakktu hingat, ok mun ek leggja snǫru á háls þér."

Konungr mælti: „Sé þessi umbúð ekki mér hættligri en mér synizk, þá vænti ek, at mik skaði þetta ekki – en ef ǫðruvís er, þá mun auðna ráða, hvat at gerizk."

Síðan steig hann upp á stofninn, ok lagði Starkaðr virgulinn um háls honum ok steig síðan ofan af stofninum. Þá stakk Starkaðr sprotanum á konungi ok mælti: „Nú gef ek þik Óðni."

....

Am Morgen trafen sich die Ratgeber des Königs und besprachen, was zu tun sei. – Sie kamen darin überein, daß sie ein Scheinopfer durchführen sollten; Starkad verkündete den Entschluß.

Dort in ihrer Nähe befand sich eine einzelne Föhre, und ein langer Baumstumpf war neben der Föhre. Am unteren Teil der Föhre befand sich ein dünner Ast, der in das Geäst emporragte. Die Bediensteten bereiteten gerade das Essen der Männer, und ein Kalb wurde geschlachtet und ausgeweidet. Starkad ließ sich die Kalbsdärme geben; dann stieg Starkad auf den Stumpf hinauf, bog den dünnen Ast herab und schlang die Kalbsdärme herum.

Darauf sagte Starkad zum König: „Nun ist der Galgen hier bereit für dich, mein König: er sieht bestimmt nicht gemeingefährlich aus. Komm jetzt hierher, und ich werde dir die Schlinge an den Hals legen."

Der König sagte: „Wenn mir diese Vorrichtung nicht gefährlicher wird als sie mir aussieht, dann rechne ich damit, daß sie mich nicht behelligt – andernfalls aber wird das Schicksal bestimmen, was geschieht."

Dann stieg er auf den Stumpf hinauf, und Starkad legte ihm den Galgenstrick um den Hals und stieg dann vom Stumpf herunter. Da stach Starkad mit dem Stengel nach dem König und erklärte: „Nun weihe ich dich Odin."

---

10 sýnazk eigi *A b*] sýnazk þér eigi *C*.

Þá lét Starkaðr lausan furukvistinn. Reyrsprotinn varð at geir, ok stóð í gegnum konunginn. Stofninn fell undan fótum honum, en kálfsþarmarnir urðu at viðju sterkri, en kvistrinn reis upp ok hóf upp konunginn við limar, ok dó hann þar. Nú heita þar síðan Víkarshólmar.

Af þessu verki varð Starkað mjǫk óþokkaðr af alþýðu, ok af þessu verki varð hann fyrst landflótti af Hǫrðalandi. Eptir þat strauk hann brott ór Nóregi ok austr í Svíaveldi; ok var þar lengi með Uppsala konungum Eireki ok Alreki, sonum Agna Skjálfarbónda, ok var í herfǫrum með þeim. Ok er Alrekr spurði Starkað, hvat hann kunni tíðenda at segja frá frændum sínum eða sjálfum sér, þá orti Starkaðr kvæði, þat er heitir *Víkarsbálkr* [...].

Þat má finna á Starkaði, at honum þykkir þetta eitthvert verk sitt verst ok óskapligast orðit hafa, er hann drap Víkar konung; ok ekki hǫfum vér frásagnir heyrðar, at hann hafi ílendr orðit í Nóregi síðan.

....

Dann ließ Starkad den Föhrenast los. Der Rohrstengel verwandelte sich in einen Speer und durchbohrte den König. Der Stumpf fiel ihm unter den Füßen weg, die Kalbsdärme verwandelten sich in ein starkes Halseisen, und der Ast schnellte in die Höhe und beförderte den König hinauf zum Geäst: dort starb er. Seither heißen die kleinen Inseln nun Vikarsholme.

Wegen dieser Tat wurde Starkad vom gewöhnlichen Volk tief verabscheut, und wegen dieser Tat mußte er zunächst Hördaland verlassen. Danach machte er sich aus Norwegen davon und flüchtete ostwärts nach Schweden; er hielt sich lange Zeit bei den Königen von Uppsala, Eirek und Alrek, den Söhnen von Agni, dem Mann der Skjalf, auf und begleitete sie auf Kriegszügen. Und als Alrek Starkad fragte, welche Begebenheiten er von seinen Verwandten oder sich selbst berichten könne, dichtete Starkad ein Lied, das den Titel *Víkarsbálkr* trägt [...].

Man kann Starkad anmerken, daß er meint, diese eine Tat – daß er König Vikar tötete – sei seine schlimmste und ungeheuerlichste geworden; uns sind keine Berichte bekannt, daß er danach wieder in Norwegen heimisch geworden sei.

KOMMENTAR

20 7: *þrímerkingr* 'Dreimärker'. Im wikingerzeitlichen Skandinavien machte man zwischen Metallwert und Geldwert keinen Unterschied; das Abwiegen von (Silber-)Geld ist auch literarisch mehrfach bezeugt. Eine Mark (*mǫrk*), ursprünglich 'Zeichen, Markierung' (eine am Edelmetallbarren angebrachte Prägung), war ca. 214 g schwer und entsprach 8 Unzen (*aurar*, Sg. *eyrir*).

20 10: *Þeir feldu spán* 'Sie warfen Losstäbchen'. Bereits Tacitus weiß in seiner zu Ende des 1. Jahrhunderts n. Chr. verfaßten *Germania* über germanische

4. Aus der *Gautreks saga*

Abb. 3: Bildstein von Lärbro, Stora Hammars I (Gotland, 8. Jahrhundert), oberer Teil. In der dritten Bildzeile ist links ein Krieger abgebildet, der mit einem Halsstrick an einem heruntergebogenen Baum hängt, rechts davon wird ein Mensch auf einem Altar geopfert. Eine Triskele (drei ineinander verschachtelte Dreiecke), verschiedene Vögel und eine Kriegergruppe im rechten Teil komplettieren das Bildwerk. Um eine Darstellung der Opferung Vikars handelt es sich wohl kaum: es fehlt an spezifisch auf die Starkad-Vikar-Tradition bezogenen ikonographischen Signalen, die die Szene über den allgemeinen Bildinhalt *Hängeopfer* konkret als *Opferung Vikars* erkennbar machen würden.

Los- bzw. Orakelpraktiken zur Erforschung der Zukunft zu berichten (10,1), daß Holzstäbchen mit bestimmten *notae* 'Zeichen' – es ist fraglich, ob damit Runen gemeint sind – markiert und auf ein weißes Tuch gestreut werden; dann werden drei Stäbchen einzeln aufgehoben und die Zukunft nach den darauf eingeritzten Zeichen gedeutet.

20 15: *Hrosshársgrani* 'Roßhaar-Grani', i.e. 'der mit einem Schnurrbart aus Roßhaar'. Wie sich zeigt, handelt es sich um ein Pseudonym Odins.

21 4: *Þá tók Þórr til orða* 'Da ergriff Thor das Wort'. In dem folgenden Rededuell zwischen Thor und Odin scheint ein Gegensatz zwischen den beiden Göttern reflektiert zu sein, der auch andernorts thematisiert wird. Odin gilt als Gott der sozialen Elite, der Adeligen und Krieger, Thor dagegen als Gott der bodenständigen bäuerlichen Bevölkerung.

21 5: *hundvísan jǫtun* 'einen ungemein klugen Riesen'. Damit ist Starkad senior, der (nach Handschrift A: achtarmige) Vater Storvirks gemeint.

21 9: *níðingsverk* 'Meucheltat'. Mit dem Pejorativum *níðingr* wird ein durch und durch hassenswerter Mensch bezeichnet, der gegen grundlegende ethische Normen verstößt; es kann sich etwa um einen besonderen Feigling handeln, um jemanden, der sein Wort oder seine Treue bricht, oder um jemanden, der Verwandte oder wehrlose Leute tötet. – Starkads erste Missetat ist die Tötung Vikars, die dritte und letzte Schurkerei die Ermordung des Dänenkönigs Ali (Olo), von der u.a. Saxo Grammaticus in seinen *Gesta Danorum* (VIII,6,3) berichtet; worin Starkads *níðingsverk* im mittleren der drei Menschenalter besteht, läßt sich den Quellen nicht zweifelsfrei entnehmen.

22 13: *senda* hier wohl in der engeren Bedeutung 'opfern (ein Opfer senden)'.

24 11: *Víkarsbálkr*. Aisl. *bálkr, bǫlkr* m. hat die Grundbedeutung 'Balken' und bezeichnet auch einen 'Abschnitt (in einem Rechtsbuch)'. Der *Víkarsbálkr* ist ein Lied, das einen Abschnitt im Leben des Ich-Sprechers Starkad behandelt, und zwar die gemeinsam mit Vikar vollbrachten Taten und den Opfertod des Königs.

5. Aus Snorri Sturluson, *Heimskringla* (*Haralds saga Sigurðarsonar*)

Klassisches Altisländisch; normalisierter Text mit Übersetzung der Strophen und Kommentar. – Handschriftliche Grundlagen: 1. AM 63, fol. (K_1), spätes 17. Jahrhundert; SKB pap. 18, fol. (K_2), 2. Hälfte 17. Jahrhundert; AM 45, fol. (*codex Frisianus*, F), frühes 14. Jahrhundert (Fassung I); AM 47, fol. (*Eirspennill*, E), frühes 14. Jahrhundert (Fassung II). – Genre: Königssaga (*konungasaga*). Text (leicht modifiziert) nach: Heimskringla, ed. Bjarni Aðalbjarnarson. III (= Íslenzk fornrit 28; Reykjavík 1951 [u.ö., zuletzt 2002]), 187–192.

Die von Snorri Sturluson (1178/1179–1241) wahrscheinlich in den Jahren um 1230 verfaßte *Heimskringla* ('Weltkreis') ist ein monumentales Werk zur Geschichte der norwegischen Könige von der sagenhaften Frühzeit bis kurz vor Snorris Geburt. Es handelt sich um eine Sammlung mehr oder weniger selbständiger Sagas; so etwa hat Snorri seine ursprünglich als eigenes Werk verfaßte *Óláfs saga helga* ('Saga von Olaf dem Heiligen') in leicht veränderter Form in die *Heimskringla* übernommen, wo sie ca. ein Drittel des Gesamtumfangs ausmacht. Die meisten der insgesamt 16 Werkabschnitte sind einzelnen Herrschern gewidmet; Snorris Schilderungen sind nicht ausschließlich im Faktischen verhaftet, sondern auch fiktional bestimmt. In der folgenden Passage wird von König Harald dem Harten (*Haraldr harðráði Sigurðarson*) berichtet, der beim letzten Versuch eines Wikingerführers, England (wieder) unter skandinavische Herrschaft zu bringen, am 25.9.1066 bei Stamford Bridge (ae. *æt Stængfordes brycge*, aisl. *Stanforðabryggjur*) in Nordengland gegen seinen englischen Namensvetter (ae. *Harold*, aisl. *Haraldr Guðinason*) Kampf und Leben verlor.

Literatur: RGA[2] XIII (1999), 640–642 (*Haraldr harðráði*; A[rnulf] Krause); RGA[2] XIV (1999), 238–247 (*Heimskringla*; D[iana] Whaley).

Haralds saga Sigurðarsonar, Kap. 91–93: Schlacht von Stamford Bridge

Svá segja menn, at Haraldr konungr Sigurðarson kvað vísu þessa: 1

(1) Framm gǫngum vér   í fylkingu   2
    brynjulausir   und bláar eggjar;   3
    hjalmar skína,   hefkat ek mína: 4
    nú liggr skrúð várt   at skipum niðri.   5

Emma hét brynja hans. Hon var síð, svá at hon tók á mitt bein honum,
ok svá sterk, at aldri hafði vápn á fest.
    Þá mælti Haraldr konungr Sigurðarson: „Þetta er illa kveðit, ok mun
verða at gera aðra vísu betri." Þá kvað hann þetta:
(2) Krjúpum vér fyr vápna
    (valteigs) brǫkun eigi
    (svá bauð Hildr) at hjaldri
    (haldorð) í bug skjaldar;
    hǫtt bað mik, þars mœttisk,
    menskorð bera forðum,
    Hlakkar íss ok hausar,
    hjalmstall í gný malma.
[...] Nú hefr upp orrostu, ok veita enskir menn áreið norðmǫnnum. Varð
viðrtakan hǫrð. Varð óhœgt enskum mǫnnum at ríða á norðmenn fyrir
skotum, ok riðu þeir í hring um þá. Var þat fyrst laus orrosta, meðan
norðmenn heldu vel fylkingu, en enskir menn riðu at hart ok þegar frá, er
þeir fengu ekki at gǫrt. En er norðmenn sá þat, at þeim þótti blautliga at
riðit, þá sóttu þeir at þeim ok vildu reka flóttann, en er þeir hǫfðu brugðit
skjaldborginni, þá riðu enskir menn at þeim ǫllum megin ok báru á þá
spjót ok skot. En er Haraldr konungr Sigurðarson sá þat, gekk hann fram
í orrostu, þar er mestr var vápnaburðrinn. Var þar þá in harðasta orrosta,
ok fell mikit lið af hvárumtveggjum. Þá varð Haraldr konungr Sigurðarson
svá óðr, at hann hljóp fram allt ór fylkingunni ok hjó báðum hǫndum: helt
þá hvártki við honum hjálmr né brynja. Þá stukku frá allir þeir, er næstir
váru. Var þá við sjálft, at enskir menn mundi flýja. [...]
....

Übersetzung der beiden Strophen: (1) Vorwärts schreiten wir in Kampfformation
brünnenlos unter die stahlfarbenen Schwerter; die Helme glänzen, ich habe meine
[zu ergänzen: Brünne] nicht: nun liegt unsere Ausrüstung bei den Schiffen unten.
    (2) Wir kriechen nicht (so gebot die treue Frau) wegen des Waffenlärms in
der Höhlung des Schildes zum Kampf; mich bat einst die Frau, den Kopf im
Lärm der Waffen hoch zu tragen, dort wo das Schwert und die Schädel zusammenträfen. – Geordnete Wortfolge: *Krjúpum vér eigi (svá bauð haldorð Hildr valteigs) fyr vápna brǫkun í bug skjaldar at hjaldri; bað mik forðum menskorð hǫtt bera hjalmstall í gný malma, þars mœttisk Hlakkar íss ok hausar.*

---

9 mœttisk] mœttusk *Hss.* – 12 hjalmstall] -stofn K_1K_2.

5. Aus der *Heimskringla*

Haraldr konungr Sigurðarson var lostinn ǫru í óstinn. Þat var hans banasár. Fell hann þá ok ǫll sveit sú, er fram gekk með honum, nema þeir, er aptr opuðu, ok heldu þeir merkinu. Var þá enn inn harðasti bardagi. Gekk þá Tósti jarl undir konungsmerki. Tóku þá hvárirtveggju at fylkja í annat sinn, ok varð þá á dvǫl mjǫk lǫng á orrostunni. [...] En áðr saman sigi orrosta, þá bauð Haraldr Guðinason grið Tósta jarli, bróður sínum, ok þeim mǫnnum ǫðrum, er þá lifðu eptir af liði norðmanna. En norðmenn œptu upp allir senn ok sǫgðu svá, at fyrr skyldi hverr falla um þveran annan en þeir gengi til griða við enska menn, œptu þá heróp. Tóksk þá orrosta í annat sinn. [...]
    Eysteinn orri kom í því bili frá skipum með því liði, er honum fylgði. Váru þeir albrynjaðir. Fekk Eysteinn þá merki Haralds konungs, Landeyðuna. Varð nú orrosta it þriðja sinn, ok var sú in snarpasta. Fellu þá mjǫk enskir menn, ok var við sjálft, at þeir mundi flýja. Sú orrosta var kǫlluð Orrahríð. Þeir Eysteinn hǫfðu farit svá ákafliga frá skipinum, at þeir váru fyrr svá móðir, at náliga váru þeir ófœrir, áðr en þeir kvæmi til orrostu, en síðan váru þeir svá óðir, at þeir hlífðu sér ekki, meðan þeir máttu upp standa; at lykðum steyptusk þeir af hringabrynjunum. Var þá enskum mǫnnum hœgt at finna hǫggstaði á þeim, en sumir sprungu með ǫllu ok dó ósárir; fell náliga allt stórmenni norðmanna. Þetta var inn øfra hlut dags. [...] Gerði ok myrkt um kveldit, áðr en lokit var ǫllum manndrápum.

Kommentar

28 3: *Þetta er illa kveðit* 'Das ist schlecht gedichtet'. Es handelt sich um eine bekannte Anekdote, die die Unterschiede zwischen eddischer und skaldischer Formulierungsweise veranschaulicht. In den beiden zitierten Strophen wird gesagt, daß Harald und seine Krieger ohne Verteidigungswaffen in den Kampf ziehen (werden); inhaltlich bestehen also keine großen Unterschiede. Das Defizit der ersten Strophe im eddischen *fornyrðislag* scheint auch nicht in einem mangelnden Geschick des Dichters zu liegen, sondern ist wohl darin zu suchen, daß die größere Artifizialität von Form und Ausdruck der zweiten Strophe im skaldischen *dróttkvætt* eine größere Wirkung des Textes verbürgt (vgl. Klaus von See, Skaldendichtung. Eine Einführung [München – Zürich 1980], 24 f.). – Ob (und gegebenenfalls: wie) aber dieser Privat-*poetry slam* vor Kampfbeginn tatsächlich stattgefunden hat, bleibt fraglich; am ehesten handelt es sich um eine literarische Zutat von Snorri Sturluson.

28 13: *veita enskir menn áreið Norðmǫnnum* 'die Engländer griffen die Nordmänner zu Pferd an, ritten gegen die Nordmänner an'. Nach allem, was wir wissen, hatte Harold wohl keine Kavallerie zur Verfügung. Es liegt daher nahe anzunehmen, daß Snorri hier das Element von Reiterangriffen aus Berichten über die Schlacht von Hastings übernommen hat, die bereits knapp drei Wochen nach der Schlacht von Stamford Bridge stattfand: (nur) hier war es der Sieger, Wilhelm der Eroberer, der mit einer größeren Reiterabteilung in den Kampf zog (und gegen Harold, der seine Truppen in Eilmärschen nach Südengland führte, den Sieg davontrug).

29 4: *Tósti jarl*. Jarl Tosti (ae. *Tōstig eorl*), der Bruder und Rivale des englischen Königs Harold, kämpft auf Seiten der Norweger.

29 11: *Eysteinn orri*. Der zunächst zur Bewachung der norwegischen Schiffe zurückgebliebene Eysteinn mit Beinamen *orri* ('der Auerhahn') kann erst (zu) spät in das Kampfgeschehen eingreifen.

29 12 f.: *Landeyðan* (*-una* Akk.) 'die Landverwüsterin' ist der Name von König Haralds Feldzeichen.

29 15: *Orrahríð* ist der 'Ansturm des (Eysteinn) *orri*'.

6. Aus der *Orkneyinga saga*

Klassisches Altisländisch; normalisierter Text mit Übersetzung der Strophe und Kommentar. – Handschriftliche Grundlagen: AM 325 I, 4° (A), um 1300; GkS 1005, fol. (*Flateyjarbók*, F), Ende 14. Jahrhundert; UB Uppsala, R 702, 4° (U), 1. Hälfte 17. Jahrhundert. – Genre: Umkreis der Königssagas (*konungasǫgur*). Text (modifiziert) nach: Orkneyinga saga, Legenda de Sancto Magno, Magnúss saga skemmri, Magnúss saga lengri, Helga þáttr ok Úlfs, ed. Finnbogi Guðmundsson (= Íslenzk fornrit 34; Reykjavík 1965), 209–211. 221–227. 233–234.

Wie die *Heimskringla* behandelt auch die *Orkneyinga saga* ('Saga von den Orkadenbewohnern'; auch *Saga Orkneyinga jarla* 'Saga von den Orkaden[bewohner]-jarlen') die Herrschergeschichte eines Landes von der sagenhaften Frühzeit bis in die Jetztzeit. In der vorliegenden Form handelt es sich um eine revidierte Fassung, die in die Zeit um 1230 gehört; die ursprüngliche Version des Werkes ist uns nicht erhalten. Im Mittelpunkt der *Orkneyinga saga* steht Jarl Rögnvald, der sowohl ein bedeutender Herrscher als auch ein ausgezeichneter Skalde war. Die Saga erzählt unter anderem von seiner Pilgerreise nach Jerusalem in den Jahren 1151–1153; mit 15 Schiffen aufgebrochen, macht er zunächst in Narbonne Station, kämpft dann in Galizien und Spanien sowie auf See, gelangt über Kreta nach Jerusalem und von dort aus nach Byzanz, bevor er schließlich auf dem westlichen Landweg nach Skandinavien zurückkehrt.

Literatur: RGA² XXII (2003), 210–214 (*Orkneyinga saga*; St[efanie] Würth).

A. *Orkneyinga saga*, Kap. 86: Rögnvald und seine Männer in Narbonne

Þeir sigldu þaðan suðr fyrir England ok til Vallands. Ekki er sagt frá ferð- 1
um þeira, fyrr en þeir koma til sæborgar þeirar, er Narbón heitir. Þar var 2
þat til tíðenda, at jarl sá, er fyrir hafði ráðit staðnum, var andaðr; hann 3
hét Germanus. Hann átti eptir dóttur eina unga ok fríða, er Ermingerðr hét; 4
hon varðveitti þá fǫðurleifð sína með ráði inna gǫfgustu manna, frænda 5
sinna. 6

Þeir gerðu þat ráð með dróttningu, at hon skyldi bjóða jarli til veizlu 7
virðiligrar; sǫgðu, at við þat myndi hon fræg verða, ef hon fagnaði vel svá 8
gǫfgum mǫnnum, þeim er svá langt váru til komnir ok enn myndi víða 9

---

2 Narbón *U*] Nerbón *U (marg.) F*, Nervocv *A*. – 4 Ermingerðr *AF*] Ingigerðr *U*.

bera frægð hennar. Dróttning bað þá fyrir þessu sjá. Ok er þetta var ráðit
fyrir þeim, váru sendir menn til jarls ok sagt, at dróttning byði honum til
veizlu með svá mikit fjǫlmenni sem hann vill til hafa sótt. Jarl tók því
þakksamliga; valði hann allt lið sitt it bezta til þessar ferðar með sér. Ok er
þeir kómu til veizlunnar, var þar inn bezti fagnaðr ok engi hlutr sparaðr til,
sá er jarlsins sómi væri þá meiri en áðr.

Þat var einn dag, er jarl sat at veizlunni, at dróttning gekk inn í hǫllina ok margar konur með henni; hon hafði borðker í hendi af gulli. Hon
var klædd inum beztum klæðum, hafði laust hárit, sem meyjum er títt at
hafa, ok hafði lagt gullhlað um enni sér. Hon skenkti jarli, en meyjarnar
léku fyrir þeim. Jarl tók hǫnd hennar með kerinu ok setti hana í kné sér,
ok tǫluðu mart um daginn. Þá kvað jarl vísu:

(1) Víst'r, at frá berr flestum,
    Fróða meldrs, at góðu
    velskúfaðra vífa
    vǫxtr þinn, Bil in svinna;
    skorð lætr hár á herðar
    haukvallar sér falla
    – átgjǫrnum rauðk erni
    ilka – gult sem silki.

Jarl dvalðisk þar mjǫk lengi í allgóðum fagnaði. Staðarmenn fýstu jarl at
staðfestask þar ok mæltu mjǫk á veðr um, at þeir myndi gipta honum
frúna. Jarl kvazk fara vilja ferð þá, er hann hafði ætlat, en kvazk koma
mundu þar, er hann færi aptr, ok myndi þau þá gera ráð sín, sem þeim
líkaði. Eptir þat býsk jarl á brott þaðan með fǫruneyti sínu. Ok er þeir
sigldu vestr fyrir Þrasnes, hǫfðu þeir byr góðan; sátu þeir þá ok drukku
ok váru allkátir.

....

Übersetzung von Strophe (1): Gewiß ist, kluge Frau, daß deine Gestalt gegenüber
den meisten der wohlgeschmückten Frauen den Vorzug verdient; die Frau läßt
das Haar, gelb wie Seide, auf ihre Schultern herabfallen – ich rötete dem freßgierigen Adler die Füße. – Geordnete Wortfolge: *Víst'r, Fróða meldrs Bil in svinna,
at vǫxtr þínn berr at góðu frá flestum velskúfaðra vífa; skorð haukvallar lætr
hár, gult sem silki, falla sér á herðar – rauðk atgjǫrnum erni ilka.*

---

3 vill til hafa sótt *A*] vildi sjálfr *F*, vildi með sér hafa *U*. – 6 sá er *AF*] sá at *U*. –
11 í kné sér *A*] hjá sér *F*, niðr hjá sér *U*. – 16 Bil en] konan *Hss.*

6. Aus der *Orkneyinga saga* 33

B. *Orkneyinga saga*, Kap. 87–88: Vor und nach einem Seegefecht

Þeir sigldu í gegnum Nǫrvasund, ok tók þá at hœgjask veðrit. [...] Síðan sigldu þeir austr eptir hafinu fyrir Serkland ok lágu nǫkkut nær Sardínarey, en vissu þó ekki til landa. Þann veg var veðri farit, at á lǫgðusk logn mikil, þokur ok sælægjur, ok sá þeir nær ekki frá skipum, ok fórsk þeim því seint. Þat var einn morgin, at af lypti þokunni; stóðu menn upp ok lituðusk um, ok sá þeir tvær eyjar, ok er þeir sá til eyjanna í annat sinn, þá var horfin ǫnnur eyin. Þat sǫgðu þeir jarli.

Hann tók til orða: „Þat munu engar eyjar verit hafa; þat munu vera skip þau, er menn hafa út hingat í heim, er þeir kalla drómunda; eru þau skip svá mikill sem hólmar til at sjá." [...]

Á drómundinum váru Saraceni, þat kǫllum vér Maúmets villumenn. Þar var mart blámanna, ok veittu þeir ina hǫrðustu móttǫku. [...]

Menn rœddu um tíðendin þessi, er þar hǫfðu gǫrzk: sagði þá hverr þat, er sét þóttisk hafa. Rœddu menn ok um, hverr fyrstr hafði upp gengit, ok urðu eigi á þat sáttir. Þá mæltu sumir, at þat væri ómerkiligt, at þeir hefði eigi allir eina sǫgn frá þeim stórtíðendum. Ok þar kom, at þeir urðu á þat sáttir, at Rǫgnvaldr jarl skyldi ór skera; skyldu þeir þat síðan allir flytja. Þá kvað jarl:

(2) Gekk á drómund døkkvan
– drengr réð snart til fengjar –
upp með œrnu kappi
Auðun fyrstr inn rauði;
þar nǫðum vér þjóðar
– því hefr aldar guð valdit –,
bolr fell blár á þiljur,
blóði vǫpn at rjóða.
....

Übersetzung von Strophe (2): Audun der Rote bestieg als erster – der Kerl war schnell auf Beute aus – den dunklen Dromund mit großem Kampfeifer; dort konnten wir – dies hat der Gott der Menschen bewirkt – die Waffen mit dem Blut der Leute röten: der schwarze Leib fiel auf das Deck.' – Geordnete Wortfolge: *Auðun inn rauði gekk fyrstr – drengr réð snart til fengjar – upp á døkkvan drómund með œrnu kappi; þár nǫðum vér – aldar goð hefr valdit því – at rjóða vǫpn blóði þjóðar: blár bolr fell á þiljur.*

---

16 sǫgn *A F*] sǫgu *U*. – 17 skyldu *A F*] skyldi *U*. – 20 snart *A F*] snarr *U*.

C. *Orkneyinga saga*, Kap. 88: Eine Zwischenstation in Kleinasien

Þeir Rǫgnvaldr jarl fóru um sumarit af Jórsalalandi ok ætluðu norðr til
Miklagarðs ok kómu um haustit til þess staðar, er heitir Imbólum. Þeir
dvǫlðusk þar mjǫk lengi í staðnum. Þar var þat orðtak haft í staðnum, ef
menn gengusk á móti, þá er þrǫng var, ok þóttisk annarr þurfa, at sá vægði gǫngunni, er á móti honum gekk, þá segir hann svá: „Miðhæfi, miðhæfi!"
Þat var eitt kveld, er þeir gengu ór bœnum ok Erlingr skakki gekk út
á bryggjuna skipsins, gengu staðarmenn í móti þeim ok mæltu: „Miðhæfi, miðhæfi!" Erlingr var drukkinn mjǫk ok lét sem hann heyrði eigi,
ok er þá bar saman, stǫkk Erlingr af bryggjunni ok ofan í leirinn, er undir var, ok hljópu menn hans til at draga hann upp ok urðu at fœra hann af
hverju klæði.

5 f. 8 f. miðhæfi] midhæfvi *Hss.*

KOMMENTAR

31 4: *Ermingerðr*. Die Regentin von Narbonne ist beileibe keine unbekannte Gestalt: Vizegräfin Ermengarde (ca. 1127/1129–1197) wird nicht nur in verschiedenen historischen Quellen genannt, sie war auch die bekannteste Mäzenatin der südfranzösischen Trobadors und hat in dieser Eigenschaft auch Eingang in den wohl gegen Ende des 12. Jahrhunderts von Andreas Capellanus verfaßten Minnetraktat *De amore* gefunden, wo sie als *domina Narbonensis Mengarda* als Expertin bzw. Richterin in Minnefragen zitiert wird.

32 9 f. und 32 17 f.: *hafði laust hárit, sem meyjum er títt at hafa* 'hatte offenes Haar, wie es Mädchen (unverheiratete Frauen) zu haben pflegen' und *lætr hár á herðar* [...] *sér falla* 'läßt sich das Haar auf die Schultern fallen'. Daß in Rögnvalds (authentischer) Skaldenstrophe vom herabfallenden Haar Ermengardes die Rede ist, hat den Sagaautor offenbar zu dem (vermutlich falschen) Schluß verleitet, daß die Vizegräfin während Rögnvalds Aufenthalts in Narbonne nicht verheiratet gewesen sei. In Frankreich trugen jedoch auch verheiratete Frauen der Oberschicht ihr Haar nach höfischer Mode lang und offen; bezeugt ist dies u.a. von Blanche von Frankreich, der Frau Rudolfs III. von Österreich, von der Ottokar aus der Gaal weiter berichtet, daß *des landes sit si phlac, / des si noch phlegen* 'sie pflegte den Landesbrauch [in Frankreich], dem sie [dort] noch immer anhängen' (*Österreichische Reimchronik*, V. 75490 f.). Die (zweite) Ehe Ermengardes mit Bernard von Anduze scheint jedenfalls zur Mitte des 12. Jahrhundert aufrecht gewesen zu sein. – Allgemein zu dieser Passage Klaus von See, Skaldendichtung. Eine Einführung (München –Zürich 1980), 9 ff.

6. Aus der *Orkneyinga saga*

32 11: *Jarl* [...] *setti hana í kné sér* 'Der Jarl [...] nahm sie auf seinen Schoß'. Daß man(n) sich eine Frau auf den Schoß setzt, ist eine Gepflogenheit zwischen Vertrauten in der skandinavischen Heimat; für das höfische kulturelle Milieu am Hof in Narbonne ist derartiges kaum vorstellbar: das wäre wohl ein *faux pas* ersten Ranges gewesen. – Die beiden anderen Haupthandschriften F und U schildern die Szene übrigens in weniger kompromittierenden Worten ('der Jarl setzte sie neben sich [nieder]').

33 1: *Nǫrvasund*. Daß Rögnvald und seine Begleiter in der *Orkneyinga saga* erst *nach* dem Aufenthalt in Narbonne (nach Galizien bzw. Spanien gelangen und) die Straße von Gibraltar durchfahren, wird auf einem Mißverständnis beruhen.

33 9: *drómundr* ist Lehnwort aus afrz. *dromont*, das seinerseits aus dem Griechischen (δρόμων *drómōn* 'Läufer') stammt. Es handelt sich um ein bis zu 50 m langes Schiff mit zwei Ruderreihen und einer Maximalbesatzung von 300 Mann, das ab dem 6. Jahrhundert in der byzantinischen Kriegsmarine gebräuchlich war.

33 17: *at Rǫgnvaldr jarl skyldi ór skera* 'daß Jarl Rögnvald entscheiden sollte'. Die Konstruktion der Realität wird in die Form einer Skaldenstrophe gegossen.

34 5 f. 8 f.: *Miðhæfi* ist ein fremdsprachiger Ausdruck unbekannter Bedeutung. Meist nimmt man Entstellung aus gr. μετάβηθι *metábēthi* 2. Pers. Sg. Aorist Imp. im Sinne von 'geh aus dem Wege' an; angesichts der lautlichen und semantischen Probleme – gr. μεταβαίνω *metabaínō* bedeutet 'sich begeben, übergehen zu' – bleibt dies jedoch eine ganz unverbindliche Vermutung.

34 7: *Erlingr skakki*. Erling trägt seinen Beinamen *skakki* 'der Schiefe, Einseitige' seit dem Überfall auf den sarazenischen Dromund: wegen einer schlecht verheilten Halsverletzung, die er im Kampf erlitten hat, kann er den Kopf nicht mehr gerade halten.

7. Aus der *Brennu-Njáls saga*

Klassisches Altisländisch; normalisierter Text mit Übersetzung der Strophe und Kommentar. – Handschriftliche Grundlagen: 1. AM 468, 4° (*Reykjabók*, R), frühes 14. Jahrhundert; AM 133, fol. (*Kálfalækjarbók*, K), Mitte 14. Jahrhundert (Fassung I); 2. AM 132, fol. (*Mǫðruvallabók*, M), ca. 1330–1370 (Fassung II). – Genre: Isländersaga (*Íslendingasaga*).
Text (leicht modifiziert) nach: Brennu-Njálssaga (Njála), ed. Finnur Jónsson (= Altnordische Saga-Bibliothek 13; Halle/Saale 1908), 168–172 (nach M).

Der handschriftlichen Überlieferung nach zu urteilen, hat sich die *Brennu-Njáls saga* ('Saga von Mordbrand-Njal') seit jeher großer Beliebtheit erfreut. Entstanden ist das Werk – die bei weitem umfangreichste Isländersaga, in der nicht weniger als ca. 700 Personen erwähnt werden – in der Zeit zwischen 1270 und 1290. Im Mittelpunkt der *Njáls saga* stehen die beiden Freunde und Nachbarn Gunnar und Njal: dieser sticht durch Klugheit und Rechtskenntnis hervor, jener durch Tatkraft und Kampftüchtigkeit. Die Männerfreundschaft der beiden bleibt bis zur Tötung Gunnars aufrecht; im zweiten Teil der Saga findet aber auch Njal ein gewaltsames Ende: er kommt mit seiner ganzen Familie bei einer (auch aus anderen Texten bekannten) *brenna* um. Im ersten Werkabschnitt wird Gunnar wegen eines Totschlags für drei Jahre des Landes verwiesen, bleibt aber wider besseren Wissens auf Island. Daraufhin verschwören sich seine Feinde (Mörd, Gizur der Weiße und der Gode Geir) und greifen mit ihren Leuten Gunnar an, der sich in seinem Haus verteidigt: von diesem Kampf handelt die folgende Passage.
Literatur: RGA² XXI (2002), 231–234 (*Njáls saga*; Sverrir Tómasson).

Brennu-Njáls saga, Kap. 77: Gunnars Tod

Gunnarr vaknaði í skálanum ok mælti: „Sárt ert þú leikinn, Sámr fóstri, 1
ok búð svá sé til ætlat, at skamt skyli okkar í meðal." 2
 Skáli Gunnars var gǫrr af viði einum ok súðþakiðr útan, ok gluggar 3
hjá brúnásunum ok snúin þar fyrir speld. Gunnarr svaf í lopti einu í 4
skálanum ok Hallgerðr ok móðir hans. 5
 Þá er þeir kómu at, vissu þeir eigi, hvárt Gunnarr myndi heima vera, 6
ok báðu, at einnhverr myndi fara heim fyrir ok vita, hvers víss yrði, en 7

---

7 fara heim fyrir ok vita, hvers víss yrði, en] fara ok forvitnaz um, en *M*.

7. Aus der *Njáls saga* 37

1 Þeir settusk niðr á vǫllinn. Þorgrímr austmaðr gekk upp á skálann; Gunn-
2 arr sér, at rauðan kyrtil bar við glugginn, ok leggr út með atgeirinum á
3 hann miðjan. Þorgrími skruppu fœtrnir ok varð lauss skjǫldrinn, ok hrat-
4 aði hann ofan af þekjunni. Gengr hann síðan at þeim Gizuri, þar er þeir
5 sátu á vellinum. Gizurr leit við honum ok mælti: „Hvárt, er Gunnarr
6 heima?"
7 Þorgrímr svarar: „Vitið þér þat, en hitt vissi ek, at atgeirr hans var
8 heima!"
9 Síðan fell hann niðr dauðr. Þeir sóttu þá at húsunum. Gunnarr skaut
10 út ǫrum at þeim ok varðisk vel, ok gátu þeir ekki at gǫrt. Þá hljópu sum-
11 ir á húsin ok ætluðu þaðan at at sœkja. Gunnarr kom þangat at þeim ǫr-
12 unum, ok gátu þeir ekki at gǫrt, ok fór svá fram um hríð. Þeir tóku hvíld
13 ok sóttu at í annat sinn. Gunnarr skaut enn út, ok gátu þeir ekki at gǫrt
14 ok hrukku frá í annat sinn.
15 Þá mælti Gizurr hvíti: „Sœkjum at betr, ekki verðr af oss."
16 Gerðu þeir þá hríð ina þriðju ok váru við lengi; eptir þat hrukku þeir
17 frá.
18 Gunnarr mælti: „Ǫr liggr þar úti á vegginum, ok er sú af þeira ǫrum,
19 ok skal ek þeiri skjóta til þeira; ok er þeim þat skǫmm, ef þeir fá geig af
20 vápnum sínum."
21 Móðir hans mælti: „Ger þú eigi þat, at þú vekir þá, er þeir hafa áðr
22 frá horfit."
23 Gunnarr þreif ǫrina ok skaut til þeira, ok kom á Eilíf Ǫnundarson, ok
24 fekk hann af sár mikit. Hann hafði staðit einn saman, ok vissu þeir eigi
25 at hann var særðr.
26 „Hǫnd kom þar út," segir Gizurr, „ok var á gullhringr, ok tók ǫr, er lá
27 á þekjunni, ok myndi eigi út leitat viðfanga, ef gnógt væri inni, ok skulu
28 vér nú sœkja at."
29 Mǫrðr mælti: „Brennu vér hann inni!"
30 „Þat skal verða aldri," segir Gizurr, „þó at ek vita, at líf mitt liggi við.
31 Er þér sjálfrátt at leggja til ráð þau, er dugi, svá slœgr maðr sem þú ert
32 kallaðr."
33 Strengir lágu á vellinum ok váru hafðir til at festa með hús jafnan.
34 Mǫrðr mælti: „Tǫku vér strengina ok berum um ássendana, en festum

---

3 skruppu] spruttu *M*.

aðra endana um steina ok snúum í vindása ok vindum af þakit af skálanum."

Þeir tóku strengina ok veittu þessa umbúð alla, ok fann Gunnarr eigi fyrr en þeir hǫfðu undit allt þakit af skálanum. Gunnarr skýtr þá af boganum, svá at þeir komask aldri at honum. Þá mælti Mǫrðr í annat sinn, at þeir myndi brenna Gunnarr inni.

Gizurr mælti: „Eigi veit ek, hví þú vill þat mæla, er engi vill annarra, ok skal þat aldri verða."

Í þessu bili hleypr upp á þekjuna Þorbrandr Þorleiksson ok hǫggr í sundr bogastrenginn Gunnars. Gunnarr þrífr atgeirinn báðum hǫndum ok snýsk at honum skjótt ok rekr í gegnum hann ok kastar honum á vǫllinn. Þá hljóp upp Ásbrandr, bróðir hans. Gunnarr leggr til hans atgeirinum, ok kom hann skildi fyrir sik; atgeirinn rendi í gegnum skjǫldinn ok meðal handleggjanna. Snaraði Gunnarr þá atgeirinn svá fast, at klofnaði skjǫldrinn, en brotnuðu báðir handleggirnir, ok fell hann út af vegginum. Áðr hafði Gunnarr sært átta menn, en vegit þá tvá. Þá fekk Gunnarr sár tvau; ok segja þat allir menn, at hann brygði sér hvártki við sár né við bana.

Hann mælti til Hallgerðar: „Fá mér leppa tvá ór hári þínu ok snúið þit móðir mín saman til bogastrengs mér."

„Liggr þér nokkut við?" segir hon.

„Líf mitt liggr við," segir hann, „því at þeir munu mik aldri fá sótt, meðan ek kǿm boganum við."

„Þá skal ek nú", segir hon, „muna þér kinnhestinn, ok hirði ek aldri, hvárt þú verr þik lengr eða skemr."

„Hefir hverr til síns ágætis nokkut," segir Gunnarr, „ok skal þik þessa eigi lengi biðja."

Rannveig mælti: „Illa ferr þér, ok mun þín skǫmm lengi uppi."

Gunnarr varði sik vel ok frǿknliga ok særir nú aðra átta menn svá stórum sárum, at mǫrgum lá við bana. Gunnarr verr sik þar til, er hann fell af mǿði. Þeir særðu hann mǫrgum stórum sárum, en þó komsk hann ór hǫndum þeim ok varði sik þá enn lengi; en þó kom þar, at þeir drápu hann.

Um vǫrn hans orti Þorkell elfaraskáld í vísu þessi:

---

1 þakit] ræfrit *M*. – 14 svá fast, at] svá at *M*. – 15 vegginum] þekjunni *M*. – 17 segja] sǫgðu *R*.

7. Aus der *Njáls saga* 39

Spurðu vér, hvé varðisk
vígmóðr kjalar slóða
glaðstýrandi geiri,
Gunnarr, fyrir Kjǫl sunnan;
sóknrýrir vann sára
sextán viðar mána
hríðar herðimeiða
hauðrmens, en tvá dauða.

Gizurr mælti: „Mikinn ǫldung hǫfu vér nú at velli lagit, ok hefir oss erfitt veitt, ok mun hans vǫrn uppi, meðan landit er byggt."

Síðan gekk hann til fundar við Rannveigu ok mælti: „Vill þú veita mǫnnum várum tveim jǫrð, er dauðir eru, ok sé hér heygðir?"

„At heldr tveim, at ek mynda veita yðr ǫllum", segir hon.

„Várkunn er þér til þess, er þú mælir," segir hann, „því at þú hefir mikils mist" – ok kvað á, at þar skyldi engu ræna ok engu spilla. Fóru á braut síðan.

Þá mælti Þorgeirr Starkaðarson: „Eigi megu vér vera heima í búum várum fyrir Sigfússonum, nema þú, Gizurr, eða Geirr sér suðr hér nǫkkura hríð."

„Þetta mun svá vera", segir Gizurr, ok hlutuðu þeir, ok hlaut Geirr eptir at vera. Síðan fór hann í Odda ok settisk þar. Hann átti sér son, er Hróaldr hét. Hann var laungetinn, ok hét Bjartey móðir hans ok var systir Þorvalds ins veila, er veginn var við Hestlœk í Grímsnesi. Hann hrósaði því, at hann hefði veitt Gunnari banasár. Hróaldr var með fǫðr sínum. Þorgeirr Starkaðarson hrósaði ǫðru sári, at hann hefði Gunnari veitt. Gizurr sat heima at Mosfelli.

Víg Gunnars mæltisk illa fyrir um allar sveitir, ok var hann mǫrgum mǫnnum harmdauði.

....

Übersetzung der Strophe: Wir erfuhren, wie sich Gunnar, der kampfeifrige Mann, mit dem Speer südlich von Kjöl wehrte: der Tapfere verwundete sechzehn Krieger, aber tötete zwei. – Geordnete Wortfolge: *Spurðu vér, hvé Gunnarr, vígmóðr kjalar slóða glaðstýrandi, varðisk geiri fyrir Kjǫl sunnan; sóknryrir vann sextán hauðrmens Viðurs mána hríðar herðimeiða sára, en tvá dauða.*

---

3 glaðstýrandi] glaðstýrandum *Hgg.* – 5 sóknrýrir] sókrýrir *Hgg.* – 6 viðar *M*] viðurr, viðr *Hss.*; Viðurs *Hgg.* – 12 ok sé her] at þeir sé hér *M*.

Kommentar

36 1: *Sárt ert þú leikinn, Sámr fóstri* 'Schlimm hat man dir mitgespielt, lieber Sam' (ein Diktum, das zu einer sprichwörtlichen Wendung geworden ist). Um das Überraschungsmoment auf ihrer Seite zu haben, töten die Angreifer – nicht weniger als vierzig Leute haben sich gegen Gunnar verschworen – zunächst dessen Hund Sam; dieser heult allerdings laut auf, als er erschlagen wird, sodaß Gunnar dann doch alarmiert wird.

37 30: *Þat skal verða aldri* 'Das soll nie geschehen'. Bei einem Mordbrand (*brenna*) wurde an das Haus der verschanzten Partei Feuer gelegt, sodaß die Insassen entweder in den Flammen umkamen oder bei einem eventuellen Ausbruchsversuch von den zahlenmäßig überlegenen Belagerern erschlagen wurden. Die *brenna* galt als besonders verwerfliche Tat (*níðingsverk*), die in den altisländischen Rechten mit der strengen Acht (i.e. mit lebenslangem Ausschluß aus der Rechtsgemeinschaft, mit lebenslanger Friedlosigkeit) bestraft wird.

38 23: *Þá skal ek nú ... muna þér kinnhestinn* 'Dann werde ich dich jetzt ... an die Ohrfeige erinnern'. Hallgerd ist eine schöne, aber schwierige Frau, die oft in Eigenregie handelt und dabei auch vor Verbrechen bis hin zu Totschlag nicht zurückschreckt. Das Ereignis, auf das Hallgerd verweist, liegt schon einige Zeit zurück: nachdem bekannt wird, daß sie während einer Hungersnot einen ihrer Sklaven dazu angestiftet hat, Vorräte eines Nachbarn zu stehlen und dessen Speicher anzuzünden, wird sie von Gunnar geschlagen – 'sie sagte, sie werde die Ohrfeige nicht vergessen und ihm heimzahlen, wenn sie könne' (Kap. 48).

38 33: *Þorkell elfaraskáld*. Von diesem sonst unbekannten Skalden ist lediglich diese eine Strophe überliefert; der Wortlaut weicht in den einzelnen Handschriften zum Teil beträchtlich ab, sodaß die Textdeutung unsicher bleibt.

39 17 f.: *Eigi megu vér vera heima í búum várum fyrir Sigfússonum* 'Wir können nicht zu Hause auf unseren Höfen sitzen wegen der Sigfussöhne'. Thorgeir befürchtet Racheaktionen der kampfkräftigen Verwandtschaft Gunnars.

Abb. 4: Njáll; Illustration der Handschrift LbS 3505, 4° (1698), Add. 1ʳ.

8. Aus der *Gísla saga Súrssonar*

Klassisches Altisländisch; normalisierter Text mit Kommentar. – Handschriftliche Grundlagen: 1. AM 556a, 4° (M), spätes 15. Jahrhundert (Version I); 2. AM 149, fol. (A$_1$); ca. 1700; NkS 1181, fol. (S), spätes 18. Jahrhundert (Version II); 3. AM 445c I, 4° (B), um 1400 (Version III, unvollständig). – Genre: Isländersaga (*Íslendingasaga*).

Text (modifiziert) nach: Gísla saga Súrssonar, ed. Finnur Jónsson (= Altnordische Saga-Bibliothek 10; Halle/Saale 1903), 12–15. 29–30 (nach M).

Die um die Mitte des 13. Jahrhunderts entstandene *Gísla saga Súrssonar* ('Saga von Gisli Surssohn') zeichnet sich durch eine klare Struktur und eine straff erzählte Handlung aus. Die Saga liegt in zwei verschiedenen Hauptfassungen vor, die stilistisch und in den ersten Kapiteln auch inhaltlich beträchtlich voneinander abweichen; eine dritte Fassung ist nur fragmentarisch überliefert. Die *Gísla saga* erzählt vom Aufstieg der beiden Brüder Gisli und Thorkel sowie deren Schwäger Vestein und Thorgrim. Bald beginnen sich jedoch die Bande zwischen den vier Männern aus dem Habichtstal (*Haukdœlir*) zu lockern, das Unheil kündigt sich an und geschieht auch: Vestein wird – wohl von Thorgrim, der Text sagt dies jedoch nicht explizit – getötet, nachdem bekannt wird, daß er eine Beziehung mit Thorkels Frau Asgerd unterhält. Gisli rächt seinen Schwager Vestein, wird daraufhin geächtet und nach langen Jahren als *outlaw* schließlich von seinen Feinden zur Strecke gebracht. Die beiden Textpassagen schildern den verunglückten Blutsbrüderschwur der *Haukdœlir* und die Tötung Vesteins.

Literatur: Rudolf Simek / Hermann Pálsson, Lexikon der altnordischen Literatur. Die mittelalterliche Literatur Norwegens und Islands (= Kröner 490; Stuttgart ²2007), 114 f. (s.v. *Gísla saga Súrssonar*), 115 (s.v. *Gísli Súrsson*).

A. Der erste Satz der *Gísla saga Súrssonar* in M
(AM 556a, 4°, fol. 53^v, Zeile 1–2):

Þat é ꝑ ꜹ ſaugu þe· att hꜳkon ꝛ́́ aðalſteinſ ꝑoſt¹ reþ ꝑ́ noͥ·

Þat er upp[*haf*] *á sǫgu þessi, at Hákon konungr Aðalsteinsfóstri réð fyrir Nóregi.*

'Das ist der Beginn in dieser Saga, daß König Hakon, Adalsteins Ziehsohn, über Norwegen herrschte.'

B. *Gísla saga*, Kap. 6: Schwurbruderschaft

1   Gestr hét maðr ok var Oddleifsson; hann var kominn til þings ok var í búð
2   hjá Þorkeli auðga. Nú sitja þeir við drykkju, Haukdœlir, en aðrir menn
3   váru at dómum, því at sóknarþing var.
4   Þá kømr maðr inn í búð þeira Haukdœla, gassi mikill, er Arnórr hét,
5   ok mælti: „Allmikit er um yðr Haukdœla, er þér gáið enskis annars en at
6   drekka en vilið eigi koma til dóma, þar sem þingmenn yðrir eigu málum
7   við at skiptask; ok þykkir svá ǫllum, þótt ek kveða upp."
8   Þá mælti Gísli: „Gǫngum þá til dóma; kann vera, at þetta mæli fleiri."
9   Ganga þeir nú til dóma; ok spyrr Þorgrímr, ef nǫkkurir væri þeir
10 menn, er þyrfti þeira liðveizlu – „ok skal ekki eptir liggja þat sem vér
11 megum þeim veita, meðan vér erum uppi, sem vér heitum váru liði."
12 Þá svarar Þorkell inn auðgi: „Lítils eru mál þessi verð, er menn eigu
13 hér við at skiptask; en vér munum yðr til segja, ef vér þurfum yðvarrar
14 liðveizlu."
15 Ok nú finnsk mǫnnum orð um, hvé skrautligr flokkr þeira var, eða um
16 málsenda þeira, hversu skǫruligir váru.
17 Þorkell mælti þá til Gests: „Hvé lengi ætlar þú, at kapp þeira Hauk-
18 dœla ok yfirgangr myni vera svá mikill?"
19 Gestr svarar: „Eigi munu þeir allir samþykkir it þriðja sumar, er þar
20 eru nú í þeim flokki."
21 En Arnórr var hjá þessu þeira tali, ok hleypr inn í búð þeira Haukdœla
22 ok segir þeim þessi orð. Gísli svarar: „Hér mun hann mælt mál talat hafa;
23 en vǫrumsk vér, at eigi verði hann sannspár; enda sé ek gott ráð til þessa,
24 at vér bindum várt vinfengi með meirum fastmælum en áðr ok sverj-
25 umsk í fóstbrœðralag fjórir."
26 En þeim sýnisk þetta ráðligt. Ganga nú út í eyraroddann ok rísta þar
27 upp ór jǫrðu jarðarmen, svá at báðir endar váru fastir í jǫrðu, ok settu þar
28 undir málaspjót þat, er maðr mátti taka hendi sinni til geirnagla. Þeir
29 skyldu þar fjórir undir ganga, Þorgrímr, Gísli, Þorkell ok Vésteinn. Ok nú
30 vekja þeir sér blóð ok láta renna saman dreyra sinn í þeiri moldu, er upp
31 var skorin undan jarðarmeninu, ok hrœra saman allt, moldina ok blóðit.
32 En síðan fellu þeir allir á kné ok sverja þann eið, at hverr skal annars
33 hefna sem bróður síns, ok nefna ǫll goðin í vitni. Ok er þeir tókusk í hendr

2 Haukdœlir $A_1 S$] Sýrdœlir M. – 26 eyraroddann $A_1 S$] Eyrarhválsodda M.

8. Aus der *Gísla saga* 43

allir, þá mælti Þorgrímr: „Œrinn vanda hefir ek, þótt ek gera þetta við þá báða, Þorkel ok Gísla, mága mína; en mik skyldir ekki til við Véstein" – ok hnykkir hendi sinni.

„Svá munu vér þá fleiri gera", segir Gisli ok hnykkir ok sinni hendi, „ok skal ek eigi binda mér vanda við þann mann, er eigi vill við Véstein, mág minn".

Nú þykkir mǫnnum um þetta mikils vert; Gísli mælti þá til Þorkels, bróður síns: „Nú fór sem mik grunaði; ok mun þetta fyrir ekki koma, sem nú er at gǫrt; get ek ok, at auðna ráði nú um þetta."

Fara nú menn heim af þinginu.

C. *Gísla saga*, Kap. 13: Vesteins Tod

Nú bar þat til nýlundu á Hóli, at Gísli lætr illa í svefni tvær nætr í samt, ok spyrja menn, hvat hann dreymði. Hann vill eigi segja drauma sína.

Nú kømr in þriðja nóttin, ok fara menn til rekkna sinna, ok er menn hǫfðu sofit svefn, kømr bylr á húsit svá mikill, at af tekr þekjuna alla ǫðru megin af húsinu. Þat fylgði þessu, at vatn fell ór himni svá mikit, at þat var með ódœmum, ok tóku húsin at drjúpa sem líkligt var, er þakit tók at rofna.

Gísli spratt upp skjótt ok heitr á menn sína, at skýli. En þræll einn var með Gísla, sá er Þórðr hét, ok kallaðr inn huglausi; hann var mikill maðr vexti, nær því sem Gísli. Þrællinn var heima, en Gísli fór ok nær allir menninir með honum til heyjanna at duga þeim við. Vésteinn bauð at fara með þeim, en Gísli vill eigi þat. Ok nú er mest tóku at drjúpa húsin, þá snúa þau systkin rekkjum sínum um endilangt húsit; en allir menn aðrir váru brott flýðir ór húsinu nema þau tvau ein.

Nú er gengit inn nǫkkut fyrir lýsing hljóðliga ok þangat at, sem Vésteinn hvílir. Hann var þá vaknaðr. Eigi finnr hann fyrr en hann er lagðr spjóti fyrir brjóstit, svá at stóð í gegnum hann. En er Vésteinn fekk lagit, þá mælti hann þetta: „Hneit þar!" sagði hann; ok því næst gekk maðrinn út. En Vésteinn vildi upp standa; í því fellr hann niðr fyrir stokkinn dauðar.

---

15 f. mikit, at þat var með ódœmum *M*] mikit ór lopti, at þat var eigi með minnum fádœmum A_1S; at vatn flaut um sængina *B*. – 19 f. hann var mikill maðr vexti, nær því sem Gísli A_1S] ..., nær ok Gísli *B*; *fehlt M*. – 23 húsit *M*] setit A_1SB. – 27 brjóstit *M*] bringspǫluna A_1S. – 28 Hneit þar *M*] Við hneit þarna A_1S.

44   I. Texte

1 Auðr vaknar við ok kallar á Þórð inn huglausa ok biðr hann taka vápnit
2 ór undinni. Þat var þá mælt, at sá væri skyldr at hefna, er vápni kipði ór
3 sári, en þat váru kǫlluð launvíg en eigi morð, er menn létu vápn eptir í
4 beninni standa. Þórðr var svá líkblauðr maðr, at hann þorði hvergi í nánd
5 at koma.
6 Gísli kom þá inn ok sá, hver efni í váru, ok bað Þórð vera kyrran.
7 Hann tók sjálfr spjótit ór sárinn ok kastaði alblóðgu í ǫrk eina ok lét eng-
8 an mann sjá ok settisk á stokkinn.
9 Síðan lét hann búa um lík Vésteins eptir þeiri siðvenju, er þá var í þann
10 tíma. Vésteinn var mjǫk harmdauði bæði Gísla ok ǫðrum mǫnnum.

KOMMENTAR

42 1: *til þings* 'zum Thing'. Es handelt sich um das *Valseyrarþing*, das auf einer Thingstätte am Dyrafjord (*Dýrafjǫrðr*) in Nordwestisland stattfand.

42 6: *þingmenn yðrir* 'eure Thingmänner, Angehörige eures Thingverbandes'. Thorgrim war Gode (*goði*), eine Art Bezirkshauptmann mit politischen und rechtlichen Befugnissen, in älterer Zeit wohl auch mit religiöser Funktion. Zwischen dem Goden und seinen Thingmännern bestand ein gegenseitiges Beistandsverhältnis.

42 26 ff.: *Ganga nú út í eyraroddann* 'Sie gehen nun auf die Spitze der Landzunge hinaus' etc. Die *Gísla saga* bietet den ausführlichsten Bericht über das Eingehen einer Blutsbrüderschaft, der uns in der altisländischen Literatur überliefert ist. Es ist wohl anzunehmen, daß das gewölbte Erdband (*jarðarmen*) den Mutterleib symbolisiert, in dem die Beteiligten ihr Blut vermischen und die solchermaßen entstandene Blutsgemeinschaft dann durch einen Schwur besiegeln; mit dem Heraustreten aus dem Grasbogen werden die Schwörenden gewissermaßen als Brüder wiedergeboren. In der *Gísla saga* absolvieren allerdings nicht alle Beteiligten alle Stufen der Dreifachzeremonie (Rasengang – Blutvermengung – Treueschwur mit Handschlag): Thorgrim hat gegenüber Vestein, Gisli gegenüber Thorgrim keine Verpflichtung. – Grundlegend zum *fóstbrœðralag* in der *Gísla saga* Leopold Hellmuth, Die germanische Blutsbrüderschaft. Ein typologischer und völkerkundlicher Vergleich (= Wiener Arbeiten zur germanischen Altertumskunde und Philologie 7; Wien 1975), 23 ff. 61 ff. 75 ff. pass.

42 28: *málaspjót*: ein Speer, dessen Spitze (bzw. Blatt) mit verschiedenen Zeichen und/oder Ornamenten aus eingelegtem Gold- oder Silberdraht versehen ist. Ob einem derartigen *málaspjót* über seine Bedeutung als Repräsentativobjekt bzw. als Statuszeichen hinaus auch (zusätzlich) magische Funktionen zugekommen sind, bleibt unsicher. – Verzierte Lanzenspitzen sind im germanischen Bereich schon früh zu belegen (vgl. Abb. 5, S. 45).

8. Aus der *Gísla saga* 45

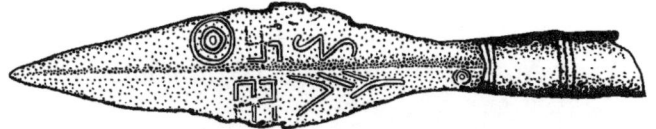

Abb. 5: Lanzenspitze von (Suszyczno bei) Kovel' (Wolhynien, UA), ca. 201–250 (Maßstab ca. 1:2). – Auf der hier abgebildeten Seite sind konzentrische Kreise, zwei Swastiken, ein Doppelhaken und ein ährenartiges Zeichen angebracht. (Auf der anderen, hier nicht abgebildeten Seite sind zwei Punktkreise, ein Sichel und ein Doppelhaken mit der Runeninschrift **tilarids** = ogerm. *Tilarīds*, ein Waffenname 'der zum Ziel strebt', vergesellschaftet.)

43 9: *get ek ok, at auðna ráði nú um þetta* 'ich glaube auch, daß das Schicksal dabei waltet (darüber entscheidet)'. Die Macht des Schicksals ist das beherrschende Thema der *Gísla saga*.

44 9 f.: *Síðan lét hann búa um lík Vésteins eptir þeiri siðvenju, er þá var í þann tíma* 'Danach ließ er den Leichnam Vesteins nach dem Brauch zurechtmachen, der da zu der Zeit herrschte'. Damit ist die sog. Leichenhilfe (*nábjargir*) gemeint, die das Schließen von Augen und Mund, das Verschließen der Nasenlöcher und das Waschen des toten Körpers umfaßte.

9. Aus der *Snorra Edda* (*Gylfaginning*)

Klassisches Altisländisch; normalisierter Text mit Kommentar. – Handschriftliche Grundlagen: 1. GkS 2367, 4° (R), 1. Hälfte 14. Jahrhundert; AM 242, fol. (W), Mitte 14. Jahrhundert; UB Utrecht 1374 (T), Ende 16. Jahrhundert; 2. UB Uppsala, DG 11, 4° (U), frühes 14. Jahrhundert. – Einzelwerk.

Text (modifiziert) nach: Snorri Sturluson, Edda, ed. Finnur Jónsson (København ²1926), 56–60 (nach R).

In Jahren um 1220, also vor der *Heimskringla* (vgl. Text 5), hat Snorri Sturluson eine Art Handbuch für junge Dichter geschrieben, 'die danach streben, sich die Sprache der Poesie anzueignen und ihren Wortschatz mit alten Ausdrücken anzureichern oder die verstehen wollen, was [scil. in alten Gedichten] metaphorisch ausgedrückt ist' (*Skáldskaparmál*, Kap. 1); dieses Werk – und nur dieses – trägt im Mittelalter den Titel *Edda*. Der Traditionshorizont, auf den sich die Skalden in ihren Umschreibungen beziehen, umfaßt die alte heidnische Mythologie und die Heldensage, und es sind die Stoffe aus diesen Überlieferungsverbänden, die in den ersten beiden Hauptteilen der *Snorra Edda* – *Gylfaginning* ('Täuschung Gylfis') und *Skáldskaparmál* ('Sprache der Dichtkunst') – unter Beigabe von Beispielstrophen referiert werden. Den dritten großen Abschnitt von Snorris poetologischem Werk bildet ein 102 Strophen umfassendes Mustergedicht *Háttatal* ('Liste von Versmaßen'), in dem die Metren der altisländischen Dichtung vorgestellt werden. In der unten folgenden Textpassage läßt Snorri *Hár* ('Hoch'), einen von drei mythisch-dämonischen Königen in Asgard, dem wißbegierigen Schwedenkönig *Gangleri* (alias *Gylfi*) den Mythos vom Tod Balders erzählen.

Literatur: RGA² VI (1986), 394–412 (*Edda, Jüngere*; G[erd] W[olfgang] Weber); RGA² XXIX (2005), 170–178 (*Snorri Sturluson*; Sverrir Tómasson).

A. Der Beginn der *Snorra Edda* (auch: *Prosa-Edda*) in U
(UB Uppsala, DG 11, 4°, p. 1, Zeile 1)

bok þı heıt́ eðða. ħa heu̇ ſam̄ ſeṫa ſnoːrı ſturlo.ſ. [...].
Bók þessi heitir Edda; hana hefir saman setta Snorri Sturlu sonr [...].
'Dieses Buch heißt *Edda*; es hat Snorri, Sohn des Sturla, zusammengesetzt (i.e. verfaßt) [...].'

B. Gylfaginning, Kap. 49 [48]: Balders Tod

Þá mælti Gangleri: „Hafa nǫkkur meiri tíðendi orðit með ásunum? All-
mikil þrekvirki vann Þórr í þessi ferð."
Hár svarar: „Vera mun at segja frá þeim tíðendum, er meira þótti vert
ásunum. En þat er upphaf þessar sǫgu, at Baldr inn góða dreymði drauma
stóra ok hættliga um líf sitt. En er hann sagði ásunum draumana, þá báru
þeir saman ráð sín, ok var þat gǫrt at beiða griða Baldri fyrir allskonar
háska. Ok Frigg tók svardaga til þess, at eira skyldu Baldri eldr ok vatn,
járn ok allskonar málmr, steinar, jǫrðin, viðirnir, sóttirnar, dýrin, fuglar-
nir, eitrit, ormarnir.

En er þetta var gǫrt ok vitat, þá var þat skemtun Baldrs ok ásanna, at
hann skyldi standa upp á þingum, en allir aðrir skyldu sumir skjóta at
honum, sumir hǫggva til, sumir berja grjóti. En hvat sem at var gǫrt, sak-
aði hann ekki, ok þótti þetta ǫllum mikill frami.

En er þetta sá Loki Laufeyjarson, þá líkaði honum illa, er Baldr sak-
aði ekki. Hann gekk til Fensalar til Friggjar ok brá sér í konu líki. Þá
spyrr Frigg, ef sú kona vissi, hvat æsir hǫfðusk at á þinginu. Hon sagði,
at allir skutu at Baldri, ok þat, at hann sakaði ekki. Þá mælti Frigg: 'Eigi
munu vápn eða viðir granda Baldri: eiða hefi ek þegit af ǫllum þeim.'

Þá spyrr konan: 'Hafa allir hlutir eiða unnit at eira Baldri?'

Þá svarar Frigg: 'Vex viðarteinungr einn fyrir vestan Valhǫll, sá er
mistilteinn kallaðr: sá þótti mér ungr at krefja eiðsins.'

Því næst hvarf konan á braut; en Loki tók mistiltein ok sleit upp ok
gekk til þings. En Hǫðr stóð útarliga í mannhringinum, því at hann var
blindr. Þá mælti Loki við hann: 'Hví skýtr þú ekki at Baldri?'

Hann svarar: 'Því at ek sé eigi, hvar Baldr er, ok þat annat, at ek em
vápnlauss.'

Þá mælti Loki: 'Gǫrðu þó í líking annarra manna ok veit Baldri sœmð
sem aðrir menn. Ek mun vísa þér til, hvar hann stendr: skjót at honum
vendi þessum.'

Hǫðr tók mistiltein ok skaut at Baldri at tilvísun Loka; flaug skotit í
gǫgnum Baldr, ok fell hann dauðr til jarðar; ok hefir þat mest óhapp verit
unnit með goðum ok mǫnnum.

---

9 eitrit, ormarnir *WT*] eitr, ormar *R*; eitrormar *U*. – 11 f. at honum *TU*] á hann
RW. – 18 þegit *R*] fengit *WT*; tekit *U*. – 21 mistilteinn] mistilsteinn *R*.

Þá er Baldr var fallinn, þá fellusk ǫllum ásum orðtǫk ok svá hendr at taka til hans, ok sá hverr til annars. Ok váru allir með einum hug til þess, er unnit hafði verkit; en eigi mátti hefna: þar var svá mikill griðastaðr.

En þá er æsirnir freistuðu at mæla, þá var hitt þó fyrr, at grátrinn kom upp, svá at engi mátti ǫðrum segja með orðunum frá sínum harmi. En Óðinn bar þeim mun verst þenna skaða, sem hann kunni mesta skyn, hversu mikil aftaka ok missa ásunum var í fráfalli Baldrs.

En er goðin vitkuðusk, þá mælti Frigg ok spurði, hverr sá væri með ásum, er eignask vildi allar ástir hennar ok hylli, ok vili hann ríða á helveg ok freista, ef hann fái fundit Baldr ok bjóða Helju útlausn, ef hon vill láta fara Baldr heim í Ásgarð. En sá er nefndr Hermóðr inn hvati, sonr Óðins, er til þeirar farar varð. Þá var tekinn Sleipnir, hestr Óðins, ok var leiddr fram, ok steig Hermóðr á þann hest ok hleypti braut.

En æsirnir tóku lík Baldrs ok fluttu til sævar. Hringhorni hét skip Baldrs; hann var allra skipa mestr. Hann vildu goðin fram setja ok gera þar á bálfǫr Baldrs, en skipit gekk hvergi fram. Þá var sent í Jǫtunheima eptir gýgi þeiri, er Hyrrokkin hét. En er hon kom ok reið vargi ok hafði hǫggorm at taumum, þá hljóp hon af hestinum, en Óðinn kallaði til berserki fjóra at gæta hestsins, ok fengu þeir eigi haldit, nema þeir feldi hann. Þá gekk Hyrrokkin á framstafn nǫkkvans ok hratt fram í fyrsta viðbragði, svá at eldr hraut ór hlunnunum ok lǫnd ǫll skulfu. Þá varð Þórr reiðr ok greip hamarinn ok myndi þá brjóta hǫfuð hennar, áðr goðin ǫll báðu henni friðar.

Þá var borit út á skipit lík Baldrs; ok er þat sá kona hans, Nanna Nepsdóttir, þá sprakk hon af harmi ok dó. Var hon borin á bálit, ok slegit í eldi. Þá stóð Þórr at ok vígði bálit með Mjǫllni; en fyrir fótum honum rann dvergr nǫkkurr, sá er Litr nefndr. En Þórr spyrndi fœti sínum á hann ok hratt honum í eldinn, ok brann hann.

At þessi brennu sótti margskonar þjóð: fyrst at segja frá Óðni, at með honum fór Frigg ok valkyrjur ok hrafnar hans; en Freyr ók í kerru með gelti þeim, er Gullinbursti heitir eða Slíðrugtanni; en Heimdallr reið hesti þeim, er Gulltoppr heitir; en Freyja ók kǫttum sínum. Þar kom ok mikit fólk hrímþursa ok bergrisar. Óðinn lagði á bálit gullhring þann, er

---

12 sonr *T*] son *WU*; sveinn *R*. farar *R*] sendifarar *WT*. — 17 hét *R*] er nefnd *WT*. — 21 hraut] fauk *T*. — 25 af *WT*] á *R*. — 27 fœti sínum *WT*] fœtum *R*. — 28 hann] hann þar *T*. — 29 At] En *R*. — 32 ók *TU*] *fehlt RW*.

9. Aus der *Snorra Edda* 49

Draupnir heitir; honum fylgði sú náttúra, at ina níundu hverja nótt drupu af honum átta gullhringar jafnhǫfgir. Hestr Baldrs var leiddr á bálit með ǫllu reiði.

En þat er at segja frá Hermóði, at hann reið níu nætr døkkva dala ok djúpa, svá at hann sá ekki, fyrr en hann kom til árinnar Gjallar ok reið á Gjallarbrúna. Hon er þǫkt lýsigulli. Móðguðr er nefnd mær sú, er gætir brúarinnar. Hon spurði hann at nafni eða at ætt ok sagði, at inn fyrra dag riðu um brúna fimm fylki dauðra manna – 'en eigi dynr brúin minnr undir einum þér, ok eigi hefir þú lit dauðra manna: hví ríðr þú hér á helveg?'

Hann svarar, at 'ek skal ríða til Heljar at leita Baldrs; eða hvárt hefir þú nǫkkut sét Baldr á helvegi?'

En hon sagði, at Baldr hafði þar riðit um Gjallarbrú – 'en niðr ok norðr liggr helvegr.'

Þá reið Hermóðr þar til, er hann kom at helgrindum. Þá sté hann af hestinum ok gyrði hann fast, steig upp ok keyrði hann sporum, en hestrinn hljóp svá hart yfir grindina, at hann kom hvergi nær. Þá reið Hermóðr heim til hallarinnar ok steig af hesti, gekk inn í hǫllina, sá þar sitja í ǫndugi Baldr, bróður sinn, ok dvalðisk Hermóðr þar um nóttina. En at morni þá beiddisk Hermóðr af Helju, at Baldr skyldi ríða heim með honum, ok sagði, hversu mikill grátr var með ásum. En Hel sagði, at þat skyldi svá reyna, hvárt Baldr var svá ástsæll sem sagt er, ok 'ef allir hlutir í heiminum, kvikvir ok dauðir, gráta hann, þá skal hann fara til ása aptr, en haldask með Helju, ef nǫkkurr mælir við eða vill eigi gráta.'

Þá stóð Hermóðr upp, en Baldr leiddi hann út ór hǫllinni ok tók hringinn Draupni ok sendi Óðni til minja, en Nanna sendi Frigg ripti ok enn fleiri gjafir, Fullu fingrgull. Þá reið Hermóðr aptr leið sína ok kom í Ásgarð ok sagði ǫll tíðendi þau, er hann hafði sét eða heyrt.

Því næst sendu æsir um allan heim ørendreka at biðja, at Baldr væri grátinn ór helju. En allir gerðu þat, mennirnir ok kvikendin ok jǫrðin ok steinarnir ok tré ok allr málmr, svá sem þú munt sét hafa, at þessir hlutir gráta, þá er þeir koma ór frosti ok í hita.

Þá er sendimenn fóru heim ok hǫfðu vel rekit sín ørendi, finna þeir í helli nǫkkurum, hvar gýgr sat; hon nefndisk Þǫkk. Þeir biðja hana gráta Baldr ór helju. Hon segir:

---

7 at ætt *WT*] ætt *R*. – 8 minnr *W*] miðr *U*, jafnmjǫk *RT*. – 16 hart yfir *W*] hart ok yfir *R*, hátt yfir *T*. – 24 leiddi *WT*] leiðir *R*.

1 'Þǫkk mun gráta   þurrum tárum
2   Baldrs bálfarar;
3   kyks né dauðs   nautka karls sonar:
4   haldi Hel, því er hefir!'
5 En þess geta menn, at þar hafi verit Loki Laufeyjarson, er flest hefir illt
6 gǫrt með ásum."

2 bálfarar] helfarar *U.* —   3 né] eða *U.*   karls sonar *W*] karlsonar *T,* kalldsonar *R.*
— 4 haldi *WTU*] hafi *R.*

KOMMENTAR

47 1 f.: *Allmikil þrekvirki vann Þórr í þessi ferð* 'Außerordentliche Heldentaten vollbrachte Thor auf dieser Fahrt'. Im vorangegangenen Kapitel wird von der Angelung der Midgardschlange berichtet.

47 14 f.: *þá líkaði honum illa, er Baldr sakaði ekki.* Warum Loki mißfällt, daß Balder durch nichts verletzt werden kann, wird weder hier noch anderswo in der altisländischen mythologischen Überlieferung gesagt.

47 31: *fell hann dauðr til jarðar* 'er fiel tot zu Boden'. Balder ist eine ausgesprochen positiv besetzte Göttergestalt: von ihm ist (nur) 'Gutes zu sagen: er ist der Beste, und alle loben ihn; er ist von so schönem Aussehen und so strahlend, daß ein Leuchten von ihm ausgeht', weiß Snorri an anderer Stelle (*Gylfaginning*, Kap. 21) zu berichten. Der Tod eines derart glanzvollen Gottes markiert auch in Snorris Mythenpanorama den Anfang vom Ende, das schließlich in die *ragna rǫk* 'das, was sich bei den Göttern begeben wird, Götterschicksal' – bei Snorri ist dieser Terminus zu *ragnarøk(k)r* 'Götterdämmerung' umgedeutet – mündet. (Nach dem Untergang alles Seins entsteht dann eine neue, bessere Welt, in die Balder gemeinsam mit seinem Töter Höd zurückkehrt; aber das ist eine andere Geschichte.)

48 32: *Freyja ók kǫttum sínum* 'Freyja fuhr mit ihren Katzen'. Das auffällige Katzengespann der Freyja wird in der *Snorra Edda* bereits früher erwähnt: wenn Freyja auf Reisen ist, 'dann fährt sie mit zwei Katzen und sitzt in einem Wagen' (*Gylfaginning*, Kap. 24).

49 1: *Draupnir.* An anderer Stelle (*Skáldskaparmál,* Kap. 5) nennt Snorri indessen Balder als (ursprünglichen) Besitzer dieses magischen Rings.

49 12 f.: *niðr ok norðr liggr helvegr* 'hinunter und nordwärts führt der Weg ins Jenseits'. Die *hel,* eigentlich 'die [Tote] Bergende' (urgerm. **heljō-* f., zu **hela-* 'bergen') wird als unterirdischer bzw. verborgener Ort gedacht; ihre Beherrscherin, *Hel,* ist wahrscheinlich erst eine (sekundäre) Personifikation. Die altisländischen literarischen Quellen schildern die Hel zwar als eine düstere und gespensti-

9. Aus der *Snorra Edda* 51

Abb. 6 (links): Goldbrakteat von Fakse-B (spätes 5. Jahrhundert / frühes 6. Jahrhundert). Maßstab ca. 1,75 : 1. – Nach verbreiteter, von Karl Hauck begründeter Ansicht handelt es sich bei der Mittelfigur um den auf einem Podest befindlichen Balder, in seinem Rumpf steckt der Mistelzweig; in der frauengewandeten und befiederten 'Gegengestalt' erblickt man Loki, der Balder zum Schein huldigt; der speerbewehrte 'Hintermann' sei Wodan-Odin, der seinen Sohn Balder zu schützen versuche. Mehrere Bilddetails dieser 'Drei-Götter-Brakteaten' bleiben aber unklar: Warum ist Höd nicht abgebildet? Warum ist Loki gefiedert, warum hat er Kugelfüße, und warum überreicht er Balder einen Kranz? Warum hält Balder ein hantelartiges (Rhythmus-)Instrument? Einen Ko-Text in Form einer Runeninschrift, der auf das Abgebildete referieren und es damit definieren würde, gibt es jedoch weder auf diesem Brakteaten noch auf verwandten Stücken, sodaß die Haucksche Bilddeutung nur eine Möglichkeit bleibt.

Abb. 7 (rechts): SÁM 66, 8° (*Melsted's Edda*; 1765–1766), fol. 75ᵛ. Maßstab ca. 1 : 3. – Der blinde Höd durchbohrt laut Ko-Text (rechts oben) Balder *eptir tilvÿsan* ('nach der Anleitung') Lokis mit einem Mistelzweig.

Welt, anders aber als bei der christlichen *Hölle* (= ahd. *hell(i)a* f., die Entsprechung von aisl. *hel*!) handelt es sich um keinen 'Strafort', sondern um eine Art allgemeines Totenreich. – Die Weiterexistenz in der Unterwelt ist nur eines von mehreren Jenseitskonzepten, die im alten Skandinavien offenbar nebeneinander bestanden haben; es sind uns vor allem auch Vorstellungen vom Aufenthalt bei den Göttern (im 'Kriegerparadies' der *Valhǫll*), vom Weiterleben im Grabhügel (als untoter Wiedergänger) und von einer Wiedergeburt überliefert; vgl. A[nders] Hultgård, Mythische Stätten, Tod und Jenseits. In: RGA² XX (2002), 472–477 (mit weiterer Literatur).

50 1 ff.: Die zitierte Strophe (im eddischen *ljóðaháttr*) ist nur hier überliefert und mag aus einem verlorenen Lied über den Tod Balders stammen. Daß Snorri in seiner Darstellung vom Tod Balders und dem nachfolgenden Geschehen poetische Vorlagen gehabt hat, ist auch aus der auffälligen Dichte an Alliterationen im Prosatext abzuleiten; hier nur ein Beispiel (49 4–6): *En þat er at segja frá Hermóði, at hann reið níu nætr døkkva dala ok djúpa, svá at hann sá ekki, fyrr en hann kom til árinnar Gjallar ok reið á Gjallarbrúna. Hon er þǫkt lýsigulli. Móðguðr er nefnd mær* [...].

50 3: *nautka* (= *naut-ek-a*) *karls sonar* 'ich hatte an dem Sohn des Kerls keine Freude'. Mit *karl* ist hier Odin gemeint.

10. Aus der *Erex saga*

Spätaltisländisch (*æ* < *œ*; *ö* statt *ǫ* und *ø*; -*z* 3. Pers. Sg. mediopassiv; *hún* f. Pron. 3. Sg. etc.); normalisierter Text mit Kommentar. – Handschriftliche Grundlagen: 1. AM 181b, fol. (A), Mitte 17. Jahrhundert; SKB pap. 46, fol. (B), 1690 (Fassung I); 2. LbS 1230 III, 8° (Lα/β), vor/um 1500 (Fassung II; nur zwei Fragmente, den Beginn bzw. Kap. 1 betreffend]. – Genre: Rittersaga (*riddarasaga*). Text (modifiziert) nach: Erex saga, ed. Gustaf Cederschiöld (= Samfund til Udgivelse af gammel nordisk Litteratur 3; Köpenhamn 1880), 1–2. 18–21 (nach A); Erex saga Artuskappa, ed. Foster W. Blaisdell (= Editiones Arnamagnæanæ, Ser. B, 19; Copenhagen 1965), XL (Lα).

Die *Erex saga* ist eine Prosaadaption des von Chrétien de Troyes um 1170 verfaßten altfranzösischen Versromans *Erec et Enide*; gegenüber der Vorlage zeigt die *Erex saga* Restrukturierungen verschiedener Art – am auffälligsten sind die starken Umfangkürzungen, die vor allem Dialogszenen und reflektierende Passagen betreffen. Die *Erex saga* ist wie die meisten anderen *riddarasǫgur* auf Betreiben von König Hákon Hákonarson (Regierungszeit 1217–1263) ins Altnorwegische übertragen worden. Überliefert ist die *Erex saga* allerdings nicht in dieser altnorwegischen Erstversion (um/nach 1250?), sondern in zwei isländischen Bearbeitungen, die im 14. Jahrhundert entstanden sein mögen und nur in späteren Handschriften erhalten sind. Die *Erex saga* spielt im höfischen Milieu; der junge Erex besteht einen Ritterkampf, heiratet die schöne Evida und verfällt zunächst dem Müßiggang. Dann aber absolviert er in Begleitung seiner Frau eine ganze Serie gefährlicher Abenteuer, und schließlich kehren die beiden an den Artushof zurück. In den folgenden Passagen werden das Osterfest am Artushof sowie die Krise des Protagonisten geschildert.

Literatur: Rudolf Simek / Hermann Pálsson, Lexikon der altnordischen Literatur. Die mittelalterliche Literatur Norwegens und Islands (= Kröners Taschenausgabe 490; Stuttgart ²2007), 82 f. (s.v. *Erex saga*).

A. *Erex saga* – Fassung I, Kap. 1: Am Artushof

Hér hefz saga af Erex Artus kappa. – Þat er upphaf þessarar frásögu, at Artus konungr sat í sínum kastala, er Kardigan hét (þat var páskatíð), ok

---

1 Artus *B*] Artur *A* (*nur hier, sonst überall* Artus). Erex *A*] Erix *B* (Erek *L*). – 2 Kardigan *A*] Kardian *B*; -digan *L*.

helt þá enn virðuliga sína hirð, sem vanði hans var til, svá at engi þóttiz
sét hafa slíka konungspryði.
   Með honum váru tólf spekingar hans ok ráðgjafar, er dagliga riðu út
með honum. Einn af þeim var sonr Ilax konungs, mikill kappi í riddara-
skap, fríðr sýnum ok íþróttamaðr mikill, eigi ellri en hálfþrítugr, er saga
þessi görðiz. Hann hét Erex. Hann var vel virðr af konungi ok dróttningu
ok allri hirðinni.
   Þá mátti sjá margan góðan riddara, konunga ok jarla ok aðra dýra
menn, bæði unga ok gamla, er vel kunnu riddaraskap, ok fúsir frammi at
hafa sinn röskleik fyrir dýrum mönnum. Margar váru dýrar konur ok
meyjar í hirð dróttningar; ok váru þær allfár, er eigi höfðu kosit sér un-
nasta. Skemtan var þar at heyra ok hafa, sem hverr vildi kjósa; hverr tal-
aði við sína unnustu ok annat, þat er lysti; hverr var við annan eptirlátr
ok góðviljaðr.
   Ok sem allir váru sem glaðastir, kveðr konungr sér hljóðs ok mælti:
„Yðr er kunnigr, at hér á skóginum er einn hjörtr, er vér fám aldri veiddan.
Nú sá, sem þat vinnr, skal kjósa einn koss af þeiri fríðustu jungfrú, sem í
er hirð minni. Ok því sé allir búnir á morgin, þeir sem mér vilja fylgja."
   Valvén, ágæti riddari, systurson konungs, svaraði máli konungs:
„Herra," segir hann, „af þessari ferð megu hljótaz stór vandræði, því at
fyrri munum vér berjaz en þola þat, at annars unnasta sé fríðari kölluð en
annars."
   Konungr reiddiz orðum hans ok mælti: „Hvárt þér líkar vel eða illa,
Valvén, þá skal þó fara sem áðr, því at engi þjónustumaðr á at neita því,
sem hans meistari býðr honum."

A′. *Erex saga* – Fassung II (Fragment Lα), Einleitung

[Nicht normalisiert:] SAGA þessi er af Riddara einum er errek het son ílags
kongs. errek war einn af .xíj. koppum artus kongs enns rika ok enns a-
gæta. Ok fra env kringlotta bordi hans. enn þar hefer tíl frasagnar sögu
þessa. At artus kongur war j eínum kastala [---] digan het þat war [---.

---

3 f. dagliga riðu út með honum A] átu at hans kringlótta borði B. – 9 er vel kunnu
riddaraskap B] *fehlt in A*. – 10 röskleik] röskleika A. – 12 f. var þar at heyra ok
hafa, sem hverr vildi kjósa A] skorti þar eigi á hvern hátt er vildi at sjá með aug-
um ok heyra með eyrum, ok B. – 18 fylgja A] fylgja at veiða hann B. – 19 Val-
vén A] Valvín B *(pass.)*. – 21 þola þat, at B] *fehlt in A*. – 24 þó B] *fehlt in A*.

10. Aus der *Erex saga*

[Normalisiert:] Saga þessi er af riddara einum, er Erek hét, son Ilax konungs – Erek var einn af tólf köppum Artus konungs ins ríka ok ins ágæta –, ok frá inu kringlótta borði hans. En þar hefir til frasagnar sögu þessa, at Artus konungr var í einum kastala, [er Kar]digan hét. Þat var [---.

B. *Erex saga*, Kap. 7: Erex 'verliegt' sich

Erex biðr konung ok dróttning gefa sér gott orlof heim til síns föður, því at hann hafði langan tíma í brott verit. Konungr ok dróttning veita honum þetta ok fá honum sæmiligt föruneyti, ok skiljaz með mikilli virðingu ok vináttu. Ríðr hann til borgar síns föður með sína unnustu, ok gengr konungr sjálfr móti sínum syni með sinni hirð, ok leiða hann til hallar, ok var þar fyrir búin ágæt veizla.

Síðan setz Erex um kyrt ok ann svá mikit sinni unnustu, at hann fyrirlætr alla gleði ok skemtan ungra manna. Vel er hann virðr af öllum góðum mönnum, en þó fær hann nökkut ámæli fyrir sitt hóglífi; ok angrar þat hans frú mjök, er hún heyrir honum hallmælt.

Ok einn morgin, er hún liggr í sæng hjá bónda sínum ok hún hyggr, at hann sofi, talar hún lágt fyrir munni sér ok mælti: „Harmr er mér þat, herra minn, er þú fær mikit ámæli af þinni ást, er þú leggr á mik, ok þínu hóglífi."

Erex heyrði orð hennar ok sprettr upp þegar í stað, klæðir sik ok mælti til hennar: „Bú þik í stað með þínum bezta búnaði, því at í dag skulum við af þessari borg bæði ríða, ok eigi lengr vil ek þola ámæli fyrir mitt hóglífi af þeim landsmönnum."

Hún iðraz nú orða sinna, en klæðiz þó með mikilli skyndi. Herra Erex tekr nú sín herklæði ok þeira hesta, söðlar þá ok setr á bak sína frú. Síðan gengr hann til síns föður ok segir honum sína ætlan. En hann angrar mjök ok alla hirðina hans tiltekju, ok fá þó ekki at gört. Hleypr síðan Erex á sinn hest ok ríðr með sína unnustu út af staðnum ok ekki manna með honum, því at hann heitr hverjum dauða, sem honum vildi fylgja, ok því þorði þat engi at göra.

---

9 f. sjálfr ... hallar *A*] sjálfr með lærðum mönnum út af borginni móti þeim með prócessione, ok leiða hann í borgina með allskonar skemtan *B*. – 13 hóglífi *B*] hóflífi *A*. – 14 hallmælt *A*] harðmælt *B*. – 17 f. mikit ... hóglífi *B*] ámæli fyrir þá ást, er þú hefir á mér *A*. – 22 hóglífi *B*] hóflífi *A*. – 23 skyndi *A*] sorg *B*. – 28 hverjum dauða *A*] hverjum þeim manni bráðum dauða *B*.

56   I. Texte

1   Hann ríðr nú á þá mörk, er Herviða heitir. Þar lágu úti átta spillvirkj-
2   ar, er drápu menn ok ræntu fé; ok því eyddiz þar almannavegr, ok var
3   þat mörgum mikit mein. Erex biðr nú sína frú ríða fyrir sér ok óttaz ekki
4   þann fund eða hverr váði sem at hendi ferr, ok tala ekki við sik.
5   Þau ríða nú lengi um skóginn þar til, at þau sjá einn kastala; ok þar
6   úti fyrir þrír riddarar, allir sitjandi á góðum hestum, ok skemta sér. Ok
7   veit Erex, at þeir eru spillvirkjar. [...]
8   Nú sér Evida, hvar þessir þrír riddarar riða ok láta ófrýnliga. Hún
9   minniz á þögn, er henni var boðin, en má þó ekki annat fyrir ástar sakir
10 við Erex en snúa nú aptr ok segir honum, því at hún var langt fram í veg-
11 inn undan riðinn. Fær hún óþökk af honum þar fyrir. Ok jafnskjótt, er
12 þeir finnaz, leggr einn þeira til hans í skjöldinn, ok beit ekki á; en lagit
13 hljóp út af ok niðr í völlinn, en hann laut eptir. Erex sló hann með sinni
14 burtstöng svá fast á hálsinn, at augun hrutu ór honum. Fell hann til
15 jarðar í óvit, ok hestr hans trað hann undir fótum til dauðs. Annarr höggr
16 sínu sverði í skjöldinn svá fast, at festi í skildinum; Erex snarar svá
17 skjöldinn, at hinum varð laust sverðit, ok slær hann svá fast með skjaldar-
18 röndinni, at heilinn lá úti. Þriði snýr undan, skýtr hann þann í gegnum
19 með spjóti: fell hann dauðr á jörð. Í þessu kómu at fimm þeira kompán-
20 ar; tekz þar hin snarpasta orrusta ok lauk svá, at Erex feldi þá alla, en
21 varð lítt sárr. Tekr hann vápn þeira ok hesta, ríðr með sína frú í kastal-
22 ann, sefr þar um nóttina, ok var þar ekki manna fyrir.

---

1 Herviða *A*] Herford *B*. – 4 þann fund] þat fuðr *A*; fehlt in *B*. – 5 þar til, at] ok alt þar til, at *B*; þar til, er þau ríða svá, at *A*. – 6 þrír riddarar, allir sitjandi *A*] þrjá alvápnaða riddara *B*. – 8 Evida *A*] Ovide *B*. – 9 boðin *A*] skipuð *B*. – 10 f. fram í veginn undan riðinn *B*] fram undan í veginn *A*. – 14 at *B*] er *A*. honum *A*] höfðinu *B*. – 21 hesta *B*] klæði *A*.

Kommentar

53 1 f.: *Artus* (: *Artús*?), *Kardigan* (*Kardigán*?). Die Vokalquantitäten der aus dem Altfranzösischen stammenden Namen sind nur in wenigen Fällen (*Valvén* vgl. *Valvïn* B) mit einiger Sicherheit zu bestimmen.

53 2: *paskatíð* 'Osterzeit'. Das Fest am Artushof zu Beginn der Handlung ist gattungstypisch: Artus pflegt im Frühling seine Ritter um sich zu versammeln, entweder zu Ostern (wie hier) oder zu Pfingsten (wie in der *Ívens saga*).

54 2: *konungsprýði* 'Königspracht, vornehme Hofhaltung'. Die in der *Erex saga* einleitend geschilderte höfische Welt ist (fast) eine Idealwelt, eine Welt der

10. Aus der *Erex saga* 57

Pracht, der Ritterlichkeit und der Höflichkeit, aber auch – wie sich bald zeigt – eine Welt der ausgeprägten Hierarchie.

54 16: *einn hjörtr* 'ein (gewisser) Hirsch'. In Chrétiens *Erec et Enide* (und in der mittelhochdeutschen Version Hartmanns von Aue) handelt es sich um ein besonderes Tier: der Hirsch ist weiß, und so steht es auch in Lβ (*Hann er hvítr*).

54 24 f.: *því at engi þjónustumaðr á at neita því, sem hans meistari býðr honum* 'weil kein Vasall das verweigern darf, was ihm sein Herr befiehlt'. Die (nur form-)vollendete höfische Welt wird hier wieder relativiert; Artus setzt sich über Valvens berechtigtes Argument mit dem Hinweis auf seinen höheren Rang hinweg – keine Rede mehr von *eptirlátr* 'nachgiebig, entgegenkommend' (54 13).

55 3: *frá inu kringlótta borði hans* 'von seiner runden Tafel'. Diese charakteristische Institution am Artushof wird in Fassung II schon im 'Abstract' erwähnt, in der B-Version von Fassung I in der einleitenden Beschreibung des Artushofs. Soweit ich sehe, sind dies die beiden einzigen Belege der arturischen runden Tafel in der altwestnordischen Erzählliteratur.

55 11 f.: *Síðan setz Erex um kyrt ok ann svá mikit sinni unnustu, at hann fyrirlætr alla gleði ok skemtan ungra manna* 'Dann setzt sich Erex zur Ruhe und liebt seine Geliebte so viel, daß er das ganze fröhliche Treiben und die Unterhaltung junger Männer aufgibt'. Hartmann von Aue hat in seinem mittelhochdeutschen *Erec* (nach 1185) den Terminus *verligen* für die Inaktivität des Protagonisten geprägt, der aus Liebe zu seiner Frau die meiste Zeit im Bett verbringt und am ritterlichen bzw. gesellschaftlichen Leben nicht mehr teilnimmt.

56 3 f.: *Erex biðr nú sína frú ... ok óttaz ekki þann fund* 'Erex fordert nun seine Frau auf, ... den feindlichen Zusammenstoß nicht zu fürchten'. Handschrift A hat nicht verständliches *þat fuðr* (Hs. *þad fudur*), in B fehlt der Ausdruck überhaupt; daß die Stelle verderbt ist, wird auch durch den auffälligen Konstruktionswechsel (*eða hverr váði* Nominativ!) nahegelegt. Die Konjektur *þann fund* (: *fundr*) verdient gegenüber bisherigen Vorschlägen – *þær furður* 'die Merkwürdigkeiten' (: *furða*; Foster W. Blaisdell), *herfurður* 'Geister' (: ?; Marianne E. Kalinke) – semantisch den Vorzug, bleibt aber naturgemäß nur eine unverbindliche Möglichkeit.

11. Aus der *Íslendingabók* des Ari Thorgilsson

Frühaltisländisch (*þ* auch statt *ð*; *ǫ́* von *á* geschieden; *e*, *o* im Schwachton statt *i*, *u*; *es*, *vas* statt *er*, *var* etc.; ferner *c* meist statt *k*; *ll* und *nn* statt *l* und *n* vor *d*, *t*; *qu* statt *kv*); normalisierter Text mit Hinweisen und Kommentar. – Handschriftliche Grundlagen: AM 113b, fol. (A), 1651; AM 113a, fol. (B), ca. 1650 (Abschriften einer alten, verlorenen Handschrift aus der Zeit vor/um 1200). – Genre: Geschichtsschreibung.

Text (leicht modifiziert) nach: Ares Isländerbuch, ed. Wolfgang Golther (= Altnordische Saga-Bibliothek 1; Halle/Saale ²1923), 13–17.

Die *Íslendingabók* des Ari Þorgilsson (1067/1068–1148), genannt *inn fróði* ('der [Geschichts-]Kundige'), markiert den Beginn der volkssprachlichen Historiographie im alten Island. Es handelt sich um eine knappe, aber sehr substantielle Geschichtsdarstellung, die von der Landnahme (um/nach 870) und der Einrichtung eines Rechtsstaats über die Christianisierung bis zum Jahre 1118 reicht. Die *Íslendingabók* hat hohen Aussagewert: Quellen bzw. Informanten sind sorgfältig ausgewählt, der Bericht ist in eine stimmige Chronologie eingebettet, und der Autor ist stets um Unparteilichkeit bemüht. Überliefert ist nur eine 1134 oder kurz danach von Ari selbst besorgte zweite Fassung (mit dem lateinischen Titel *Libellus Islandorum*), die nach eigener Aussage gegenüber der zwischen 1122 und 1133 entstandenen, nicht erhaltenen Erstfassung im ganzen gekürzt, aber an einigen Stellen überarbeitet wurde. In der folgenden Passage werden die Vorgänge geschildert, die zum gemeinschaftlichen Übertritt Islands zum Christentum durch einen Schiedsspruch auf dem Allthing im Jahre 1000 (999) geführt haben – ein in der Bekehrungsgeschichte einmaliger Vorgang.

Literatur: RGA² I (1973), 408–409 (*Ari Thorgilsson*; H[ans] Kuhn); Rudolf Simek / Hermann Pálsson, Lexikon der altnordischen Literatur. Die mittelalterliche Literatur Norwegens und Islands (= Kröners Taschenausgabe 490; Stuttgart ²2007), 208–209 (s.v. *Íslendingabók*).

Íslendingabók, Kap. 7: Die Bekehrung Islands

1 Óláfr rex Tryggvasonr Óláfssonar Harallz sonar ens hárfagra com cristne
2 í Norveg oc á Ísland. Hann sende hingat til lanz prest þann, es hét Þang-
3 brandr oc hér kende mǫnnom cristne, oc scírþe þá alla, es viþ trú tóco. En
4 Hallr á Síþo Þorsteinssonr lét scírasc snimhendes, oc Hiallte Sceggiasonr
5 ýr Þiórsárdale oc Gizorr enn hvíte Teitz sonr Ketelbiarnarsonar frá Mos-

11. Aus der Íslendingabók

felle oc marger hǫfþingiar aþrer; en þeir vǫ́ro þó fleire, es í gegn mællto oc neitto.

En þá es hann hafþe hér veret einn vetr eþa .ii., þá fór hann á braut oc hafþe veget hér .ii. menn eþa .iii., þá es hann hǫfþo nítt. En hann sagþe conungenum Óláfe, es hann com austr, alt þat, es hér hafþe yfer hann ginget, oc lét ørvænt, at hér mønde cristne enn tacasc. En hann varþ viþ þat reiþr mjǫc oc ætlaþe at láta meiþa eþa drepa ossa landa fyrer, þá es þar vǫ́ro austr.

En þat sumar et sama quǫ́mo útan heþan þeir Gizorr oc Hiallte oc þǫ́go þá undan viþ conungenn oc héto hǫ́nom umbsýslo sínne til á nýialeic, at hér yrþe enn viþ cristnenne teket, oc léto sér eige annars vǫ́n an þar mønde hlýþa.

En et næsta sumar epter fóro þeir austan oc prestr sá, es Þormóþr hét, oc quǫ́mo þá í Vestmannaeyiar, es .x. vicor vǫ́ro af sumre, oc hafþe alt farezc vel at. Svá quaþ Teitr þann segia, es siálfr vas þar.

Þá vas þat mællt et næsta sumar áþr í lǫgom, at menn scyllde svá coma til alþinges, es .x. vicor være af sumre, en þangat til quǫ́mo vico fyrr. En þeir fóro þegar inn til megenlanz oc síþan til alþinges oc gǫ́to at Hiallta, at hann vas epter í Laugardale meþ .xii. mann, af því at hann hafþe áþr secr orþet fiǫrbaugsmaþr et næsta sumar á alþinge of goþgǫ́. En þat vas til þess haft, at hann quaþ at lǫgberge quiþling þenna:

Vilc eige goþ geyia,
grey þykke mér Freyia.

En þeir Gizurr fóro, unz þeir quǫ́mo í staþ þann í hiá Ǫlfossvatne, es callaþr es Vellancatla, oc gørþo orþ þaþan til þings, at á mót þeim scyllde coma aller fultingsmenn þeira, af því at þeir hǫfþo spurt, at andscotar þeira villde veria þeim víge þingvǫllenn. En fyrr, an þeir fœre þaþan, þá com þar ríþande Hiallte oc þeir, es epter vǫ́ro meþ hǫ́nom.

En síþan riþo þeir á þinget, oc quǫ́mo áþr á mót þeim frændr þeira oc viner, sem þeir hǫfþo æst. En ener heiþno menn hurfo saman meþ alvæpne, oc hafþe svá nær, at þeir mønde beriasc, at eige of sá á miþle.

....

58 5 früh-aisl. *ýr* : klass.-aisl. (normalisiert) *ór*. – 59 6 *ginget* : *gengit*. 6 u.ö. *mønde* : *myndi*. 7 *ossa* : *vára*. 10 *umb-* : *um-*. 11 u.ö. *an* : *en*. 31 u.ö. *miþle* : *milli*.

22 vilc] vil ec *A B*. – 23 þykke] þykir *A B*. – 27 þingvǫllenn] þingvęllenn *A B*.

En annan dag epter gingo þeir Gizorr oc Hjallte til lǫgbergs oc bǫ́ro þar upp erinde sín; en svá es sagt, at þat bǽre frá, hvé vel þeir mǽllto. En þat gørþesc af því, at þar nefnde annarr maþr at ǫþrom vátta, oc sǫgþosc hvárer ýr lǫgom viþ aþra, ener cristno menn oc ener heiþno, oc gingo síþan frá lǫgberge.

Þá báþo ener cristno menn Hall á Síþo, at hann scyllde lǫg þeira upp segia, þau es cristnenne scyllde fylgia. En hann leystesc því undan viþ þá, at hann ceypte at Þorgeire lǫgsǫgomanne, at hann scyllde upp segia, en hann vas enn þá heiþenn.

En síþan es menn quǫ́mo í búþer, þá lagþesc hann niþr, Þorgeirr, oc breidde felld sínn á sic oc hvílþe þann dag allan oc nóttena epter oc quaþ ecke orþ. En of morgonenn epter settesc hann upp oc gørþe orþ, at menn scyllde ganga til lǫgberges.

En þá hóf hann tǫlo sína upp, es menn quǫ́mo þar, oc sagþe, at honom þótte þá comet hag manna í ónýtt efne, ef menn scyllde eige hava aller lǫg ein á lande hér, oc talþe fyr mǫnnom á marga vega, at þat scyllde eige láta verþa, oc sagþe, at þat mǿnde at því ósǽtte verþa, es vísa vǫ́n vas, at þǽr barsmíþer gørþesc á miþle manna, es landet eyddesc af. Hann sagþe frá því, at conungar ýr Norvege oc ýr Danmǫrco hǫfþo haft ófriþ oc orrostor á miþle sín langa tíþ, til þess unz lanzmenn gørþo friþ á miþle þeira, þótt þeir villde eige. En þat ráþ gørþesc svá, at af stundo sendosc þeir gersemar á miþle, enda hellt friþr sá, meþan þeir lifþo.

„En nú þykker mér þat ráþ," quaþ hann, „at vér látem oc eige þá ráþa, es mest vilia í gegn gangasc, oc miþlom svá mǫ́l á miþle þeira, at hvárertveggio have nacquat síns máls, oc hǫvom aller ein lǫg oc einn siþ. Þat mon verþa satt, es vér slítom í sundr lǫgen, at vér monom slíta oc friþenn."

En hann lauc svá mále síno, at hvárertveggio iǫ́tto því, at aller scyllde ein lǫg hava, þau sem hann réþe upp at segia.

Þá vas þat mǽllt í lǫgom, at aller menn scyllde cristner vesa oc scírn taca, þeir es áþr vǫ́ro óscírþer á lande hér; en of barnaútburþ scylldo standa en forno lǫg oc of hrossakiǫtzát. Scylldo menn blóta á laun, ef villdo; en varþa fiǫrbaugsgarþr, ef vǫ́ttom of quǽme viþ. En síþar fǫ́m vetrom vas sú heiþne af numen sem ǫnnor.

....

15. 29 *hava* : klass.-aisl. (normalisiert) *hafa*. 25 *have* : *hafi*. *hǫvom* : *hǫfom*. 26 *monom* : *munum*. *mon* : *mun*.

11. Aus der *Íslendingabók* 61

Þenna atburþ sagþe Teitr oss at því, es cristne com á Ísland. En Óláfr 1
Tryggvasonr fell et sama sumar at sǫgo Sæmundar prestz; þá barþesc 2
hann viþ Svein Haralldzson Dana conung oc Óláf enn sœnsca, Eirícs son 3
at Uppsǫlom Svía conungs, oc Eiríc, es síþan vas iarl at Norvege, Hǫc- 4
onarson. Þat vas .cxxx. vetra epter dráp Eadmundar, en .m. epter burþ 5
Cristz at alþýþo tale. 6

Kommentar

58 2 f.: *prest þann, es hét Þangbrandr* 'den Priester, der Thangbrand hieß'. Von der im Jahre 997 einsetzenden Tätigkeit dieses gewaltbereiten Missionars berichten auch andere Texte. So etwa wird er in der *Heimskringla* (*Ólafs saga Tryggvasonar*, Kap. 73) von Snorri Sturluson als Sachse bezeichnet und folgendermaßen charakterisiert: 'Er war ein sehr anmaßender und kampflustiger Mann, jedoch ein guter Geistlicher und ein tüchtiger Mann.' – Auf die ausländische Herkunft des Missionars deutet auch die nicht-nordische Lautgestalt seines Namens (**Þank-* 'Dank' : aisl. *þǫkk*).

59 3 f.: *hann ... hafþe veget hér .ii. menn eþa .iii., þá es hann hǫfþo nítt* 'er ... hatte hier (auf Island) zwei oder drei Männer erschlagen, die ihn verhöhnt hatten'. Von diesen Tötungen – Thangbrand mußte danach aus Island fliehen – erzählt die um die Mitte des 13. Jahrhunderts entstandene *Kristni saga* ('Geschichte [von der Einführung] des Christentums'; Kap. 9) ausführlich.

59 14: *es .x. vicor vǫro af sumre* 'als zehn Wochen vom Sommer verstrichen waren'. Das isländische Sommerhalbjahr begann am Donnerstag zwischen dem 9. und 15. April (nach julianischem Kalender); die Ankunft auf den 'Westmännerinseln' fällt sonach auf die Zeit vom 18. bis 24. Juni – ob im Jahr 1000 oder 999 (falls Ari einen Kalender benutzt hat, in dem das Jahr mit dem 1. September beginnt), ist umstritten.

59 17 f.: *en þangat til quómo vico fyrr* 'und bis dahin kamen sie eine Woche früher'. Die Entscheidung, mit der allgemeinen Volksversammlung (*alþingi*) eine Woche später zu beginnen, wurde im Jahre 998 (997) gefällt.

59 19: *meþ .xii. mann* (= *með tólfta mann*) 'mit dem zwölften Mann, selbzwölft', i.e. Hjalti und elf Männer.

59 20: *goþgó* 'Götterlästerung, Götterverspottung'. Soweit ich sehe, beziehen sich sämtliche (acht) Belege für *goðgá*, die in den altisländischen Texten überhaupt überliefert sind, exklusiv auf Hjalti und seinen Spottvers – der Terminus wird also erst aus dem Wortlaut des *kviðlings* herausgesponnen sein (aisl. *(-)gá* 'Bellen, Gekläff → Spott, Schmähung' ist Nomen actionis zu *geyja* 'bellen, anbellen → verspotten, schmähen'). An sich wäre das *crimen* Hjaltis auf dem Allthing des Jahres 999 (998) mit *níð* 'ehrenrührige Verhöhnung, Beschimpfung' zu

bezeichnen. Wie die *Kristni saga* (Kap. 10) berichtet, kam es dort zu 'einer großen Diskussion über den Glauben, den Thangbrand verkündete, und einige lästerten da sehr über Gott; diejenigen aber, die getauft waren, schmähten die heidnischen Götter, und es gab deswegen ein großes Zerwürfnis'.

59 22 f.: Die (in manchen Ausgaben begegnende) metrisch idealisierte fünfsilbige Variante des Spottverses lautet: *Vilcat goþ geyia / grey þycciomc Freyia.* – Der Mikrotext ist in formaler Hinsicht und auf der Ausdrucksebene außerordentlich dicht 'gepackt'. Hjalti setzt dreierlei Reimarten ein (Alliteration *goþ* – *geyia* – *grey*; Binnenreim *grey* – *Freyia*; Endreim *geyia* – *Freyia*), und sein Mikrotext läßt zweierlei Lesarten zu: einerseits 'Ich will nicht die Götter anbellen, [aber] eine Hündin scheint mir Freyja', anderseits 'Ich will nicht die Götter (anschnauzen →) schmähen, [aber] eine (läufige Hündin →) Hure scheint mir Freyja'. Der doppelbödige *kviðlingr* Hjaltis auf Freyja, die schöne und freizügige Liebesgöttin der nordgermanischen Mythologie, ist in der altisländischen Literatur mehrfach und mit kleineren Abweichungen überliefert.

60 6 f.: *segja upp lǫg þeira* 'ihr Recht vortragen (verkünden)'. Zu den Aufgaben des Gesetzessprechers gehörte es, die rechtlichen Bestimmungen 'aufzusagen', und zwar jeden Sommer ein Drittel davon.

60 8: *at hann ceypte at Þorgeire lǫgsǫgomanne* 'daß er den Gesetzessprecher Thorgeir bestach'. Hall vermeidet es tunlichst, eine zweite (scil. christlich-sezessionistische) Rechtsordnung öffentlich zu proklamieren: das hätte zur ultimativen Konfrontation geführt. Stattdessen versucht er (mit Erfolg), den noch heidnischen Thorgeir dazu zu bringen, *ein lǫg oc einn sið* 'ein Gesetz und eine Religion (einen *way of life*)' für alle festzulegen (60 25) – natürlich in seinem Sinne.

60 33: *en* [zu ergänzen: *skyllde*] *varþa fiǫrbaugsgarþr* 'aber es sollte dreijähriger Landesverweis darauf stehen'. Trotz dieses eindeutigen Entscheids für das Christentum hat Thorgeirs Schiedsspruch Kompromißcharakter, denn von einer Abschwörung der alten Götter, von einer Taufunterweisung oder gar von einer Änderung des gesamten *way of life* ist keine Rede, ganz abgesehen davon, daß ja auch Zugeständnisse in puncto Kindesaussetzung, Pferdefleischessen und Opfer gemacht werden. – Zur Christianisierung Islands allgemein: Klaus Düwel, Die Bekehrung auf Island. Vorgeschichte und Verlauf. In: Die Kirche des früheren Mittelalters, ed. Knut Schäferdiek (= Kirchengeschichte als Missionsgeschichte 2,1; München 1978), 249–275.

61 1: *Þenna atburþ sagþe Teitr oss* 'Diese Begebenheit berichtete uns Teit'. Es handelt sich um den Enkel von Gizur dem Weißen (58 5 ff.).

12. Íslendings þáttr sǫgufróða

Klassisches Altisländisch; nicht normalisierter Text mit Kommentar. – Handschriftliche Grundlagen: 1. GkS 1009, fol. (*Morkinskinna*, M), um 1275; AM 66, fol. (*Hulda*, H), um/nach 1350 (Fassung I, in die *Haralds saga Sigurðarsonar* insertiert); 2. AM 496, 4°, 1639–1640; AM 562f, 4°, ca. 1700 (selbständig überlieferte Fassung II: *Þorsteins þáttr sǫgufróða*). – Genre: Kurzerzählung (*þáttr*).
Text (leicht modifiziert) nach: Morkinskinna, ed. Finnur Jónsson (= Samfund til Udgivelse af gammel nordisk Litteratur 53; København 1932), 199–200 (M).

Der *Íslendings þáttr sǫgufróða* ('Kurzerzählung von einem sagakundigen Isländer') ist eine jener als *Íslendingaþættir* bezeichneten kleinepischen Texte, die in der Regel von einem Isländer erzählen, der am norwegischen Königshof ein Problem zu meistern versteht und so die Anerkennung des Herrschers erringt. Diese novellenartigen Erzählungen sind nicht selten als (mehr oder weniger selbständige) Einschübe in verschiedenen Königssagas überliefert – so auch die im folgenden wiedergegebene Textfassung des *Íslendings þáttr sǫgufróða*, die aus der *Morkinskinna* ('verrottetes Pergament') stammt, dem ältesten erhaltenen Kompendium von Königssagas. Der *þáttr* ist wohl im frühen 13. Jahrhundert entstanden; es geht um einen Text im Text bzw. um die Überlieferung und Überlieferungsweise der altisländischen Sagaliteratur.

Literatur: Heinrich Matthias Heinrichs, Die Geschichte vom sagakundigen Isländer (*Íslendings þáttr sǫgufróða*). In: Literaturwissenschaft und Geschichtsphilosophie. Festschr. Wilhelm Emrich, ed. Helmut Arntzen et al. (Berlin – New York 1975), 225–231; RGA[2] XX (2002), 250–253 (*Morkinskinna*; K[ari] E. Gade).

Íslendings þáttr sǫgufróða

[Hinweis: Aufgelöste Abkürzungen der Handschrift sind kursiv gesetzt.]

Sva barsc at eitthvert svmar at einn islenzcr Maþr ungr oc fraligr com til 1
konungs oc baþ hann asia. Konungr spurþi ef hann kynni nocqveria freþi 2
en hann letz kunna sǫgur. Þa *sagþi* konungr at hann mun taca viþ hon- 3
om. en hann scal þes scylldr at scemta avallt er villdi hvergi sem hann 4
beþi oc sva gorir hann oc er hann vinsell við hirþina oc gefa þeir honom 5
cleþi oc konungr gefr honom vapn i hǫnd ser oc liþr nv sva fram til iola. 6

---

1 maþr] maþr kom *M*. — 3 taca] *fehlt in M*. — 5 beþi] beþir *M*.

64   I. Texte

1 Þa vgleþr Islending oc spuʀ konungr hvi þat gegnþi. Hann qvaþ mislyndi
2 sina til coma. Ecci mvn þat uera s*egir* k*onungr* oc mun ec geta til.
3 þes get ec til s*egir* hann at nv mvni vppi sa⁄gur þinar þu hefr avallt scemt
4 ivetr hveriom sem beizt hefir mun þer nv illt þiccia at þrioti at iolunom.
5 Iamt er sva sem þv getr s*egir* hann. Ein er sagan eftir oc þori ec þa eigi
6 her at segia. þvi at þat er utferdar saga þin. Konungr melti. Sv er oc sva
7 sagan at mer er mest vm at heyra oc scalltv nv ecci scemta til iolanna
8 fram er menn ero nv i starfi. en ioladag scalltv til taca þessar sa⁄go oc
9 segia af nocqvern spa⁄l. oc ec mun sva til stilla með þer at iafndriug mun
10 verþa sagan oc iolin. Nv ero dryccior miclar of iolin oc ma sca⁄mom við
11 sitia at hlyða scemtan oc ecci muntv afinna meðan þv segir hvart mer
12 þiccir vel e*þa* illa. Nv er þat oc at Islendingr segir sa⁄guna hefr vp iola-
13 dag oc segir of hriþ oc bidr konungr brat hétta. Taca menn at drecca oc
14 reþa margir vm at þo se dia⁄rfung iþeso er hann Islendingr segir þesa
15 sa⁄go e*þa* hverso k*onungi* muni uirþaz. sumom þiccir hann vel segia en
16 svmir vinnaz minna at. feʀ sva fram of iulin. Konungr var vandr at at
17 hlyt veri vel oc stendz þat a meþ vm stilli konungs er locit er sa⁄gunni oc
18 iolin þrytr. oc it þrettanda queld er locit var sa⁄gunni aþr of daginn melti
19 konungr. er þer eigi þoruitni a Islendingr s*egir* hann hverso mer licar sag-
20 ann. Hreddr em ec vm herra s*egir* hann. Konungr melti. mer þiccir allvel
21 oc hvergi veʀ en efni ero til e*þa* huerr kendi þer sa⁄gona. Hann s*egir*. Þat
22 var vandi minn vt a landino at ec for hvert sumar til þings oc namc huert
23 sumar af sa⁄gunni na⁄cquaþ at Halldori S*norra* s*yni*. Þa er eigi kynligt
24 s*egir* konungr at þu kunnir vel oc mun þer at gefo verþa oc ver með mer
25 vel komin oc scal þat heimillt avallt er þu vill. Konungr fecc honom
26 goþan kaupeyri oc varþ hann þroscaᴍaþʀ.

---

2. 3. 5. 19. 20 s*egir*] *oder* sag*þi*. – 9 spa⁄l (*so auch H*)] spia⁄l *M*. – 13 hriþ] riþ *M*. –
20 melti] melti hreddr em ec of *M*. – 21 s*egir*] *oder* sag*þi*; svarar *H*. – 24 s*egir*]
oder sag*þi*. kunnir (*so auch H*)] kunni *M*. – 26 kaupeyri (*so auch H*)] keyp- *M*.

....

[Der Eingang (63 1-6) in normalisiertem Altisländisch:] Svá barsk at eitthvert
sumar, at einn íslenzk maðr ungr ok fráligr kom til konungs ok bað hann
ásjá. Konungr spurði, ef hann kynni nǫkkverja frœði, en hann létsk kunna
sǫgur. Þá sagði konungr, at hann mun taka við honum, en hann skal þess
skyldir, at skemta ávalt, er vildi, hvergi sem hann bæði. Ok svá gørir
hann, ok er hann vinsæll við hirðina; ok gefa þeir honum klæði, ok kon-
ungr gefr honum vápn í hǫnd sér. Ok líðr nú svá fram til jóla.

12. *Íslendings þáttr sǫgufróða*

KOMMENTAR

63 1 f.: *einn islenzcr maþr ungr oc fraligr com til konungs* 'ein junger und aufgeweckter Isländer kam zum König'. Der Protagonist trägt nur in Fassung II einen Namen, und zwar *Þorsteinn*; warum er nach Norwegen gekommen ist, wird nicht erwähnt. Der König, den er um freundliche Aufnahme bittet, ist Harald der Harte (*Haraldr harðráði Sigurðarson*, gest. 1066; vgl. Text 5).

64 6: *þat er utferdar saga þin* 'das ist die Saga von deiner Auslandsfahrt'. In der hier erwähnten, nach Maßgabe der Dinge ziemlich umfangreichen Saga sind wohl vor allem Haralds Taten als hochrangiger Warägergardist in Diensten des oströmischen Kaisers – Harald nahm an einer Reihe von Feldzügen der byzantinischen Armee teil – geschildert. Snorri Sturluson hat diese *útferðarsaga* offenbar für seine Darstellung in der *Heimskringla* verwendet (*Haralds saga Sigurðarsonar*, Kap. 2 ff.).

64 15 f.: *sumom þiccir hann vel segia en svmir vinnaz minna at* 'einige meinen, daß er gut erzählt, aber andere setzen sich weniger dafür ein'. Ob die Erzählung Anklang findet, scheint zum einen von der Authentizität des Erzählten abzuhängen, zum anderen von der Qualität des mündlichen Vortrags (hier wird aus dem Gedächtnis rezitiert und nicht aus einem Manuskript vorgelesen).

64 23: *at Halldóri* 'bei Halldor'. Der hier genannte *Halldórr*, Sohn des Goden Snorri, war Waffengefährte bzw. Gefolgsmann König Haralds in Konstantinopel; er ist selbst Protagonist zweier *þættir* (*Halldórs þáttr Snorrasonar I* und *II*). Snorri Sturluson merkt an, daß es sein Vorfahre Halldor war, der *þessa frásǫgn* 'diese Berichte' (scil. von Haralds Ruhmestaten in der Fremde) nach Island gebracht habe (*Heimskringla, Haralds saga Sigurðarsonar*, Kap. 9), und im *Halldórs þáttr Snorrasonar I* wird ausdrücklich gesagt, daß Halldor viele Erlebnisse bzw. Ereignisse (*mǫrg ævintýr*) von Haralds Auslandsaufenthalt in der Heimat zu erzählen pflegte.

13. Aus der Vǫlundarkviða

Klassisches Altisländisch (-z 3. Pers. Sg. Mediopass.; Besonderheit: im Schwachton *o* statt *u*); normalisierter Text (bei Eddaliedern Usus: *i* statt *j*) mit Übersetzung der Strophen (scil. 16–41) und Kommentar. – Handschriftliche Grundlagen: GkS 2365, 4° (Codex regius der *Lieder-Edda*, R), um 1270; AM 748 I a, 4° (A), um/nach 1300 (nur Beginn der Prosaeinleitung). – Heroisches Eddalied. Text (modifiziert) nach: Edda. Die Lieder des Codex regius nebst verwandten Denkmälern, ed. Gustav Neckel / Hans Kuhn. I: Text (Heidelberg ⁵1983), 116–23.

Die *Vǫlundarkviða* ('Völundlied') ist nach Thematik, Form und Darstellung ein Heldenlied, steht jedoch in der Sammlung des Codex regius der *Lieder-Edda* im ersten, mythologischen Teil – wahrscheinlich, weil der Protagonist als Alb (aisl. *álfr*) und damit als übernatürliches Wesen gilt. Die *Vǫlundarkviða* zählt zu einem Quartett älterer eddischer Lieder südlicher Herkunft, die noch aus dem 9./10. Jahrhundert stammen. Das Lied berichtet in straffer und sprunghafter Art zuerst vom idyllischen Leben des Meisterschmiedes Völund und seiner beiden Brüder mit drei Schwanenfrauen. Nach deren Flucht wird der einsam in den 'Wolftälern' zurückgebliebene Völund von dem Gewaltherrscher Nidud gefangengenommen, seiner Schätze beraubt und gelähmt; fortan muß er Kostbarkeiten für Nidud schmieden. Der geheimnisvolle Handwerker weiß sich aber grausam zu rächen: zuerst tötet er die beiden Königssöhne, dann vergewaltigt bzw. schwängert er die Königstochter Bödvild, und schließlich entflieht er triumphierend durch die Lüfte. Es ist wohl so, daß hier eine archaische, nicht im Historisch-Faktischen verankerte Fabel von der Konfrontation mit einem Wesen der 'anderen Welt' mit Hilfe typisch eddisch-heroischer Erzählschablonen aus- und umgestaltet worden ist; mit den Protagonisten der *Atlakviða* oder der *Hamðismál* (Texte 14–15) hat Völund jedenfalls nicht viel gemein. Die beiden folgenden Passagen schildern die Disposition der *story* und Völunds Aufenthalt bei Nidud (Str. 16–41).

Literatur: RGA² XXXII (2006), 544–46 (*Völundarkviða*; H[ans]-P[eter] Naumann); RGA² XXIII (2006), 608–18 (*Wieland: Wielandsage*; R[obert] Nedoma).

Vǫlundarkviða

1 Frá Vǫlundi. – Níðuðr hét konungr í Svíþióð. Hann átti tvá sono ok eina
2 dóttur; hon hét Bǫðvildr. Brœðr vóro þrír, synir Finnakonungs; hét einn

---

1 Vǫlundi R] Níðaði konungi A. Svíþióð A] Svíðióð R. – 2 vóro A] *fehlt in* R.

13. Aus der Vǫlundarkviða

Slagfiðr, annarr Egill, þriði Vǫlundr. Þeir skriðo ok veiddo dýr. Þeir
kómo í Úlfdali ok gørðo sér þar hús. Þar er vatn, er heitir Úlfsiár.
Snemma of morgin fundo þeir á vazstrǫndo konor þriár, ok spunno lín.
Þar vóro hiá þeim álptarhamir þeira; þat vóro valkyrior. Þar vóro tvær
dœtr Hlǫðvés konungs, Hlaðguðr svanhvít ok Hervǫr alvitr; in þriðia var
Qlrún, Kiárs dóttir af Vallandi. Þeir hǫfðo þær heim til skála með sér.
Fekk Egill Qlrúnar, en Slagfiðr svanhvítrar, en Vǫlundr alvitrar. Þau
bioggo siau vetr; þá flugo þær at vitia víga ok kómo eigi aptr. Þá skreið
Egill at leita Qlrúnar, en Slagfiðr leitaði svanhvítrar, en Vǫlundr sat í
Úlfdǫlom. Hann var hagastr maðr, svá at menn viti, í fornom sǫgom.
Níðuðr konungr lét hann hǫndom taka, svá sem hér er um kveðit.

[...]

16 1 Úti stendr kunnig   kván Níðaðar;
  3 hon inn um gekk   endlangan sal,
  5 stóð á gólfi,   stillti rǫddo:
  7 „Era sá nú hýrr,   er ór holti ferr."

Níðuðr konungr gaf dóttur sinni, Bǫðvildi, gullhring þann, er hann tók af
bastino at Vǫlundar; en hann siálfr bar sverðit, er Vǫlundr átti. En dróttning kvað:

17 1 „Tenn hánom teygiaz,   er hánom er tét sverð
  3 ok hann Bǫðvildar   baug um þekkir;
  5 ámun ero augo   ormi þeim inom frána –
  7 sníðið ér hann   sina magni
  9 ok setið hann síðan   í sævar stǫð!"

....

Übersetzung der Strophen: (16) Draußen steht die (zauber)kundige Frau Niduds; sie ging hinein, den Saal entlang, stand im Mittelraum, dämpfte die Stimme: „Der ist nun doch nicht geheuer, der aus dem Wald kommt."
(17) „Die Zähne fletscht er, wenn ihm das Schwert gezeigt wird und er Bödvilds Ring entdeckt; die Augen gemahnen an die funkelnde Schlange – zerschneidet ihr ihm der Sehnen Kraft und bringt ihn danach an das Seegestade!"

---

1 Slagfiðr R] -finnr A. – 5 Hlǫðvés] laðvés R. – 7 Vǫlundr] Vǫlund R.
Str. 16,1–2 Úti stendr kunnig kván Níðaðar] *fehlt in* R; *ergänzt nach* Str. 30,1–2.
16,4 endlangan *(wie Str. 7,4. 30,4)*] eNlangan R. – Str. 17,5 ámun] ámon R. 17,9 setið] settiþ R. 17,10 stǫð] stǫð *aus* stad *gebessert* R (ståð).

68   I. Texte

1 Svá var gǫrt, at skornar vóro sinar í knésfótom, ok settr í hólm einn, er
2 þar var fyrir landi, er hét Sævarstaðr. Þar smíðaði hann konungi allz
3 kyns gørsimar. Engi maðr þorði at fara til hans nema konungr einn.

    Vǫlundr kvað:

18 1 „Skínn Níðaði   sverð á linda,
   3 þat er ek hvesta,   sem ek hagast kunna,
   5 ok ek herðak,   sem mér hœgst þótti;
   7 sá er mér fránn mækir   æ fiarri borinn,
   9 sékka ek þann Vǫlundi   til smiðio borinn.

19 1 Nú berr Bǫðvildr   brúðar minnar
   3 – bíðka ek þess bót –   bauga rauða."

20 1 Sat hann, né hann svaf, ávalt,   ok hann sló hamri:
   3 vél gørði hann heldr   hvatt Níðaði. –
   5 Drifo ungir tveir   á dýr siá
   7 synir Níðaðar,   í sævar stǫð.

21 1 Kómo þeir til kisto,   krǫfðo lukla;
   3 opin var illúð,   er þeir í sá:
   5 fiǫlð var þar menia,   er þeim mǫgom sýndiz
   7 at væri gull rautt   ok gørsimar.

    ....

(18) „Das Schwert leuchtet Nidud am Gürtel, das ich schärfte, wie ich es am geschicktesten vermochte, und ich härtete, wie es mir am geeignetsten erschien; mir ist das funkelnde Schwert auf immer abhanden gekommen: ich sehe es nicht Völund zur Schmiede geschafft.

(19) Nun trägt Bödvild – ich bekomme keine Entschädigung dafür – die rot(golden)en Ringe meiner Braut."

(20) Er saß, nicht schlief er, unentwegt, und er schlug mit dem Hammer: ein Kunstwerk (/ Betrug) bereitete er Nidud recht entschlossen (oder: schnell). – Die zwei jungen Söhne Niduds eilten an das Seegestade, um Kostbarkeiten (oder: das [wilde] Tier, i.e. Völund?) anzusehen.

(21) Sie kamen zur Kiste, forderten die Schlüssel; offen(kundig) war die böse Absicht, als sie hineinsahen: eine Vielzahl an Reichtümern war da, von denen die Knaben meinten, es sei rotes Gold und Kleinode.

Str. 18,4 hagast] hagazt *R*. – 20,3 gørði] *in R doppelt geschrieben, zweites* gørði *radiert*. – 20,6 siá] séa *Hgg*. – 21,4 sá] sáo *Hgg*. – 21,5 menia] meina *Hgg*.

13. Aus der Vǫlundarkviða

22 1 „Komið einir tveir, komið annars dags!
   3 Ykr læt ek þat gull um gefit verða –
   5 segita meyiom né salþióðom,
   7 manni ǫngom, at it mik fyndið!"

23 1 Snemma kallaði seggr á annan,
   3 bróðir á bróður: „Gǫngom baug siá!" –
   5 Kómo til kisto, krǫfðo lukla;
   7 opin var illúð, er þeir í lito:

24 1 sneið af hǫfuð húna þeira
   3 ok undir fen fiǫturs fœtr um lagði;
   5 en þær skálar, er und skǫrom vóro,
   7 sveip hann utan silfri, seldi Níðaði;

25 1 en ór augom iarknasteina
   3 sendi hann kunnigri kono Níðaðar;
   5 en ór tǫnnom tveggia þeira
   7 sló hann brióstkringlor, sendi Bǫðvildi.

26 1 Þá nam Bǫðvildr baugi at hrósa,
   3 [– – –,] er brotit hafði:
   5 „Þoriga ek at segia nema þér einom."
   ....

(22) [Völund:] „Kommt ihr zwei allein, kommt anderntags! Euch beiden gebe ich [dann] das Gold – sagt weder den (Dienst-)Mädchen noch den Hausleuten (den Dienern), niemandem, daß ihr mich aufsuchtet."
(23) Zeitig (oder: bald) rief ein Bursche den anderen herbei, der Bruder den Bruder: „Gehen wir Ring(e) schauen!" – Sie kamen zur Kiste, forderten die Schlüssel; offen(kundig) war die böse Absicht, als sie hineinblickten:
(24) er [Völund] schnitt die Köpfe der Jungen ab, und unter die Fesselgrube legte er die Füße; aber die (Hirn-)Schalen, die unter dem Schopf waren, beschichtete er außen mit Silber, übergab [sie] Nidud;
(25) und Edelsteine aus den Augen sandte er der (zauber)kundigen Frau Niduds; und aus den Zähnen der beiden schlug er Brustgeschmeide, sandte [es] Bödvild.
(26) Da rühmte Bödvild den Ring, [– – –,] den sie zerbrochen hatte: „Ich wage [es] nicht zu sagen, nur dir allein."

Str. 22,5 segita meyiom] segit á meyiom *R*. – 23,1 kallaði] kallað *R*. 23,2 á] *fehlt in R*. 23,4 siá] séa *Hgg*. – 24,4 lagði] logði *R*. – 26,3 *Anvers fehlt in R*.

Vǫlundr kvað:

27 1 „Ek bœti svá   brest á gulli,
   3 at feðr þínom   fegri þykkir
   5 ok mœðr þinni   miklo betri
   7 ok sialfri þér   at sama hófi."

28 1 Bar hann hana bióri,   því at hann betr kunni,
   3 svá at hon í sessi   um sofnaði.
   5 „Nú hefi ek hefnt   harma minna
   7 – allra nema einna –   íviðgiarna."

29 1 „Vel ek," kvað Vǫlundr,   „verða ek á fitiom,
   3 þeim er mik Níðaðar   námo rekkar."
   5 Hlæiandi Vǫlundr   hófz at lopti,
   7 grátandi Bǫðvildr   gekk ór eyio;
   9 tregði fǫr friðils   ok fǫður reiði.

30 1 Úti stendr kunnig   kván Níðaðar,
   3 ok hon inn um gekk   endlangan sal;
   5 en hann á salgarð   settiz at hvílaz –
   7 „Vakir þú, Níðuðr,   Níara dróttinn?"
....

(27) Völund sprach: „Ich bessere den Bruch im Gold so, daß [es] deinem Vater schöner erscheint und deiner Mutter viel besser und dir selbst gleich gut [wie zuvor]."
(28) Er überwältigte sie mit Bier, weil er es besser wußte (besser verstand), sodaß sie auf dem Sitz einschlief. „Nun habe ich meine Leiden auf tückische Weise gerächt – alle, nur die einen nicht (oder: ... meine Leiden gerächt – alle, nur einige tückische nicht?).
(29) „Wohl mir," sprach Völund, „möge ich an den Füßen werden (i.e. auf die Füße kommen, die Mobilität [zurück]erlangen?), die mir Niduds Recken nahmen." Lachend erhob sich Völund in die Luft, weinend ging Bödvild von der Insel; sie bedauerte die Flucht des Liebhabers und des Vaters Zorn.
(30) Draußen steht die (zauber)kundige Frau Niduds, und sie ging hinein, den Saal entlang; aber er (scil. Nidud; kaum jedoch Völund) hatte sich an die Hauswand gesetzt, um sich auszuruhen – [Niduds Frau:] „Wachst du, Nidud, Herrscher der Njaren?"

Str. 28,8 íviðgiarna] íviðgiarnra *Hgg.*; ιvιþ gιarιra *R (Weiteres unten, S. 99; Text 18B).*

13. Aus der Vǫlundarkviða

31 1 „Vaki ek ávalt,   vilia lauss,
   3 sofna ek minnzt   sízt mína sono dauða.
   5 Kell mik í hǫfuð,   kǫld ero mér ráð þín;
   7 vilnomk ek þess nú,   at ek við Vǫlund dœma. –

32 1 Seg þú mér þat, Vǫlundr,   vísi álfa:
   3 Af heilom hvat varð   húnom mínom?"

33 1 „Eiða skaltu mér áðr   alla vinna,
   3 at skips borði   ok at skialdar rǫnd,
   5 at mars bœgi   ok at mækis egg,
   7 at þú kveliat   kván Vǫlundar
   9 né brúði minni   at bana verðir,
  11 þótt vér kván eigim,   þá er þér kunnið,
  13 eða ióð eigim   innan hallar.

34 1 Gakk þú til smiðio,   þeirar er þú gørðir:
   3 þar fiðr þú belgi   blóði stokkna;
   5 sneið ek af hǫfuð   húna þinna,
   7 ok und fen fiǫturs   fœtr um lagðak;

....

(31) [Nidud:] „Ich wache unentwegt, freudlos, ich schlafe seit dem Tod meiner Söhne so gut wie nicht. Mich friert im Kopf, kalt sind mir deine Ratschläge; ich erhoffe mir nun, mich mit Völund zu unterhalten. –

(32) Sag du mir es, Völund, Anführer der Alben: Was wurde aus meinen gesunden Jungen?"

(33) [Völund:] „Alle Eide mußt du mir zuvor leisten, bei des Schiffes Bord und bei des Schildes Rand, bei des Rosses Bug (Schulterteil) und bei des Schwertes Schneide, daß du die Frau Völunds nicht mißhandelst und meine Braut nicht tötest, wenn wir eine Frau haben, die Ihr kennt, oder einen Nachkommen in der Halle haben.

(34) Geh du zur Schmiede, die du errichtetest: dort findest du die (Blase-)Bälge (oder: die Häute [scil. der Königssöhne]?) mit Blut bespritzt; ich schnitt die Köpfe deiner Jungen ab, und unter die Fesselgrube legte ich die Füße;

Str. 31,2–3 vilia lauss, sofna ek minnzt] vilia ec laˊs. sofna. ec minnzt *R*. – Str. 32,4 húnom] sonom *R*. – Str. 33,5 bœgi] bǫgi *R*. 33,11 eigim] ęgim *R*. 33,13 eða] eþ *R*.
[*Hinweis: Str. 34,5–36,4 ~ Str. 24,1–25,8.*]

35 1 en þær skálar,   er und skǫrom vóro,
   3 sveip ek utan silfri,   selda ek Níðaði;
   5 en ór augom   iarknasteina
   7 senda ek kunnigri   kván Níðaðar;

36 1 en ór tǫnnom   tveggia þeira
   3 sló ek bióstkringlor,   senda ek Bǫðvildi.
   5 Nú gengr Bǫðvildr   barni aukin,
   7 eingadóttir   ykkor beggia."

37 1 „Mæltira þú þat mál,   er mik meirr tregi,
   3 né ek þik vilia, Vǫlundr,   verr um níta;
   5 erat svá maðr hár,   at þik af hesti taki,
   7 né svá ǫflugr,   at þik neðan skióti,
   9 þar er þú skollir   við ský uppi."

38 1 Hlæiandi Vǫlundr   hófz at lopti,
   3 en ókátr Níðuðr   sat þá eptir.

39 1 „Upp rístu, Þakráðr,   þræll minn inn bezti,
   3 bið þú Bǫðvildi,   meyna bráhvíto,
   5 ganga fagrvarið   við fǫður rœða. –
   ....

(35) aber die (Hirn-)Schalen, die unter dem Schopf waren, beschichtete ich außen mit Silber, ich übergab [sie] Nidud; und Edelsteine aus den Augen sandte ich der (zauber)kundigen Frau Niduds;

(36) und aus den Zähnen der beiden schlug ich Brustgeschmeide, ich sandte [es] Bödvild. Nun geht Bödvild mit einem Kind geschwängert, euer beider einzige Tochter."

(37) [Nidud:] „Du sprachst keine Sache an, die mich mehr bedrücken würde, und nicht möchte ich, Völund, daß du [noch] Schlimmeres leugnest(?); kein Mensch ist so groß, um dich vom Pferd aus zu ergreifen, oder so kräftig, um dich von unten [mit einem Pfeil] zu erschießen, dort, wo du oben bei den Wolken schwebst."

(38) Lachend erhob sich Völund in die Luft, aber traurig blieb Nidud da zurück.

(39) [Nidud:] „Steh du auf, Thakrad, mein bester Knecht, fordere du Bödvild auf, das Mädchen mit hellen Wimpern, schönbekleidet zu gehen, mit dem Vater zu sprechen. –

Str. 35,4 selda *(vgl. Str. 24,8)]* senda *R*. – 37,4 níta] nióta *oder* neita *Hgg.*

13. Aus der Vǫlundarkviða

40 1 Er þat satt, Bǫðvildr,   er sǫgðo mér:
   3 sátoð it Vǫlundr   saman í hólmi?"

41 1 „Satt er þat, Níðuðr,   er sagði þér:
   3 sáto vit Vǫlundr   saman í hólmi,
   5 eina ógurstund,   æva skyldi.
   7 Ek vætr hánom   vinna kunnak,
   9 ek vætr hánom   vinna máttak."

....

(40) Ist das wahr, Bödvild, was [sie, die Leute] mir sagten: wart ihr beide, Völund und du, zusammen auf der kleinen Insel?"

(41) [Bödvild:] „Wahr ist das, Nidud, was [man oder: er, Völund] dir sagte: wir beide, Völund und ich, waren zusammen auf der kleinen Insel – eine Schreckenszeit (oder: kurze Zeit?), nie hätte es [geschehen] sollen! Ich konnte (oder: verstand) ihm nichts entgegen(zu)setzen, ich vermochte ihm nichts entgegenzusetzen."

Str. 41,1 Níðuðr] Níðaðr R. 41,5 ógurstund] a/gur stund R; ǫgurstund Hgg. 41,8 vinna] fehlt in R.

Kommentar

67 3: *spunno lín*. Wahrscheinlich bezieht sich das Spinnen von Lein auf das anschließende Weben von Schicksalsfäden: Walküren walten ja über das Geschick (von Kriegern auf dem Schlachtfeld).

67 5: *Hervǫr alvitr* 'Hervör Ganzklug'. Der Autor der (jüngeren) Einleitungsprosa hat den Beinamen von Völunds Walküre wohl durch Sekundärmotivation aus den Strophen 1, 3 und 10 des (älteren) poetischen Textes (*alvitr* 'Wesen anderer Art, Wesen aus einer anderen Welt', einer Entlehnung aus ae. *ælwiht* f. 'Wesen anderer Art, fremd[artig]es Wesen, Ungeheuer') gewonnen.

[S. 67 ff.] Str. 16–17: Die Frau Niduds ist die eigentliche Widersacherin Völunds auf der metaphysischen Ebene (wie das Nidud auf der rein physischen Ebene ist) – es ist die Königin, die in der Halle die Gefahr erkennt, die von dem unheimlichen Gefangenen ausgeht, und präventiv die Verstümmelung Völunds befiehlt.

Str. 19,2: *brúðar minnar* 'meiner Braut'. Damit ist Hervör gemeint; was es mit diesem (offenbar besonderen) Ring auf sich hat, wird im Text nicht gesagt.

Str. 20,3–4: *vél gørði hann ... Níðaði* '*vél* bereitete er Nidud'. Es handelt sich um ein Wortspiel mit Vorausdeutung: aisl. *vél* f. bedeutet einerseits 'handwerkli-

Abb. 8: Franks Casket (Runenkästchen von Auzon; um 700), linke Vorderseite (Ausschnitt). Maßstab ca. 1:1. – Das dreiteilige Bildwerk stellt die Kernhandlung der Sage von Wieland dem Schmied dar (Szenen vor und nach der Ermordung der Königssöhne bzw. vor und während der Vergewaltigung der Königstochter). 1. Rechts ist einer der beiden Königssöhne auf der Vogeljagd abgebildet; 2. in der Mitte trägt Baduhild den zerbrochenen Ring zu Wieland; 3. links überreicht ihr Wieland einen Becher Bier, um sie betrunken zu machen, und mit der Zange in der anderen Hand umfaßt er den abgetrennten Schädel eines Königssohnes, dessen Rumpf unter dem Amboß zu seinen Füßen liegt.

ches Geschick, Kunstfertigkeit' bzw. '(kunstvolles) Gerät, Kunstwerk', anderseits aber auch 'List' bzw. 'Hinterlist, Betrug, Verrat'.

Str. 21,5: *fiǫlð var þar menia* 'eine Vielzahl an Reichtümern'. *Menia* ist Genetiv Pl. zu *men* n. 'Halsschmuck, Schmuck, Schmuckstücke'; manche Interpret(inn)en bessern zu *meina (Genetiv Pl. zu *mein* n. 'Schaden, Unglück; Untat, Schandtat').

Str. 24,3: Der dunkle Ausdruck aisl. *fen fiǫturs*, wörtlich 'Sumpf (Grube) der Fessel', bezeichnet vielleicht eine Vertiefung im Herd, in der man die Glut aufhebt (vgl. nhd./dial. [bair.-österr.] *Fesslgruəbn, Festlgruəbn*). Andere sehen darin eine 'schlammige Grube', in der geschmiedete Objekte abgeschreckt werden.

Str. 24,8: *seldi Níðaði* 'übergab [sie] Nidud'. Daß der König unwissentlich aus Gefäßen trinkt, die aus den Schädelknochen seiner getöteten Söhne gefertigt sind, steigert die Exorbitanz von Völunds Rache. Dieses makabre Motiv ist auch aus anderen literarischen Werken bekannt, z.B. aus den eddischen *Atlamál* (Str. 82,4).

Str. 28,8: Das unverständliche ‹ıvıþ gıarıra› im Codex regius ist zu emendieren, am ehesten zu *ívíðgiarna* Adv. 'auf tückische Weise' oder ggf. zu *ívíðgiarn-*

13. Aus der Vǫlundarkviða

ra Adj., Gen. Pl. m. 'tückisch'; vgl. unten, S. 99 (Text 18B). – Ungerächt sind noch Völunds Leiden infolge Lähmung bzw. Gefangenschaft: der Triumph über Nidud und die anschließende Flucht (Erringung der Freiheit) stehen aber schon bevor.

Str. 29,2: *verða ek á fitiom* 'möge ich an den Füßen werden'. Formal ist für *verða* auch eine Deutung als 1. Person Sg. Präs. Ind. + Negation *-a* möglich. – Wenn auch Völunds Ausspruch im einzelnen unklar ist, so geht es jedenfalls um den Wiedergewinn seiner Mobilität: ungeachtet der Lähmung kann er sich nunmehr fortbewegen, und zwar durch die Luft; warum aber Völund plötzlich fliegen kann, wird indessen nicht erklärt.

Str. 29,9: *tregði fǫr friðils* 'sie bedauerte die Flucht des Liebhabers'. Bödvild beklagt den Abflug Völunds vor allem wohl deshalb, weil der Täter dann für die Vergewaltigung nicht mehr zur Rechenschaft gezogen werden kann.

Str. 31,6: In Niduds Vorwurf wird ein bekanntes altisländisches Sprichwort – scil. *kǫld eru kvenna ráð* 'kalt (verhängnisvoll) sind die Ratschläge von Frauen' – variiert.

Str. 33,1–2: *Eiða skaltu mér áðr alla vinna* 'Alle Eide mußt du mir zuvor leisten'. Die Eidleistung ist grundsätzlich eine bedingte Selbstverfluchung: einen Eidbrüchigen trifft Unheil; hier sollen sich die beschworenen Objekte gegen Nidud richten bzw. ihm den Dienst (im Kampf) versagen, wenn er das gegebene Versprechen nicht einhält.

Str. 36,6: *barni aukin* 'mit einem Kind geschwängert'. Die in der altisländischen Literatur sonst nicht zu belegende Bedeutung des Partizips II *aukin* f. 'geschwängert, schwanger' (wörtlich [mit einem Kind] 'vermehrt, vergrößert') hat eine auffällige Parallele im altenglischen *Dēor*, wo von Beadohilde (= Bödvildr) gesagt wird, daß sie *ēacen wæs* 'schwanger war' (V. 11).

Str. 37,3–4: *né ek þik vilia, Vǫlundr, verr um níta* 'und nicht möchte ich, Völund, ...' Der Abvers ist nicht ganz klar (von *ek vilia* abhängiger AcI?, *verr* Adv. adjektivisch [Akk. Sg. n.] als 'Schlechteres, Schlimmeres'?): Nidud scheint jedenfalls weitere Übeltaten Völunds nicht auszuschließen.

Str. 40,3–4. 41,3–4: aisl. *sitja saman*, wörtlich 'zusammensitzen, zusammensein', bezieht sich hier auf das Zusammensein sexueller Art, i.e. auf den Geschlechtsverkehr.

Str. 41,5: *ógurstund* 'Schreckenszeit'. Wenn am Wortbeginn a/ für aisl. /ō/ steht, gehört die Bildung zu *ógurligr* Adj. 'schrecklich, fürchterlich'; alternativ ist auf nisl. *ögurstund* f. 'kurze Zeit (zwischen Ebbe und Flut o.ä.)' zu verweisen. Die alte Deutung als 'Penisstunde, Wolluststunde' (!) ist jedenfalls nicht zu halten.

14. Aus der *Atlakviða*

Klassisches Altisländisch (-z 3. Pers. Sg. Mediopass.; Besonderheit: im Schwachton *o* statt *u*); normalisierter Text (bei Eddaliedern Usus: *i* statt *j*) mit Kommentar. – Handschriftliche Grundlagen: GkS 2365, 4° (Codex regius der *Lieder-Edda*, R), um 1270. – Heroisches Eddalied.
Text (modifiziert) nach: Edda. Die Lieder des Codex regius nebst verwandten Denkmälern, ed. Gustav Neckel / Hans Kuhn. I: Text (Heidelberg [5]1983), 240–244.

Wie die *Vǫlundarkviða* (Text 13) ist auch die *Atlakviða* ('Atlilied'; im Codex regius der *Lieder-Edda* unzutreffenderweise *in grœnlenzka* 'die grönländische' bezeichnet) im 9./10. Jahrhundert entstanden. Der Stoffkern reicht in die germanische Völkerwanderungszeit zurück: thematisiert wird der Untergang des burgundischen Regnums am Mittelrhein (436/437) und der Tod des Hunnenkönigs Attila (453), freilich in einer enthistorisierten und personalisierten (bzw. assimilierten und reduzierten) Form, wie sie für die Heldendichtung charakteristisch ist. Der *plot* des Liedes folgt dem dreigliedrigen Schema Provokation – Fahrt – Untergang: Mit aufreizenden Versprechungen wird der Burgundenkönig Gunnar an den Hof des Hunnenkönigs Atli eingeladen, und er zieht auch mit seinem Bruder Högni trotz unheilvoller Vorzeichen aus: am Hunnenhof wird er sogleich ergriffen und dann getötet, da er nicht verrät, wo er den unermeßlichen Schatz der Niflungen verborgen hat; schließlich steckt Gudrun, Gunnars Schwester, die in zweiter Ehe mit Atli verheiratet ist, die Königshalle in Brand, Atli und seine gesamte Gefolgschaft kommen darin um. Die *Atlakviða* führt in heroisch-idealisierender Weise vor Augen, 'wie man leben soll', und zwar als König (Gunnar), als Getreuer (Högni) und als Rächerin (Gudrun).
Literatur: RGA[2] I (1973), 465–467 (*Atlilieder*; H[einrich] Beck).

A. *Atlakviða*, Str. 1–5: Die Einladung an den Hunnenhof

1 1 Atli sendi   ár til Gunnars
   3 kunnan segg at ríða,   Knefrøðr var sá heitinn;
   5 at gǫrðom kom hann Giúka   ok at Gunnars hǫllo,
   7 bekkiom aringreypom   ok at bióri svásom.

Str. 1,4 Knefrøðr] Knefruðr *R*.

14. Aus der *Atlakviða*

2 1 Drukko þar dróttmegir   – enn dyliendr þǫgðo –
   3 vín í valhǫllo,   reiði sáz þeir Húna;
   5 kallaði þá Knefrøðr   kaldri rǫddo,
   7 seggr inn suðrœni,   sat hann á bekk hám:

3 1 „Atli mik hingat sendi   ríða ørindi
   3 mar inom mélgreypa   Myrkvið inn ókunna,
   5 at biðia yðr, Gunnarr,   at it á bekk kœmið
   7 með hiálmom aringreypom   at sœkia heim Atla.

4 1 Skiǫldo knegoð þar velia   ok skafna aska,
   3 hialma gullroðna   ok Húna mengi,
   5 silfrgylt sǫðulklæði,   serki valrauða,
   7 dafar, darraðar,   drǫsla mélgreypa.

5 1 Vǫll léz ykr ok mundo gefa   víðrar Gnitaheiðar,
   3 af geiri giallanda   ok af gyltom stǫfnom,
   5 stórar meiðmar   ok staði Danpar,
   7 hrís þat it mæra,   er meðr Myrkvið kalla."

B. *Atlakviða*, Str. 8–11: Gunnars Entscheidung

8 1 „Hvat hyggr þú brúði bendo,   þá er hon okr baug sendi,
   3 varinn váðom heiðingia?   Hygg ek, at hon vǫrnuð byði:
   5 hár fann ek heiðingia   riðit í hring rauðom;
   7 ylfskr er vegr okkarr   at ríða ørindi."

9 1 Niðiargi hvǫtto Gunnar   né náungr annarr,
   3 rýnendr né ráðendr   né þeir, er ríkir vóro;
   5 kvaddi þá Gunnarr   sem konungr skyldi,
   7 mærr, í miǫðranni,   af móði stórom:

10 1 „Rístu nú, Fiǫrnir,   láttu á flet vaða
    3 greppa gullskálir   með gumna hǫndom.

11 1 Úlfr mun ráða   arfi Niflunga,
    3 gamlir gránvarðir,   ef Gunnars missir;
    5 birnir blakfiallir   bíta þreftǫnnom,
    7 gamna greystóði,   ef Gunnarr né kømrat."

Str. 3,5 yðr] ykr *Hgg*. – Str. 4,6 valrauða] valrǫða *R*. 4,7 darraðar] darraðr *R*. –
Str. 8,7 ylfskr] ylfstr *R*. – Str. 9,1 Niðiargi] gi *in R radiert*. – Str. 11,1 Úlfr
mun] Úlfar muno *Hgg*. 11,3 gamlir gránvarðir] gamlar granverðir *R*.

C. *Atlakviða*, Str. 18–24: Högnis Tod und Gunnars Triumph

18 1 Fengo þeir Gunnar   ok í fiǫtur setto
    3 vin Borgunda   ok bundo fastla.

19 1 Siau hió Hǫgni   sverði hvǫsso,
    3 en inom átta hratt hann   í eld heitan –
    5 svá skal frœkn   fiándom veriaz
    7 sem Hǫgni varði   hendr Gunnars.

20 1 Frágo frœknan,   ef fiǫr vildi
    3 gotna þióðann   gulli kaupa.

21 1 „Hiarta skal mér Hǫgna   í hendi liggia,
    3 blóðukt, ór briósti   skorit baldriða
    5 saxi slíðrbeito   syni þióðans."

22 1 Skáro þeir hiarta   Hialla ór briósti,
    3 blóðukt, ok á bióð lǫgðo   ok báro þat fyr Gunnar.

23 1 Þá kvað þat Gunnarr, gumna dróttinn:
    3 „Hér hefi ek hiarta   Hialla ins blauða,
    5 ólíkt hiarta   Hǫgna ins frœkna,
    7 er miǫk bifaz,   er á bióði liggr;
    9 bifðiz hálfo meirr,   er í briósti lá."

24 1 Hló þá Hǫgni,   er til hiarta skáro
    3 kvikvan kumblasmið: kløkkva hann sízt hugði;
    5 blóðukt þat á bióð lǫgðo   oc báro fyr Gunnar.

25 1 Mærr kvað þat Gunnarr   geir-Niflungr:
    3 „Hér hefi ek hiarta   Hǫgna ins frœkna,
    5 ólíkt hiarta   Hialla ins blauða,
    7 er lítt bifaz,   er á bióði liggr;
    9 bifðiz svági miǫk,   þá er í briósti lá.

26 1 Svá skaltu, Atli,   augom fiarri,
    3 sem munt meniom   mínom verða;
    5 er und einom mér   ǫll um fólgin
    7 hodd Niflunga: lifira nú Hǫgni.

Str. 18,3 vin] vinir *R*. – Str. 19,7 sem] *fehlt in R*. 19,8 Gunnars] sínar *Hgg*. – Str. 26,4 mínom] *fehlt in R*. 26,5 und einom] unt einom ę *R*.

27 1 Ey var mér týia,   meðan við tveir lifðom,
   3 nú er mér engi,   er ek einn lifik.
   5 Rín skal ráða   rógmálmi skatna,
   7 sú in áskunna,   arfi Niflunga;
   9 í veltanda vatni   lýsaz valbaugar,
  11 heldr en á hǫndom gull   skíni Húna bǫrnom."

D. *Atlakviða*, Str. 42–43: Gudruns Rache

42 1 Eldi gaf hon þá alla,   er inni vóro
   3 ok frá morði þeira Gunnars   komnir vóro ór Myrkheimi;
   5 forn timbr fello,   fiarghús ruko,
   7 bœr Buðlunga,   brunnu ok skialdmeyiar
   9 inni, aldrstamar,   hnigo í eld heitan.

43 1 Fullrœtt er um þetta –   ferr engi svá síðan
   3 brúðr í brynio   brœðra at hefna;
   5 hon hefir þriggia   þióðkonunga
   7 banorð borit,   biǫrt, áðr sylti.

Str. 27,7 sú in] svinn *R*; á svinn *Hgg*.

KOMMENTAR

Str. 2,3–4: *vín í valhǫllo, reiði sáz þeir Húna* '[Gunnars Gefolgsleute tranken] Wein in der exotischen Halle; sie fürchteten den Zorn der Hunnen'. Zur Zeit der Entstehung der *Atlakviða* war dies eine reguläre Langzeile (*vín í valhǫllo, vreiði* etc.), die jedoch nach dem Eintreten des Lautwandels an. *vr-* > aisl. *r-* im 9./10. Jahrhundert die Alliteration in der ersten Hebung des Abverses eingebüßt hat (*vreiði* > *reiði* : *vín*, *valhǫllo*). Die Verbindlichkeit des althergebrachten Wortlauts war offenbar so groß, daß man eine leicht durchzuführende Reparatur des Verses – möglich wäre u.a. *vín í valhǫllo, vald sáz þeir Húna* '..., sie fürchteten die Macht der Hunnen' – nicht vorgenommen hat.

Str. 3–5: Knefröds großzügige Angebote sind in mehrfacher Hinsicht provokant. Zum einen sind zumindest einige der versprochenen Geschenke illusorisch (Atli besitzt die Gnitaheide nicht, die 'Ufer des Dnjepr' sind als Kern der hunnischen Machtsphäre kaum veräußerbar), zum anderen würde die Annahme der Geschenke (ohne Gegengabe) eine Unterordnung Gunnars implizieren, vor allem aber – und das weiß Atli nur allzu genau – kann Gunnar all diese Geschenke leicht entbehren, besitzt er doch den unermeßlichen Schatz der Niflungen.

Abb. 9 a–b: Foto (links) und Zeichnung (rechts) des Portals der Stabkirche von Hylestad (vor/um 1200), Segment links oben. – Im Codex regius der *Lieder-Edda* berichtet das Prosastück *Dráp Niflunga* ('Tötung der Niflungen') etwas ausführlicher als die *Atlakviða* von Gunnars Ende: 'Gunnarr wurde in den „Schlangenhof" (in die Schlangengrube) geworfen. Er schlug die Harfe und versetzte die Schlangen in Schlaf, eine Natter aber stach ihn in die Leber'. Darstellungen von Gunnar in der Schlangengrube finden sich in mehreren mittelalterlichen Bildquellen, darunter auf dem geschnitzten Kirchenportal von Hylestad; hier ist der von Schlangen umringte Gunnar offenbar mit einer Art Handschellen gefesselt und spielt mit dem Fuß Harfe.

Str. 8,1: *Hvat hyggr þú brúði bendo* 'Was meinst du, daß die Frau zu verstehen gab' (*brúði bendo* AcI, *bendo* Inf. II). Es ist Gudrun, die mit Atli verheiratete Schwester Gunnars und Högnis, die ihre Brüder warnt, die verräterische Einladung anzunehmen.

Str. 9,6: *sem konungr skyldi* 'wie ein König sollte, wie es sich für einen König geziemt'. Das Lied markiert hier Gunnars Handlungsweise zum ersten Mal als beispielhaft.

Str. 9,8: *af móði stórom* 'aus einer starken Gemütsbewegung heraus'; ob es sich um heftigen Zorn, um großen Mut oder gar um 'geschwollenen' Mut (Übermut) handelt, läßt der Text in Schwebe.

Str. 19,5–6: *svá skal frœkn fiándom veriaz* 'so soll der Tapfere sich der Feinde erwehren'. Auch Högnis Verhalten wird als mustergültig charakterisiert.

Str. 27,5–6: *Rín skal ráða rógmálmi skatna* 'Der Rhein soll das Gold der Männer besitzen'. Nun, da Gunnar erst recht nicht verrät, an welcher Stelle er das 'Erbe der Niflungen' im Rhein versenkt hat, bleibt Atli nichts anderes übrig, als Gunnar trotzdem oder gerade deswegen zu töten. Der Burgundenkönig findet

14. Aus der *Atlakviða*

einen besonderen Tod, und zwar in einer Schlangengrube (vgl. vorhin, S. 80 mit Abb. 9a–b). Die *Atlakviða* kommentiert Gunnars Hortverweigerung bzw. seinen letzten Auftritt mit den Worten 'so soll ein tapferer Fürst das Gold gegen die Leute behaupten' (Str. 31,10-12) – Gunnar hat sein Soll sonach ein zweites und letztes Mal erfüllt.

Str. 42,1–2: *Eldi gaf hon þá alla, er inni vóro* 'Dem Feuer übergab sie alle, die drinnen (in der Halle) waren'. Schon vor dem Hallenbrand hat Gudrun ihre beiden Söhne *Erpr* und *Eitill* (die sie mit Atli hat) getötet, deren Herzen mit Honig vermischt und Atli sodann als *ǫlkrasir* 'Leckerbissen zum Bier' vorgesetzt (Str. 36–37) – eine grausame und makabre Rachetat, die der Völunds (der aus den Schädeln von Niduds Söhnen Trinkbecher verfertigt; s. Text 13, Str. 24,5–8 bzw. 35,1–4) nicht unähnlich ist.

Str. 43,2–4: *ferr engi svá síðan brúðr í brynio brœðra at hefna* 'keine Frau legt sich seither auf diese Weise die Rüstung an, um die Brüder zu rächen'. Der Text kennzeichnet auch Gudruns Haltung als vorbildlich (und beispiellos).

15. Aus den *Hamðismál*

Klassisches Altisländisch (-*z* 3. Pers. Sg. Mediopass.; Besonderheit: im Schwachton *o* statt *u*); normalisierter Text (bei Eddaliedern Usus: *i* statt *j*) mit Kommentar. – Handschriftliche Grundlagen: GkS 2365, 4° (Codex regius der *Lieder-Edda*, R), um 1270. – Heroisches Eddalied.
Text (modifiziert) nach: Edda. Die Lieder des Codex regius nebst verwandten Denkmälern, ed. Gustav Neckel / Hans Kuhn. I: Text (Heidelberg [5]1983), 269–274.

Die *Hamðismál* (Pl.; 'Hamdirlied') stehen am Ende der Liedersammlung des Codex regius, und in diesem Lied geht es auch mit den heroischen Geschlechtern zu Ende. Der Text, der ebenfalls in das 9./10. Jahrhundert gehört, greift die Geschehnisse um den Tod des Gotenkönigs Ermanarich beim Einfall der Hunnen (375) auf; auch hier ist das Faktisch-Memorable dichterisch enthistorisiert und personalisiert. Die Einbettung in den Heldenliedzyklus der *Edda* ist nicht bruchlos erfolgt: Gudruns Tod am Schluß der *Atlakviða* (Str. 43,8) wird annulliert, und sie heiratet ein drittes Mal; mit König Jonakr hat sie zwei Söhne, Hamdir und Sörli. Die *Hamðismál* organisieren ihre *story* ebenfalls nach dem Muster Provokation – Fahrt – Untergang: Gudrun stachelt ihre Söhne auf, den Tod ihrer Halbschwester Svanhild an deren Mann, dem Gotenkönig Jörmunrekk, zu rächen. Unterwegs kommt es dann zu einem verhängnisvollen Intermezzo: Hamdir und Sörli erschlagen ihren (Halb-)Bruder Erp, und daher mißlingt das Attentat auf Jörmunrekk – sie schlagen dem König zwar Hände und Füße ab, werden aber von den Gotenkriegern gesteinigt, bevor sie ihn töten können. Die *Hamðismál* enthalten im Gegensatz zur *Atlakviða* durchaus reflektierend-lehrhafte Elemente, die als Kritik am Heroentum alter Prägung gelesen werden können.
Literatur: RGA [2]XIII (1999), 473–476 (*Hamðismál*; J[ürg] Glauser).

A. *Hamðismál*, Str. 3–7: Gudruns *hvǫt* ('Aufreizung')

3 1 „Systir var ykkor   Svanhildr um heitin,
  3 sú er Iǫrmunrekkr   ióm um traddi,
  5 hvítom ok svǫrtom,   á hervegi,
  7 grám, gangtǫmom   Gotna hrossom.

4 1 Eptir er ykr þrungit   þióðkonunga;
  3 lifið einir ér þátta   ættar minnar.

15. Aus den Hamðismál

```
5  1  Einstœð em ek orðin      sem ǫsp í holti,
   3  fallin at frændom         sem fura at kvisti,
   5  vaðin at vilia            sem viðr at laufi,
   7  þá er in kvistskœða       kømr um dag varman."

6  1  Hitt kvað þá Hamðir       inn hugomstóri:
   3  „Lítt mundir þú þá, Guðrún,    leyfa dáð Hǫgna,
   5  er þeir Sigurð            svefni ór vǫkþo,
   7  saztu á beð,              en banar hlógo.

7  1  Bœkr vóro þínar           inar bláhvíto,
   3  ofnar vǫlundom,           fluto í vers dreyra;
   5  svalt þá Sigurðr,         saztu yfir dauðom,
   7  glýia þú né gáðir –       Gunnarr þér svá vildi."
```

B. *Hamðismál*, Str. *12–*14, 15–16: Erps Tod

```
*12  1  Fundo á stræti          stórbrǫgðóttan:              (R 14)
     3  „Hvé mun iarpskamr      okr fultingia?"

*13  1  Svaraði inn sundrmœðri,  svá kvaz veita mundo        (R 12)
     3  fulting frændom         sem fótr ǫðrom.
     5  „Hvat megi fótr         fœti veita,
     7  né holdgróin            hǫnd annarri?"

*14  1  Þá kvað þat Erpr        eino sinni                   (R 13)
     3  – mærr um lék           á mars baki –:
     5  „Illt er blauðom hal    brautir kenna."
     7  Kóðo harðan miǫk        hornung vera.

15   1  Drógo þeir ór skíði     skíðiiárn,
     3  mækis eggiar,           at mun flagði;
     5  þverðo þeir þrótt sinn  at þriðiungi,
     7  léto mǫg ungan          til moldar hníga.

16   1  Skóko loða,             skálmir festo,
     3  ok góðbornir            smugo í guðvefi.
```

Str. 6,2 hugomstóri] stóri *R.* – Str. *12–*14] Strophenreihenfolge in R aus inhaltlichen Gründen geändert. – Str. *12,3 iarpskamr] iarpskammr *Hgg.* – Str. 15,2 skíðiiarn] skíðiéarn *Hgg.*

[*Hinweis*: Hamðismál, Str. 6–7,4 ~ Guðrúnarhvǫt, Str. 4.]

I. Texte

C. Hamðismál, Str. 24–28: Rache an Jörmunrekk

24 1 Hitt kvað þá Hamðir inn hugomstóri:
   3 „Æstir, Iǫrmunrekkr, okkarrar kvámo,
   5 brœðra sammœðra, innan borgar þinnar;
   7 fœtr sér þú þína, hǫndom sér þú þínom,
   9 Iǫrmunrekkr, orpit í eld heitan."

25 1 Þá hraut við inn reginkunni,
   3 baldr í brýnio, sem biǫrn hryti:
   5 „Grýtið ér á gumna, allz geirar né bíta,
   7 eggiar né iárn, Iónakrs sono!"

26 1 Hitt kvað þá Hamðir, inn hugomstóri:
   3 „Bǫl vanntu, bróðir, er þú þann belg leystir:
   5 opt ór þeim belg bǫll ráð koma."

27 1 „Hug hefðir þú, Hamðir, ef þú hefðir hyggiandi:
   3 mikils er á mann hvern vant, er manvitz er."

28 1 „Af væri nú hǫfoð, ef Erpr lifði,
   3 bróðir okkarr inn bǫðfrœkni, er við á braut vógom,
   5 verr inn vígfrœkni, – hvǫttomk at dísir –,
   7 gumi inn gunnhelgi – gørðomk at vígi –."

Str. 25,7 iárn] éarn *Hgg.* – Str. 26,1–2 Hitt ... hugomstóri] *von manchen Hgg.* *(als Worte Sörlis) gestrichen.* 26,5 þeim] rauðom *Hgg.* – Str. 27,2 hyggiandi] hygiandi *R.* – Str. 28,5 verr inn vígfrœkni] varr inn við frǫkni *R.* 28,8 gørðomk] gørðumz *R.*

Kommentar

Str. 3,3–4: *sú er Iǫrmunrekkr ióm um traddi* 'die Jörmunrekk von Pferden zertreten ließ'. Svanhild entstammt der ersten Ehe Gudruns mit Sigurd (der von Guthorm, dem Bruder Gunnars, getötet wird). Vorauszusetzen bzw. anderen Texten (*Vǫlsunga saga*, Kap. 42 [40]; *Snorra Edda, Skáldskaparmál*, Kap. 42 [41]) zu entnehmen ist, daß Svanhild (fälschlicherweise) eines vorehelichen Verhältnisses mit Jörmunrekks Sohn Randver bezichtigt wird; der erboste Gotenkönig läßt daraufhin Randver hängen und Svanhild zertrampeln.

Str. 6,1–2: *Hitt kvað þá Hamðir inn hugomstóri* 'Jenes sprach da Hamdir der Beherzte (Mutige)'. In seiner Replik weist Hamdir seine Mutter darauf hin, daß heroisches Tun auch Schattenseiten hat – ihr, Gudrun, ist der geliebte erste Mann

15. Aus den Hamðismál

erschlagen worden. Gudruns *hvǫt* ('Aufreizung, Anstiftung zur Tat') und Hamdirs Erwiderung begegnen übrigens (zum Teil wortwörtlich entsprechend) auch in der *Guðrúnarhvǫt*, dem im Codex regius unmittelbar vorangehenden Lied.

Str. *13,1: *Svaraði inn sundrmœðri* 'Es antwortete der „Andersmütterliche" (der von einer anderen Mutter Geborene)' sowie Str. 14,8 *hornung* (*hornungr* Nom.) 'uneheliches Kind, Bastard'. In den *Hamðismál* gilt Erp 'nur' als Halbbruder von Hamdir und Sörli, in den anderen literarischen Quellen (Prosa vor der *Guðrúnarhvǫt*, *Vǫlsunga saga*, *Snorra Edda*) ist er ein 'vollbürtiger' dritter Bruder.

Str. 15,7–8: *léto mǫg ungan til moldar hníga* '[sie] bewirkten, daß der Jüngling zu Boden sank'. Wie es zu dieser Untat kommt bzw. was Hamdir und Sörli konkret zur Tötung Erps veranlaßt (gekränkte Ehre?, unbeherrschter Übermut?), wird aus dem Text der *Hamðismál* nicht klar.

Str. 24,7–8: *fœtr sér þú þína, hǫndom sér þú þínom* (... *orpit í eld heitan*) 'deine Füße siehst du, deine Hände siehst du (... in das heiße Feuer geworfen)'. Die Langzeile enthält einen Alliterationsfehler (Reimpartner *h-* im Anvers fehlt), auch die Morphosyntax ist nicht in Ordnung (Kasuswechsel *fœtr þína* Akk. Pl. : *hǫndom þínom* Dat. Pl.). Man hat versucht, diese Stelle zu bessern (z.B. Gustav Neckel: *fótom sér þú þínom / í funa orpit, // en hǫndom þínom / í heitan eld*); derartige Versuche bleiben jedoch hypothetisch.

Str. 25,5–7: *Grýtið ér á gumna, allz geirar né bíta, eggiar né iárn* 'Steinigt ihr die Männer, da [sie] ja Speere nicht verletzen, Schwerter und nicht [andere] Eisenwaffen'. Wiederum ist nur aus der Parallelüberlieferung (*Vǫlsunga saga*, Kap. 43 [41], *Snorra Edda Skáldskaparmál*, Kap. 42 [41]; vgl. *Guðrúnarhvǫt*, Str. 7) zu erfahren, daß Gudrun ihre beiden Söhne mit magischen Rüstungen ausgestattet hat, denen konventionelle Waffen nichts anhaben können.

Str. 27,3–4: *mikils er á mann hvern vant, er manvitz er* 'viel fehlt jemandem, wenn es Menschenverstand (Lebensklugheit) ist'. Dieser volkstümlichen Weisheit Sörlis hält Hamdir an späterer Stelle ein ähnlich allgemeines Diktum entgegen ('den Abend erlebt niemand nach dem Urteilsspruch der Nornen'; Str. 30,7–8). – Die Protagonisten der *Hamðismál* sind keine heroischen 'Ausnahmetäter', sondern scheinen ihren Ruhm hauptsächlich zu erringen, weil sie das ihnen bestimmte Schicksal akzeptieren.

Str. 28,1-2: *Af væri nú hǫfoð, ef Erpr lifði* 'Ab wäre nun das Haupt, wenn Erp [noch] lebte'. Diese (zu) späte Einsicht Hamdirs bezieht sich darauf, daß Jörmunrekk bei Beteiligung Erps durch gleichzeitiges Abschlagen von Händen, Füßen und Kopf sofort (mund)tot gemacht worden wäre: der Befehl zur Steinigung hätte dann nicht die Vollendung der Rache verhindert.

16. Hjalmars Sterbelied

Klassisches Altisländisch (-*sk* 3. Pers. Sg. Mediopass.); normalisierter Text (wie bei Eddaliedern *i* statt *j*) mit Kommentar. – Handschriftliche Grundlagen: 1. *Hervarar saga ok Heiðreks konungs* (H): GkS 2845, 4° (Hʀ), Mitte 15. Jahrhundert (Version I); UB Uppsala, R 715, 8° (Hu), Mitte 17. Jahrhundert (Version III). 2. *Qrvar-Odds saga* (O): AM 344a, 4° (Oᴍ), 2. Hälfte 14. Jahrhundert (längere Version I); AM 343a, 4° (Oᴀ), um/nach 1450; AM 471, 4° (Oʙ), 2. Hälfte 15. Jahrhundert (längere Version II); AM 173, fol. (Oᴇ), ca. 1700 (längere Version II').

Text (leicht modifiziert) nach: Eddica minora. Dichtungen eddischer Art aus den Fornaldarsögur und anderen Prosawerken, ed. Andreas Heusler / Wilhelm Ranisch (Dortmund 1903), 49–53.

Hjalmars Sterbelied gehört einer jüngeren Schicht eddischer Dichtung an. Das wohl im 12. Jahrhundert entstandene Lied ist als poetisches Einsprengsel in zwei Vorzeitsagas überliefert; die *Hervarar saga ok Heiðreks konungs* ('Saga von Hervör und König Heidrek') hat acht, die *Qrvar-Odds saga* ('Saga von Pfeil-Odd') zwölf Strophen, die Reihenfolge der gemeinsamen Strophen ist aber nicht identisch. Auch der Erzählkontext weicht in den beiden Sagas ab: in der *Hervarar saga* kämpft Hjalmar mit seinem Waffenbruder Odd aus Rivalität um die schwedische Prinzessin Ingibörg gegen die Berserker Angantyr und seine elf Brüder, in der *Qrvar-Odds saga* kommt es aus purer Kampfeslust zum Waffengang. Dabei tötet Odd die Mehrzahl der Gegner (elf Brüder in der *Hervarar saga*, sieben in der *Qrvar-Odds saga*), und Hjalmar erschlägt Angantyr, erliegt jedoch den im Kampf erlittenen Wunden; schließlich stirbt auch Hjalmars Braut Ingibjörg (von eigener Hand in der *Hervarar saga*, aus Kummer in der *Qrvar-Odds saga*). Das Lied bezieht seinen Reiz nicht so sehr aus der heroischen *action*, sondern aus dem Kontrast zwischen Liebe und Leid, Damals und Jetzt, geselligem Leben in der Heimat und Tod in der Fremde.

Literatur: RGA ²XIV (1999), 634–637 (*Hjálmars Sterbelied*; R[obert] Nedoma).

Hjalmars Sterbelied (Bestand und Reihenfolge der Strophen nach H)

1 1 „Hvat er þér, Hiálmarr?   Hefir þú lit brugðit;   (O 1)
   3 þik kveð ek mœða   margar undir;
   5 hiálmr er þinn hǫggvinn,   en á hlið brynia,
   7 nú kveð ek fiǫrvi   of farit þínu."

16. Hjalmars Sterbelied

2 1 „Sár hefi ek sextán, slitna bryniu, (O 2)
  3 svart er mér fyr siónum, séka ek ganga;
  5 hneit mér við hiarta hiǫrr Angantýs,
  7 hvass blóðrefill, herðr í eitri.

3 1 Áttak at fullu fimm tún saman, (O *7 [8])
  3 en ek því aldri unda ráði;
  5 nú verð ek liggia lífs andvani,
  7 sverði undaðr, í Sámseyiu.

4 1 Drekka í hǫllu húskarlar miǫð, (O 11)
  3 menium gǫfgir, at míns fǫður;
  5 mœðir marga mungát fira,
  7 en mik eggia spor í eyiu þiá.

5 1 Hvarf ek frá hvítri hlaðs bið-Gunni (O 5)
  3 á Agnafit útanverðri;
  5 saga mun sannask, sú er hon sagði mér,
  7 at ek aptr koma eigi mundak.

Str. 1 *fehlt in* O*M* (*dort Prosa* „Hvat er nú, Hjálmarr?" segir Oddr, „Hví hefir þú þínum lit brugðit?"). 1,2 hefir þú] hefir *Hgg.* 1,3 þik] því þik H*U* (því *von anderer Hand durchgestrichen*). 1,4 margar H*R*] miklar H*U* O. 1,6 en á hlið H*U* O] ok in síða H*R* (*ohne Alliteration*). 1,7 kveð ek] held ek O*E*. 1,8 of] ok H*R*, á H*U*, um O*A B*, om O*E*.

Str. 2,3 svart er mér] svart er H*U*. 2,4 séka ek] séka sé ek H*R*, sékat ek O*B*, sé ek ei at O*A E*, seinka ek at H*U*, svinkaða ek O*M*.

Str. 3,1 Áttak] Áktak H*R*, Átta ek H*U* O. at fullu H*R*] á foldu H*U* O. 3,2 tún H] bú O*M E*, ból O*A B*. 3,3–4 en ek því aldri unda ráði H*R*] en ek því aldri undi á láði H*U*, en því unda ek allvel láði O*M*, en ek unda því eigi láði O*A B*, en ek unda þó ei á láði O*E*. 3,6 lífs andvani H] lítt megandi O. 7 undaðr] unduðr O*B*, sundaðr H*R*. 3,8 í Sámseyiu H*R*] Sáms í eyiu H*U*, Sámseyiu í O.

Str. 4,1–4 Drekka í hǫllu / húskarlar miǫð, // menium gǫfgir / at míns fǫður H*R*] Drekka í hǫllu / húskarlar með // meyium gœddir / at míns fǫðurs H*U*, Drekkr (Drekka H*U-Korr.*) með iǫfri / iarla mengi // ǫl glaðliga / at (af O*A*) Uppsǫlum O H*U* (*Korrektur von anderer Hand*). 4,6 fira H*U*] þeira fira O*A*, fyrða O*E*, fenia H*R*. 4,7 eggia] eggiar O*A B*. 4,8 eyiu O] ey H. þiá] þessari O*E*.

Str. 5,1–2 Hvarf ... hlaðs bið-Gunni (hlads bedgungí *Hs.*) H*R*] Leiddi mik (leiddr H*U*, beiddi mik O*E*, heiði O*M*) in hvíta hilmis (-irs H*U*) dóttir O H*U*. 5,3 Agnafit] agdna fit O. 5,4 útanverðri H*R*] útanverða H*U* O. 5,6 sú er hon H*R*] sú hon H*U*, sú er O*A*, er hon O*M B E*. 5,7 ek] *fehlt* H*R*.

6 1 Hvarf ek frá fǫgrum   flióða sǫngvi   (HR 7, O 4)
  3 ótrauðr gamans   austr við Sóta;
  5 fǫr skundaðak   ok fórk í lið
  7 hinzta sinni   frá hollvinum.

7 1 Drag þú mér af hendi   hring inn rauða,   (HR 6, O 9)
  3 fœr þú inni ungu   Ingibiǫrgu;
  5 sá mun henni   hugfastr tregi,
  7 er ek eigi køm   til Uppsala.

8 1 Hrafn flýgr austan   af hám meiði,   (O 12)
  3 flýgr honum eptir   ǫrn í sinni;
  5 þeim gef ek erni   efstum bráðir,
  7 sá mun á blóði   bergia mínu."

Str. 6,3 *ótrauðr*] *alltrauðr* H∪. 6,4 austr við H] út (at OM) með O. 6,5 skundaðak] snúðgad ek OAB, snuduga OE. 6,6 fórk] fór OB, fekk OAE. 6,7 hinzta OB] innzta H, seinsta OM, fyrsta OA, mesta OE. sinni] liðsinni OE. 6,8 frá] með H∪. hollvinum] hugsvinnum OE.
Str. 7,3 fœr þú] ok fœr OA, fœr OB. inni ungu] minni ungu H∪, hann ungri OE. 7,5 henni] flióði OB. 7,6 hugfastr] hiartnæmr OA, fastnæmr OE. 7,7–8 er ... Uppsala HR] er vit síðan séumk aldregi OM, at (ef H∪ OA) hon síðan mik sér aldregi H∪ OABE.
Str. 8 *fehlt in* OM. 8,1 austan H] sunnan O. 8,2 hám] há OA. meiði] heiði OAE. 8,3 flygr honum eptir] ok er eptir þar OABE. 8,4 ǫrn] ǫr OE. 8,7 á] af H∪ OE. 8,8 bergia] berigia HR, biargask OE, segia H∪.

KOMMENTAR

Str. 1,1: *Hiálmarr*. Wie die Titelfigur der *Hamðismál* trägt auch Hjalmar das Epitheton *inn hugumstóri* 'der Beherzte (Mutige)', und zwar sowohl in der *Hervarar saga* als auch in der *Ǫrvar-Odds saga*; nur die U-Fassung der *Hervarar saga* hat *inn hugfulli* (in gleicher Bedeutung).

Str. 2,6–8: *hiǫrr Angantýs, ... herðr í eitri* 'das Schwert des Angantyr, ... gehärtet in Gift'. Angantyr führt die von Zwergen geschmiedete Wunderwaffe *Tyrfingr*, die jedem den Tod bringt, der damit verwundet wird.

Str. 5,1–2: *Hvarf ek frá hvítri hlaðs bið-Gunni* 'Ich ging von der weißen Frau weg'. Mit dem (konjizierten) Ausdruck *hlaðs bið-Gunni* 'nach dem Schmuckband verlangende Gunn (eine Walküre)' (oder: *hlaðbeðs Gunni* 'Gunn des Bortenpolsters'?) ist jedenfalls eine Frau, und zwar Ingibjörg im heimatlichen Upp-

16. Hjalmars Sterbelied

sala, gemeint. – Zu *hlaðs bið-Gunni* (*hlads bedgungí* HR): Konstantin Reichhardt, Hjalmars Sterbelied: *hlaðs beðgunni*. In: Beiträge zur Geschichte der deutschen Sprache und Literatur 57 (1933), 157–160.

Str. 6,1–4: *Hvarf ek ... austr við Sóta* 'Ich begab mich weg ... nach Osten mit Soti'. Hier wird ein *Sóti* als Kampfgefährte Hjalmars genannt. Da der Liedtext zweifellos älter ist als die umgebende Sagaprosa, wird die Rolle des Sozius in der Erzählschablone *Zwei gegen Zwölf* erst sekundär mit der Figur Odds besetzt worden sein; Soti müßte demnach der ursprüngliche Waffenbruder Hjalmars gewesen sein.

Str. 8,5–6: *þeim gef ek erni efstum bráðir* 'dem gebe ich als letztem Adler Fleischfutter (das ist der letzte Adler, den ich füttere)'. In der altisländischen Poesie, und hier vor allem in der Skaldik, gilt der Adler (neben dem Raben und dem Wolf) als typisches Schlachtfeldtier, und der Krieger wird daher nicht selten auch als 'Fütterer des Adlers' o.ä. bezeichnet, der den Raubvogel mit den Leichen der von ihm getöteten Gegner nährt (vgl. Text 19.1.; unten, S. 102 f.). Hjalmar versorgt hier ein letztes Mal einen Adler – mit seinem eigenen Körper.

ZUSATZ

Die *Hauksbók*-Version II der *Hervarar saga ok Heiðreks konungs* (AM 544, 4°, Teil V, kurz nach 1300) kürzt die Geschichte vom Kampf auf Samsey und läßt *Hjalmars Sterbelied* ganz fort; die betreffende Passage lautet wie folgt (klassisches Altisländisch, normalisierter Text):

Síðan fóru þeir brœðr brott ok kómu til Sámseyiar ok gengu upp á land 1
at leita Hjálmars, ok fóru þeira skipti svá sem greinir í *Qrvar-Odds sǫgu*: 2
fyrst, at þeir kómu í Munarvága ok drápu þar alla menn af þeim tveim 3
skipum, sem þeir Hjálmarr ok Oddr áttu, ok síðan fundusk þeir uppi á 4
eynni. Drap Oddr ellifu brœðr Angantýrs, en Hjálmarr dráp Angantý ok 5
dó þar sjálfr síðan af sárum. Síðan let Oddr leggja þá í stóra hauga alla 6
með ǫllum sínum vápnum, en flutti Hjálmar heim til Svíaríkis. Ok þegar 7
Ingibjǫrg konungsdóttir sá lík Hjálmars, þá fell hon dauð niðr, ok eru 8
þau heygð bæði saman at Uppsǫlum. 9

17. Aus der Vǫlospá

Klassisches Altisländisch (Besonderheit: im Schwachton *o* statt *u*); normalisierter Text (*i* statt *j*) mit Kommentar. – Handschriftliche Grundlagen: 1. GkS 2365, 4° (R), um 1270 (62 [63] Strophen). 2. AM 544, 4° (*Hauksbók*, H), IV, Mitte 14. Jahrhundert (59 Strophen). 3. *Snorra Edda* (S; 28 Strophen, weitere Textteile referiert): 3.1. GkS 2367, 4° (SR), 1. Hälfte 14. Jahrhundert; AM 242, fol. (Sw), Mitte 14. Jahrhundert; UB Utrecht 1374 (ST), Ende 16. Jahrhundert; 3.2. UB Uppsala, DG 11, 4° (SU), frühes 14. Jahrhundert. – Mythologisches Eddalied.

Text (modifiziert) nach: Edda. Die Lieder des Codex regius nebst verwandten Denkmälern, ed. Gustav Neckel / Hans Kuhn. I: Text (Heidelberg [5]1983), 1–14.

Am Beginn der Sammlung des Codex regius der *Lieder-Edda* steht die *Vǫlospá*, 'der Seherin Weissagung', die auch eine Serienweissagung ist: eine Ich-Sprecherin entwirft (ruhende und bewegte) mythologische Bilder, die assoziativ aneinandergereiht sind und erst als Bilderfolge eine *summa mythologiae* ergeben. Vieles in dem Bericht der *vǫlva* wird nur angedeutet, sodaß dieser eschatologische Text in nicht unbeträchlichem Ausmaß von Offenheiten geprägt ist. In dem Lied ist vom Geschick der Götter zu erfahren (nicht vom Geschick der Menschen!): im ersten Teil wird eine Retrospektive auf die Urzeit geboten, der zweite Teil ist eine Prospektive auf die Endzeit, auf die dann eine Neuzeit folgt – nach den *ragna rǫk* (Pl.) 'Götterschicksal (und Weltuntergang)' entsteht eine zweite, bessere Welt. Die *Vǫlospá* ist noch in der Zeit vor 1000 entstanden, in spätheidnischer Zeit jedenfalls; manches in dem Lied scheint aber von christlichen Vorstellungen beeinflußt zu sein – rein heidnisch ist die *Vǫlospá* jedenfalls nicht. In den beiden folgenden Textpassagen wird Entstehung bzw. Untergang der Welt geschildert.

Literatur: RGA [2]XXXV (2007), 524–533 (*Vǫluspá*; Gísli Sigurðsson).

A. Vǫlospá, Str. 3–6: Urzeit – Entstehung der Welt

3 1 Ár var alda,   þat er Ymir bygði;   (R 3, H 3, S)
  3 vara sandr né sær   né svalar unnir;
  5 iǫrð fannz æva   né upphiminn,
  7 gap var ginnunga,   en gras hvergi.

Str. 3,2 þat SRTW] þar RHSU.   Ymir bygði RH] ekki var S.   3,3 sær] siór HSU, siár Sw.   3,5 æva RHSw] eigi SRTU.   3,8 hvergi RSU] ekki HSRTW.

17. Aus der Vǫlospá

4 1 Áðr Burs synir   biǫðom um ypþo,   (R 4, H 4)
   3 þeir er Miðgarð   mæran skópo:
   5 sól skein sunnan á salar steina,
   7 þá var grund gróin   grœnom lauki.

5 1 Sól varp sunnan, sinni mána,   (R 5, H 5, S [5–10])
   3 hendi inni hœgri um himiniǫðor;
   5 sól þat né vissi, hvar hon sali átti,
   7 stiǫrnor þat né visso, hvar þær staði átto,
   9 máni þat né vissi,   hvat hann megins átti.

6 1 Þá gengo regin ǫll   á rǫkstóla,   (R 6, H 6)
   3 ginnheilog goð,   ok um þat gættoz:
   5 nótt oc niðiom   nǫfn um gáfo,
   7 morgin héto   ok miðian dag,
   9 undorn ok aptan,   árom at telia.

B. Vǫlospá, Str. 44–58: Endzeit – Weltuntergang

44 1 Geyr Garmr miǫk   fyr Gnipahelli: (R 43, H 31)
   3 festr mun slitna,   en freki renna;
   5 fiǫlð veit hon frœða –   fram sé ek lengra
   7 um ragna rǫk   rǫmm sigtíva.

45 1 Brœðr muno beriaz   ok at bǫnom verðaz,   (R 44, H 37–38, S)
   3 muno systrungar   sifiom spilla;
   5 hart er í heimi,   hórdómr mikill,
   7 skeggǫld, skálmǫld,   skildir 'ro klofnir,
   9 vindǫld, vargǫld,   áðr verǫld steypiz;
  11 mun engi maðr   ǫðrom þyrma.

46 1 Leika Míms synir,   en miǫtuðr kyndiz   (R 45,1–8, H 39, S [5–8])
   3 at ino gamla   Giallarhorni;
   5 hátt blæss Heimdallr,   horn er á lopti,
   7 mælir Óðinn   við Míms hǫfuð.

Str. 4,1 Burs *R*] Bors *H*. – Str. 5,4 um himiniǫðor] um himinioðyr *R*, of iǫðor *H*.
– Str. 44,2 Gnipahelli *R*] Gnupa- *H*. 44,3 mun *R*] man *H*. 44,5–6 fiǫlð ... lengra
R] fram sé ek lengra, fiǫlð kann ek segia *H*. 44,8 sigtíva *H*] -tyva *R*. – Str. 45,2
verðaz *HSRW*] verða *RSTU*. 45,5 í heimi *RHSU*] með hǫlðom *SRTW*. 45,7 skegg-
ǫld *RSU*] skeggǫll *H*, skeggiǫld *SRW*, skegiald ok *ST*. Nach 45,10 *Zusatz* grundir
gialla, / gífr fliúgandi *in H*. – Str. 46,3 ino] hino *H*, in *R*. gamla *H*] galla *R*.

47 1 Skelfr Yggdrasils   askr standandi,   (R 45,9–12 [1–4], H 40, S)
    3 ymr it aldna tré,   en iǫtunn losnar;
    5 hræðaz allir   á helvegom,
    7 áðr Surtar þann   sefi of gleypir.

48 1 Hvat er með ásom,   hvat er með álfom?   (R 49, H 41, S)
    3 Gnýr allr iǫtunheimr,   æsir 'ro á þingi,
    5 stynia dvergar   fyr steindurom,
    7 veggbergs vísir –   vitoð ér enn, eða hvat?

49 1 Geyr nú Garmr miǫk   fyr Gnipahelli: (R 46, H 42)
    3 festr mun slitna,   en freki renna;
    5 fiǫlð veit hon frœða –   fram sé ek lengra
    7 um ragna rǫk   rǫmm sigtíva.

50 1 Hrymr ekr austan,   hefiz lind fyrir,   (R 47, H 43, S)
    3 snýz iǫrmungandr   í iǫtunmóði;
    5 ormr knýr unnir,   en ari hlakkar,
    7 slítr nái neffǫlr,   Naglfar losnar.

51 1 Kióll ferr austan: koma muno Muspells   (R 48, H 44, S)
    3 um lǫg lýðir,   en Loki stýrir;
    5 fara fífls megir   með freka allir,
    7 þeim er bróðir   Býleipts í fǫr.

52 1 Surtr ferr sunnan   með sviga lævi,   (R 50, H 45, S)
    3 skínn af sverði   sól valtíva;
    5 griótbiǫrg gnata,   en gífr rata,
    7 troða halir helveg,   en himinn klofnar.

53 1 Þá kømr Hlínar   harmr annarr fram,   (R 51, H 46, S)
    3 er Óðinn ferr   við úlf vega,
    5 en bani Belia   biartr at Surti:
    7 þá mun Friggiar   falla angan.

Str. 47,7 þann *HS*] hann *Hgg*. – Str. 48,3 Gnýr *RHSw*] Ymr *SRT*. 48,8 vitoð ér *R SRT*] vito þér *HSw*, viti þér *SU*. – Str. 49 *in H abgekürzt (49,1–3), in R stark abgekürzt* (Geyr nú G.). – Str. 50,7 neffǫlr *R*] níðfǫlr *HS*. – Str. 51,5 fara *RSw*] farar *H*, þar 'ro *SRT*. fífls megir *R*] fíflmegir *HSRw*, fifsmegir *ST*. 51,6 allir *RS*] aðrir *H*. 51,8 Býleipts *R*] Býleiz *SRT*, Býleists *HSw* fǫr *RS*] ferð *H*. – Str. 52,2 lævi] leifi *SRT*. 52,6 rata *RSRTw*] hr- *HSU(TW)*. – Str. 53,2 harmr *RHST*] hamr *SRW*. 53,7 þá *R*] þar *HS*. 53,8 angan *HSRW*] angan ‖ tyr [!] *R*, annan *ST*.

17. Aus der Vǫlospá

54 1 Geyr nú Garmr miǫk   fyr Gnipahelli: (H 47)
    3 festr mun slitna,   en freki renna;
    5 fiǫlð veit hon frœða –   fram sé ek lengra
    7 um ragna rǫk   rǫmm sigtíva.

55 1 Þá kømr inn mikli   mǫgr Sigfǫður,   (R 52, S)
    3 Víðarr, vega   at valdýri;
    5 lætr hann megi Hveðrungs   mund um standa
    7 hiǫr til hiarta: þá er hefnt fǫður.

55' 1 Gínn lopt yfir   lindi iarðar,   (H 48)
    3 gapa ýgs kiaptar   úlfs í hæðom;
    5 mun Óðins son   eitri mœta,
    7 vargs at dauða   ok Víðars niðia.

56 1 Þá kømr inn mæri   mǫgr Hlǫðyniar,   (R 53, H 49, S)
    3 gengr Óðins sonr   við orm vega,
    5 drepr hann af móði,   miðgarðs véorr;
    7 – muno halir allir   heimstǫð ryðia –
    9 gengr fet nío   Fiǫrgyniar burr
  11 neppr frá naðri   níðs ókvíðnom.

57 1 Sól tér sortna,   sígr fold í mar,   (R 54, H 50, S)
    3 hverfa af himni   heiðar stiǫrnor;
    5 geisar eimi   við aldrnara,
    7 leikr hár hiti   við himin siálfan.

58 1 Geyr nú Garmr miǫk   fyr Gnipahelli: (R 55, H 51)
    3 festr mun slitna,   en freki renna;
    5 fiǫlð veit hon frœða –   fram sé ek lengra
    7 um ragna rǫk   rǫmm sigtíva.

Str. 54 nur in H (abgekürzt; 54,1–3), von den meisten Hgg. nicht in den Text gesetzt. – Str. 55,1–3 Þá kømr ... vega R] Gengr Óðins sonr (son S*R*) / við úlf vega, // Víðarr of veg S. 55,4 valdýri R*SR*W] valdin R*T*. 55,5 Hveðrungs R*ST*W] -rugs S*R*. – Str. 55' schwer lesbar. 55',4 úlfs] orms H. 55',7–8 dauða ok] unleserlich in H. – Str. 56 in H schwer lesbar; S hat 1–2, 11–12, 7–8, 5–6. 56,1 Þá kømr R] Gengr S. mæri R*SR*W] meiri S*T*. 56,4 orm] úlf R. 56,6 véorr] véor Hss. 56,7 halir R*ST*W] hallir S*R*. 56,11 neppr frá R] neppr af S*W*, nept at S*R*, neprar S*T*. 56,12 ókvíðnom R*SR*W] -ðiom S*T*. – Str. 57,1 Sól] in H beschädigt. tér R*H*] mun S. 57,2 sígr R*HSU*] søkkr S*RTW*. 57,4 heiðar R*HSRTU*] heiðom S*W*. 57,6 við aldrnara R] ok aldrnari H*S*. – Str. 58 in H abgekürzt (58,1–4), in R stark abgekürzt (Geyr n.).

KOMMENTAR

Str. 3,2 (RH): *þar er Ymir bygði* 'dort, wo Ymir hauste'. Ymir ist der Urriese, der laut Snorri Sturluson von drei Asen erschlagen wird, die dann aus seinem Körper die Welt schaffen: aus dem Blut machen sie Meer und Gewässer, aus dem Fleisch die Erde, aus den Knochen Felsen, aus Knochenstücken und Zähnen Steine und Geröll, dazu aus dem Schädel den Himmel (*Snorra Edda, Gylfaginning*, Kap. 8).

Str. 3,5–6: Die Langzeile *iǫrð fannz æva / né upphiminn* 'die Erde fand sich nie (war nicht vorhanden) und nicht der Himmel oben' hat fast identisches Gegenstück in Vers 2 des (christlichen) althochdeutschen *Wessobrunner Schöpfungsgedichts*: *dat ero niuuas / noh ūfhimil* 'daß die Erde nicht war und nicht der Himmel oben'. Es handelt sich wohl um Relikte einer alten poetischen Formel zur Schilderung der urzeitlichen Gegebenheiten.

Str. 4,1: *Burs synir* 'die Söhne Burs'. Es sind – auch hier ist Snorri der Informant – *Óðinn, Vili* ('Wille') und *Vé* ('Heiliger' o.ä.), die Ymir erschlagen und die Menschenwelt schaffen; s. oben zu Str. 3,2 (RH).

Str. 6,6: *nǫfn ... gáfo* 'gaben ... Bezeichnungen'; 6,7 *héto* 'benannten'. Die Götter tragen auch die Sprache in die neugeschaffene Welt hinein, indem sie die Dinge bezeichnen.

Str. 44: Mit dieser *stef*-Strophe (= Str. 49 = 54 = 58, dort jeweils mit zusätzlichem [*Geyr*] *nú* [*Garmr* etc.]) setzt das Weltuntergangsgeschehen ein, und hier tritt auch zum ersten Mal in der *Vǫlospá* der Terminus *ragna rǫk* 'Begebenheiten bei den Göttern, Bestimmung der Götter, Götterschicksal (und Weltuntergang)' (44,7) entgegen.

Str. 44,1–2: Über *Garmr ... fyr Gnipahelli* 'Garm vor der Gnipahöhle' ist in der altisländischen Mythographie sonst nichts bekannt – handelt es sich um den Fenriswolf?

Str. 44,5: Mit *hon* 'sie' muß die *vǫlva* gemeint sein.

Str. 46,1: *Leika Míms synir*. Wer 'Mims Söhne' sind und was/warum sie bei Ausbruch des Chaos 'spielen', bleibt dunkel.

Str. 46,7–8: *mælir Óðinn við Míms hǫfuð* 'Odin spricht mit Mims Haupt'. Mim(ir) ist ein weiser Gott oder Riese, dem das Haupt abgeschlagen wird; Snorri berichtet (*Heimskringla, Ynglinga saga*, Kap. 4), daß Odin den Kopf konserviert und ihn mit magischen Mitteln 'funktionstüchtig' hält, sodaß er sich auch künftig bei ihm Rat holen kann.

Str. 47,7–8: Wer *Surtar ... sefi* 'Surts Verwandter' ist, der hier den Weltenbaum Yggdrasil verschlingt, läßt sich nicht feststellen. Da Surt ein Feuerriese ist (vgl. Str. 52), hat man vermutet, es sei das personifizierte Feuer: *non liquet*.

Str. 50–52: In diesen drei 'Aufmarschstrophen' rotten sich die schadenbringenden Mächte zusammen; im Text der *Vǫlospá* genannt sind zunächst der Rie-

17. Aus der Vǫlospá

se Hrym, der *iǫrmungandr* (i.e. die Midgardschlange) und ein Adler als Leichentier (Str. 50), dann die Leute des Muspell (den man sich hier als Riesen vorzustellen hat), Loki, der auch als 'Bruder Byleipts (bzw. Bylei[s]ts)' bezeichnet wird, 'alle Söhne des Ungetüms' (*allir megir fífls* R) und der (Fenris-)Wolf (*freki*; Str. 51) sowie schließlich Surt (Str. 52).

Str. 53, 55–56: In den Fassungen der *Lieder-Edda* und der *Snorra Edda* folgen drei 'Kampfstrophen' (R 51–53): Odin bekommt es mit dem Fenriswolf zu tun, Freyr (als 'berühmter Töter des [Riesen] Beli' bezeichnet) mit Surt (Str. 53); Odin fällt, aber Vidar rächt ihn, indem er den 'Sohn Hvedrungs (i.e. Lokis)', also den Fenriswolf, erschlägt (Str. 55); Thor und die Midgardschlange sterben beide (Str. 56).

Str. 53,1–2: *Hlínar harmr annarr* 'der zweite Schmerz der Hlin (alias Frigg)' nach dem Tod ihres Sohnes Balder besteht darin, daß ihr Mann Odin fällt.

Str. 54 und 55' hat die Fassung der *Hauksbók* anstelle der mittleren 'Kampfstrophe' 55 (= R 53). Aufgrund des zusammenfassenden Charakters der exklusiv in der *Hauksbók* entgegentretenden Strophe 55' ist zu vermuten, daß es sich um keinen Bestandteil des ursprünglichen Liedtextes handelt.

Str. 57–58: Nach dem Endzeitkampf vergeht die Erde und mit ihr der gesamte Kosmos; den Schluß dieser Sequenz markiert der Refrain in Strophe 58. – Mit den Worten 'Sie (die *vǫlva*) sieht zum zweiten Mal die Erde aus dem Meer heraufkommen, die schnellergrünte (*iðiagrœna*)' (Str. 59,1–4) bricht dann die Neuzeit an.

18. Exkurs: Handschrift – Edition – Übersetzung

Das Problem der Textkonstitution, Interpretation und Übersetzung wird hier anhand zweier eddischer Strophen veranschaulicht; aus Platzgründen beschränke ich mich auf eine kleine Auswahl an Textwiedergaben.

A. Vǫlospá, Str. 1

1. Faksimile (Codex regius der *Lieder-Edda*, fol. 1ʳ 1–3:

2. Transliteration (Text in diplomatischer Wiedergabe):

Hlioðſ bið ec allar kınðır meırı 7 mını maugo
heımðalar vılðo aт ec ualꜰa/þ uel ꝼyr тelıa ꝼo:n
ſpıoll ꝼíra þa/ e͂ ꝼremſt ū man. [Ec mán ıoтna]

3. Normalisierter Text:

3.1. Neckel / Kuhn 1983, 1:

1 **H**lióðs bið ec allar   helgar kindir,
  meiri oc minni,   mǫgo Heimdalar;
5 vildo, at ec, Valfǫðr,   vel fyrtelia
  forn spioll fira,   þau er fremst um man.

<small>1 (1 **R**, 1 **H**), 2 helgar **H**, *f*[*ehlt*] **R**.   4 Heimdallar **H**, *ausg*[*aben*].   5 vildo] villtu **H**; Valfǫðr] vafǫðrs **H**.   6 fyr-] fram **H**.   8 er] er ec **H**.</small>

3.2. Dronke 1997, 7:

1 Hlióðs bið ek allar   I ask for hearing from all
  [helgar] kindir   hallowed seed,
  meiri ok minni   greater and humbler
  mǫgo Heimdal[l]ar.   sons of Heimdallr.

18. Handschrift – Edition – Übersetzung			97

Vildo at ek, Valfǫðr,					You wish me, Sire of the Slain,
vel fyr telia						well to narrate
forn spiǫll fira,					the world's old news,
þau er fremst um man.					such as I remember from remotest
							times.

_____

1/2 helgar] *so* H; *om*[*itted*] R   1/4 -dallar] *so* H; -dalar R   1/5 Vildo] villtv H
Valfǫðr] vafǫðrs R   1/6 fyr] fram H   1/8 er] er ek H

4. Übersetzungen:

4.0. Wortwörtliche Übersetzung:

'„Gehör (Aufmerksamkeit) fordere ich von allen „heiligen" (den Göttern zugehörigen?, unverletzlichen?) Nachkommen (i.e. von allen Menschen), den bedeutenderen und unbedeutenderen (höher- und niedrigergestellten) Söhnen des Heimdal(l); du willst, Walvater (= Odin), daß ich die alten Traditionen der Menschen (oder: der anthropomorphen Wesen?) verständig vortrage, an die ich mich am meisten (*fremst* Adv.) erinnere."'

Alternative: '„..., daß ich die alten, am weitesten zurückliegenden (*fremst* Adj. Akk. Pl. n., aus dem Relativsatz 'extrahiert') Traditionen der Menschen (oder: der anthropomorphen Wesen?) verständig vortrage, an die ich mich erinnere."'

4.1. Simrock 1855, 3:

1 Allen Edeln   gebiet ich Andacht,
  Hohen und Niedern   von Heimdalls Geschlecht;
  Ich will Walvaters   Wirken künden,
  Die ältesten Sagen,   der ich mich entsinne.

4.2. Simrock / Kuhn 1960, 10:

1 Allen Edeln   gebiet ich Andacht,
  Hohen und Niedern   von Heimdalls Geschlecht;
  Du willst, daß ich, Walvater,   dir würdig künde
  Die ältesten Sagen,   der ich mich entsinne.

4.3. Häny 1987, 9:

1 Stille gebiet' allen   heiligen Göttern ich,
  höhern und niedrigern   Heimdallssöhnen;
  Odin, du willst,   daß ich schicklich berichte
  die älteste Kunde   der Welt, die ich weiß.

4.4. Krause 2004, 14:
1 Gehör erbitt ich   aller heilgen Geschlechter,
  höherer und mindrer   Söhne Heimdalls;
  du willst, dass ich, Walvater,   wohl erzähle
  ält'ste Kunde der Wesen,   derer ich mich erinnre.

B. Vǫlundarkviða, Str. 28

1. Faksimile (Codex regius der *Lieder-Edda*, fol. 19^r 10–13:

2. Transliteration (Text in diplomatischer Wiedergabe):
[aᴛ ſama hóꝼɪ.] Bar ħ hā bíoːɪ þaᴛ hā beᴛr kvɴɪ s̊ aᴛ hō
ɪſesɪ v̄ ſoꝼnaðɪ. ɴv heꝼɪ ec heꝼɴᴛ harma mɪɴa allra nema
eɪɴa ɪvɪþ gɪarɪra. [Uel ec ǫ̣þ volv̄ðː v̊þa ec aꝼɪᴛɪō þeī e̊ mɪc]

3. Normalisierter Text:
3.1. Sijmons / Gering 1887, 233:
29. Bar [hann] hana bjóre,   [því́t] hann betr kunne, (28)
  svát [hón] í sesse   of sofnaþe:
  'Nú hefk hefnder   harma mínna
  allra nema einna   íviþgjarnre.'

_____
29, 1 þv*iat* R.   2 sv*a* at R.   of] v*m* R.   3 hef*i* ec R.   hefnder *S(ijmons)*] hefnt R.
4 iviþ giarira *oder* gianra R (*schreibfehler für* giarnra). [...]

3.2. Neckel / Kuhn 1983, 121:
28 Bar hann hana bióri,   þvíat hann betr kunni,
  svá at hon í sessi   um sofnaði.
 5 'Nú hefi ec hefnt   harma minna,
  allra nema einna,   íviðgiar*n*ra.'

_____
28, 2 hann *aus* hon *gebessert* R.   8 ívið giarira R, íviðgiarnra *Gr*[*imm, brüder*] (*mit pap*[*ier*]*hss.*), íviðgiarnri *S*[*ijmons*], íviðgiarn *Ne*[*ckel*].

18. Handschrift – Edition – Übersetzung

4. Übersetzungen:

4.0. Wortwörtliche Übersetzung:

'Er [Völund] überwältigte sie [Bödvild, die Königstochter] mit Bier, weil er [es] besser wußte (besser verstand), sodaß sie auf dem Sitz einschlief. [Völund:] „Nun habe ich meine Leiden auf tückische Weise gerächt – alle außer die einen (alle, nur die einen nicht)."'

28,5–8 *Nú hefi ek hefnt harma minna – allra nema einna – íviðgiarna* (mit Konjektur von ‹ıvıþ gıarıra› zu *íviðgiarna* Adv., also ‹-rıra› → *‹-rna›; Jón Helgason 1962, 73). – Alternative: 28,5–8 *Nú hefi ek hefnt harma minna, allra nema einna íviðgiarnra* (mit Konjektur von ‹ıvıþ gıarıra› zu *íviðgiarnra* Adj., Gen. Pl. m., also ‹-rıra› → *‹-rnra›) '„Nun habe ich meine Leiden gerächt, alle außer einigen heimtückischen."'

Aus paläographischen Gründen weniger wahrscheinlich sind andere Besserungsvorschläge: 1. ‹-rıra› → *‹-rnrı› -*ri* Adj., Dat. Sg. f. (Sijmons) '„... gerächt bis auf eine an der Böswilligen [i.e. an der Königin]"'; 2. ‹-rıra› → *‹-rnrō› -*om* Adj., Dat. Pl. (Finnur Jónsson 1888, 85. 112) '„... gerächt ... an den Böswilligen [i.e. am Königspaar]"'; 3. ‹nema› → *‹ne› *né* plus ‹-gıarıra› → *‹-gırna› -*girna* Gen. Pl. f. (aisl. **í*við-girn* Enlehnung aus ae. *inwitgirn*; Dronke 1997, 251. 320 f.) '„... gerächt – nicht eine, [sondern] alle der heimtückischen Fallstricke"'.

4.1. Simrock 1855, 145:

26 Er betrog sie mit Meth,   der schlauere Mann;
   In den Sessel sank   die Maid und entschlief:
   „Nun hab ich gerochen   Harm und Schäden,
   Alle bis auf Einen,   die unheilvollen."

4.2. Genzmer 1912, 24 (1952, 23):

27 Er brachte ihr Bier,   der es besser wußte;
   da sank sie bald   auf dem Sitz in Schlaf.
28 „Nun hab ich gerochen   an den ränkefrohen
   all mein Unheil;   nur eines nicht."

4.3. Häny 1987, 189:

28 Er machte sie trunken   – so konnte er's besser –
   so daß auf ihrer   Bank sie einschlief ...
   „Nun habe ich sie   gerächt, all meine
   tückischen Leiden,   außer dem einen[15]!"
[(Anm. 15, S. 560:) Er hat seine Rache dem König und der Königin noch nicht verkündet.]

4.4. Krause 2004, 241:

28 Er brachte ihr Bier, weil er's besser wusste,
sodass sie im Stuhl einschlief.
„Nun hab ich meinen Kummer gerächt,
allen außer einem, an den Bosheitsgierigen[33]."
[(Anm. 33:) Gemeint sind König Nidud und seine Frau.]

LITERATUR

Dronke 1997 = The Poetic Edda, ed. Ursula Dronke. II: Mythological Poems (Vǫluspá, Rígsþula, Vǫlundarkviða, Lokasenna, Skírnismál) (Oxford 1997).

Finnur Jónsson 1888 = Eddalieder. Altnordische Gedichte mythologischen und heroischen Inhalts, ed. Finnur Jónsson. I: Gedichte mythologischen Inhalts (Halle/Saale 1888).

Genzmer 1912 (1952) = Edda, tr. Felix Genzmer. I: Heldendichtung (= Thule 1; Jena 1912 [u.ö.]). – Teilnachdruck als: Heldenlieder der Edda. Auswahl, tr. Felix Genzmer (= RUB 7746; Stuttgart 1952 [u.ö.]).

Häny 1987 = Die Edda. Götter- und Heldenlieder der Germanen, tr. Arthur Häny (Manesse Bibliothek der Weltliteratur; Zürich 1987 [u.ö.]).

Jón Helgason 1962 = Tvær kviður fornar: Völundarkviða og Atlakviða með skýringum, ed. Jón Helgason (Reykjavík 1962).

Krause 2004 = Die Götter- und Heldenlieder der Älteren Edda, tr. Arnulf Krause (Reihe Reclam; Stuttgart 2004).

Neckel / Kuhn 1983 = Edda. Die Lieder des Codex regius nebst verwandten Denkmälern, ed. Gustav Neckel / Hans Kuhn. I: Text (Heidelberg [5]1983).

Sijmons / Gering 1887 = Die Lieder der Edda. I,2 [Text], ed. B[arend] Sijmons / H[ugo] Gering (= Germanist. Handbibliothek 7,1,1; Halle/Saale 1887).

Simrock 1855 = Die Edda, die ältere und jüngere, nebst den mythischen Erzählungen der Skalda, tr. Karl Simrock (Stuttgart – Tübingen [2]1855). [[1]1851, zuletzt Stuttgart [10]1896; mehrere Nachdrucke (z.B. Wiesbaden 1987), zahlreiche Kopien im Internet]).

Simrock / Kuhn 1960 = Götterlieder der älteren Edda. Auswahl, tr. Karl Simrock / Hans Kuhn (= RUB 781; Stuttgart 1960 [u.ö.]). [Zuerst Leipzig 1935.]

19. Die Runeninschrift auf dem Stein II von Gripsholm / Aus der *Yngvars saga víðfǫrla*

19.1. Die Runeninschrift auf dem Stein II von Gripsholm

Altnordisch (frühaltschwedisch); Text in (normalisierten) Runen, Transliteration, Transkription und Übersetzung mit kurzem Kommentar. – Totenpreis (eine Strophe im eddischen *fornyrðislag*).

Inschriftenedition: Erik Brate / Elias Wessén, Södermanlands Runinskrifter (= Sveriges Runinskrifter 3; Stockholm 1924–1936), 153–156 (Sö 179).

Abb. 10: Runenstein II von Gripsholm (Södermanland, Schweden), vor/um 1050; Höhe knapp 2 m, Breite im oberen Drittel ca. 1 m. – Der Stein war seit dem späten 16. Jahrhundert in den Kellerboden eines Turmes von Schloß Gripsholm eingelassen; der ursprüngliche Standort läßt sich nicht mehr feststellen.

I. Texte

Der Runenstein II von Gripsholm ist einer von 26 hauptsächlich aus den Gebieten um den Mälarsee stammenden Gedenksteinen, die vom disaströsen Ausgang einer großangelegten schwedischen Unternehmung multifunktionaler Art – Militärexpedition, Raubzug und Handelsfahrt – im Osten zeugen. Anführer war ein Verwandter des schwedischen Königshauses, Ingvar (aisl. *Yngvarr*), Sohn des in der Runeninschrift auf dem Stein von Strängnäs (Sö 279) genannten **aimuntʀ*** (aisl. *Eymundr*), der mit einer ganzen Flotte von Schiffen zunächst nach Kiev (aisl. *Kænugarðr*) aufbrach und mit seinem Trupp offenbar bis nach Georgien und zum Kaspischen Meer gelangte. Nur wenige scheinen es aber zurück in die schwedische Heimat geschafft zu haben; warum das Ganze in einem Fiasko geendet hat, geht aus den runenepigraphischen Texten – eine Gedenkinschrift für Ingvar hat man übrigens (noch) nicht gefunden – nicht hervor.

Die Memorialinschrift von Gripsholm ist in ein Schlangenband eingepaßt; der Text beginnt hinter dem Kopf des Tieres. Die Inschrift besteht aus zwei Teilen: auf die Steinsetzer-/Gedenkformel (Teil A) folgt der Totenpreis (Teil B) in Form dreier Langzeilen.

Literatur: RGA ^{2}XIII (1999), 57–59 (*Gripsholm*; Th[orgunn] Snædal).

Runeninschrift

1. Inschrift im jüngeren Fuþąrk (Langzweigrunen; normalisiert):

×ᛏᚢᛚᛅ:ᛚᛁᛏ:ᚱᛅᛁᛋᛅ:ᛋᛏᛅᛁᚿ:ᚦᛁᚿᛋᛅᛏ:ᛋᚢ῿:ᛋᛁᚿ:ᚼᛅᚱᛅᛚᛏ:ᛒᚱᚢᚦᚢᚱ:ᛁᚿᚴᚢᛅᚱᛋ:ᵦₐᵢᵣᚠᚢᚱᚢ:
ᛏᚱᛁᚴᛁᛚᛅ:ᚠᛁᛅᚱᛁ:ᛅᛏ:ᚴᚢᛚᛁ:ᛅᚢᚴ:ᛅ:ᚢᛋᛏᛅᚱᛚᛅᚱ:ᚿᛁ:ᚴᛅᚠᚢ:ᛏᚢᚢ:ᛋᚢᚿᛅᚱ:ᛚᛅ:ᛅᛋᛁᚱᚴ:ᛚᛅᚿ:ᛏᛁ

2. Transliteration:

×tula:lit:raisa:stain:þinsat:sun:sin:haralt:bruþur:inkuars:_þaiʀ_furu:
trikila:fiari:at:kuli:auk:a:ustarlar:ni:kafu:tuu:sunar:la:asirk:lan:ti

3. Transkription (Teil B der Inschrift in Verszeilen):

A. Tōla lēt ræisa stæin þen(n)sa at sun sinn Harald, brōður Ingwars. –

B. 1 Þæiʀ fōru drengila   fjarri at gulli
   3 auk austarla   ærni gāfu:
   5 dōu sunnarla   ā Serklandi.

4. Übersetzung:

A. Tola ließ diesen Stein nach ihrem Sohn Harald, dem Bruder Ingvars, errichten. –

B. Sie fuhren wacker weit fort nach Gold (um sich Gold zu beschaffen) und gaben im Osten dem Adler (fütterten den Adler): sie starben im Süden in Serkland.

19. Stein von Gripsholm / Aus der *Yngvars saga* 103

KOMMENTAR

A: Daß es die Mutter war, die den Gedenkstein für ihren Sohn errichten ließ, deutet darauf, daß der Vater bereits tot war. Ingvar scheint, da er nicht als Sohn Tolas bezeichnet wird, Haralds Halbbruder gewesen zu sein.

B 1: Die Runenfolge þaiʀ *þæiʀ* 'sie' (im rechten oberen Teil des Steins) ist erst nachträglich in kleineren Runen infralinear, also unter dem Schlangenband, hinzugefügt worden.

B 2: *fjarri at gulli* 'weit fort nach Gold' ist wohl ein poetisches Versatzstück; in der Wikingerzeit war es in aller Regel Silber in Form von (arabischen) Silbermünzen, mit denen die skandinavischen Händler im Osten relativ schnell und relativ einfach zu Reichtum, Ansehen und Macht kamen.

B 4: *ærni gāfu* 'gaben dem Adler [Speise] (fütterten den Adler [mit Kriegerleichen])' ist Umschreibung für 'siegreich kämpfen' und fußt auf der vor allem in der altisländischen Skaldendichtung verbreiteten Vorstellung, daß der Krieger die Tiere des Schlachtfeldes (Adler, Rabe, Wolf) mit dem Fleisch der von ihm getöteten Gegner versorgt (vgl. auch Text 16; oben, S. 89).

B 6: Die Lage des hier genannten *Serkland* ist nicht ganz klar; offenbar handelt es sich aber nicht um das aus der altisländischen Literatur bekannte 'Sarazenenland' in Nordafrika bzw. Vorderasien, sondern um die am Kaspischen Meer gelegenen Gebiete (als 'Seidenland' zu lat. *sericum*?).

19.2. Aus der *Yngvars saga víðfǫrla*

Spätaltisländisch (*æ* < *œ*; *ö* statt *ǫ* und *ø*; -*z* 3. Pers. Sg. Mediopass. etc.); normalisierter Text mit Übersetzung und Kommentar. – Handschriftliche Grundlagen: AM 343a, 4° (A), nach 1450; GkS 2845, 4° (B), um 1450. – Genre: Vorzeitsaga (*fornaldarsaga*).

Text (leicht modifiziert) nach: Fornaldar sögur Norðurlanda, ed. Guðni Jónsson. II (Reykjavík 1954, repr. 1959), 445–448.

Bei all den phantastischen Zutaten der *Yngvars saga víðfǫrla* ('Saga von Yngvar dem Weitreisenden') – Riesen, Drachen, Zyklopen, Vogelschnäbler etc. – würde man diesem Werk wohl keine besondere historische Glaubwürdigkeit zuerkennen, wären da nicht die schwedischen Ingvarsteine sowie ein Eintrag der isländischen Annalen, die die Ostfahrt Ingvars als Tatsache erweisen bzw. 1041 als sein Todesjahr plausibel machen würden. Kaum entscheiden – Fakt oder Fiktion? – läßt sich indessen, ob Ingvar mit genau 30 Schiffen ausgezogen ist, ob Ingvars Sohn Svein danach ebenfalls mit 30 Schiffen in den Osten gefahren ist; dunkel bleibt auch, wie viele Überlebende tatsächlich nach Schweden zurückgekehrt

sind. Die vorliegende, aus dem 14. Jahrhundert stammende *Yngvars saga* scheint jedenfalls eine Bearbeitung einer verlorenen älteren, noch vor 1200 verfaßten Saga zu sein, die ihrerseits auf einem ebenfalls verlorenen lateinischen Werk des Odd Snorrason, Mönch im Kloster Thingeyrar, basiert (Dietrich Hofmann). Der folgende Textausschnitt schildert Yngvars letztes Abenteuer und seinen Tod.
Literatur: RGA ²XV (2000), 430–431 (*Ingvar*; H[einrich] Beck).

Yngvars saga víðfǫrla, Kap. 7–8: Yngvars Ende

1 En Yngvarr var eptir við herbúðir [...]. Þá sáu þeir mikinn kvennaflokk
2 ganga til herbúðanna, ok tóku at leika fagrt. Yngvarr bað þá svá varaz
3 konurnar sem ina verstu eitrorma. En er aptna tók ok herrinn bjóz til
4 svefns at fara, gekk kvenfólkit í herbúðir til þeira, en sú, er tignust var,
5 skipaði sér rekkju hjá Yngvari. Þá reiddiz hann ok tók tygilkníf ok lagði
6 til hennar í kvensköpin. En er liðit sá hans tiltekjur, tóku þeir at reka frá
7 sér þessar óvændiskonur; ok þó váru nökkurir þeir, at ei stóðuz þeira
8 blíðlæti af djöfulligri fjölkynngi ok lágu hjá þeim. En er Yngvarr heyrði
9 þetta, þá sneriz fagnaðr silfrs ok gleði víns í mikinn harm, því at um
10 morguninn lágu átján menn dauðir, þá er þeir könnuðu lið sitt. Síðan bað
11 Yngvarr jarða þá, sem dauðir váru.

12 En eptir þetta býz Yngvarr af skyndingu í burt með öllu liði sínu, ok
13 snúa nú áleiðis ok fara nú daga ok nætr, svá sem þeir mega við komaz.

14 En svá tekr sótt at vaxa í liði þeira, at dó allt it bezta fólk þeira, ok
15 meiri hlutr var fallinn en lifði. Yngvarr tók ok sóttina, ok váru þeir þá
16 komnir í ríki Silkisifjar. Hann heimti þá til sín lið sitt ok bað þá jarða þá,
17 sem dauðir váru.

18 Þá kallaði hann til sín Garða-Ketil ok aðra vini sína ok sagði: „Ek
19 hefi sótt tekit, ok get ek, at hún leiði mik til bana [...]." Síðan bað hann
20 þá vel lifa ok finnaz á feginsdegi. Hann mæltiz marga vega vel fyrir ok
21 lifði síðan fá daga. [...]

22 En þá er Yngvarr andaðiz, var liðit frá burð Jesú Kristi .mxl. ok einn
23 vetr. Þá var hann hálfþrítugr, er hann dó. Þat var .xi. vetrum eptir fall
24 Óláfs konungs ins helga Haraldssonar.

15 f. váru þeir þá komnir A] var þá kominn B. – 20 Hann ... fyrir A] *fehlt in B*. – 21 fá daga A] eigi eitt dægr B. – 22 f. Jesú Kristi .mxl. ok einn vetr A] Krists at alþýðu tali .m. vetra ok .xl. vetra B. – 23 var hann hálfþrítugr, er hann dó A] hafði Yngvar lifað .xxx. vetra B. .xi. B] níu A.

19. Stein von Gripsholm / Aus der *Yngvars saga* 105

KOMMENTAR

104 2: *tóku at leika fagrt* 'begannen schön (einnehmend, reizend, aufreizend?, betörend?) zu tanzen' oder, wenn man in den 'zutraulichen' Frauen sirenenartige Wesen erblickt: '... [Musik] zu spielen)'.

104 16: *í ríki Silkisifjar* 'in das Reich der Silkisif', das irgendwo in der Rus' (im heutigen Rußland) gelegen ist. An früherer Stelle der Saga (Kap. 5) bietet Silkisif – die übrigens polyglott ist: sie spricht 'Romanisch, Deutsch, (Alt-)Nordisch und Griechisch und viele andere Sprachen, die im Osten im Umlauf sind' (!; ebd.) – Yngvar an, sie zu heiraten und mit ihr zu herrschen, und Yngvar sagt ihr auch zu: zuerst möchte er allerdings noch den Lauf des Flusses erkunden, an dem Silkisifs Reich liegt. Aus der geplanten Heirat wird aber nichts, weil Yngvar dahingerafft wird – gegen Ende der Saga (Kap. 12) wird Silkisif, die in der Zwischenzeit zum Christentum übergetreten ist, dann Yngvars Sohn Svein heiraten.

104 18: *Þá kallaði hann til sín Garða-Ketil* 'Da rief er Russen-Ketil zu sich': *Ketill* ist Isländer und trägt seinen Beinamen (zu *Garðar* Pl. 'Warägerreich in Rußland') aufgrund seiner Teilnahme an der Ostfahrt Yngvars. Er überlebt die Seuche und übergibt nach seiner Rückkunft nach Schweden Yngvars jungem Sohn Svein den Besitz seines Vaters und übermittelt Grüße von Silkisif (Kap. 8). Augenzeugenberichte Ketils können (zumindest teilweise) die Basis für eine lateinische *Vita Ingvari bzw. die ältere *Yngvars saga* abgegeben haben.

104 23 f.: *eptir fall Óláfs konungs ins helga Haraldssonar* 'nach dem Tod von König Olaf dem Heiligen, Haralds Sohn'. Olaf verlor in der berühmten Schlacht von *Stiklastaðir* im Jahre 1030 gegen seine alliierten norwegischen Widersacher Kampf und Leben.

ZUSATZ (zu 19.1.): Das jüngere Fuþark

In der Völkerwanderungszeit war bei den meisten germanischen Völkern eine aus 24 Zeichen bestehende Runenreihe in Gebrauch. In Skandinavien wurde dieses ältere Fuþark im Laufe des 8. Jahrhunderts durch das jüngere Fuþark mit nur 16 Zeichen ersetzt. Gegenüber der älteren Runenreihe, in der (im Norden) das Urnordische entgegentritt, ist im jüngeren Fuþark das größere Phoneminventar des Altnordischen durch ein kleineres Grapheminventar wiedergegeben: Mehrdeutigkeiten sind vorprogrammiert.

Das jüngere Fuþark hat zwei Hauptvarianten: die entwicklungsgeschichtlich älteren Langzweigrunen (Normalrunen, dänische Runen; in der folgenden Übersicht jeweils links) dienen eher als Monumentalschrift, die vereinfachten Kurzzweigrunen (auch Stutzrunen, schwedisch-norwegische Runen; in der Übersicht jeweils rechts, grau hinterlegt) eher als Gebrauchsschrift. In der Praxis kommen bisweilen Vermischungen vor.

Für die Deutung der beiden Runeninschriften von Gripsholm II (19.1.; oben, S. 101 f.) und von Karlevi (20.; unten, S. 107 f.) sind zwei Orthographieregeln zu beachten: 1. Doppellaute werden innerhalb eines Wortes zumeist nur einfach geschrieben, z.B. **fiari** = an. *fjar(r)i* 'entfernt, weit weg, in der Ferne'; in manchen Fällen wirkt die Regel auch über die Wortgrenze hinweg, z.B. **a:ustarlar:ni** = an. *austarla (æ)rni* 'im Osten dem Adler' (die Rune ᚨ **a** steht für /a/ und /æ/!). 2. Nasal vor einem homorganen (i.e. an der gleichen Artikulationsstelle gebildeten) Konsonanten kann ausgelassen werden, z.B. **trikila** = an. *dre(n)gila* 'mannhaft, wacker'.

Rune	ᚠ ᚴ	ᚢ ᚼ	ᚦ ᚦ	ᚨ ᚨ	ᚱ ᚱ	ᚴ ᚴ
Umschrift	**f**	**u**	**þ**	**ą**	**r**	**k**
Phonem	/f/	/u(:), y(:), o(:), ø(:), w/	/þ/	/ã(:)/	/r/	/g, k/
Nummer	1	2	3	4	5	6

Rune	ᚼ ᚼ (ᚼ)	ᚾ (ᚾ) ᚾ	ᛁ ᛁ	ᛆ ᛆ	ᛋ ᛋ
Umschrift	**h**	**n**	**i**	**a**	**s**
Phonem	/h/	/n/	/i(:), e(:), j/	/a(:), æ(:), ɔ(:)/	/s/
Nummer	7	8	9	10	11

Rune	ᛏ ᛏ	ᛒ ᛒ	ᛘ ᛘ (ᛦ)	ᛚ ᛚ	ᛉ ᛉ
Umschrift	**t**	**b**	**m**	**l**	**ʀ**
Phonem	/t, d/	/b, p/	/m/	/l/	/ʀ/
Nummer	12	13	14	15	16

Die Runenformen des jüngeren Fuþąrk (jeweils links: Langzweigrunen, rechts: Kurzzweigrunen).

20. Die Runeninschrift auf dem Stein von Karlevi

Altnordisch (ostnordische Dialekteinsprengsel); Text in (normalisierten) Runen, Transliteration, Transkription und Übersetzung mit kurzem Kommentar. – Totenpreis (eine Strophe im skaldischen *dróttkvætt*).
  Inschriftenedition: Lis Jacobsen / Erik Moltke et al., Danmarks Runeindskrifter. [I:] Text (København 1942), 471–476 (Nr. 411).

|← Runeninschrift, B →| |← Runen- →| Latein-
                            inschrift, A   inschrift

Zeile VI ← Zeile V → Zeile IV ← Zeile III → Zeile II ← Zeile I →

Abb. 11: Stein von Karlevi (Öland, Schweden), um 1000; Höhe 1,37 m, Durchmesser 68–72 cm. – Der Stein hat zu einer aus zwei Hügeln bestehenden Grabanlage gehört, die etwa 300 m von der Küste (Kalmarsund) entfernt ist.

108 I. Texte

Auf dem Stein von Karlevi begegnet die einzige Strophe im skaldischen *dróttkvætt*, die aus der Wikingerzeit überliefert ist. Die vertikal furchenwendige Runeninschrift ist zweigeteilt: Auf die dreizeilige Steinsetzer-/Gedenkformel in Prosa (Teil A) +*Steinn sāsi ias sat(t)r eftir Sib(b)a [inn] gōða, son Foldars/Fuldars; en hans liði sat(t)i at ...* (Rest teils nicht deutbar, teils weggebrochen) 'Dieser Stein ist gesetzt nach Sibbi dem Guten, Sohn Foldars/Fuldars; und sein Gefolgsmann setzte bei/an/in ...' folgt eine sechszeilige Inschrift (Teil B), die den Totenpreis in poetischer Form bringt (s. unten). – Abgetrennt von den runenepigraphischen Texten findet sich auf dem Stein ferner eine zweizeilige Nebeninschrift in lateinischen Buchstaben, die nicht zu erhellen ist (---?] NINONI ⊢-, ---?] EH+).

Literatur: RGA ^{2}XVI (2000), 275–280 (*Karlevi: Runenkundliches*; E[dith] Marold).

Runeninschrift auf dem Stein von Karlevi, Teil B

1. Inschrift im jüngeren Fuþąrk (Langzweigrunen; normalisiert):

Zeile I   ⊣ᚠᚢᛚᚴᛁᚾ:ᛚᛁᚴᛦ:ᚼᛁᚾᛋ:ᚠᚢᛚᚴᚦᚢ:ᚠᛚᛅᛁᛋᛏᛦ:
Zeile II ᚢᛁᛋᛁ:ᚦᛅᛏ·ᛘᛅᛁᛋᛏᛅᛦ·ᛏᛅᛁᚦᛁᛦ:ᛏᚢᛚᚴᛅ
Zeile III ᚦᛦᚢᚦᛅᛦ:ᛏᛦᛅᚢᚴᛦ:ᛁ:ᚦᛅᛁᛘᛋᛁ·ᚼᚢᚴᛁ:
Zeile IV ᛘᚢᛅᛏᛏ:ᛦᛅᛁᚦ:ᚢᛁᚦᚢᛦ:ᛦᛅᚦᛅ:ᛦᚢᚴ·ᛋᛏᛅᛦᚴᛦ
Zeile V   ᛁᛏᛅᚾᚦᛅᚱᚴᚢ·ᛅᛁᚾᛏᛁᛚᛋ·ᛁᛅᚱᛘᚢᚾ·
Zeile VI ᚴᚱᚢᚾᛏᛅᛦ:ᚢᚱᚴᚱᛅᚾᛏᛅᚱᛁ:ᛚᛅᚾᛏᛁ

2. Transliteration:

Zeile I   ⊣**fulkin:likr:hins:fulkþu:flaistr·**
Zeile II **uisi:þat·maistar·taiþir:tulka**
Zeile III **þruþar:traukr:i:þaimsi·huki:**
Zeile IV **munat:raiþ:uiþur:raþa:ruk:starkr**
Zeile V   **i[:]tanmarku:a̦i̦ntils:iarmun·**
Zeile VI **kruntar:urkra̦ntari:la̦nti**

[Hinweis: Beide Formen der *n*-Rune (ᚾ, ᚿ) sind *promiscue* verwendet.]

3. Transkription (in Verszeilen):

			Syntaktische Struktur (Wörter):			
1	Folginn liggr hinn's fylgðu		○	○	◐	●
2	– flestr vissi þat – mestar		◍	◍	◍	●
3	dæðir, dolga Þrūðar		●	○	○	
4	draugr ī þæimsi haugi;		○	○	○	○
5	munat ræið-Við̠urr rāða		☐	☐	☐	
6	rōgstarkr ī Danmo̦rku		☐	☐	☐	
7	Endils io̦rmungrundar		☐	☐		
8	ǫrgrandari landi.		☐	☐		

4.1. Übersetzung I (Wort für Wort):

1 Verborgen liegt der, dem folgten
2 – die meisten wußten das – die größten
3 Taten, (der Kämpfe der Thrud)
4 (Baum) in diesem Hügel;
5 nicht wird ein (Wagen-Vidur) herrschen
6 kampfstarker in Dänemark
7 (der Welt des Endil)
8 makelloserer über ein Land.

3 *Þrūðr dolga* 'Thrud (eine Göttin, Tochter Thors) der Kämpfe' ≙ 'Hild' (eine Walküre); 3–4 *draugr Þrūðar dolga* 'Baum (Gespenst?) der Hild' ≙ 'Krieger'.
7 *iɔrmungrund* (normal-aisl. *jǫrmungrund*) *Endils* 'Welt des Endil (eines sagenhaften Seekönigs)' ≙ 'Meer'; 5. 7 *reið iɔrmungrundar Endils* 'Wagen des Meeres' ≙ 'Schiff'; 5. 7 *reið-Viðurr iɔrmungrundar Endil* 'Schiff-Vidur (Beiname des Odin)' ≙ 'Seekrieger'.

4.2. Übersetzung II:

Der Krieger, dem – die meisten wußten das – die größten Taten anhaften, liegt verborgen in diesem Hügel; kein kampfstarker Seekrieger, der weniger Makel hat, wird in Dänemark [je wieder] Land beherrschen.

KOMMENTAR

Dem zweiten Teil der Strophe in formvollendetem *drottkvætt* – in der Transkription (oben, 3.) ist Alliteration unterstrichen, *hending* (Binnenreim) fett hervorgehoben – ist zu entnehmen, daß die Memorialinschrift einem dänischen Wikingerführer bzw. Kleinkönig gegolten hat, der anscheinend auf Öland den Tod gefunden hat. In einer für die Skaldendichtung typischen Form werden die Qualitäten des Verstorbenen als Krieger und Herrscher gerühmt; ebenfalls typisch ist, daß dessen Unvergleichlichkeit betont wird. Über die Herkunft des Dichters – Norweger, Isländer oder doch Däne? – besteht keine Einigkeit.

21. Aus der *Ragnarsdrápa* des Bragi Boddason

Klassisches Altisländisch; normalisierter Text mit Kommentar. – Handschriftliche Grundlagen: GkS 2367, 4° (R), 1. Hälfte 14. Jahrhundert; AM 242, fol. (W), Mitte 14. Jahrhundert; UB Utrecht 1374 (T), Ende 16. Jahrhundert; AM 748 II, 4° (C), um 1400. – Skaldisches Preisgedicht (*drápa*).
Text (leicht modifiziert) nach: Den norsk-islandske Skjaldedigtning, ed. Finnur Jónsson (København – Kristiania 1912–1915). A: Tekst efter håndskrifterne, I, 1–2. B: Rettet tekst, I, 1–2.

Bragi Boddason, von Snorri Sturluson in seiner *Edda* dreimal als *(inn) gamli* 'der Alte' bezeichnet, gilt als der älteste bekannte Skalde der altwestnordischen Literatur. Über seine Person ist nur wenig bekannt; nach verbreiteter, aber keineswegs alleinherrschender Ansicht hat er im (frühen?, späten?) 9. Jahrhundert gelebt. Von ihm ist nur ein einziger Text überliefert, die *Ragnarsdrápa* ('Preisgedicht auf Ragnar'), von der in der *Snorra Edda* 20 Strophen bzw. Halbstrophen zitiert werden. Bragi verarbeitet heroische und mythologische Stoffe (Rache an Jörmunrekk, Hjadningenschlacht; Gefjonmythos, Angelung der Midgardschlange) und bezieht sich dabei auf Abbildungen auf einem Prunkschild, den er von dem Herrscher Ragnar – laut Snorri *Ragnarr loðbrók*, Protagonist einer Vorzeitsaga – als Geschenk erhalten hat. Es folgen fünf Strophen, die die von den eddischen *Hamðismál* (Text 15) bekannten Fabel enthalten.
Literatur: RGA ²XXIV (2003), 112–117 (*Ragnarsdrápa*; R[ory] W. McTurk).

Ragnarsdrápa, Str. 3–7: Rache an Jörmunrekk

3 1 Knátti eðr við illan
2 Jǫrmunrekkr at vakna
3 með dreyrfáar dróttir
4 draum í sverða flaumi;
5 rósta varð í ranni
6 Randvés hǫfuðniðjar,
7 þás hrafnbláir hefndu
8 harma Erps of barmar.

Str. 3,1 eðr] aðr *C*. 3,2 Jǫrmunrekkr] Jǫrmunrekr *T*, Erminrekkr *W*, Ermenrekr *C*. 3,3 dreyrfáar] -fár *Hss*. 3,6 hǫfuðniðjar] -niðja *Hss*.

21. Aus der Ragnarsdrápa

4 1 Flaut of set (við sveita)
   2 sóknar álfs (á gólfi)
   3 hræva dǫgg (þars hǫggnar
   4 hendr sem fœtr of kendu);
   5 fell í blóði blandinn
   6 brunn ǫlskála – runna
   7 þats á Leifa landa
   8 laufi fátt – at hǫfði.

5 1 Þar, svát gerðu gyrðan
   2 gólf-Hǫlkvis sá fylkis,
   3 segls naglfara siglur
   4 saums andvanar standa;
   5 urðu snemst ok Sǫrli
   6 samráða þeir Hamðir
   7 hǫrðum herðimýlum
   8 Hergauts vinu barðir.

6 1 Mjǫk lét stála støkkvir
   2 styðja Gjúka niðja
   3 flaums, þás fjǫrvi næma
   4 Foglhildar mun vildu,
   5 ok bláserkjar birkis
   6 (ball) fagrgǫtu allir
   7 (ennihǫgg ok eggjar)
   8 Jónakrs sonum launa.

7 1 Þat segik fall á fǫgrum
   2 flotna randar botni;
   3 Ræs gáfumk reiðar mána
   4 Ragnarr ok fjǫlð sagna.

Str. 4,2 álfs *TC*] afls *R*.   á] í *Hgg*.   4,3 þars] of *RT*.   4,4 kendu *RT*] kendusk *C*.
4,5 blandinn] blandin *C*, brunn- *RT*.   4,6 ǫlskála] -skáli *C*, -skakki *R*, vǫlspaki *T*.
Str. 5,2 gólf-Hǫlkvis] gólf-Hǫlkvi *Hgg*.   fylkis *C*] fylkir *RT*.   5,4 andvanar *TC*] anvanar *R*.
Str. 6,3 flaums *RC*] glaums *T*.   næma *C*] nama *RT*.   6,4 Foglhildar *TC*] folg- *R*.
6,5 bláserkjar *C*] bláserkja *T*, -jan *R*.   6,6 ball fagrgǫtu] ball fagr gǫta *C*, bǫllfagr gǫtu *RT*; gǫtu *Hgg*.   6,8 Jónakrs] Onakurs *C*.
Str. 7,1 segik] sé ek *T*.   7,3 gáfumk] gáfu *C*.   mána] nið *C* (við *Hgg.*).

KOMMENTAR

Str. 3,1: *eðr* (= *enn*) hier 'noch, eben noch'.

Str. 3,1/4 *við illan* ... *draum* 'aufgrund eines schlechten Traums'. Hamdir und Sörli dringen hier nicht (wie in den *Hamðismál*) während eines Festgelages *coram publico* in die gotische Königshalle ein, sondern überfallen Jörmunrekk bei Nacht.

Str. 3,6: *Randvés hǫfuðniðjar* (Gen.) 'des engsten Verwandten von Randver', i.e. Jörmunrekks.

Str. 3,8: *Erps* ... *barmar* 'Brüder Erps'. Der dritte Bruder, der dann im folgenden nicht mehr erwähnt wird, gilt hier offenbar als vollbürtig. Auffällig ist, daß bei Bragi das Fehlen des dritten Bruders bei der Racheaktion – vgl. *Hamðismál*, Str. 28,1-2: 'Ab wäre nun das Haupt, wenn Erp [noch] lebte' (Text 15; s. oben, S. 85) – keine Rolle spielt.

Str. 4,6–8: *runna þats á Leifa landa laufi fátt* 'das ist auf (dem Laub der [Bäume {der Länder des Leifi ≏} des Meeres ≏] Schiffe ≏) dem Schild abgebildet'. Demnach war das Vornüberfallen des an Armen und Beinen amputierten Jörmunrekk eines der (vier?) Bildsujets auf dem Schild.

Str. 5,2: Die Sequenz *gólf-Hǫlkvis sá* (Akk.) '(Gefäß des [Fußboden-Pferdes ≏] Hauses ≏) Bett' *fylkis* 'des Fürsten' bezeichnet die Schlafstätte des Gotenkönigs.

Str. 5,3-4: Die Wortfolge *segls naglfara siglur saums andvanar* (eine einzige Kenning?, zwei Kenningar?) hat unterschiedliche Interpretationen erfahren. Fest steht, daß es sich um ein Syntagma mit einem Ausdruck für 'Krieger' (Nom. Pl., formal möglich auch Akk. Pl.) handelt, die *þar* 'dort' *standa* 'stehen'; eine Möglichkeit besteht darin, den Komplex als *segls saums* '(des Segels der Nägel ≏) des Schildes' *andvanar* 'ermangelnde' *siglur naglfara* '(Masten des Schwertes ≏) Krieger', also als 'Krieger ohne Schild', zu fassen.

Str. 5,6: *samráða* 'auf allgemeinen Beschluß'. Anders als in den *Hamðismál* gibt bei Bragi nicht Jörmunrekk den Befehl zur Steinigung – hier herrscht unter den Gotenkriegern anscheinend sofort Einigkeit darüber, was zu tun ist.

Str. 6,1/3: Mit *stála støkkvir* ... *flaums*, i.e. *støkkvir flaums stála*, '(Betreiber [des Getümmels der Waffen ≏] des Kampfes ≏) Krieger' muß Jörmunrekk gemeint sein.

Str. 6,1/2: *lét* ... *styðja Giúka niðja* 'ließ auf die Nachkommen Gjukis einstechen'. Hamdir und Sörli haben in der *Ragnarsdrápa* keine magischen Rüstungen, die gegen Eisenwaffen schützen; sie sterben offenkundig einen doppelten Tod (durch Steinigung und Erstechen).

Str. 6,3–4: *þás fjǫrvi næma Foglhildar mun vildu* 'als sie der Freude Vogelhilds (dem Geliebten Svanhilds, i.e. Jörmunrekk) das Leben nehmen wollten'. Die Periphrase *Foglhildar munr* führt sozusagen ein poetisches Eigenleben und

21. Aus der *Ragnarsdrápa*

ist vom Handlungszusammenhang – Svanhild wurde ja auf Befehl Jörmunrekks zu Tode getrampelt – zu isolieren; Ironie scheint hier nicht unbedingt hereinzuspielen.

Str. 7,3–4 *Ræs gáfumk reiðar mána Ragnarr ok fjǫlð sagna* 'Den (Mond des [Wagens des Rär ≙] Schiffes ≙) Schild schenkte mir Ragnar und die Vielzahl der [darauf abgebildeten] Erzählungen' ist der für eine *drápa* charakteristische Refrain (aisl. *stef*), der in Strophe 12,3–4 wiederkehrt.

22. Übersichten und Listen

22.1. Zeittafel

ca. 800 bis ca. 1050	Wikingerzeit (Eckdaten: Überfall auf Lindisfarne 793, Schlacht von Stamford Bridge 1066)
ca. 870 bis ca. 930	Landnahme(n)zeit (*landnámatíð*) auf Island
ca. 930 bis ca. 1030	Sagazeit (nisl. *söguöld*) der (meisten) Isländersagas
ca. 985	Beginn der Landnahme auf Grönland
968 (?)–1000	König Olaf Tryggvason (*Óláfr Tryggvason*)
(vor) 995–1030	König Olaf der Heilige (*Óláfr inn helgi Haraldsson*)
1000 (999)	Übertritt Islands zum Christentum
ca. 1000	Landnahme(versuch) in Nordamerika (*Vínland*)
1015–1066	König Harald der Harte (*Haraldr harðráði Sigurðarson*)
1041	Tod von Ingvar (*Yngvarr víðfǫrli*)
1067/1068–1148	Ari Thorgilsson (*Ari inn fróði Þorgilsson*)
1151–1153	Pilgerfahrt Jarl Rögnvalds
1178/1179–1241	Snorri Sturluson
(1200/) 1220–1262	Sturlungenzeit (nisl. *Sturlungaöld*)
1262/1264	Ende des isländischen Freistaats

22.2. Island – Kartenskizze

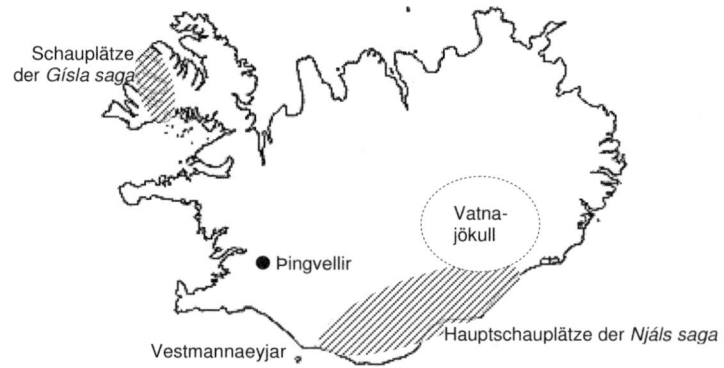

22.3. Allgemeine Abkürzungen

Konventionelle, im Wörterverzeichnis des Duden und ähnlicher Werke verbuchte Abkürzungen werden hier nicht aufgelistet. Abkürzungen, die durch Tilgung des finalen Segments *-isch* entstehen (z.B. got. = gotisch), sind ebenfalls nicht angeführt. Abkürzungen grammatischer Termini sind in einer eigenen Liste im Wörterbuchteil (II.0.; unten, S. 119) zusammengefaßt.

Abb.	Abbildung	[KGA^3	s. unten]
ae.	altenglisch	nisl.	neuisländisch
ahd.	althochdeutsch	p.	*pagina* (Seite)
aisl.	altisländisch	pass.	*passim*
Anm.	Anmerkung	r	*recto* (Vorderseite)
anorw.	altnorwegisch	[RGA^2	s. unten]
fol.	*folio* ('auf Blatt')	Str.	Strophe
gr.	griechisch	s.v.	*sub voce*
Hg(g).	Herausgeber	urgerm.	urgermanisch
Hs(s).	Handschrift(en)	v	*verso* (Rückseite)
Kap.	Kapitel	V.	Vers

KGA^3 = Robert Nedoma, Kleine Grammatik des Altisländischen (Heidelberg ^{3}2010).

RGA^2 = Reallexikon der Germanischen Altertumskunde [begr. Johannes Hoops], ed. Heinrich Beck et al. I–XXXV. Register I–II (Berlin – New York ^{2}1973–2008).

22.4. Aufbewahrungsorte von Handschriften

AM = Den Arnamagnæanske Samling, København / Stofnun Árna Magnússonar á Íslandi, Reykjavík

GkS = Den Gamle kongelige Samling, Det kongelige Bibliotek, København / Stofnun Árna Magnússonar á Íslandi, Reykjavík

LbS = Handritasafn Landsbókasafns Íslands, Reykjavík

NkS = Den Nye kongelige Samling, Det kongelige Bibliotek, København / Stofnun Árna Magnússonar á Íslandi, Reykjavík

SÁM = Stofnun Árna Magnússonar á Íslandi, Reykjavík

SKB = Kungliga biblioteket, Stockholm

UB Uppsala, DG = Uppsala Universitetsbibliotek, De la Gardie-samlingen

UB Uppsala, R = Uppsala Universitetsbibliotek, [Sammlung] R

UB Utrecht = Universiteitsbibliotheek Utrecht

22.5. Abbildungsnachweise

Abb. 1 (S. 16): Vinland-Karte (Brookhaven National Laboratory, Yale University Press), online im Internet: URL http://www.bnl.gov/bnlweb/pubaf/pr/photos/2002/vinland.jpg (Stand: 22.7.2011).

Abb. 2 (S. 18): The Icelandic Homily Book. Perg. 15 4° in the Royal Library, Stockholm, ed. Andrea de Leeuw van Weenen (= Íslenzk handrit, Series in quarto 3; Reykjavík 1993), fol. 15^r.

Abb. 3 (S. 25): Ludwig Buisson, Der Bildstein Ardre VIII auf Gotland (= Abhandlungen der Akademie der Wissenschaften zu Göttingen, Philolog.-histor. Kl., 3. Folge, 102; Göttingen 1976), Taf. 22 (Antikvarisk-Topografiska Arkivet, Stockholm).

Abb. 4 (S. 40): handrit.*is* (Landsbókasafn Íslands – Háskólabókasafn); online im Internet: URL http://handrit.is/is/manuscript/imaging/is/Lbs04-3505/all#acc Mat01r (Stand: 21.7.2011).

Abb. 5 (S. 45): Friedrich E. Grünzweig, Runeninschriften auf Waffen. Inschriften vom 2. Jahrhundert n. Chr. bis ins Hochmittelalter (= Wiener Studien zur Skandinavistik 11; Wien 2004), 28 (Abb. 1).

Abb. 6 (S. 51): Die Goldbrakteaten der Völkerwanderungszeit. I,3: Ikonographischer Katalog (IK 1, Tafeln), ed. Karl Hauck et al. (= Münstersche Mittelalter-Schriften 24,1,3; München 1985), 59 (Taf.-Nr. 51,1 b,1).

Abb. 7 (S. 51): Sagnanet – Íslenskar fornbókmenntir, online im Internet: URL http://sagnanet.is/saganet/?MIval=/SinglePage&Manuscript=1109&Page=150 &language=icelandic (Stand: 2.8.2011).

Abb. 8 (S. 74): Ludwig Buisson, Der Bildstein Ardre VIII auf Gotland (= Abhandlungen der Akademie der Wissenschaften zu Göttingen, Philolog.-histor. Kl., 3. Folge, 102; Göttingen 1976), Taf. 16 (British Museum, London).

Abb. 9 (S. 80): a. Victor Millet, Germanische Heldendichtung im Mittelalter. Eine Einführung (Berlin – New York 2008), 157 (Kulturhistorisk Museum, Oslo). b. K[laus] Düwel, Sigurddarstellung. In: RGA^2 XXVIII (2005), 412–423: 418 (Martin Blindheim).

Abb. 10 (S. 101): Wikimedia Commons; online im Internet: URL http://upload.wikimedia.org/wikipedia/commons/3/3d/SÖ179_Gripsholm_Runestone.jpg (Stand: 11.8.2011).

Abb. 11 (S. 107): Lis Jacobsen / Erik Moltke et al., Danmarks Runeindskrifter. [II:] Atlas (København 1941), 402–403 (Nr. 1010. 1007).

II. MINIMALWÖRTERBUCH DES ALTISLÄNDISCHEN

0. Hinweise zur Benutzung

Das vorliegende Wörterbuch umfaßt ca. 4.000 Appellativa (S. 120–280) und knapp 300 Namen (S. 281–291), die in nischenalphabetischer Form präsentiert werden. Die Lemmazeichen sind auf Basis des lateinischen Alphabets angeordnet, wobei folgendes gilt: 1. *á, é, í, ó, ú, ý* bzw. *ð* werden nicht als Bestandteile der Alphabetliste betrachtet und sind unter *a, e, i, o, u, y* bzw. *d* rubriziert. – 2. Bei Formengleichheit folgt der Akutbuchstabe auf den normalen Buchstaben; *vist* steht also vor *víst* etc. – 3. Die 'Sonderzeichen' *þ, æ, ø, œ, ǫ* sind (in dieser Reihenfolge) an das Ende der Alphabetliste gerückt.

Lemmazeichen wie Wörterbuchtext beziehen sich – wie das in den einschlägigen Textausgaben, Grammatiken und Wörterbüchern die Regel ist – auf den Sprachstand des Altisländischen in der ersten Hälfte des 13. Jahrhunderts, repräsentieren also das sog. klassische Altisländische.

Implizit handelt es sich – zumindest für die ältere Zeit – auch um ein Minimalwörterbuch des Altnorwegischen; die beiden altwestnordischen Sprachen stehen einander um 1200 ja noch sehr nahe. Bei der Nachschlagearbeit müssen die altnorwegischen Sprachformen freilich 'islandifiziert' werden; zu den wichtigsten phonetisch-phonologischen Charakteristika der altnorwegischen Dialekte s. KGA[3], § 55 (S. 152 ff.).

Die vorliegende lexikographische Arbeit verfolgt zweierlei Zwecke: Zum einen fungiert das *Minimalwörterbuch* als Glossar für die Texte im Lesebuchteil dieses Bandes (oben, S. 11–113). Gewissermaßen als *bonus track* ist ferner auch der Wortschatz der bei Friedrich Ranke / Dietrich Hofmann, Altnordisches Elementarbuch (= Sammlung Göschen 2214; Berlin – New York [5]1988), 80 ff. abgedruckten Textpassagen verbucht.

Zum anderen sind sämtliche frequent bezeugten Wörter der altisländischen Prosasprache erfaßt; die 'Frequenzschwelle' habe ich bei 80 oder mehr Belegen angesetzt.

Das online-Wörterbuch der Arnamagnäanischen Sammlung (i.e. *Ordbog over det norrøne prosasprog / A Dictionary of Old Norse Prose*; URL http://dataonp.hum.

ku.dk/index.html; Stand: 15.8.2011) bietet für derartige Recherchen ein unentbehrliches Hilfsmittel.

Das solchermaßen definierte lexikalische Sprachminimum des Altisländischen umfaßt knapp 1.500 Wörter. Schenkt man verbreiteten Ansichten Glauben, sind durch ein derartiges Basislexikon 80–90% des Wortmaterials eines durchschnittlichen, nicht fachspezifischen (Prosa-)Textes abgedeckt; das *Minimalwörterbuch* ermöglicht damit auch die Lektüre weiterer altisländischer Originaltexte über den Lesebuchteil hinaus.

Die Wörterbuchartikel sind wie folgt strukturiert:

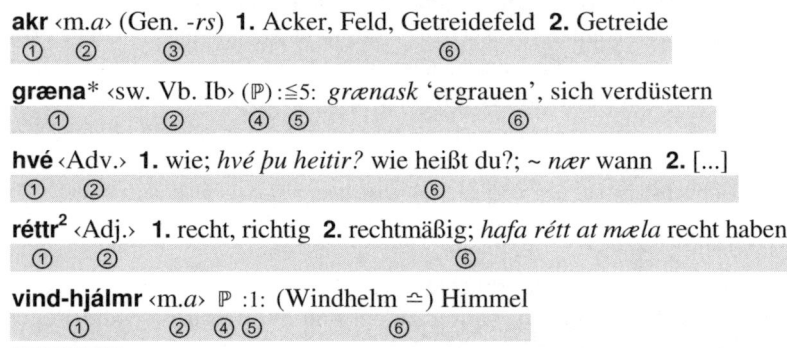

Position ①: Lemmazeichen. Gegebenenfalls werden Alternativformen angeführt: **kalls** (*kallz*). Homonyme sind durch Indexzahl markiert: **réttr**². Bei erschlossenen bzw. durch Textkonjektur gewonnenen Formen steht ein Asterisk voran: ***víg-frœkn**. Aus belegtem Wortmaterial gewonnene (aus einem Kompositum oder Mediopassivum abgelöste) Grundformen sind durch nachfolgenden Asterisk gekennzeichnet: **grǽna***. Die Tilde ~ bezieht sich auf das Lemmazeichen, hat also Platzhalterfunktion.

Position ②: Wortart. Angegeben sind Wortart (Substantiva sind nicht eigens markiert) und gegebenenfalls Klasse: ‹m.*a*› = [Substantiv,] maskuliner *a*-Stamm, ‹sw. Vb. Ib› = schwaches Verb der Klasse Ib. Klassifikationen werden im Anschluß an KGA³ vorgenommen; Abkürzungen s. unten.

Position ③: Besondere Flexionsform.

Position ④: Textsortenbeschränkung: ℙ = nur poetisch belegt; (ℙ) = beinahe ausschließlich poetisch (meist: poetisch und in der *Snorra Edda*) belegt.

Position ⑤: Frequenzbeschränkung: :1: = nur einmal belegt (*Hapax legomenon*); :2: = zweimal belegt; :≤5: = 5 oder weniger Belege.

Position ⑥: Bedeutung. Bei polysemen Lemmazeichen erscheinen die semantischen Angaben segmentiert; gegebenenfalls werden auch Beispiele geboten. Metaphorische Ausdrücke (aisl. *heiti*, *kenningar*) sind durch ≙ verdeutlicht.

0. Hinweise zur Benutzung 119

Verweise:
efri ‹Adj. Komp.› ⇒ **øfri, efstr** ‹Adj. Sup.› → **øfri**

→ steht für einfachen Verweis ('siehe'), ⇒ für Homonymie plus Verweis.

Die einzelnen Einträge sind mit den großen Wörterbüchern des Altisländischen (Titel s. KGA³, 178 ff.) abgeglichen, es handelt sich aber nicht um einfache bzw. durchgängige Exzerpte: in die Artikelgestaltung sind die Ergebnisse eigener philologischer Arbeit eingeflossen.

Abkürzungen grammatischer Termini

Allgemeine Abkürzungen sind in einer eigenen Liste (I.22.3; oben, S. 115) verzeichnet.

Adj.	Adjektiv	Num.	Numerale
Adv.	Adverb	m(ask).	maskulin
Akk.	Akkusativ	n(eutr).	neutrum
Dat.	Dativ	P(ers).	Person
e-m, *e-n*, *e-s*, *e-t*, *e-u* s. unten		Part.	Partizip
etw.	etwas	Perf.	Perfekt
f(em).	feminin	Pl.	Plural
Gen.	Genetiv	PP (Vb.)	Präteritopräsens
Imp.	Imperativ	Präf.	Präfix
indekl.	indeklinierbar	Präs.	Präsens (-ntis)
Inf.	Infinitiv	Prät.	Präteritum (-ti)
insbes.	insbesondere	Pron.	Pronomen
Interj.	Interjektion	Rel.	Relativum
jd., jd.em	jemand, jemandem	Sg.	Singular
jd.en, jd.es	jemanden, jemandes	st. Vb.	starkes Verb
Komp.	Komparativ	Sup.	Superlativ
Konj.	Konjunktiv	sw. Vb.	schwaches Verb
Nom.	Nominativ	Vb.	Verb

Die Kasusrektionen im Altisländischen werden wie folgt ausgedrückt: Genetiv *e-s* = *ein(s)hvers* m./n. 'jemandes, etwas [Gen.]'; Dativ *e-m* = *einhverjum* m. 'jemandem', *e-u* = *einhverju* n. 'etwas [Dat.]'; Akkusativ *e-n* = *einhvern* 'jemanden', *e-t* = *eitthvert (eitthvat)* 'etwas [Akk.]'.

Wie erwähnt, sind die grammatischen Bestimmungen nach dem Muster von KGA³ vorgenommen. Neu hinzugekommen sind die Siglen ‹m.r› und ‹f.r› für Substantiva des Flexionstyps III (Verwandtschaftsbezeichnungen), die im Wortregister von KGA³ ohne Klassenangabe als ‹m.› bzw. ‹f.› verbucht sind.

Wörterverzeichnis I: Appellativa

A, Á

-a ‹Partikel› (verbunden mit finitem Verb) (℗) nicht; *sék(k)a* (= *sé-ek-a*) ich sehe nicht; *segita! (segið-a!)* sagt nicht!

á¹ ‹f.ō› Fluß; *á horna* (Fluß der Trinkhörner ≙) Bier

á² ‹Präp.› **A.** (+ Dat.) **1.** an, in, auf; *á Frakklandi* in Frankreich **2.** in, zu, während; *á dǫgum Haralds ins hárfagra* in den Tagen, zu Lebzeiten von Harald Schönhaar **3.** in, bezüglich, hinsichtlich; *á þessu máli* in dieser Sache **4.** vermittels, durch **B.** (+ Akk.) **1.** an, in, auf, auf – zu, nach; *ganga á land* an Land gehen, landen **2.** an, in, während; *á vár* im Frühling **3.** in, bezüglich, hinsichtlich **4.** auf – zu, gegen; *leita á aðrar þjóðir* sich gegen andere Völker wenden **C.** ‹Adv.› daran, heran, darauf; *koma á* herankommen

á³ ‹f.ō/k.› ⇒ **ær**

á-byrgð ‹f.ō/i› **1.** Verantwortung, Verpflichtung **2.** Gefahr **-byrgja** ‹sw. Vb.› **1.** jd.en verpflichten **2.** *ábyrgjask* verantwortlich sein, verpflichtet sein, sorgen

aðal-borinn ‹Adj.› ehelich geboren

áðr A. ‹Adv.› **1.** ehemals, vorher, früher **2.** bisher, bereits **3.** *sem áðr* trotzdem, gleichwohl, dennoch **B.** ‹Konj.› ehe, bevor, bis

af ‹Präp.› **A.** (+ Dat.) **1.** ab, von, von – her, weg von, aus – heraus; *koma af veiði* von der Jagd kommen **2.** (hergestellt) aus, von; *af gulli* aus Gold, golden **3.** aufgrund, wegen; *af því* deswegen **4.** vermittels, mit, durch; *af afli* mit Kraft **5.** in, bezüglich, hinsichtlich; *af ǫllu* in allem, in jeder Hinsicht **B.** ‹Adv.› **1.** weg, fort, davon **2.** hindurch

afar-kostir ‹m.*i* Pl.› harte Bedingungen, harte Behandlung

af-auðit ‹Adj. (n.)› :≦5: vom Glück verlassen; *afauðit verðr oss mjǫk um þetta mál* wir haben überhaupt kein Glück in dieser Sache

á-felli ‹n.*ja*› **1.** Angriffslust, Angriff **2.** Unglück, Verderben, Krankheit, Katastrophe **3.** Verurteilung

af-hvarf ‹n.*a*› :2: das Abbiegen, das Entfernen

af-kárr ‹Adj.› (℗) ungewöhnlich, fürchterlich, wild

A, Á

afl ‹n.*a*› **1.** Kraft, Stärke **2.** Macht
afla ‹sw. Vb. II› **1.** vorbereiten **2.** durchführen, ausführen, verrichten **3.** mit Kraft zustandebringen, beschaffen, erwerben
afli ‹m.*n*› **1.** Vermögen, Fähigkeit; Kraft **2.** Kampfstärke, Macht, Streitmacht **3.** Erwerb, Gewinn, Beute
aft- → **apt-**
af-taka ‹f.*ōn*› Verlust, Wegfall, Schaden
á-girni ‹f.*īn*›, **á-girnd** ‹f.*i*› Gier, Begierde, Habsucht   **-gæti** ‹n.*ja*› Ehre, Ruhm, Ruhmestat; *hefir hverr til síns ágætis nǫkkut* jeder wird auf seine Weise berühmt   **-gætismaðr** ‹m.*a*/k.› angesehener Mann, vortrefflicher Mann   **-gætr** ‹Adj.› berühmt, angesehen, vortrefflich, vornehm, bemerkenswert   **-hyggja** ‹f.*jōn*› **1.** Nachdenken, Achtsamkeit, Aufmerksamkeit **2.** Unruhe, Sorge
aka ‹st. Vb. VI,2› **1.** sich bewegen, fahren **2.** transportieren, bringen
á-kafi ‹m.*n*› **1.** Jähzorn, Raserei **2.** Eifer, Vehemenz, Heftigkeit, Kraft   **-kafliga** ‹Adv.› **1.** eifrig, energisch, vehement, kräftig **2.** sehr, äußerst **3.** schnell   **-kafr** ‹Adj.› **1.** hitzig, jähzornig **2.** eifrig, energisch, vehement, kräftig **3.** schnell   **-kall** ‹n.*a*› **1.** Ruf, laute Anrede **2.** Anrufung **3.** Forderung   **-kefð** ‹f.› **1.** Jähzorn, Raserei **2.** Eifer, Heftigkeit, Vehemenz, Kraft **3.** Schnelligkeit
akkeri ‹n.*ja*› Anker; *liggja um akkeri* vor Anker liegen
á-klæði ‹n.*ja*› Bettdecke
akr ‹m.*a*› (Gen. *-rs*) **1.** Acker, Feld, Getreidefeld **2.** Getreide
al- ‹Präf.› ganz, völlig, vollkommen; hier nicht verbuchte Bildungen s. Grundwort, z.B. *(al-)grœnn* (ganz) grün
ala ‹st. Vb. VI,1› **1.** zeugen **2.** gebären **3.** füttern, ernähren **4.** aufziehen, erziehen **5.** *alask* geboren werden, entstehen
al-brynjaðr ‹Adj.› vollständig gepanzert
aldar-far ‹n.*a*› :1: Gang der Zeit, Verlauf des Weltgeschehens
aldinn ‹Adj.› (℗) alt, betagt
aldr ‹m.*a*› (Gen. *-rs*) **1.** Alter, Lebensalter **2.** Lebtag, Lebenszeit **3.** Zeit, Periode, Zeitalter, Epoche; *allan aldr* allzeit, immer
aldri (*aldregi, aldrigi*) ‹Adv.› **1.** nie, niemals **2.** nicht, überhaupt nicht
aldr-nari ‹m.*n*› ℗ :2: (Lebensnährer, -erhalter ≙) Feuer   **-stamr** ‹Adj.› ℗ :1: des Lebens beraubt, tot

á-leiðis ‹Adv.› auf dem rechten Weg, voran, vorwärts

álfr ‹m.*a*› Alb, Elfe; *æsir ok álfar* Asen und Alben, alle göttlichen Wesen (der heidn. Mythologie); *sóknar álfr* (Alb des Angriffs ≙) Krieger

al-gera (*-gøra*) ‹sw. Vb. Ib› **1.** vollkommen machen **2.** vollenden, vollbringen, abschließen

alin ‹f.*ō*› (Gen. *álnar*) eine Längeneinheit (Elle, ca. 50 cm)

all- ‹Präf.› sehr, äußerst; hier nicht verbuchte Bildungen s. Grundwort, z.B. *(all-)ógurligr* (sehr) schrecklich **all-fast** ‹Adv.› sehr fest, sehr heftig **-fastorðr** ‹Adj.› stets sein Wort haltend, sehr zuverlässig **-fúss** ‹Adj.› sehr begierig **-góðr** ‹Adj.› sehr gut, reichlich **-mannhættligr** ‹Adj.› :1: gemeingefährlich **-mikill** ‹Adj.› sehr groß, außerordentlich, ungemein, sehr auffällig

allr ‹Adj.› **1.** all, jeder; *allir menn* alle Leute, jedermann; *fyrir útan alla sótt* ohne jedes Leiden **2.** ganz, völlig, vollkommen **3.** fertig, zu Ende **4.** *allt* ganz, völlig, durchaus; *at (í, með) ǫllu* in allem, gänzlich, in jeder Hinsicht

alls (*allz*) ‹Adv.› **1.** gänzlich, völlig; *alls ekki* überhaupt nichts **2.** insgesamt, alles in allem; *..xx. menn alls* insgesamt 20 Männer

alls-konar ‹Adj. indekl.›, **-kyns** ‹Adj. indekl.› von jeder Art, jederlei

all-vel ‹Adv.› sehr gut, reichlich

allz¹ ‹Konj.› da, weil

allz² ‹Adv.› ⇒ **alls**

al-mannavegr ‹m.*a/u*› Hauptverkehrsweg **-menniligr** ‹Adj.› **1.** allgemein, öffentlich **2.** allgemein, gewöhnlich, regulär **-menning** ‹f.*ō*›, **-menningr** ‹m.*a*› **1.** Allgemeinheit, Gemeinschaft, alle Männer, alle Menschen **2.** alle wehrfähigen Männer, allgemeines Heeraufgebot **3.** Allgemeinbesitz

álptar-hamr ‹m.*i*› :2: Schwanenhemd, Schwanenhaut mit Federn

al-sagðr ‹Adj.› allgemein gesagt **-skipaðr** ‹Adj.› vollbemannt

altari (*alteri*) ‹m.*n*›, ‹n.*ja*› Altar

al-vitr¹ ‹f.*i*/k.› ℙ :≦5: Wesen anderer Art, Wesen aus einer anderen Welt

al-vitr² ‹Adj.› ℙ :≦5: ganz klug, äußerst weise

al-væpni ‹n.*ja*› volle Bewaffnung

al-þingi ‹n.*ja*› Allthing, allgemeine (Rechts-)Versammlung **-þýða** ‹f.*ōn*› **1.** alle Leute, Gemeinschaft, Allgemeinheit **2.** gewöhnliches Volk

ambátt (*ambótt*) ‹f.i› **1.** Dienerin, Magd, Sklavin **2.** Nonne

á-minning ‹f.ō› **1.** Erinnerung, Ermahnung, Verwarnung **2.** Andenken **-munr** ‹Adj.› :≦5: an etw. erinnernd, ähnlich **-mæli** ‹n.ja› Vorwurf, Tadel

án ‹Präp.› (+ Gen., Dat., Akk.) ohne, außer; *vera e-s án* etw. entbehren, ohne etw. sein

á-nauð ‹f.ō/i› **1.** Not, Leiden **2.** Zwang, Unterdrückung, Knechtschaft, Unfreiheit **3.** magischer Zwang, Zauber

anda ‹sw. Vb. II› **1.** atmen **2.** inspirieren (*e-m*) **3.** *andaðr* entseelt, gestorben **4.** *andask* entseelt werden, sterben

andi ‹m.n› **1.** Atem, Atemzug **2.** Geist, immaterielles Wesen; *heilagr andi* Heiliger Geist **3.** Geist, Seele

and-ligr ‹Adj.› **1.** belebt, beseelt **2.** geistlich, kirchlich **3.** heilig

and-lit ‹n.a› Antlitz, Gesicht **-skoti** ‹m.n› **1.** Gegner, Feind **2.** Teufel **-svar** ‹n.a› Antwort, Erwiderung, Entgegnung

and-vani ‹Adj.› 'entwöhnt', ermangelnd (*e-s*); *lífs andvani* leblos

and-viðri ‹n.ja› Gegenwind

angan ‹f.i› ℙ :≦5: Wonne, Lust

angr ‹m./n.a› (Gen. -*rs*) Kummer, Gram, Ärger

angra ‹sw. Vb. II› bekümmern, betrüben, ärgern, plagen

angr-lauss ‹Adj.› ℙ :≦5: kummerlos **-ljóð** ‹n.a› ℙ :1: Klagelied

anna ‹sw. Vb. II› imstande sein, fähig sein; *annask* sich kümmern um, sich annehmen (*e-n/e-t, um e-n/e-t*)

annarr[1] (m.; ǫnnur f., annat n.) ‹Pron.› **1.** anderer, weiterer, nächster; *ok þat annat* und außerdem **2.** einer von zweien, der andere von zweien; *annarr – annarr* der eine – der andere; ~ *hvárr* einer von beiden

annarr[2] (m.; ǫnnur f., annat n.) ‹Num.› zweiter; *ǫðru sinni* zum zweiten Mal

apaldrs-tré ‹n.a› :1: Apfelbaum

aptann ‹m.a› Nachmittag, Abend

aptari ‹Adj. Komp.› ⇒ **eptri**

aptastr ‹Adj. Sup.› → **eptri**

aptr ‹Adv.› **1.** zurück, zu; *lúka aptr* zuschließen **2.** nach hinten; *falla á bak aptr* rückwärts fallen **3.** hinten, auf der Hinterseite, achtern

ár[1] ‹f.ō› Ruder; *draga árar* rudern

ár² ⟨n.a⟩ **1.** Kalenderjahr, (gemessenes) Jahr; *at ári* nach einem Jahr, ein Jahr später **2.** gutes Jahr, ertragreiches Jahr, gute Ernte, Prosperität
ár³ ⟨n.a⟩ Anbeginn, Anbruch, Frühzeit
ár⁴ ⟨Adv.⟩ **1.** zeitig, früh; *ár um morginn* früh am Morgen **2.** einst, ehemals
ár-bakki ⟨m.n⟩ Flußufer
á-reið ⟨f.ō⟩ Anritt, Angriff (zu Pferd)
arf-gengr ⟨Adj. (ja)⟩ erbberechtigt
arfi ⟨m.a⟩ **1.** Erbe, Erbin **2.** (Pl.) Nachkommen
arfr ⟨m.a⟩ **1.** das Erbe **2.** Erbrecht
arf-þegi ⟨m.n⟩ (ℙ) 'Erbnehmer', Erbe
argr ⟨Adj.⟩ **1.** arg, schändlich **2.** unmännlich, feige; *þræll einn þegar hefnisk, en argr aldri* nur ein Knecht rächt sich sofort, ein Feigling aber nie **3.** unmännlich, weibisch, pervers
ari ⟨m.n⟩ Adler
arin-greypr ⟨Adj.⟩ ℙ :≦5: **1.** den Herd umgebend (**2.** = *hringreifðr* ringgeschmückt?)
ár-maðr ⟨m.a/k.⟩ **1.** Aufseher, Verwalter (insbes. des norwegischen Königs) **2.** Schutzgeist
armr¹ ⟨m.a⟩ **1.** Arm **2.** Flügel (eines Heeres, eines Gebäudes)
armr² ⟨Adj.⟩ arm, armselig, elend, erbärmlich
árr ⟨m.u⟩ **1.** Bote, Gesandter **2.** Engel
arz ⟨m.a⟩ ⇒ **rass**
ár-vakr ⟨Adj.⟩ **1.** früh erwacht, früh munter **2.** aufmerksam
á-ræði ⟨n.ja⟩ **1.** Angriff **2.** Mut, Kühnheit **-ræðiligr** ⟨Adj.⟩ **1.** angreifbar, als Angriffsziel geeignet **2.** vermutlich, wahrscheinlich **-samt** ⟨Adv.⟩ zusammen; *kom ásamt með þeim* sie kamen überein
ás-endi ⟨m.n⟩ ⇒ **áss-endi**
á-sjá ⟨f.ō⟩ **1.** Aussehen, Erscheinung, äußere Gestalt **2.** Fürsorge, Unterstützung, Hilfe, Aufnahme **-sjóna** (*-sjána*) ⟨f.ōn⟩ **1.** Anblick, Aussehen, Erscheinung, äußere Gestalt **2.** Abbild **3.** Gesicht, Mimik, Gesichtsausdruck
ask-limar ⟨f.ō Pl.⟩ ℙ :2: Eschenzweige, Eschengeäst
askr ⟨m.a⟩ **1.** Esche **2.** Eschenspeer **3.** Holzgefäß (auch als Hohlmaß) **4.** (kleineres, leichteres) Schiff

ás-kunnr ‹Adj.› ℗ :2: von den Asen abstammend
áss¹ ‹m.*u*› (Pl. *æsir*) Ase, (heidnischer) Gott
áss² ‹m.*a*› (Pl. *ásar*) **1.** Balken, Pfeiler, Pfosten, Segelstange **2.** Bergrücken
áss³ ‹m.*a*› :≦5: Einser (Augenzahl des Würfels)
áss-endi (*ás-endi*) ‹m.*n*› Balkenende
ást ‹f.*i*› **1.** Liebe, sexuelles Begehren, Lust; *leggja ást við e-n* jd.en lieb gewinnen, sich in jd.en verlieben **2.** Zuneigung, Freundschaft **3.** Geliebte, Geliebter
ást-sæll ‹Adj.› :≦5: beliebt
at¹ ‹Präp.› **A.** (+ Dat.) **1.** bei, an, in, zu, von; *hófsk at lopti* erhob sich in die Luft; *at hǫfði* beim Kopf; *at lykðum* zum Schluß; *at sumri* im Sommer **2.** bis zu, an – heran, auf – zu, gegen, nach; *vega at e-m* gegen jd.en kämpfen; *Agnarr gekk at Grímni* Agnar ging zu Grimnir **3.** bezüglich, hinsichtlich; *ungr at aldri* jung an Alter **4.** entsprechend, gemäß; *at því* dementsprechend; *at jǫfnum aldri* altersgemäß **5.** zu, um; *þverðu þeir þrótt sinn at þriðjungi* sie schwächten ihre Schlagkraft um ein Drittel; *verða e-m at bana* jd.em zum Töter werden, jd.en töten **B.** (+ Akk.) nach; *at þat* danach, darauf; *taka arf at fǫður sinn* das Erbe nach seinem Vater übernehmen, seinen Vater beerben **C.** (+ Gen.) bei; *at Vǫlundar* im (zu ergänzen: Haus) Völunds, bei Völund **D.** (als Infinitivmarker) zu; *nú er þat at segja, at* nun ist zu erzählen, daß **E.** ‹Adv.› dazu, dabei, hinzu, heran, danach; *þá komr Þórr at* da kam Thor hinzu
at² ‹Konj.› **A. 1.** daß; *svá at* sodaß; *nú er þat at segja, at* nun ist zu erzählen, daß **2.** wenn **3.** weil, da **4.** *þegar at* sobald als **B.** ‹Rel.› der, die, das
-at ‹Partikel› (verbunden mit finitem Verb) (℗) nicht; *skalattu* (= *skal-at-þú*) du sollst nicht; *erat* (= *er-at*) ist nicht
at-burðr ‹m.*i*› **1.** was sich zuträgt, Begebenheit, Geschehnis, Vorfall, Zufall **2.** Sachverhalt, Umstand; *af þeim afburð, at* deswegen, weil **3.** Vorgangsweise **4.** Vorgehen, Angriff **-ferð** ‹f.*i*› **1.** Verhalten, Benehmen, Vorgangsweise, Taktik **2.** Vorgehen, Angriff, Überfall
át-frekr ‹Adj.› ℗ :1: freßgierig, gefräßig
at-fylgi ‹n.*ja*›, **-fylgja** ‹f.*jōn*› Beistand, Hilfe, Unterstützung **-geirr** ‹m.*a*› schwerer Spieß, Speer (insbes. als Hieb- und Stichwaffe)

át-gjarn ‹Adj.› ℙ :2: freßgierig, gefräßig

at-hugi ‹m.*n*› Aufmerksamkeit, Überlegung, Besonnenheit   **-hœfi** ‹n.*ja*› 1. Verhalten, Benehmen, Handlungsweise   2. Lebensumstände, *way of life*, Lebensstil   **-kvæði** ‹n.›   1. Laut, Aussprache   2. Ausdruck, Formulierung, Wortlaut   3. Ausspruch, Entscheidung, Urteilsspruch, Anordnung   4. Wahrspruch, Voraussage   5. Zauberspruch, Zauberei, Magie

á-trúnuðr (*-trúnaðr*) ‹m.*u*›   1. Treue, Vertrauen   2. Glaube, Religion   3. religiöse Verehrung, Kult

at-sókn ‹f.*i*›   1. Andrang   2. Angriff, Kampf

átt[1] ‹f.*i*›   1. Richtung, Himmelsrichtung   2. Gebiet, Region; *sú átt er logandi ok brennandi* diese Region ist brennend und heiß

átt[2] ‹f.*i*›   ⇒ **ætt**

átta ‹Num.›   acht

átti (*áttandi, áttundi*) ‹Num.›   achter

áttján (*atján*) ‹Num.›   achtzehn

auð- ‹Präf.›   leicht (zu); hier nicht verbuchte Bildungen s. Grundwort (oft Partizip II), z.B. *(auð-)kendr* (leicht) erkannt, zu erkennen, erkennbar

auð-hœfi ‹n.*ja* Pl.›   1. Besitz   2. Reichtum, Fülle

auðigr (*auðugr*) ‹Adj.›   reich

auðit ‹Adj. n.›   vom Schicksal bestimmt, zugefallen, beschert; *e-m verðr e-s auðit* jd.em wird etw. zuteil

*****auð-konr** ‹m.*a*› ℙ :1:   reicher Mann

auðna ‹f.*ōn*›   Schicksal, Geschick, Glück; *bera auðnu til e-s* Glück bei etw. haben

auðr[1] ‹m.*a*›   Reichtum, Fülle

auðr[2] ‹Adj.›   1. öde, verlassen, unbewohnt, unbebaut   2. leer

auð-sær ‹Adj.›   leicht zu sehen, offensichtlich, deutlich   **-tryggi** ‹f.*īn*› Leichtgläubigkeit, Vertrauensseligkeit

auga ‹n.*n*›   1. Auge; *renna augum til e-s (yfir e-t)* den Blick auf etw. richten   2. Loch

auga-bragð (*augna-*) ‹n.*a*›   1. Augenblick, Moment   2. Augenzwinkern, Blick; *hafa augabragð á (af) e-u* das Augenmerk auf etw. haben, anblicken

aug-lit ‹n.*a*›   Gesicht, Gesichtskreis, Blickfeld

auka ‹st. Vb. VII,3, sw. Vb. II› **1.** hinzufügen, vermehren, vergrößern; *barni aukin* geschwängert, schwanger **2.** kräftigen, verstärken **3.** *aukask* größer werden, wachsen

aumr ‹Adj.› jämmerlich, elend, miserabel

aurar ‹m.*ja* Pl.› → **eyrir**

ausa ‹st. Vb. VII,3› **1.** gießen, schütten **2.** schöpfen

austan ‹Adv.› **1.** östlich, im Osten **2.** östlich, aus dem Osten

aust-maðr ‹m.*a*/k.› Ostmann, Norweger

austr[1] ‹n.*a*› (Gen. *-rs*) Osten

austr[2] ‹Adv.› ostwärts, nach Osten

austr-ríki ‹n.*ja*› **1.** 'Ostreich', Gebiete (süd)östlich der Ostsee, Baltikum, Rußland **2.** 'Ostreich', oströmisches (byzantinisches) Reich, Land im Orient **-vegr** ‹m.*a*› Osten, Gebiete (süd)östlich der Ostsee, Baltikum, Rußland

ávalt (*ávallt*) ‹Adv.› unablässig, fortwährend, ständig, ununterbrochen

á-verki ‹m.*ja*› **1.** Verletzung, Wunde **2.** Angriff, Überfall **-vǫxtr** ‹m.*u*› **1.** Frucht **2.** Wachstum, Zuwachs **3.** Ertrag

ax ‹n.*a*› Ähre

B

báðir ‹Num.› beide; *bæði – ok* sowohl – als auch

báð-stofa ‹f.*ōn*› (Dampf-)Badestube

bak ‹n.*a*› **1.** Rücken, Rückseite; *stíga af baki* vom Rücken (des Pferdes) steigen, absitzen **2.** *á baki* hinter, hinten, hintendrein, als Folge; *koma á bak* in den Rücken fallen; *þetta hefir nú á bak komit* das ist nun das Resultat gewesen

baka ‹sw. Vb. II› **1.** backen, braten **2.** wärmen, erwärmen, erhitzen

bakki ‹m.*n*› **1.** Flußufer **2.** Anhöhe, Hang, Abhang **3.** Wolkenbank **4.** Rücken (eines Messers, eines Saxes)

bakstr ‹m.*a*› (Gen. *-rs*) **1.** das Backen **2.** Backwerk, Brot, Hostie

bál ‹n.*a*› **1.** Feuer, Leichenfeuer **2.** Scheiterhaufen

baldinn ‹Adj.› kühn, kräftig, unbändig, anmaßend, übermütig

baldr ‹Adj.› ℙ :2: kühn, unbändig, tyrannisch

bald-riði ‹m.*n*› ℙ :2: kühner Reiter, Held

bál-fǫr ‹f.ō› :2: Feuerbestattung, Einäscherung, Kremation
bálkr (*bǫlkr*) ‹m.*u*› **1.** Balken, Zwischenwand (aus Holz) **2.** Menschenmauer, Gruppe von Leuten **3.** Abschnitt, Sektion (insbes. eines Gesetzeswerks)
ballr ‹Adj.› (Ⓟ) **1.** kühn, stark **2.** gefährlich, unheilbringend
bana-hǫgg ‹n.*wa*› Todeshieb **ban(a)-orð** ‹n.*a*› **1.** Todesnachricht; *bera banaorð af e-m* jd.en töten **2.** Tod **bana-sár** ‹n.*a*› Todeswunde
band ‹n.*a*› **1.** Band, Schnur, (Pl. *bǫnd*) Bande, Fesseln **2.** Binde, Verband **3.** Bund, Bündnis **4.** (Pl. *bǫnd*) die göttlichen Mächte
bani ‹m.*n*› **1.** Tod; *taka bana* sterben **2.** Töter
bann ‹n.*a*› **1.** Verbot **2.** Großer Kirchenbann, Exkommunikation
banna ‹sw. Vb. II› **1.** verbieten, untersagen **2.** verfluchen, verwünschen
bann-setja ‹sw. Vb. Ia› den Großen Kirchenbann verhängen, exkommunizieren
bardaga-maðr ‹m.*a*/k.› Krieger, Kämpfer
bardagi ‹m.*n*› **1.** Kampf, Schlacht **2.** Schlag, Angriff
barði ‹m.*n*› Kriegsschiff (mit verstärktem Steven)
barmi ‹m.*n*› (Ⓟ) Bruder
barmr ‹m.*a*› Kante, Rand, Randstück
barn ‹n.*a*› Kind, Nachkomme; *alda bǫrn* Menschenkinder, Menschen
barna-útburðr ‹m.*i*› :≦5: Kindesaussetzung
barr ‹n.*a*› **1.** Nadeln (von Nadelgehölz) **2.** Ⓟ Getreide, Nahrung
bar-smíð ‹f.*i*› **1.** Schlag **2.** Schlägerei, Kampf
barún (*barrún, barón*) ‹m.*a*› Baron
bast ‹n.*a*› Bast, Bastseil
batna ‹sw. Vb. II› **1.** bessern **2.** besser werden, verbessern; *Bergþóra sagði, at ekki skyldi hennar hlutr batna við þat* Bergthora sagte, daß sich ihre Lage dadurch nicht verbessern würde **3.** besser werden, genesen, heilen
bátr ‹m.*a*› Boot, Beiboot
baugr ‹m.*a*› **1.** Ring, Armring (meist aus Gold) **2.** Bußgeld für Totschlag
baug-variðr ‹Adj.› Ⓟ :2: ringgeschmückt
bauta-steinn ‹m.*a*› Gedenkstein (für einen Toten)
bazt ‹Adv. Sup.› ⇒ **bezt**

baztr ‹Adj. Sup.› ⇒ **beztr**
beðr ‹m.i› (Gen. -jar) Bettunterlage, Polster, Bett
beiða ‹sw. Vb. Ib› begehren, verlangen, fordern, auffordern; *beiða orða e-n* jd.en etw. fragen; *beiðask* für sich begehren, für sich einfordern
bein ‹n.a› **1.** Bein, Knochen, (Pl.) Gebeine, sterbliche Überreste **2.** Bein, (Unter-)Schenkel
beinn ‹Adj.› **1.** gerade, direkt; *beinn byrr* günstiger Fahrtwind **2.** hilfsbereit, gastfreundlich
bein-skeyti ‹f.īn› :≦5: Treffsicherheit
beiskr ‹Adj.› **1.** bitter, scharf **2.** verbittert, erbost, barsch, schroff **3.** bitterlich, schmerzlich
beita ‹sw. Vb. Ib› **1.** 'beißen lassen', weiden lassen, grasen lassen **2.** ℙ 'beißen lassen', zäumen, anspannen, vorspannen (vom Pferd) **3.** (gegen den Wind) kreuzen **4.** führen (von einer Waffe)
bekkr ‹m.i› (Gen. -jar) **1.** (schmälere) Sitzbank, Bankreihe **2.** (erste und letzte) Reihe (auf dem Schachbrett); *taflmenn við hvárn bekk* Figuren auf den beiden äußersten Reihen
bekk-sœmr ‹Adj.› ℙ :1: die Bank zierend(?)
belgr ‹m.i› (Gen. -jar) **1.** Balg, Haut (von Tieren oder Menschen), Fell **2.** Blasebalg **3.** Beutel, Tasche (aus Tierhaut bzw. Leder) **4.** Mund, Körper (von Menschen); *opt koma ór skǫrpom belg skilin orð* oft kommen aus einem faltigen Mund verständige Worte
bella ‹st. Vb. IIIb,2› **1.** treffen, verletzen **2.** ℙ hallen
beltis-staðr ‹m.i› Gürtelgegend, Taille
ben ‹f.jō› tödliche Wunde, blutende Wunde   **-vǫndr** ‹m.u› :≦5: (Wundengerte ≙) Schwert
benda[1] ‹sw. Vb. Ib› **1.** biegen, spannen (vom Bogen) **2.** beugen
benda[2] ‹sw. Vb. Ib› andeuten, ein Zeichen geben, anzeigen, hinweisen, zu verstehen geben
ber ‹n.ja› Beere
bera ‹st. Vb. IV› **1.** tragen, befördern, bringen; *bera dauðr út borinn* tot hinausgetragen werden; (unpersönl.) *þat berr til þess* das kommt daher; *berr e-t (e-n) saman* etw. (jd.) trifft zusammen; *berr nauðsyn til* die Notwendigkeit ergibt sich; *e-t berr við glugginum* etw. zeigt sich an der Luke **2.** tragen, mit sich tragen, besitzen **3.** gebären; *þá var Kristr borinn* da wurde Christus geboren **4.** ertragen, erdulden, leiden

5. übertreffen, überragen (*af e-m, frá e-u*); *bera e-t yfir e-n* jd.em in etw. überlegen sein **6.** angreifen, überwältigen; ~ *vápn á e-n* jd.en mit Waffen angreifen **7.** aussagen, berichten, verbreiten; ~ *e-t fram* etw. verkünden, formulieren; ~ *saman ráð sin* miteinander beraten; ~ *e-t upp* etw. bekanntmachen, etw. verkünden **8.** sich betragen, sich verhalten, sich benehmen **9.** *berask* sich bewegen; *berask at* sich zutragen, geschehen

berg ‹n.*a*› **1.** Hügel, Erhebung **2.** Klippe, Fels

bergja ‹sw. Vb. Ib› zu sich nehmen, verzehren, kosten, schmecken

berg-risi ‹m.*n*› Bergriese

ber-harðr ‹Adj.› ℙ :1: bärenstark, bärenmutig

berja ‹sw. Vb. Ia› **1.** schlagen, prügeln, hauen, zerschlagen; *berja hǫfði* den Kopf schütteln; ~ *grjóti* steinigen **2.** ℙ erschlagen, töten **3.** ausschlagen (vom Pferd) **4.** dagegenschlagen, anklopfen; *berja á hurð* an die Tür pochen **5.** *berjask* sich schlagen, kämpfen (*við e-n*)

berr ‹Adj.› **1.** nackt, bloß, ungeschützt; *fá litla bert* durch Beraubungssieg verlieren (mit bloßem König; im Schachspiel) **2.** offenliegend, ersichtlich, deutlich, klar

berserkr ‹m.*i*› (Gen. Pl. *-ja*) **1.** Berserker (in Kampfrausch verfallender, schier unüberwindlicher Krieger) **2.** Krieger, Kämpfer

betr ‹Adv. Komp.› (Sup. *bezt, bazt*) **1.** besser **2.** eher, mehr, überdies

betri ‹Adj. Komp.› (Sup. *beztr, baztr*) → **góðr**

bíða ‹st. Vb. I› **1.** warten, harren, abwarten, erwarten (*e-s*); *at Egill Skalla-Grímsson skyldi aldri ró bíða á Íslandi* daß Egil Skalla-Grimsson niemals Ruhe auf Island finden solle **2.** erlangen, bekommen

*bið-Gunnr ‹f.*jō*› ℙ :1: 'Verlangen-Gunn'; *hlaðs bið-Gunnr* (nach dem Schmuckband verlangende Gunn ≙) Frau

biðja ‹st. Vb. V,2› **1.** fordern, wünschen, verlangen, anordnen, befehlen (*e-s*) **2.** wünschen, verwünschen **3.** bitten, ersuchen, erbitten; *biðja (sér) konu* um eine Frau werben **4.** beten

bifa ‹sw. Vb. II/III› **1.** wackeln **2.** *bifask* schwanken, beben, zittern, sich bewegen; *hjarta Hjalla, er mjǫk bifask* das Herz Hjallis, das stark zittert

bikarr ‹m.*a*› Becher

bil ‹n.*a*› **1.** Abstand **2.** Zeit, Zeitpunkt, Moment **3.** Schwachpunkt (im Brettspiel)

bila ‹sw. Vb. II› **1.** nachgeben, nachlassen, zögern **2.** fehlen, kranken, hapern; *sverðit bilaði eigi* das Schwert versagte nicht

binda ‹st. Vb. IIIa,1› **1.** binden, anbinden, festbinden, fesseln **2.** verbinden **3.** sich binden, sich verpflichten

birki ‹n.*ja*› ℙ Birke; *birki bláserkjar* (Birke [des Dunkelhemds ≙] der Brünne ≙) Schwert

birta ‹sw. Vb. Ib› **1.** aufhellen, erhellen, beleuchten **2.** erhellen, aufklären, zu erkennen geben, zeigen

biskup ‹m.*a*› ⇒ **byskup**

bíta ‹st. Vb. I› **1.** beißen **2.** grasen, äsen **3.** beißen, schneiden, verwunden, verletzen, schädigen **4.** (gegen den Wind) kreuzen

bitull (*bitill*) ‹m.*a*› Gebißstück (Trense), Zaumzeug

bjarg ‹n.*a*› **1.** Abhang **2.** Klippe, Stein, Fels **3.** Felsbrocken

bjarga ‹st. Vb. IIIb,1› **1.** bergen, retten, in Sicherheit bringen **2.** helfen, schützen; *bjarga brókum* die Notdurft verrichten

bjartr ‹Adj.› **1.** hell, licht, strahlend, klar **2.** glänzend, berühmt

bjóð ‹n.*a*› ℙ **1.** Schüssel **2.** (runder) Tisch

bjóða ‹st. Vb. II,1› **1.** anbieten, herausfordern; *þá vil ek bjóða þér hólmgangu* da werde ich dich zum Holmgang herausfordern **2.** anbieten, vorschlagen **3.** gebieten, fordern **4.** darbieten, darreichen, geben, gewähren; ~ *inn* hineinlassen **5.** entbieten, einladen (*e-m til e-s*) **6.** mitteilen, verkünden **7.** aufbieten; ~ *liði út* ein Heer aufbieten **8.** (unpersönl.) ergriffen werden; *honum bauð ótta* Furcht befiel ihn

bjórr[1] ‹m.*a*› (Stark-)Bier

bjórr[2] ‹m.*a*› **1.** (dreieckiges) Stück Leder **2.** (dreieckiges) Stück Land **3.** Giebelwand

bjórr[3] ‹m.*a*› :≤5: Biberpelz

bjǫð ‹f.*ō*› ℙ Land, Erde

bjǫrg ‹f.› **1.** Bergung, Rettung **2.** Hilfe, Schutz

bjǫrn ‹m.*u*› Bär

blað ‹n.*a*› **1.** Blatt (von Pflanzen, Büchern, Waffen, Rudern) **2.** Rockzipfel

blá-hvítr ‹Adj.› ℙ :2: strahlend weiß (oder: blauweiß?)

blak-fjallr ‹Adj.› ℙ :1: schwarzfellig, ein schwarzes Fell habend

blá-maðr ‹m.*a*/k.› 'Farbige(r)', Person mit dunkler Hautfarbe

blanda ‹st. Vb. VII,4› **1.** mischen, vermischen **2.** *blandinn* gemischt, zusammengesetzt, zwiespältig, zweifelhaft

blár ‹Adj.› blau, blauschwarz (stahlfarben), schwarz, dunkel

blása ‹st. Vb. VII,5› **1.** blasen, wehen (vom Wind) **2.** pusten, schnauben, speien; *blasa eitri* Gift schnauben, ~ *eldi* Feuer speien **3.** aufblasen, aufblähen, anschwellen

blá-serkr ‹‹m.*i*› (Gen. -*jar*) ℙ :2: (Dunkelhemd ≙) Brünne

blauðr ‹Adj.› **1.** feige, ängstlich, furchtsam, zaghaft, weichlich **2.** weiblich (von Tieren)

blaut-liga ‹Adv.› **1.** weich **2.** sanft, schwächlich, ängstlich   **-ligr** ‹Adj.› :≦5: **1.** sanft **2.** zärtlich, anzüglich, erotisch

blautr ‹Adj.› **1.** feucht, naß, frisch **2.** weich, furchtsam, sanft, nachgiebig **3.** weiblich, weibisch, unmännlich, homosexuell

bleikr ‹Adj.› bleich, hell, blond; *bleikt silfr* legiertes Silber

blekkja ‹sw. Vb. Ib› betrügen, überlisten, täuschen, verführen

bleyði ‹f.*īn*› Feigheit, Ängstlichkeit

bleza ‹sw. Vb. II› segnen, weihen

blíða ‹f.*ōn*› **1.** Freundlichkeit **2.** Wohlwollen, Gunst

blíð-læti ‹n.*ja*› Freundlichkeit, liebevolles Verhalten, verführerische Art   **-liga** ‹Adv.› **1.** freundlich, liebevoll **2.** gerne, bereitwillig

blíðr ‹Adj.› **1.** freundlich, angenehm **2.** wohlwollend **3.** freundlich, mild

blindr ‹Adj.› blind

blóð ‹n.*a*› Blut; *drakk hann blóð ór undinni* er trank Blut aus der Wunde

blóð-rás ‹f.*ō*› **1.** Blutung **2.** Blutverlust   **-refill** ‹m.*a*› (Blutraspel? ≙) Schwertspitze

blóðugr (-*igr*) ‹Adj.› (n. *blóðukt*) blutig

blómi ‹m.*n*› Blume, blühende Pflanze

blót ‹n.*a*› **1.** (heidnisches) Opfer, Opfergabe **2.** (heidnisches) Opferfest

blóta ‹st. Vb. VII,5 (sw. Vb. II)› **1.** opfern (*e-u*); *blóta til sigrs sér* für den Sieg opfern **2.** mittels Opfer verehren, anbeten (*e-n*) **3.** verwünschen, verhexen

boð ‹n.*a*› **1.** Angebot, Vorschlag **2.** Gebot, Anordnung **3.** Gastgebot, Einladung, Fest **4.** Botschaft, Mitteilung, (Pl.) Verkündigung

boða ‹sw. Vb. II› **1.** mitteilen, verkünden, ankündigen **2.** verkündigen **3.** voraussagen **4.** gebieten, anordnen, befehlen **5.** einladen

boð-orð ‹n.*a*› **1.** Botschaft, Verkündigung **2.** Gebot, Vorschrift   **-skapr** ‹m.*i*› **1.** Botschaft, Verkündigung **2.** Gebot, Vorschrift **3.** Einladung
boga-strengr ‹m.*a*› Bogensehne
bogi ‹m.*n*› **1.** Bogen (Waffe) **2.** Bogen, Krümmung
bógr ‹m.*u*/k.› Bug, Schulter (von Tieren)
bog-sterkr ‹Adj.› :1: gut im Bogenschießen
bók¹ ‹f.*ō*/k.› **1.** Buch, Schriftwerk **2.** ℙ (ornamental verzierte) Decke
bók² ‹f.*ō*/k.› ℙ :1: Buche
ból ‹n.*a*› **1.** Hof, Gehöft **2.** Quartier, Lagerplatz, Schlafstätte
bolr ‹m.*a*› **1.** Baumstamm **2.** Rumpf; ℙ Leib, Körper
bóndi ‹m.*n*/k.› **1.** (freier) Bauer **2.** Hausherr **3.** Ehemann
borð ‹n.*a*› **1.** Tisch; *koma undir borðs, stíga yfir borðs* sich zu Tisch begeben **2.** Bord, Brett, Spielbrett **3.** Bord, Schiffsseite, Schiffsrand; *innan borðs* an Bord **4.** Rand, Kante
borð-ker ‹n.*a*› Trinkbecher, Trinkschale
borg ‹f.*i*› **1.** Burg, Festung, Befestigung **2.** Stadt **3.** (Burg-)Hügel **4.** ℙ (aufgetürmter) Scheiterhaufen
borgar-veggr ‹m.*i*› **1.** Burgmauer **2.** Stadtmauer
bót ‹f.*ō*/k.› **1.** Buße, Bußgeld, Schadenersatz, Entschädigung, Wiedergutmachung **2.** Besserung, Abhilfe, Heilung **3.** Verbesserung, Unterstützung
botn ‹m.*a*› **1.** Boden, Grund, Grundfläche **2.** Innenteil eines Fjords oder eines Tals
bráð ‹f.*i*› rohes Fleisch, Fleischfutter, Fleischbeute (von Raubtieren)
bráð-dauðr ‹Adj.› schnell tot; *verða bráðdauðr* eines jähen Todes sterben   **-endis** ‹Adv.› :2: sofort, unverzüglich   **-gerr** (*-gǫrr*) ‹Adj.› **1.** ungeduldig **2.** frühreif, gut entwickelt; *vera bráðgerr* sich rasch entwickeln, die Anlagen schnell entfalten
bráðr ‹Adj.› **1.** schnell, eilig, plötzlich **2.** heftig, hitzig, ungestüm, gewaltsam
bráðum ‹Adv.› schnell, plötzlich, unverzüglich
bragð ‹n.*a*› **1.** schnelle Bewegung, Ruck, Moment; *af bragði* binnen kurzem, sogleich **2.** Eindruck, Anschein, Aussehen **3.** Handlungsweise, Tat, Vorhaben **4.** Ausweg, Kunstgriff, List, Finte, Trick, Hinterlist
brá-hvítr ‹Adj.› ℙ :1: 'hellwimprig', helle Wimpern habend

brakan ‹f.ō› = **brǫkun**
brandr ‹m.*a*› **1.** Brand, Feuer **2.** brennendes Holzstück, Fackel **3.** (verzierte) Planke am Steven eines Schiffs **4.** Schwertklinge, Schwert
brattr ‹Adj.› steil, abschüssig, schroff; *bera halann bratt* den Schwanz aufgerichtet haben, stolz sein
brauð ‹n.*a*› Brot
braut ‹f.*i*› Weg; *á braut, í braut* weg, fort   **-ferð** (*brott-, brutt-*) ‹f.*i*› Abreise, Weggang
bréf ‹n.*a*› **1.** Brief **2.** offizielles Dokument, Urkunde, Verordnung
bregða ‹st. Vb. IIIb,1› **1.** schnell bewegen, schwingen, schleudern; *bregða til e-s* auf etw. zuhalten; (unpersönl.) *bregðr ljóma* es wirft Glanz, leuchtet auf **2.** ändern, verändern, wechseln; *bregða sér við e-t* von etw. bewegt sein, von etw. beeindruckt sein **3.** beenden, brechen **4.** *bregðask* sich schnell bewegen; *bregðask ókunningr við e-t* sich ahnungslos stellen **5.** ℙ *brugðinn gulli* mit Gold umwunden, besetzt
breiða¹ ‹sw. Vb. Ib› breiten, ausbreiten
breiða² ‹sw. Vb. Ib› bereit machen, bereiten
breiðr ‹Adj.› breit, weit, ausgedehnt
brenna¹ ‹f.ōn› **1.** Brand, Verbrennung **2.** Brandstiftung, Mordbrand
brenna² ‹st. Vb. IIIa,1› **1.** brennen, in Brand stehen, verbrennen; *brenna inni* im Haus verbrennen; *~ upp* aufflammen **2.** sich verbrennen, verbrannt werden **3.** entbrennen
brenna³ ‹sw. Vb. Ib› **1.** brennen machen, in Brand setzen, verbrennen, in Asche legen, brandschatzen **2.** reinigen; *brent silfr* gebranntes, reines Silber
bresta ‹st. Vb. IIIb,2› **1.** bersten, zerbrechen, zerspringen, zerreißen **2.** brechen, krachen, dröhnen **3.** ausbrechen, hereinbrechen, entstehen; *brast þá flótti á Saracinum* bei den Sarazenen brach Flucht aus, die Sarazenen flüchteten **4.** zusammenbrechen, fehlschlagen, mißglücken **5.** gebrechen; *brestr e-n e-t* jd.em mangelt es an etw.
brestr ‹m.*i*› **1.** Bruch, Sprung, Riß **2.** Krach, Lärm **3.** Mangel, Defekt
breyta ‹sw. Vb. Ib› **1.** ändern, verändern, abändern, abwandeln, variieren; *breyta nafni hans til sinnar tungu* seinen (Odins) Namen in ihre Sprache übersetzen **2.** sich verhalten, handeln, vorgehen, durchführen; *~ eptir e-m* jd.es Vorgaben umsetzen
brigða ‹sw. Vb. Ib› anfechten, umändern, aufheben

brigzli ⟨n.a⟩ **1.** Vorwurf, Beleidigung **2.** Schande, Schmach
bringa ⟨f.ōn⟩ Brust, Brustkorb
bring-spǫlr* ⟨m.u⟩ Unterteil des Brustkorbs
brjóst ⟨n.a⟩ **1.** Brust, Brustkorb **2.** Mutterbrust, Busen **3.** Sinn, Verstand, Herz, Seele **4.** Brustwehr, Schild **5.** Vorderteil, Spitze, Einleitung
brjóst-kringla ⟨f.ōn⟩ ℙ :2: scheibenförmiger Brustschmuck (Fibel o.ä.)
brjóta ⟨st. Vb. II,1⟩ **1.** brechen, aufbrechen, niederbrechen, einreißen, demolieren, zerbrechen, zerstören; *brutu þeir við land* sie erlitten beim Landen Schiffbruch; *brjóta á bak* niederringen, im Ringkampf besiegen **2.** brechen, übertreten, mißachten **3.** verbrechen, sich vergehen **4.** *brjótask á hurðina* an der Tür rütteln; *brjótask við e-t* sich mit etw. herumschlagen
brjótr ⟨m.a⟩ (ℙ) Zerbrecher, Zerstörer, Vernichter
broddr ⟨m.a⟩ **1.** Spitze **2.** Waffenspitze **3.** Pfeil **4.** leichter Wurfspeer
bróðir ⟨m.r⟩ Bruder
brotna ⟨sw. Vb. II⟩ auseinanderbrechen, in Teile brechen, zerschmettert werden
brott (*á brott, í brott; burt, á burt, í burt*) ⟨Adv.⟩ weg, fort; *brott ór landi* aus einem Land; *gera e-n ~* jd.en fortjagen
brott-ferð ⟨f.i⟩ ⇒ **braut-ferð**
brottu ⟨Adv.⟩ ⇒ **brott**
brú ⟨f.ō⟩ Brücke
brúð-kaup ⟨n.a⟩ Hochzeit, Hochzeitsfeier **-laup** (*brúð-hlaup, brullaup*) ⟨n.a⟩ Hochzeit; *ganga at brúðlaupi* Hochzeit feiern
brúðr ⟨f.i⟩ **1.** Braut, Liebste **2.** (ℙ) junge Frau
brún ⟨f.ō/k.⟩ **1.** Augenbraue **2.** Kante, Rand
brún-áss ⟨m.a⟩ Dachpfette, parallel zum First liegender Balken
bruni ⟨m.n⟩ **1.** Brand, Feuer **2.** Verbrennung
brún-móálóttr ⟨Adj.⟩ :1: braungrau mit dunklem Rückenstreifen (von einem Pferd)
brúnn ⟨Adj.⟩ braun, dunkelbraun
brunnr ⟨m.a⟩ Brunnen, Quelle; *brunnr ǫlskála* (Quelle der Bierschalen ≏) Bier
brutt (*brut*) ⟨Adv.⟩ ⇒ **brott**
brutt-ferð ⟨f.i⟩ ⇒ **braut-ferð**

bryggja ‹f.jōn› **1.** Brücke, Steg **2.** Schiffsbrücke, Landungsbrücke **3.** Kai, Pier

bryn-gagl ‹n.a› ℙ :1: (Brünnengans ≙) Pfeil

brynja ‹f.jōn› Brünne, Ringpanzerhemd

brynju-lauss ‹Adj.› brünnenlos

bryn-þvari ‹m.n› 'Brünnenbohrer', ein Speer (als Hieb- und Stichwaffe) mit geschwungenem Blatt

bryti ‹m.jan› 'Vorarbeiter', Großknecht, Verwalter

brytja ‹sw. Vb. II› zerteilen, zerstückeln

brǫkun (*brakan*) ‹f.ō› Knacken, Krach, Lärm

bú ‹n.a› **1.** Haushalt, Hausstand, Wirtschaft, Hof **2.** Viehbestand

búa ‹st. Vb. VII,3› **1.** einen Haushalt führen, wirtschaften, wohnen, sich aufhalten, sich befinden **2.** bewohnen **3.** vorbereiten, bereiten, ausrüsten, ausstatten, dekorieren; *búa fyrir* Vorsorge treffen; ~ *til e-s* etw. vorbereiten, einleiten; ~ *um e-t* etw. zurechtmachen; ~ *undir* vorsorgen **4.** vorgehen, verfahren **5.** *búinn* ausgerüstet, bereit, fertig; *svá búit* wie die Dinge stehen **6.** *búask* sich bereitmachen, sich fertigmachen; *búask á (í) brott* die Abreise vorbereiten

búandi ‹m.n/k.› ⇒ **bóndi**

búð[1] ‹f.ō/i› **1.** Bude, Zelt, Hütte **2.** Thingbude (mit Zeltdach) **3.** Aufenthalt

búð[2] ‹Adv.› vielleicht, womöglich

buðlungr ‹m.a› (Nachkomme des Buðli ≙) Herrscher, Fürst

bú-fé ‹n.› Hofvieh, Viehbestand

bugr ‹m.i› **1.** Biegung, Krümmung, Kurve; *með bugum* alles in allem **2.** Einbuchtung, Vertiefung, Höhlung

búi ‹m.n› **1.** Bauer **2.** Bewohner **3.** Nachbar **4.** (Nachbar als) Zeuge

búkr ‹m.a› **1.** Körper **2.** toter Körper, Leichnam **3.** Rumpf (des Körpers), Bauch **4.** Stumpf (eines Baumes)

búnuðr (*búnaðr*) ‹m.u› **1.** Haushalt, Wirtschaft; *setja(sk) í búnað* einen Hausstand gründen **2.** Hausrat, Ausstattung, Kleidung, Tracht **3.** Zubehör, Zierrat, Dekoration **4.** Ausrüstung (inbes. für den Kampf) **5.** Vorbereitung (für die Abreise, insbes. für einen Kriegszug)

burðr ‹m.i› **1.** das Tragen; *burðr líkamans* Körperhaltung **2.** Ungeborenes, Embryo, Fötus **3.** Geburt; *eptir burð Krists* nach Christi Geburt

burr ‹m.i› Sohn
burt (*burtu*) ‹Adv.› ⇒ **brott**
burt-stǫng ‹f.ō/k.› 'Buhurtstange', (ritterliche) Lanze
bygð (*byggð*) ‹f.ō/i› 1. Besiedlung; *frá Íslands byggð* über die Besiedlung Islands 2. bewohntes Gebiet, besiedelte Gegend 3. Wohnstätte, Wohnsitz, Hof, Wirtschaft, Besitz
byggva (*byggja*) ‹sw. Vb. Ib› 1. besiedeln, Land nehmen 2. sich ansiedeln, wohnen, bewohnen, bebauen 3. *byggvask* besiedelt werden
bylgja ‹f.jōn› Welle, Wellengang
bylr ‹m.i› :≦5: Bö
býr ‹m.i› ⇒ **bœr**
byrðingr ‹m.a› (kleineres) Handelsschiff
byrðr ‹f.jō› Bürde, Last, Gepäck
byrgja ‹sw. Vb. Ib› 1. schließen, verschließen, verhindern 2. einschließen, einsperren
byrja¹ ‹sw. Vb. II› 1. beginnen, anfangen 2. ausführen
byrja² ‹sw. Vb. II› sich gebühren, zukommen, passen; *honum byrja til handa* es gebührt ihm, es ziemt sich für ihn
byrja³ ‹sw. Vb. II› günstig wehen; (unpersönl.) *þeim byrjaði vel* sie bekamen günstigen Segelwind
byr-leiði ‹n.ja› günstiger Segelwind
byrr ‹m.i› Bö, Wind, günstiger Segelwind; *byrr fellr (af)* der Wind flaut ab
bysja ‹sw. Vb. Ia› :≦5: strömen
bysn ‹f.i› :≦5:, ‹n.a› Kuriosum, etwas Außergewöhnliches, Merkwürdiges, Seltsames, Befremdliches
byskup (*biskup*) ‹m.a› 1. Bischof 2. Läufer (im Schachspiel)
byskup(s)-stóll ‹m.a› Bischofsstuhl, Diözese
bæði ‹Num.› → **báðir**
bœn ‹f.i› 1. Bitte, Ersuchen, Wunsch, Begehr 2. Gebet
bœr ‹m.i› (Pl. *bœjar*) 1. Hof, Hofgebäude, Gehöft 2. Ansiedlung, Dorf, Stadt
bœta ‹sw. Vb. Ib› 1. bessern, verbessern, verschönern 2. ausbessern, reparieren 3. büßen, Bußgeld zahlen, Schadenersatz leisten
bǫð ‹f.wō› ℙ Kampf

bǫð-frœkn ‹Adj.› ℙ :≦5: kampfkühn, tapfer im Kampf
bǫl ‹n.*wa*› Schaden, Unglück, Unheil, Verderben
bǫlkr ‹m.*u*› ⇒ **bálkr**
bǫlva ‹sw. Vb. II› schmähen, verfluchen, verwünschen (*e-m*)
bǫrkr ‹m.*u*› Borke, Baumrinde

c- → **k-**

D

dá ‹n.*a*› Bewußtlosigkeit, Trance
dáð ‹f.*i*› Tatkraft, Mut, Tüchtigkeit
daga ‹sw. Vb. II› tagen, Tag werden; *dagar e-n uppi* jd. wird oben (an der Erdoberfläche) vom Tag überrascht (und dadurch zu Stein)
dag-liga ‹Adv.› täglich
dagr ‹m.*a*› **1.** Tag; *í dag* heute; *annan dag eptir* den Tag darauf **2.** (Pl.) Zeiten, Lebzeiten; *á dǫgum Haralds ins hárfagra* zu den Zeiten Haralds Schönhaar, zu Lebzeiten Haralds Schönhaar
dags-brún ‹f.*ō*/k.› Morgenröte, Lichtstreifen am Morgenhimmel
dag-setr (*dags-setr*) ‹n.*a*› (Gen. *-rs*) Abenddämmerung, Sonnenuntergang   **-setr(s)skeið** ‹n.*a*› Abendzeit, Sonnenuntergang   **-tíðir** ‹f.*i* Pl.› Gebetsstunden, tagsüber gehaltene Gottesdienste   **-verðr** ‹m.*u*› **1.** Frühstück **2.** Frühstückszeit
dá-ligr ‹Adj.› **1.** schlecht, böse **2.** schlecht, miserabel, verachtenswert
dalr ‹m.*a/i*› **1.** Tal **2.** Mulde, Niederung
danskr ‹Adj.› **1.** dänisch **2.** nordgermanisch; *dǫnsk tunga* die altnordische Sprache
dapr ‹Adj.› (Gen. *-rs*) traurig, betrübt, niedergeschlagen
darraðr ‹m.*a*› (ℙ) Speer
dauði ‹m.*n*› Tod
dauð-ligr ‹Adj.› **1.** tödlich **2.** tot **3.** vergänglich
dauðr[1] ‹m.*a*› Tod
dauðr[2] ‹Adj.› tot
dauss ‹m.*a*› :≦5: **1.** Zweier (Augenzahl des Würfels) **2.** 'vier Buchstaben', Hintern, Hinterteil

deila ‹sw. Vb. Ib› **1.** teilen, zerteilen, trennen, scheiden **2.** austeilen, verteilen; *deila mat* Essen verteilen **3.** beteiligt sein **4.** über etw. Gewalt haben, bestimmen **5.** uneins sein, sich streiten **6.** *deilask* sich verteilen

deilir ‹m.*ja*› (ℙ) Verteiler; *sverða deilir* (Verteiler der Schwerter ≙) Herrscher, Fürst

detta ‹st. Vb. IIIb,2› fallen, niederfallen, stürzen

deyja st. Vb. VI,3 sterben

digr ‹Adj.› **1.** dick, korpulent **2.** kräftig, laut

dikta ‹sw. Vb. II› **1.** ersinnen, konzipieren **2.** verfassen, formulieren

dirfa ‹sw. Vb. Ib› **1.** ermutigen, Mut machen, anspornen **2.** wagen **3.** *dirfask* mutig werden

dirfð ‹f.*i*› Mut, Tapferkeit, Kühnheit, Dreistigkeit

dís ‹f.*i*› **1.** ℙ Frau **2.** übernatürliches weibliches Wesen, Schicksalsfrau, Schutzgeist

djákn ‹m./n.*a*›, **djákni** ‹m.*n*› Diakon

djarfr ‹Adj.› **1.** kühn, wagemutig, aggressiv **2.** frech, unverschämt

djarf-liga ‹Adv.› kühn, entschlossen, energisch, dreist

djúpr ‹Adj.› tief

djǫfull ‹m.*a*› Teufel

djǫful-ligr ‹Adj. teuflisch

djǫrfung ‹f.*ō*› **1.** Kühnheit, Wagemut, Unerschrockenheit **2.** Unverfrorenheit, Frechheit, Unverschämtheit

dólg ‹n.*a*› ℙ Feindschaft, Streit, Kampf

dólgr ‹m.*a*› **1.** Feind, Gegner **2.** Ungeheuer, Unhold; *dauðir dólgar* (Pl.) Wiedergänger

dólg-rǫgnir ‹m.*ja*› ℙ :2: (Kampfbeweger ≙) Krieger, Fürst   **-spor** ‹n.*a*› ℙ :1: (Kampfspur ≙) Wunde

dómandi ‹m.*n*/k.› Richter, Gerichtsmitglied

dómr ‹m.*a*› **1.** Urteil, Entscheidung, Gerichtsurteil, Urteilsspruch; *dómr um dauðan hvern* das Urteil über jeden Toten **2.** Gericht, Richterkollegium, Gerichtshof, Judikative **3.** Zustand, -tum; *heiðinn ~* Heidentum **4.** Gegenstand, Ding; *heilagr ~* Reliquie

dóttir ‹f.*r*› Tochter

dóttur-dóttir ‹f.*r*› Tochter der Tochter, Enkelin

draga ‹st. Vb. VI,2› **1.** ziehen, bewegen, befördern, transportieren, bringen; *draga spott at e-n* jd.en verspotten; ~ *e-n fram* jd.en fördern; ~ *til e-s* hinwirken auf etw. **2.** erwerben, erlangen **3.** hinziehen, hinhalten, verzögern **4.** eine Linie ziehen, zeichnen, malen **5.** überziehen, bedecken **6.** (nur spät und selten) tragen, bekleidet sein

dramb ‹n.*a*› Übermut, Hochmut, Arroganz

dráp ‹n.*a*› Tötung, Totschlag, Hinrichtung

drápa ‹f.*ōn*› (längeres, artifizielleres) Skaldengedicht

drasill ‹m.*a*› (Pl. *drǫslar*) Roß, Pferd

draug-hús ‹n.*a*› ℙ :1: (Wohnstätte des Wiedergängers ≙) Grabhügel

draugr[1] ‹m.*a*› Gespenst, Untoter, Wiedergänger

draugr[2] ‹m.*a*› (ℙ) Baumstamm, Baum; *draugr Þrúðar dolga* (Baum [Gespenst?] der [Thrud der Kämpfe ≙] Hild ≙) Krieger

draum-þing ‹n.*a*› ℙ :1: (Traumversammlung ≙) Schlaf

draumr ‹m.*a*› Traum

dreifa ‹sw. Vb. Ib› **1.** vertreiben, zerstreuen, sprengen **2.** spritzen, besprengen **3.** *dreifask* sich ausbreiten

dreki ‹m.*n*› **1.** Drache **2.** Drachenschiff (Kriegsschiff mit Drachen als 'Galionsfigur[en]' am bzw. an den Steven)

drekka ‹st. Vb. IIIa,1› **1.** trinken; *drekka brúðluup* Hochzeit feiern; ~ *erfi eptir e-n* die Totenfeier für jd.en abhalten; ~ *ǫl* ein Trinkgelage abhalten **2.** *drukkinn* betrunken

drekkja ‹sw. Vb. Ib› **1.** ertränken **2.** mißachten

drengi-ligr ‹Adj.› **1.** redlich, integer, loyal, wacker, tapfer **2.** stattlich, imposant

drengr ‹m.*i*› **1.** redliche, integre Person, loyaler, wackerer, tapferer Mann **2.** Bursche, Kerl, Jüngling, junger Mann

dreng-skapr ‹m.*i*› Redlichkeit, Loyalität, Tapferkeit, Beherztheit, Courage

drepa ‹st. Vb. V,1› **1.** schlagen, stoßen, abschlagen **2.** erschlagen, töten **3.** anstoßen; *drepa fœti (fótum)* stolpern

dreyma ‹sw. Vb. Ib› träumen; *dreymir e-n e-t* jd.em träumt etw.

dreyra ‹sw. Vb. Ib› bluten

dreyr-fár ‹Adj.› ℙ :2: blutfarben, blutig

dreyri ‹m.*n*› Blut

dreyrugr ‹Adj.› blutig
drífa ‹st. Vb. I› **1.** sich schnell bewegen, treiben, eilen, stürzen, strömen; *drífa hagli* es hagelt **2.** herbeikommen, herbeiströmen **3.** betreiben; ~ *leik* spielen **4.** *drífask* sich verbreiten
drjúgr ‹Adj.› **1.** ausreichend, reichhaltig, ausgiebig **2.** dauernd, fortwährend **3.** überlegen
drjúpa ‹st. Vb. II,2› triefen, tropfen; *húsin drjúpa* es regnet in die Gebäude, die Gebäude werden naß
drómundr ‹m.*a*› (größeres) Schiff aus dem Mittelmeergebiet
drótt ‹f.*i*› **1.** Gefolge, Kriegerschar (eines Fürsten) **2.** Hof (eines Fürsten)
dróttinn ‹m.*a*› **1.** Herr, Respektsperson; *dýrt mun mér verða dróttins orð* das Wort des Herrn ist ausschlaggebend für mich **2.** Gefolgsherr, Gebieter, Herrscher **3.** Herr, Herrgott **dróttinns-dagr** ‹m.*a*› Tag des Herrn, Sonntag
drótt-kvæðr ‹Adj.› in 'Hofdichtung' verfaßt; *dróttkvæðr háttr* = *dróttkvætt* 'Hofmetrum', das Hauptversmaß der Skaldendichtung **-megir** ‹m.*u* Pl.› ℙ :≦5: Kriegsleute, Männer
dróttning (*drótning*) ‹f.*ō*› **1.** Herrin, Respektsperson **2.** Königin
drótt-seti m.*n*› Truchseß (ein Hofamt)
drýgja ‹sw. Vb. Ib› **1.** ausführen, vollbringen, begehen **2.** vermehren
drykkja ‹f.*ōn*› **1.** das Trinken, Umtrunk, Trinkgelage **2.** Trank, Getränk; *dverga drykkja* (Trank der Zwerge ≏) Dichtung
drykkr ‹m.*i*› **1.** Schluck, ein Mundvoll **2.** das Trinken, Umtrunk, Trinkgelage **3.** Trank, Getränk
dræplingr ‹m.*a*› :≦5: kleine, dürftige *drápa*
drǫsull ‹m.*a*› ⇒ **drasill**
duga ‹sw. Vb. III› **1.** taugen, tüchtig sein, Wert haben, von Nutzen sein, sich bewähren **2.** nützen, förderlich sein **3.** helfen, unterstützen, bergen
dúkr ‹m.*a*› Tuch, gewebter Stoff
dul ‹f.*ō*› **1.** Verschlossenheit, Geheimhaltung **2.** Einbildung, Selbstbetrug, Überheblichkeit
dvelja ‹sw. Vb. Ia› **1.** aufschieben, hinauszögern, verzögern **2.** zurückhalten, aufhalten, hindern **3.** verweilen, pausieren **4.** *dveljask* sich verzögern, sich aufhalten, verweilen, bleiben
dvergr ‹m.*a*› Zwerg

dvǫl ‹f.ō/i› **1.** Aufschub, Verzögerung **2.** Aufenthalt, Pause, Verweilen; *láta eigi dvǫl á e-u* mit etw. nicht aufhören

dýgð (*dýggð*) ‹f.ō/i› Tüchtigkeit, Zuverlässigkeit, Rechtschaffenheit, (gute) Eigenschaft

dýja ‹sw. Vb. Ia› rütteln, schütteln

dylja ‹sw. Vb. Ia› **1.** verheimlichen, verhehlen, verbergen **2.** leugnen, abstreiten

dyngja ‹f.jōn› Grubenhaus, in die Erde eingelassenes Nebengebäude

dynja ‹sw. Vb. Ia› lärmen, krachen, dröhnen

dynr ‹m.i› Lärm, Krach, Dröhnen

dýr ‹n.a› **1.** (vierbeiniges) Tier **2.** Wildtier **3.** Rotwild   **-kálfr** ‹m.a› ℙ :1: Hirschkalb

dýrð ‹f.ō/i› **1.** Kostbarkeit **2.** Pracht, Herrlichkeit **3.** Ansehen, Würde, Ehre **4.** Ehrbezeugung, Ehrerweisung

dýr-ligr ‹Adj.› **1.** teuer, kostbar **2.** prachtvoll, vornehm

dyrr ‹f.ō/k. Pl.› (Gen. *dura*) Tür, Eingang

dýrr ‹Adj.› **1.** teuer, wertvoll; *dýrt mun mér verða dróttins orð* das Wort eines Herrn ist ausschlaggebend für mich **2.** prächtig, herrlich **3.** würdig, angesehen, geschätzt

dæll ‹Adj.› **1.** angenehm, umgänglich, freundlich **2.** leicht, bequem, unproblematisch; *gera sér dælt við e-n* mit jd.em offen sprechen

døkk-álfr ‹m.a› :1: Dunkelalbe

døkkna ‹sw. Vb. II› dunkeln, sich verdüstern, dunkel (ver)färben

døkkr ‹Adj. (*wa*)› **1.** dunkel, dunkelfarbig **2.** unklar **3.** finster, düster

dœgr ‹n.a› **1.** Halbtag (= 12 Stunden) **2.** (ganzer) Tag, Tag und Nacht (= 24 Stunden)

dœgr-sigling ‹f.ō› :≦5: Strecke, die man in 12 (24) Stunden segelt

dœl ‹f.i› :2:, **dœld** ‹f.ō› **1.** kleines Tal **2.** Mulde

dœlskr ‹Adj.› :≦5: dumm

dœma ‹sw. Vb. Ib› **1.** urteilen, ein Urteil fällen, richten, entscheiden, beschließen; *dœma ørlǫg e-s* über jd.es Schicksal entscheiden **2.** beurteilen, einschätzen **3.** Meinungen austauschen, diskutieren, sich unterhalten

dœmi ‹n.ja› Vorbild, Beispiel, Beleg, Beweis

dǫf ‹f.ō› ℙ :≦5: Speer

dǫgg ‹f.*wō*› Tau; *dals dǫgg* (Bogentau ≙) Blut?, Pfeil?; *hrævar ~* (Leichentau ≙) Blut **-litr** ‹Adj.› ℙ :1: tauglänzend **-slóð** ‹f.*i*› :≦5: Spur im Tau

dǫglingr ‹m.*a*› ℙ Herrscher, Fürst, König

dǫgurðar-mál ‹n.*a*› 1. Frühstück 2. Frühstückszeit

dǫgurðr ‹m.*u*› ⇒ **dag-verðr**

E, É

ebreiskr ‹Adj.› hebräisch

eða (*eðr*) ‹Konj.› 1. oder, und 2. (nach Komp.) eher, vielmehr, aber; *ok ek em eigi verri riddari en Sigmundr konungr, eða nǫkkuru betri* und ich bin kein schlechterer Ritter als König Sigmund, vielmehr ein etwas besserer 3. (bei Anküpfung einer Frage an eine Aussage) aber, doch; *þú ert sundfœrr vel, eða ertu at ǫðrum íþróttum jafnvel búinn?* du bist ein guter Schwimmer, aber bist du in anderen Sportarten ebenso talentiert?

eðli (*øðli*) ‹n.*ja*› 1. Herkunft, Abstammung, Rang 2. Charakter, Wesen

eðr ‹Adv.› ⇒ **enn**

ef ‹Konj.› 1. wenn, falls, selbst wenn, vorausgesetzt daß; *af væri nú hǫfuð, ef Erpr lifði* ab wäre nun der Kopf, wenn Erp leben würde 2. ob; *veiztu, ef þiggjum þann lǫgvelli?* weißt du, ob wir diesen Kessel bekommen werden?

efa ‹sw. Vb. II› zweifeln, unsicher sein, schwanken

efla ‹sw. Vb. Ib› 1. kräftigen, stärken, erstarken 2. aufrichten, errichten, aufbauen, aufstellen 3. ausführen, ausüben; *efla seið* zaubern

efna ‹sw. Vb. Ib› durchführen, ausführen, verwirklichen, erfüllen; *efna orð* Wort halten

efna ‹sw. Vb. II› vorbereiten, einrichten

efnd ‹f.*i*› Erfüllung

efni ‹n.*ja*› 1. Stoff, Gegenstand, Thema 2. Stoff, Material, Zeug 3. Besitztum, Vermögen 4. Mittel, Chance 5. Anstoß, Grund, Ursache 6. Situation, Zustand, Verhältnisse, Umstände; *fyrir sitt efni* in Anbetracht seiner Lage; *hann segir, hver efni í váru* er sagt, wie es um die Sache stand, wie es sich damit verhielt

efni-ligr ‹Adj.› vielversprechend, begabt, fähig, tüchtig **-tré** ‹n.*a*› Bauholz

efri ‹Adj. Komp.› ⇒ **øfri, efstr** ‹Adj. Sup.› → **øfri**
eft- → **ept-**
egg[1] ‹f.jō› 1. Kante, Rand 2. Schneide (einer Waffe), Pl. ℙ Waffe (insbes. Schwert) 3. Kamm, Rücken (eines Gebirges) **egg-lituðr** ‹m.u› (Schneidenfärber ≙) Herrscher, Fürst
egg[2] ‹n.ja› Ei
eggja ‹sw. Vb. II› 1. schärfen, wetzen 2. anspornen, antreiben, aufstacheln, aufreizen
ei[1] (*ey*) ‹Adv.› immer, stets, auf immer; *ei ok ei* immer wieder
ei[2] ‹Adv.› ⇒ **eigi**
eiðr ‹m.a› Eid
eið-rofi[1] m.*n*› Eidbrüchiger **-rofi**[2] ‹Adj.› :≦5: eidbrüchig **-sœrr** ‹Adj.› ℙ :1: 'beschwörbar' (etw., worauf man einen Eid schwören kann)
eiga[1] ‹f.ōn› Eigentum, Habe, Besitz
eiga[2] ‹PP Vb.› 1. haben, besitzen, gehören; *eiga eptir* hinterlassen; ~ *undir e-m* von jd.em abhängig werden 2. (zum Ehepartner) haben, verheiratet sein 3. berechtigt sein, einen Anspruch haben 4. vorhaben, abhalten, durchführen; ~ *fund* eine Zusammenkunft abhalten 5. *eiga (at)* (+ Inf.) haben zu, verpflichtet sein zu, müssen; *á ek þar fyrir at sjá, ef þau lifa* ich muß mich dort ihrer annehmen, wenn sie leben 6. (+ Part. II, zur Bildung von Perfekt und Plusquamperfekt) haben; *eiga mælt* gesprochen haben 7. *eigask við* miteinander kämpfen
eigandi ‹m.*n*› Eigner, Eigentümer, Besitzer
eigi ‹Adv.› nicht, ja nicht
eigin-kona ‹f.ōn› Ehefrau **-ligr** ‹Adj.› eigen, zugehörig
eiginn ‹Adj.› eigen, zugehörig
eign ‹f.*i*› Eigentum, Habe, Besitz
eigna ‹sw. Vb. II› aneignen, zueignen, widmen
eik ‹f.ō/k.› Eiche
ei-lífr ‹Adj.› ewig, immerzu, für alle Zeit
eimi ‹m.*n*› ℙ :1: Dampf, Rauch, Feuer
ein-faldr ‹Adj.› 1. einfach, allgemein, schlicht, simpel; *með einfaldri hendi* mit der flachen Hand 2. einfältig, treuherzig, redlich   **-fœtingr** ‹m.*a*› Einfüßler, Einfüßiger
einga-dóttir ‹f.*r*› einzige Tochter, eigene Tochter

ein-herjar ‹m.*jan* Pl.› Einherier ('Einzelkämpfer', in der Schlacht getötete Krieger, die bei Odin in Valhöll wohnen)

ein-hverr ‹Pron.› ⇒ **einn-hverr**

einkan-liga ‹Adv.› besonders, außergewöhnlich

einkanna-hlutr ‹m.*i*› :1: Besonderheit, Vorzug

ein-mæli ‹n.*ja*› Einzelgespräch, Gespräch unter vier Augen

einn (m.; *ein* f., *eitt* n.) **A.** ‹Num.› ein, einer   **B.** ‹Pron.› **1.** einer, nur einer, ein einzelner; *dægrs eins gammall* erst einen Tag alt **2.** ein gewisser, bestimmter; *einn vinr Þóris* ein (gewisser) Freund des Thorir **3.** irgendeiner; *einn maðr* ein Mann, irgendeiner; *einn dag* eines Tages **4.** ein und derselbe; *í einu húsi* in ein und demselben Haus; *allt eitt – ok* dasselbe – wie **5.** ein einziger, als einziger, allein, einsam; *einn sér* für sich; *einn Vǫlundr sat í Ulfdǫlum* Völund blieb allein in den Wolfstälern; ~ *sinna manna* als einziger seiner Männer, ohne seine Männer; *sǫgur einar* bloße Erzählungen **6.** (Pl.) eine Anzahl von; *um eina .x. daga* eine Frist von 10 Tagen

einn-hverr (*einhverr* m.; *einhver* f., *eitthvert* n.) ‹Pron.› **1.** irgendeiner **2.** jeder, jeder einzelne

einnig (*einnug*) ‹Adv.› einhellig, übereinstimmend

ein-skipa ‹Adj. (indekl.)› ein einziges Schiff habend, mit einem einzelnen Schiff

eins-konar ‹Adj. (indekl.)› von einer (einzigen) Art, einerlei

ein-stœðr ‹Adj.› ℙ :1: alleinstehend, einsam   **-vala** ‹Adj. (indekl.)› ausgewählt; *einvala lið* eine auserlesene Schar   **-vald** ‹n.*a*› Alleinherrschaft

eira ‹sw. Vb. Ib› **1.** schonen, verschonen, nachsehen **2.** zufrieden sein

eitr ‹n.*a*› Gift

eitr-á ‹f.*ō*› Giftfluß   **-dropi** ‹m.*n*› Gifttropfen   **-ormr** ‹m.*a*› Giftschlange

ek ‹Pron.› ich

ekki[1] ‹m.*n*› Kummer, Sorge

ekki[2] ‹Adv.› nicht

ekki[3] ‹Pron.› → **engi**

elda-skáli ‹m.*n*›, **eld-hús** ‹n.*a*› Hauptwohnraum (als Aufenthalts- und Schlafraum)

elding ‹f.ō› **1.** das Entzünden, Feuermachen **2.** Blitz **3.** Morgendämmerung

eldr ‹m.*a*› Feuer

ella(r) ‹Adv.› ⇒ **elligar**

elli ‹f.*īn*› Alter

ellifu ‹Num.› elf

elligar ‹Adv.› sonst, andernfalls, oder; *skalt þú eigi þora annat en fara, elligar skal ek láta drepa þik* du brauchst nichts anderes zu wagen als zu gehen, sonst werde ich dich töten lassen; *eða elligar* oder sonst

ellipti (*ellifti*) ‹Num.› elfter

ellri ‹Adj. Komp.› älter

elska[1] ‹f.*ōn*› Liebe, Verliebtheit, Zuneigung; *falla elsku til e-s* sich in jd.- en verlieben

elska[2] ‹sw. Vb. II› lieben, schätzen, mögen

elsku-ligr ‹Adj.› **1.** geliebt, beliebt **2.** liebend

elta ‹sw. Vb. Ib› jagen, verfolgen, treiben, forttreiben

embætti ‹n.*ja*› **1.** Dienst, Verpflichtung, Obliegenheit **2.** Amt, Stellung

en[1] ‹Konj.› **A.** aber, und; *festr mun slitna, enn freki renna* die Fessel wird zerreißen und der Wolf rennen **B.** ‹Rel.› (selten) der, die, das

en[2] ‹Konj.› (nach *annarr*, nach Komp.) als; *skalt þú eigi þora annat en fara* du brauchst nichts anderes zu wagen als zu gehen

enda[1] ‹sw. Vb. Ib/II› **1.** ein Ende machen, abschließen, beschließen, beenden **2.** zu Ende bringen, vollenden, erfüllen **3.** *endask* zu Ende gehen, enden, ausgehen, ausreichen; *e-m endisk e-t* etw. geht für jd.en gut aus, jd.em gelingt etw.

enda[2] ‹Konj.› und, und auch, außerdem, ferner, überdies

endi-mark ‹n.*a*› Ende, Schlußpunkt, Grenze

endir ‹m.*ja*› Ende, Abschluß, Schlußpunkt

endi-langr (*end-*) ‹Adj.› der Länge nach genommen, längs laufend, längs gerichtet; *fór hann austr með endlǫngu landi* er fuhr ostwärts am längs laufenden Land, er fuhr ostwärts die Küste entlang; *ganga endlangan sal* den Saal entlang gehen

endr ‹Adv.› früher, einst, wieder

endr-borinn ‹Adj.› wiedergeboren   **-nýja** ‹sw. Vb. II› erneuern, wiederholen   **-þaga** ‹f.*ōn*› ℙ :1: wiederholtes Schweigen

eng ‹f.jō› Wiese

engi (*ǿngi*) m. f.; *ekki* n.) ‹Pron.› **1.** keiner, niemand, (*ekki* n.) kein, nichts; *at ǿngu* in nichts **2.** (nach Negation) irgendeiner; *aldri fyrr fekk hann þvílíkan sigr í engri herferð* niemals zuvor errang er in irgendeinem Kriegszug einen solchen Sieg

enn ‹Adv.› **1.** noch, nach wie vor, weiterhin, ferner, außerdem; *vil ek enn vita* ich will noch mehr erfahren **2.** wieder, abermals

enn$^{2/3}$ ‹Konj.› ⇒ **en**$^{1/2}$

enna ‹Adv.› noch

enni ‹n.ja› Stirn

enni-hǫgg ‹n.wa› ℙ :1: Stirnschlag, Hieb auf die Stirn

enskr ‹Adj.› englisch

epli ‹n.ja› Apfel

eptir ‹Präp.› **A.** (+ Dat.) **1.** nach, hinter – her; *ríða eptir slóð* einer Fährte nachreiten **2.** entlang, längs; *róa ~ sundinu* die Meerenge entlangrudern **3.** nach, entsprechend, gemäß; *~ sǫgn þýzkra manna* gemäß dem Bericht deutscher Männer **B.** (+ Akk.) nach, nach dem Tode von; *~ þat* danach; *lifa ~ Sigurð* Sigurd überleben **C.** ‹Adv.› **1.** danach, hinterher; *annan dag ~* am nächsten Tage, anderntags **2.** übrig, zurück; *vera ~* zurückbleiben, übrig sein **3.** dementsprechend

eptir-komandi ‹m.n› Nachfolger **-látr** ‹Adj.› nachgiebig, entgegenkommend, gefällig **-læti** ‹n.ja› **1.** Nachgiebigkeit, Entgegenkommen, Gefälligkeit **2.** Behagen, Genuß

eptri (*aptari*) ‹Adj. Komp.› hinterer; *eptri fœtr* Hinterbeine

er (*es*) ‹Rel.› **A.** der, die, das; *sá er* derjenige, der **B.** ‹Konj.› **1.** als; *þá er* damals, als; *ok er* und als; *þegar er* sobald, als: *þar til er* (solange) bis **2.** wo; *þar er* dort, wo **3.** wenn; *þá er* dann, wenn; *þegar er* sobald, wenn **4.** da, weil **5.** daß, dafür daß; *þar kemr er* dazu kommt, daß; *bœt við Hrímgerði, er þú lézt hǫggvin Hata* leiste Hrimgerd Buße, dafür daß du Hati erschlagen ließest

ér ‹Pron.› ihr

erendi ‹n.ja› ⇒ **ǿrendi**

erfð ‹f.ō/i› Erbe, Erbschaft, Erbanspruch

erfi ‹n.ja› Totenmahl, Leichenschmaus

erfiði ‹n.ja› Arbeit, Anstrengung, Mühe

erfiðis-laun ‹n.a Pl.› Lohn für eine Arbeit (oder Bemühung), Vergütung

erfiðr ‹Adj.› anstregend, mühevoll, schwierig; *veita e-m erfitt* jd.em Anstrengung verursachen, jd.em Mühe bereiten
erfingi ‹m.*jan*› Erbe, Nachfolger
erfi-vǫrðr ‹m.*u*› (Erbwart, Erbhüter ≙) Erbe, Nachfolger
erindi ‹n.*ja*› ⇒ **ørendi**
erki-byskup (-*biskup*) ‹m.*a*› Erzbischof
ertog ‹f.*ō*› ⇒ **ørtog**
er-viti ‹Adj.› ⇒ **ør-viti**
es ‹Rel., Konj.› ⇒ **er**
eta ‹st. Vb. V,1› essen, speisen, verzehren, aufessen
etja ‹sw. Vb. Ia› **1.** antreiben, anspornen, hetzen, aufhetzen (insbes. von Hunden, Pferden) **2.** in Bewegung setzen, ausführen
ey[1] ‹f.*jō*› Insel
ey[2] ‹Adv.› ⇒ **ei**[1]
eyða ‹sw. Vb. Ib› **1.** veröden, leeren, räumen, verlassen **2.** veröden, verwüsten, vernichten, zerstören, ausrotten
eyði-fjǫrðr ‹m.*u*› :2: unbewohnter Fjord   **-land** ‹n.*a*› Ödland, unbebautes Land   **-mǫrk** ‹f.*i*/k.› unbewohntes Gebiet
eygðr ‹Adj.› -äugig: *mjǫk eygðr* großäugig
eykr ‹m.*ja*› Lasttier, Zugtier
eyra ‹n.*n*› Ohr
eyrar-oddi ‹m.*n*› :1: Spitze einer Landzunge
eyrindi ‹n.*ja*› ⇒ **ørendi**
eyrir ‹m.*ja*› (Pl. *aurar*) **1.** eine Gewichtseinheit (Unze, ca. 26,75 g; = ⅛ *mǫrk*, 3 *ørtogar*) **2.** 'Öre', eine Werteinheit (Umrechnung s. vorhin) **3.** Geld, Besitz **4.** ℙ Gold, Reichtum, Schatz
eyrr ‹f.*jō*› sandige oder steinige Landzunge
eyr-skár ‹Adj.› ℙ :1: sandtretend(?; vom Pferd)

F

fá[1] ‹st. Vb. VII,4› **1.** fassen, greifen, fangen, gefangennehmen **2.** erhalten, empfangen, erlangen, bekommen; *fá bana* den Tod finden; ~ *sár* verwundet werden; ~ *sigr* den Sieg erringen **3.** geben, übergeben; ~ *e-t í hǫnd* jd.em etw. übergeben **4.** zustandebringen, verursachen, erwirken, fertigbringen, verschaffen, besorgen **5.** (+ Part. II) können, vermögen

fá² ‹sw. Vb. II› **1.** färben, malen **2.** schmücken, verzieren

faðerni ‹n.*ja*› Vaterschaft; *at faðerni* väterlicherseits

faðir ‹m.*r*› Vater

faðma ‹sw. Vb. II› umarmen

faðmr ‹m.*a*› **1.** ausgestreckte Arme, (zur Umarmung) ausgebreitete Arme **2.** eine Längeneinheit (Klafter, ca. 1,5 m)

fagna ‹sw. Vb. II› **1.** sich freuen, Freude äußern über (+ Dat.) **2.** freudig begrüßen, willkommen heißen

fagnaðr ‹m.*u*› ⇒ **fǫgnuðr**

fagr ‹Adj.› (Gen. *-rs*) schön, hübsch, reizend, attraktiv, prächtig, angenehm; *fagr sigr* ein glänzender Sieg

fagr-gata ‹f.*ōn*› ℙ :1: 'Leuchtweg'; *fagrgata birkis bláserkjar* (Leuchtweg [der Birke der Brünne ≙] des Schwerts ≙) Wunde **-leitr** ‹Adj.› schön aussehend **-liga** ‹Adv.› schön, angenehm, prächtig, herrlich **-variðr** ‹Adj.› ℙ :1: schön bekleidet, schön geschmückt

fá-látr ‹Adj.› zurückhaltend, reserviert, einsilbig, wortkarg

falda ‹st. Vb. VII,4› eine Kopfbedeckung anlegen

faldr ‹m.*a*› Kopftuch, Kopfbedeckung aus Leinen (von Frauen)

fall ‹n.*a*› **1.** Fall, Sturz **2.** Tod, Ableben **3.** Missetat, Sünde

falla ‹st. Vb. VII,4› **1.** fallen, stürzen, befallen **2.** im Kampf fallen, sterben; *fallinn at frændum* der Verwandten beraubt **3.** zufallen; *e-t fellr e-m* etw. betrifft jd.en **4.** gefallen, zusagen, passen **5.** vonstatten gehen, verlaufen **6.** ausfallen, unterbleiben **7.** strömen, fließen **8.** *fallask: e-m fallask e-t* jd. unterläßt etw., ist unfähig zu etw.

falr ‹m.*a*› Tülle (rohrförmiges Unterteil) des Speerblatts

fals ‹n.› **1.** Falsches, Fälschung **2.** Betrug

falsari ‹m.*n*› Fälscher, Betrüger

fang ‹n.*a*› **1.** das Greifen, Anpacken, Umfassen, Umklammerung **2.** Ringen, Ringkampf **3.** Fang, Beute

fang-brǫgð ‹n.*a* Pl.› Ringen, Ringkampf

far ‹n.*a*› **1.** Fahrweg, Weg, Spur **2.** Gefährt, Fahrzeug, insbes. Schiff **3.** Mitfahrgelegenheit, Beförderung

fár ‹Adj.› **1.** wenig; *fár einn* kaum einer **2.** zurückhaltend, einsilbig

fara ‹st. Vb. VI,1› **1.** sich fortbewegen, sich wegbegeben, reisen, gehen, wandern, reiten, fahren, schwimmen; *fara aptr* zurückkehren; ~ *eptir* folgen; ~ *undan* ausweichen; ~ *í brynju* die Brünne anlegen; ~ *með barni* schwanger sein **2.** vor sich gehen, vonstatten gehen, geschehen; *ef svá ferr* wenn es dazu kommt, wenn es sich so zuträgt; *fara fram* weitergehen, dahingehen **3.** handeln, betreiben, sich verhalten; ~ *fram* ausführen, zustandebringen; ~ *með e-u* sich mit etw. beschäftigen, etw. verüben; (unpersönl.) *illa ferr e-m* jd. verhält sich schlecht **4.** einholen **5.** dahingehen, zugrunde gehen, sterben; *farit* (+ Dat.) es ist mit etw. aus **6.** zugrunde richten, vernichten, töten **7.** *fara (at)* (+ Inf.) im Begriff sein zu (teilweise auch pleonastisch) **8.** *farask* vorankommen, vernichtet werden; *e-m fersk vel* jd. hat eine gute Fahrt **9.** *farinn* geartet, beschaffen

fasta¹ ‹f.ōn› **1.** das Fasten **2.** Fastenzeit

fasta² ‹sw. Vb. II› fasten

fastla ‹Adv.› ℙ :1: fest

fast-mæli ‹n.*ja*› feste Absprache, feste Vereinbarung   **-næmr** ‹Adj.› beständig, fest

fastr ‹Adj.› **1.** fest, heftig **2.** fest, festsitzend **3.** fest, unumstößlich

fat ‹n.*a*› **1.** Gefäß **2.** Gepäck, Ladung **3.** (Pl.) Zeug, Kleidung

fatla ‹sw. Vb. II› ℙ :1: umfassen

fá-tœkr ‹Adj.› arm, armselig

fé ‹n.*u*› **1.** Vieh **2.** Besitz, Eigentum, Vermögen, Mittel   **-fár** ‹Adj.› verarmt; *e-m er (verðr) féfátt* jd. ist (kommt) in Geldnot

feginn ‹Adj.› erfreut

fegins-dagr ‹m.*a*› :2: Tag der Auferstehung

fegrð ‹f.ō/i› Schönheit

fé-hirzla ‹f.ōn› Schatzkiste, Schatzkammer

feigr ‹Adj.› dem Tod verfallen, dem Tod nahe, todgeweiht

fela ‹st. Vb. IV› **1.** verbergen, verstecken, verhehlen; *fela í jǫrðu* vergraben **2.** anbefehlen, anvertrauen, übergeben

fé-lagi ‹m.*n*› **1.** Geschäftspartner, Gesellschafter, Kompagnon **2.** Gefährte, Kamerad

félag(s)-skapr ‹m.*i*› **1.** Zusammenschluß, Gesellschaft **2.** Gemeinschaft, Kameradschaft

feldr ‹m.*a*› Pelzüberwurf, Mantel
fella ‹sw. Vb. Ib› **1.** zu Fall bringen, fallen lassen, hinwerfen, fällen; *fella mǫrk* Bäume fällen; ~ *spán* Losstäbchen werfen; ~ *tár* Tränen laufen lassen **2.** fällen, erschlagen, töten **3.** aufgeben, absehen von, abkommen von; ~ *blót* von Opfern ablassen **4.** trennen **5.** heften, richten auf; *fella ást til e-s* jd.em Zuneigung entgegenbringen
felmts-fullr (*felms-*) ‹Adj.› :≦5: ängstlich, beklommen
fé-munir ‹m.*i* Pl.› Wertgegenstände, Kapital
fen ‹n.*ja*› Sumpf, Schlamm; *fen fjǫturs* Fesselgrube(?)
fengr ‹m.*i*› (Gen. *-jar*) Fang, Beute, Gewinn
fenjóttr ‹Adj.› :1: sumpfig, schlammig
fénuðr (*fénaðr*) ‹m.*u*› Vieh
ferð ‹f.*i*› **1.** Fahrt, Reise, Auswanderung, Unternehmung **2.** Auftreten
festa ‹sw. Vb. Ib› **1.** festmachen, befestigen, heften; *festa hendr* Hand anlegen, habhaft werden; (unpersönl.) *festir e-t* etw. bleibt stecken **2.** fest abmachen, bekräftigen, versprechen, geloben, verloben
festr ‹f.*jō*› **1.** Strick, Seil, Kette **2.** ℙ Fessel
fet ‹n.*a*› Schritt; *fetum* im Trab
fífl ‹n.*a*› **1.** Dummkopf, Narr, Idiot **2.** ℙ Ungetüm, Ungeheuer
fífl-megir ‹m.*u* Pl.› ℙ :1: Söhne des Ungetüms(?)
fíflskr ‹Adj.› dumm, närrisch, töricht, idiotisch
fimbul-vetr ‹m.*a*/k.› harter Winter (vor dem Weltuntergang)
fimm (*fim*) ‹Num.› fünf
fimmtán (*fim-*) ‹Num.› fünfzehn
fimmtándi (*fim-*) ‹Num.› fünfzehnter
fimmti (*fimti*) ‹Num.› fünfter
fingr ‹m.*a*/k.› (Gen. *-rs*) Finger
fingr-brjótr ‹m.*a*› :1: Fingerfehler, Fehlzug (im Schachspiel) **-gull** ‹n.*a*› Fingerring aus Gold
finna ‹st. Vb. IIIa,1› **1.** finden, entdecken, erkunden; *þeir leituðu ok fundu eigi Helga* sie suchten, aber fanden Helgi nicht **2.** herausfinden, erkennen, bemerken, erfahren **3.** erfinden, ausdenken **4.** aufsuchen, begegnen, zusammenkommen, treffen **5.** *finnask* sich finden, vorhanden sein, aufeinandertreffen; *mǫnnum finnsk orð um e-t* man redet über etw.

firar ‹m.*a* Pl.› Lebewesen, insbes. Menschen; *fira synir* Menschensöhne, Menschen

firi(r) ‹Präp.› ⇒ **fyrir**

firn ‹n.*a* Pl.›, **firnar** ‹f.*ō* Pl.› Ungeheuerlichkeit, Frevel

firr ‹Adv. Komp.› → **fjarri**

firra ‹sw. Vb. Ib› entfernen; *firra e-n e-u* jd.en von etw. fernhalten, jd.em etw. wegnehmen, rauben

first ‹Adv. Sup.› → **fjarri**

(-)firzkr ‹Adj.› 'fjordisch', zu einem Fjord gehörig; *breið-firzkr* im Breitfjord (*Breidfjǫrðr*) ansässig

fiskr ‹m.*a*› Fisch

fit ‹f.*jō*› Schwimmhaut (von Wasservögeln), Haut zwischen den Klauen (von Paarhufern), Flosse (von Walrossen), Pfote, Klaue; *verða ek á fitjom* möge ich an den Pfoten werden, möge ich auf die Füße kommen

fitja ‹sw. Vb. II› :1: mit einer Schwimmhaut bestücken; *hann lét fitja saman fingrna* er ließ sich die Finger mit Schwimmhäuten verbinden

fjall ‹n.*a*› Berg, Hochland

fjándi ‹m.*n*/k.› Feind, Teufel   **fjánd-skapr** ‹m.*i*› Feindschaft, Animosität

fjara ‹f.*ōn*› 1. Ebbe 2. bei Ebbe trocken fallender Strand, Watt

fjarg-hús ‹n.*a*› ℙ :2: Tempel?, Schatzhaus?

fjár-hlutr ‹m.*i*› Vermögensanteil

fjarri ‹Adv.› (Komp. *firr*, Sup. *first*) fern, entfernt, weit fort, in der Ferne; *þat ferr fjarri!* weit entfernt, weit gefehlt!; *sá er mér, fránn mækir, æ ~ borinn* es ist mir, das funkelnde Schwert, auf immer abhanden gekommen; *augom ~* den Blicken fern

fjórðungr ‹m.*a*› 1. ¼, Viertel 2. Landesviertel, Bezirk

fjón ‹f.*i*› Haß, Feindschaft

fjórði ‹Num.› vierter

fjórir (m.; *fjórar* f., *fjǫgur* n.) ‹Num.› vier

fjór-tán (*fjǫgur-tán*) ‹Num.› vierzehn

fjǫðr ‹f.*ō*› 1. Feder, (Pl.) Gefieder 2. Flosse 3. Speerblatt

fjǫlð ‹f.*ō*›, **fjǫlði** ‹m.*n*› Fülle, Vielzahl, Menge

fjǫl-kunnigr ‹Adj.› vielwissend, kenntnisreich, zauberkundig   **-kyngi** (*-kynngi*) ‹f.*īn*› Zauberei, Magie, Zauberkunst   **-menni** ‹n.*ja*› Menschenmenge **-mennr** ‹Adj.› mit vielen Leuten versehen; *gerask fjǫlmennr* ein großes Gefolge bekommen, großen Zulauf bekommen

fjǫr ‹n.*wa*› Leben **-baugr** ‹m.*a*› 'Lebensring', Bußgeld eines Verurteilten (für die Sicherheit an einem festgelegten Ort bis zu seiner Ausreise) **-baugsgarðr** ‹m.*a*› 'Lebensringzaun', mildere Acht, dreijährige Landesverweisung **-baugsmaðr** ‹m.*a*/k.› zur milderen Acht (dreijährigen Landesverweisung) Verurteilter **-lǫstr** ‹m.*u*› Ableben, Tod **-vanr** ‹Adj.› ℙ :1: leblos, tot

fjǫrðr ‹m.*u*› Fjord, Förde, (schmaler, langer) Meeresarm

fjǫturr ‹m.*a*› **1.** Fessel, Fußeisen; *fen fjǫturs* 'Sumpf der Fessel', Fesselgrube (?) **2.** Klammer

flá ‹st. Vb. VI,2› **1.** häuten, das Fell abziehen **2.** abstreifen, ausziehen

flag-brjóska ‹n.*n*› Brustknorpel

flagð ‹n.*a*›, **flagð-kona** ‹f.*ōn*› Unholdin, Trollin, Hexe

flár ‹Adj.› falsch, unredlich, perfid, hinterlistig, betrügerisch

flatr ‹Adj.› flach, platt, eben

flaumr ‹m.*a*› (ℙ) **1.** Bewegung, Getümmel, Strömung; *flaumr stála* (Getümmel der Waffen ≃) Kampf; ~ *sverða* (Getümmel der Schwerter ≃) Kampf **2.** Munterkeit

flekkr ‹m.*ja*› Fleck, Mal; *kómu rauðir flekkir í kinnr honum* er bekam rote Flecken an den Wangen

fleinn ‹m.*a*› **1.** Spitze einer Waffe **2.** Speer (insbes. als Wurfwaffe)

fleiri ‹Adj. Komp.› mehr, mehrere **flestr** ‹Adj. Sup.› meist; *flestir allir* fast alle

flet ‹n.*ja*› **1.** Erhöhung entlang der Wände eines Hauses (Sitz- und Schlafplatz) **2.** Wohnhaus

fletta ‹sw. Vb. Ib› **1.** abziehen, entkleiden, ausziehen (*e-u af e-m*) **2.** berauben, plündern

flétta ‹sw. Vb. II› :2: flechten

fleygja ‹sw. Vb. Ib› fliegen lassen, werfen, schleudern; *fleygja haukum* Falken ausfliegen lassen

fljóð ‹n.*a*› (ℙ) Frau

fljóta ‹st. Vb. II,1› **1.** fließen, strömen, rinnen **2.** überströmt sein, treiben, schwimmen **3.** verströmen, sich verbreiten

fljótr ‹Adj.› schnell, rasch, geschwind

fljúga ‹st. Vb. II,2› fliegen, schnellen, sich rasch bewegen; *spjót flýgr í gegnum e-t* ein Speer durchbohrt etw.; *svá at af flýgr hǫfuðit* sodaß der Kopf abfiel; *flaug hans frægð* sein Ruhm verbreitete sich

flóð ‹n.*a*› 1. Flut; *at flóði* zur Flutzeit 2. Flut, Strom, Überflutung, Überschwemmung

flokkr ‹m.*a*› 1. 'Flocke', Schar, Trupp, Gruppe, Herde 2. (kürzeres, einfacheres) Skaldengedicht

flotnar ‹m.*n* Pl.› Seefahrer, Mann

flótti ‹m.*n*› 1. Flucht 2. Flüchtlinge; *reka flóttann* die Flüchtenden verfolgen

flug-stígr ‹m.*a*› :2: Fluchtweg

flýja ‹sw. Vb. Ib› fliehen, sich wegstehlen, sich heimlich entfernen

flytja ‹sw. Vb. Ia› 1. bewegen, befördern, transportieren, führen, bringen 2. vorbringen, vortragen, verbreiten; *flytja kvæði* ein Gedicht rezitieren 3. fördern, sich einsetzen für 4. durchführen, verrichten 5. *flytjask* sich begeben, fahren, reisen

flærð ‹f.*ō/i*› Falschheit, Hinterlist, Betrug

flærð-lauss (*flærða-*) ‹Adj.› ehrlich, redlich, aufrichtig

fnýsa ‹sw. Vb. Ib› :≦5: schnauben, pusten; *fnýsa eitri* Gift schnauben

fnœsa ‹sw. Vb. Ib› :≦5: schnauben, pusten

fold ‹f.*ō*› 1. Feld, Ebene 2. ⌑ Erde

fólk ‹n.*a*› Leute, Volk, Schar, Kriegerverband, Heerschar **-ræði** ‹n.*ja*› Heerführung

fólskr ‹Adj.› dumm, blöd, unsinnig

for ‹f.*ō*› Furche

forað ‹n.*a*› 1. gefährlicher Ort 2. Untier, Ungeheuer

forða ‹sw. Vb. II› in Sicherheit bringen, retten; *forðask e-n* jd.en meiden

forðum ‹Adv.› vordem, früher, einst

for-ellrar ‹m.*a* Pl.› Vorfahren, Ahnen **-ellri** ‹n.*ja*› Vorfahren, Ahnen **-maðr** ‹m.*a*/k.› Vorsteher, Anführer, Haupt, Leiter **-máli** ‹m.*n*› 1. Formulierung, Wortlaut, Spruch, Weissagung, Verwünschung 2. Gebet 3. Bedingung **-mælandi** ‹m.*n/*k.› Fürsprecher, Wortführer

forn ‹Adj.› 1. alt, altertümlich, althergebracht, überkommen 2. im Heidentum verharrend, heidnisch, zauberkundig

fórn ‹f.*i*› Gabe, Opfergabe, Opfer

forneskja ‹f.ōn› **1.** Vorzeit, Vergangenheit, alte Zeit **2.** heidnische Zeit, Heidentum, heidnischer *way of life*, Zauberkunst

forn-kveðinn ‹Adj.› altüberliefert   **-kvæði** ‹n.*ja* Pl.› alte Lieder   **-saga** ‹f.ōn› alte Erzählungen   **-yrðislag** ‹n.*a*› Metrum alter Überlieferung, ein (in der erzählenden Dichtung verwendetes) Versmaß

for-ráð ‹n.*a*›, **-ræði** ‹n.*ja*› Leitung, Verfügungsrecht, Herrschaft, Gewalt, Macht   **-sjá** ‹f.*jōn*› **1.** Voraussicht, Überlegung, Vorschlag, Empfehlung, Rat **2.** Wille, Entscheidung   **-skǫp** ‹n.*a* Pl.› ℙ :1: Unglück, Unheil   **-tala** ‹f.› das Zureden, Ansprache, Beeinflussung, Überredung   **-vitna** ‹sw. Vb. II› wißbegierig sein, neugierig sein, etw. wissen wollen, nachforschen; *hon sagði þetta, er hann forvitnaði* sie sagte das, was er erfahren wollte   **-vitni** ‹f.*īn*› 'Vorwitz', Wißbegier, Neugier

fóst-bróðir ‹m.*r*› **1.** Pflegebruder (Ziehbruder) **2.** Waffenbruder, Schwurbruder   **-brœdralag** ‹n.*a*› Schwurbrüderschaft

fóstr ‹n.*a*› **1.** Erziehung **2.** Pflegschaft, Obsorge (von Kindern) **3.** Versorgung (von Vieh)

fóstra[1] ‹f.*ōn*› **1.** Amme, Pflegemutter (Ziehmutter) **2.** Pflegetochter (Ziehtochter)

fóstra[2] ‹sw. Vb. II› **1.** erziehen **2.** die Pflegschaft übernehmen

fóstri ‹m.*n*› **1.** Pflegevater (Ziehvater), Mentor **2.** Pflegesohn (Ziehsohn), Schützling, Protégé **3.** Pflegebruder (Ziehbruder) **4.** (Pl.) Pflegevater und Pflegesohn **5.** Lieblingstier (von Pferd oder Hund)

fótr ‹m.*u*/k.› **1.** Fuß, Bein **2.** eine Längeneinheit (Fuß, ca. 30 cm)

fót-spor ‹n.*a*› Fußspur, Fußstapfe

frá ‹Präp.› **A.** (+ Dat.) **1.** von, fort von, von – weg **2.** von, von – her, aus **3.** von – an, ab; *~ þessum degi* ab diesem Tag **4.** von – zu; *dag ~ degi* von Tag zu Tag, mit jedem Tag **5.** von, über; *~ dauða Sigurðar* vom Tod Sigurds **6.** abweichend von, entgegen **B.** (+ Gen.) von; *frá Þóris* von (zu ergänzen: dem Haus des) Thorir **C.** ‹Adv.› davon, weg, fort; *þar út í ~* darüber hinaus

frá-fall ‹n.*a*› Hingang, Ableben, Tod   **-ligr** ‹Adj.› schnell, flink, munter, aufgeweckt

fram (*framm*) ‹Adv.› **1.** nach vor, vorwärts, voran, weiter; *um e-t fram* an etw. vorbei; *koma ~* geschehen **2.** voraus, vorne; *~ í skipi* vorne im Schiff **3.** bis, spät; *fram var kvelda* es war spät am Abend

framan ‹Adv.› **1.** von vorne **2.** *framan til* bis zu; *framan til dags* bis zum Tagesbeginn

framar(r) ‹Adv. Komp.› **1.** weiter vorne, weiter voraus; *hann var framast sinna manna* er war an der Spitze seiner Männer **2.** weiter, mehr, besser; *þat er mál manna, at eigi sé ván framar* man sagt, daß nicht mehr zu erwarten gewesen sei
fram-ferð ‹f.*i*› **1.** Durchreise, Weiterreise **2.** Vorgangsweise, Verhalten **-genginn** ‹Adj.› dahingegangen, verschieden, tot
frami ‹m.*n*› **1.** Vorteil, Nutzen **2.** Tüchtigkeit, Tatkraft
fram-kvæmð ‹f.*ō*› **1.** Förderung, Vorteil, Nutzen **2.** Erfolg **3.** Tüchtigkeit, Tatkraft
frammi ‹Adv.› vorne; *hafa e-t frammi* etw. ausüben, etw. anwenden
framr ‹Adj.› **1.** vortrefflich, hervorragend, ausgezeichnet, außergewöhnlich **2.** tapfer, mutig
fram-stafn ‹m.*a*› Vordersteven
fránn ‹Adj.› (ℙ) funkelnd, schillernd
frá-saga ‹f.*ōn*› Bericht, Erzählung, Geschichte, Überlieferung **-sǫgn** ‹f.*i*› Bericht, Nachricht, Handlung, Erzählung
fregna ‹st. Vb. V,1› **1.** fragen **2.** erfragen, erfahren
frelsa ‹sw. Vb. Ib/II› befreien, freigeben
frelsi ‹n.*ja*› **1.** Befreiung **2.** Freiheit **3.** Privileg, Vorrecht
freista ‹sw. Vb. II› erproben, versuchen, prüfen; *freista sín við e-n* sich mit jd.em messen
freistni ‹f.*īn*› Versuchung
freki ‹m.*n*› ℙ (der Gierige ≏) Wolf
frekr ‹Adj.› **1.** gierig, gefräßig **2.** streng, hart
fremja ‹sw. Vb. Ia› **1.** fördern, voranbringen; *fremja sik* sich hervortun **2.** ausüben, durchführen; *fremja orrostu* Kämpfe austragen
fremr ‹Adv. Komp.› **1.** weiter vorne **2.** weiter, weiter fort, mehr
fremri ‹Adj. Komp.› vorderer; (*fremstr* Sup.) vorderster, erster, äußerster
freta ‹st. Vb. V,1› :≦5: furzen
fret-karl ‹m.*a*› :≦5: Furzkerl, Widerling
fretr ‹n.*a*› :≦5: Furz, Flatus
fretstertu-mát ‹n.*a*› :1: schimpfliche, schmachvolle Mattart (im Schachspiel)
frétt ‹f.*ō*› **1.** Befragung, Erkundigung **2.** Nachricht, Neuigkeit, Gerücht, Gerede

frétta ‹sw. Vb. Ib› **1.** fragen, befragen, sich erkundigen **2.** erfahren, zu Ohren kommen, hören
frí ‹m.*n*› ℙ :1: Geliebter(?)
friðill ‹m.*a*› ℙ :2: Geliebter
fríðendi (*fríðindi*) ‹n.*ja* Pl.› schöne Dinge, gute Sachen
friðla ‹f.*ōn*› ⇒ **frilla**
fríð-leikr ‹m.*a*› Schönheit
friðr ‹m.*u*› **1.** Friede **2.** ℙ Liebe
fríðr ‹Adj.› **1.** schön, hübsch, anziehend **2.** gut, angenehm
frilla (*friðla*) ‹f.*ōn*› Geliebte, Konkubine
frillu-tak ‹n.*a*› *taka konu frillutaki* eine Frau zur Geliebten nehmen
frjá-dagr ‹m.*a*› Freitag
frjáls ‹Adj.› **1.** (persönlich) frei **2.** frei, unbehelligt
frjálsa ‹sw. Vb. Ib/II› ⇒ **frelsa**
fróðr ‹Adj.› klug, gelehrt, erfahren, kenntnisreich, insbes. geschichtskundig, zauberkundig
frost ‹n.*a*› Frost
frú ‹f.*ōn*› **1.** Frau, Dame, Herrin **2.** Ehefrau
frýja ‹sw. Vb. Ib› jd.em etw. vorwerfen, absprechen (*e-m e-s*), über etw. klagen (*á e-t*)
frægð ‹f.*ō*› Rühmung, Ruhm, Ansehen
frægðar-skot ‹n.*a*› :≦5: berühmter Schuß   **-verk** ‹n.*a*› Ruhmestat
frægr ‹Adj. (*ja*)› bekannt, prominent, berühmt
frændi ‹m.*n*/k.› (Bluts-)Verwandter
frænd-semi ‹f.*īn*› (Bluts-)Verwandtschaft
frœði ‹f.*īn*› **1.** Wissen, Kenntnisse, insbes. Geschichtswissen **2.** magische Formel, Zauberspruch
frœkn ‹Adj.› kühn, tapfer, unerschrocken, mutig, kampftüchtig
frœkn-liga ‹Adv.› kühn, tapfer, unerschrocken
fuð* ‹f.*ō*› Vagina, weibliches Geschlechtsteil
fuð-ryttumát ‹n.*a*› :1: schimpfliche, schmachvolle Mattart (im Schachspiel)
fugl ‹m.*a*› Vogel
fuglari ‹m.*n*› Vogelfänger

fúinn ‹Adj.› verfault

fúll ‹Adj.› **1.** faul, stinkend **2.** abscheulich

fullr ‹Adj.› **1.** voll, angefüllt **2.** voll, vollständig, ganz; *til fulls* vollends **3.** vollgültig, rechtsgültig

full-gera ‹sw. Vb. Ib› **1.** vollbringen, vollenden **2.** genügen, hinreichen **-hugi** ‹m.*n*› sehr beherzter Mann **-koma** ‹st. Vb. IV› **1.** abschließen **2.** *fulkominn* vollkommen, erwachsen **-ráða** ‹Adj.› fest entschlossen **-rœddr** ‹Adj.› ℙ :1: fertiggesprochen, ausgeredet, genug gesagt **-trúi** ‹m.*n*› zuverlässiger Freund, enger Vertrauter

fullugi ‹m.*n*› ⇒ **full-hugi**

fullting (*fulting*) ‹n.*a*› Hilfe, Unterstützung

fulltingja (*fultingja*) ‹sw. Vb. Ib› helfen, unterstützen

fulltings-maðr (*fultings-*) ‹m.*a*/k.› :≦5: Helfer, Getreuer, Parteigänger

fundr ‹m.*i*› **1.** Fund, Entdeckung **2.** Begegnung, Zusammenkunft, Treffen **3.** feindliche Begegnung, Kampf

funi ‹m.*n*› (ℙ) Feuer

fura ‹f.*ōn*› Föhre, Kiefer, Fichte

furu-kvistr ‹m.*a*› :1: Zweig einer Föhre (Kiefer, Fichte)

furða ‹f.*ōn*› **1.** Vorzeichen **2.** Wunder, Merkwürdigkeit, erstaunliche Begebenheit

fúss ‹Adj.› gewillt, bereit, begierig, erpicht (*e-s, til e-s*)

fylgð ‹f.› Gefolge, Begleitung

fylgja ‹sw. Vb. Ib› **1.** folgen, begleiten **2.** geleiten, führen **3.** befolgen **4.** helfen, unterstützen **5.** angehören, verbunden sein; *e-m fylgir hugr* jd.em wohnt Mut inne, jd. hat Mut; *sú náttúra fylgði kvernunum, at* die Mühle hatte die Eigenschaft, daß

fylgsni ‹n.*ja*› Versteck

fylki ‹n.*ja*› **1.** Schar, Kriegerschar, Kampfverband, Heer **2.** Gebiet, Landesteil (in Norwegen)

fylking ‹f.*ō*› **1.** Kampfformation, Gefechtsaufstellung, Schlachtordnung; *ganga í gegnum fylkingar* die Schlachtreihen durchstoßen **2.** Kriegerschar, Kampfverband

fylkir ‹m.*ja*› ℙ Heerführer, Herrscher, Fürst

fylkja ‹sw. Vb. Ib› einen Kampfverband formieren, in Schlachtordnung aufstellen

fylla ‹sw. Vb. Ib› **1.** vollmachen, füllen, anfüllen **2.** vollenden, vervollständigen, vollbringen, erfüllen, durchführen

fyrir (*fyr*) ‹Präp.› **A.** (+ Dat.) **1.** vor; *fyrir durum Valhallar* vor der Tür der Valhöll **2.** vor, über; *vera ~ liðinu* den Trupp anführen **3.** vor, aus, durch, wegen; *~ reiði* aus Zorn; *~ því* deshalb **4.** für, betreffend, hinsichtlich; *mikill ~ sér* bedeutend ('für sich') **5.** gegen, trotz; *~ vilja fǫður* gegen den Willen des Vaters **B.** (+ Akk.) **1.** vor, über – hinaus; *~ þat* vordem, vorher **2.** vorbei an, entlang an, um – herum **3.** vor, über **4.** für, statt, anstelle von **5.** wegen; *~ þat sǫk* wegen dieser Sache, deshalb **6.** *fyrir* + Adv. auf *-an* (+ Akk.): *~ austan borg* östlich der Burg (vom Osten betrachtet, vor der Burg); *~ jǫrð neðan* unterhalb der Erde; *~ ofan* oberhalb **C.** ‹Adv.› **1.** davor, voraus, vorbei **2.** vorhanden; *vera ~* da sein, anwesend sein **3.** davor, zuvor, vorher **4.** darum, deshalb, infolgedessen

fyrir-bjóða ‹st. Vb. II,1› verbieten **-fara** ‹st. Vb. VI,1› vernichten, töten; *-farask* unterlassen **-gefa** ‹st. Vb. V,1› vergeben, verzeihen **-láta** ‹st. Vb. VII,5› **1.** verlassen, aufgeben **2.** ablassen, nachgeben, vergeben, verzeihen **-maðr** ‹m.*a*/k.› **1.** Anführer, Leiter, Schiedsrichter (beim *knattleikr*) **2.** (Pl.) Ahnen, Vorfahren **-muna** ‹PP Vb.› mißgönnen, neiden

fyrr ‹Adv. Komp.› **1.** früher, zuvor, vorher, einst; *fyrr – en* früher – als, ehe **2.** eher, vielmehr **3.** *fyrst:* zufrühest, anfangs, zuerst, zunächst

fyrri ‹Adj. Komp.› früherer, vorderer, erster

fyrrum ‹Adv.› früher, zuvor, einst

fyrsta ‹f.*ōn*› *í fyrstu(nni):* **1.** zu Beginn, zuerst **2.** vor allem

fyr-telja ‹sw. Vb. Ia› ℙ :1: erzählen, vortragen

fýsa ‹sw. Vb. Ib› begierig machen, reizen, anregen, zureden; *fýsask* begehren; (unpersönl.) *e-n fýsir e-s* jd. begehrt etw., verlangt nach etw.

fýsi ‹f.*īn*› Begehren, Verlangen, Wunsch

fœða ‹sw. Vb. Ib› **1.** füttern, ernähren, versorgen **2.** *fœða upp* aufziehen, erziehen; *fœðask upp* heranwachsen **3.** gebären; *fœðask* geboren werden

fœra ‹sw. Vb. Ib› **1.** führen, befördern, bewegen, bringen; *fœra e-n af klæðum* jd.en entkleiden **2.** überführen, verlegen, wegbringen **3.** darbringen, überreichen; *~ til* etw. anführen, geltend machen **4.** darbringen, vortragen, rezitieren

fœri ‹n.*ja*› Lage, Gelegenheit

fœrr ‹Adj.› **1.** fähig, imstande sein, begabt, talentiert, tüchtig, insbes. imstande sein zu gehen, gut zu Fuß sein **2.** gangbar, befahrbar, passierbar

fœzla ‹f.ōn› Essen, Nahrung, Nahrungsmittel

fǫður-hefnd ‹f.i› Vaterrache   **-leifð** ‹f.i› Vatererbe

fǫgnuðr (*fagnaðr*) ‹m.u›   **1.** Freude   **2.** Willkommensgruß, freundliche Aufnahme

fǫlr ‹Adj. (*wa*)›   fahl, bleich, blaß

fǫr ‹f.ō›   **1.** Bewegung, Fahrt, Reise, Abreise; *Glúmr hafði verit lengi í fǫrum* Glum war lange auf Reisen gewesen   **2.** Schicksal, Geschick   **3.** Rückgang, Abnahme

fǫrull ‹Adj.› unterwegs seiend

fǫru-nautr ‹m.a› Gefährte, Begleiter   **-neyti** ‹n.ja› Begleitung

G

gá¹ ‹sw. Vb. II› achten auf, sich kümmern um (*e-s*); *gá sín* sich vorsehen

gá²* ‹f.ō›   **1.** das Bellen, Gebell, Gekläff   **2.** Spott, Verhöhnung

gaddr ‹m.a› Spitze

gafl ‹m.a›   Giebelwand (abschließende Wandfläche zwischen den schrägen Seiten des Dachs)

gagl ‹n.a› junge Gans   **-bjartr** ‹Adj.› ℙ :1: gleißend weiß (wie Gänsejunge)

gagn ‹n.a›   **1.** Vorteil, Erfolg, Sieg   **2.** Gut, Utensil, Hausrat   **3.** Rechtsmittel, Beweis

gagn-staðligr ‹Adj.› gegensätzlich, gegnerisch, feindlich

gagn-vegr ‹m.a/u› gerader Weg, direkter Weg

gala ‹st. Vb. VI,1›   **1.** schreien, laut bellen, krächzen, krähen (insbes. vom Hahn)   **2.** beschwören, magische Formeln rezitieren; auch: Zauberlieder singen?

galdr ‹m.a›   **1.** Magie, Zauber   **2.** magische Formel, Zauberspruch, auch: Zauberlied(?)

gálgi ‹m.n›   Galgen

gamall ‹Adj.›   alt, erwachsen, betagt

gaman ‹n.a›   Freude, Vergnügen, Spaß, Unterhaltung

gamðir ‹m.ja› ℙ :2: Habicht, Falke

gamna ‹sw. Vb. II› erfreuen (*e-m*)
gandr ‹m.*a*› **1.** Magie, Zauber **2.** Zauberstab **3.** Zaubertier, Monster
ganga¹ ‹f.*ōn*› Weg, Gang, Fahrt, Reise
ganga² ‹st. Vb. VII,4› **1.** gehen, sich fortbewegen, reisen, weitergehen; *ganga heljar* ins Jenseits gehen, sterben; ~ *á land* an Land gehen, landen; ~ *fram* (im Kampf) vorstoßen; ~ *fyrir hamra* sich von Felsen hinunterstürzen; ~ *til móts við e-m* jd.en aufsuchen **2.** vor sich gehen, ablaufen, geschehen; *e-t gengr yfir e-n* etw. passiert jd.em **3.** umgehen, gebräuchlich sein, verbreitet sein; *tungur, er* ~ *um austrveg* die Sprachen, die im Osten im Umlauf sind **4.** gangbar sein, möglich sein, gelingen; *þeim gekk eigi þar at fara* ihnen gelang es nicht, dort durchzukommen **5.** drücken, schieben; *hann gengr ór dyrum þann er fyrir stóð* er schiebt den von der Tür weg, der im Weg stand **6.** *ganga (at)* (+ Inf.) sich anschicken zu; ~ *at eiga konu* heiraten; ~ *at sofa* schlafen gehen, sich schlafen legen **7.** *genginn* vergangen, dahingegangen, verstorben; *genginn afli* entkräftet, kraftlos **8.** *gangask* ergehen, geschehen, sich ändern; *gangask á móti* einander entgegenkommen; *gangask í gegn* einander feindlich gegenübertreten, aufeinander losgehen
gangr ‹m.*a*› **1.** Gang, Bewegung **2.** Abort, Klosett
gang-tamr ‹Adj.› ℗ :2: 'gangzahm', zugeritten
gap ‹n.*a*› **1.** Kluft, Schlund **2.** Geschrei, Lärm
gapa ‹sw. Vb. III› klaffen, aufsperren; *gapa munninum* den Mund aufsperren, weit öffnen
garðr ‹m.*a*› **1.** Zaun, Einzäunung, Einfriedung, Gatter **2.** umzäuntes Gebiet, umzäunter Platz, Hof **3.** Hof, Gehöft, Anwesen
garpr ‹m.*a*› Wagehals, verwegener Mann, streitbarer Mensch
gás ‹f.*ō*/k.› Gans
gassi ‹m.*n*› Schwätzer, Schwafler
gata ‹f.*ōn*› Weg, Straße
gátt ‹f.*i*› Durchgang, Eingang, Türöffnung, Tür
gaumr ‹m.*a*› Achtsamkeit, Aufmerksamkeit; *gefa gaum* achtgeben
geð ‹n.*ja*› Gesinnung, Gemütsart, Charakter
gedda ‹f.*ōn*› Hecht
gefa ‹st. Vb. V,1› **1.** geben, übergeben, darreichen, überbringen, überreichen; *gefa e-m sǫk* jd.en beschuldigen **2.** schenken, überlassen, ge-

währen **3.** weihen, opfern **4.** zur Frau geben, (mit einem Mann) verheiraten **5.** (unpersönl.) gegeben sein, eine Bewandtnis haben; *e-m er svá gefit, at* um jd.en steht es so, daß **6.** *gefask* geschehen, verlaufen, ausgehen; *gefask upp* sich ergeben

gefandi ‹m.*n*/k.› :≦5: Geber, Wirt

gegn[1] ‹Adj.› **1.** gerade, direkt **2.** aufrichtig, ehrlich, redlich **3.** richtig, passend

gegn[2] (*í gegn, gǫgn*) ‹Adv.› **A.** dagegen, entgegen; *mæla í gegn* widersprechen; *ganga í ~* etw. eingestehen **B.** ‹Präp.› (+ Dat.) gegen

gegna ‹sw. Vb. Ib› **1.** begegnen, zusammentreffen, auflauern **2.** zusammenpassen, entsprechen, gleichen, angemessen sein; *hví gegnir þat?* wie paßt das zusammen, was bedeutet das? **3.** betreffen, zuteil werden; *e-t gegnir e-m illa* etw. bekommt jd.em schlimm

gegnum (*í gegnum, gǫgnum*) ‹Adv.› **A.** durch, hindurch; *allan dag í gegnum* den ganzen Tag über **B.** ‹Präp.› (+ Akk.) durch; *ganga í gegnum fylkingar* die Kampfreihen durchstoßen

geigr ‹m.*a*› Schaden, Verletzung

geir-nagli ‹m.*n*› Speernagel (zur Befestigung der Spitze am Schaft)

geirr ‹m.*a*› Ger, Speer (als Wurf- und Stichwaffe)

geisa ‹sw. Vb. II› toben, rasen, stürmen

geiski ‹m.*n*› ℙ :1: Furcht, Panik

geit ‹f.*i*/k.› Geiß, Ziege

gemsa ‹sw. Vb. II› :1: ausgelassen sein

gems ‹m./n.*a*› ausgelassenes Benehmen, (schlechter) Scherz

gengi ‹n.*ja*› **1.** Begleitung **2.** Unterstützung

gera (*gerva, gøra, gørva*) ‹sw. Vb. Ib› **1.** bereiten, fertigen, anfertigen, herstellen, machen; *gera bú* einen Hausstand gründen; *~ ráð með e-m* mit jd.em eine Absprache treffen **2.** (unpersönl.) entstehen, geschehen; *gerði storm at þeim* sie kamen in einen Sturm **3.** schaffen, ausrichten, bewirken, durchführen; *gera e-n at vígi* jd.en zum Totschlag aufreizen **4.** tun, handeln; *~ sik* sich verhalten **5.** antun, zufügen, erweisen; *~ sér gott i hug* sich trösten **6.** entsenden; *~ menn til e-s* Boten zu jd.em schicken; *~ orð* Bescheid geben **7.** bescheiden, urteilen, auferlegen **8.** *gera (at)* (+ Inf.) sich anschicken (teilweise pleonast.) **9.** *gerask* gemacht werden, entstehen, geschehen, ausgehen; *gerask af e-u* aus etw. entstehen, sich aus etw. ergeben

gerð¹ (*gǫrð, gjǫrð*) ‹f.ō› **1.** Tätigkeit, Arbeit, Zubereitung **2.** Bescheid, Schiedsspruch

gerð² (*gjǫrð*) ‹f.ō› Gurt, Gürtel, Riemen

geri ‹m.n› (ℙ) 'der Gierige', Wolf

gerr ‹Adj. (*wa*)› ⇒ **gǫrr**

gersemi (*gersimi, gørsimi*) ‹f.īn› Kostbarkeit, Kleinod, Schmuckstück

gerva ‹Adv.› ⇒ **gǫrva**

gestr ‹m.i› Fremder, Gast

geta ‹st. Vb. V,1› **1.** bekommen, in den Besitz von etw. gelangen, erlangen, erreichen; *geta sér e-t* sich etw. verschaffen **2.** schaffen, zustandebringen, zeugen, gebären **3.** erwähnen, ansprechen, bemerken, berichten; *þess er við getit* das wird erzählt **4.** vermuten, mutmaßen, raten, schätzen (*e-s*); ~ *nær* erraten **5.** *geta at* (+ Inf.) beschieden sein, glücken; *hann getr at sjá* er bekommt zu sehen **6.** (+ Part. II) können, imstande sein **7.** *getask* zufrieden sein (*at e-u*)

geyja ‹st. Vb. VI,3› **1.** bellen, anbellen **2.** schmähen, lästern, diffamieren, verhöhnen, beschimpfen; *geyja goð* die (heidnischen) Götter diffamieren, schmähen

geyma ‹sw. Vb. Ib› **1.** hüten, sich kümmern um, sorgen für (*e-s*) **2.** aufbewahren

geysa ‹sw. Vb. Ib› heftig bewegen, brausen, sich ergießen, vorstürmen, vorstoßen

-gi (*-ki*) ‹Partikel› (verbunden mit Substantiv, Pronomen, Adjektiv, Adverb) nicht; *þótt hon sjálfgi* (= *sjálf-gi*) *segi* obwohl sie selbst nicht spricht, obwohl sie selbst nichts sagt

gífr ‹n.a› Unholdin, Hexe

gildr ‹Adj.› **1.** 'wertig', einen bestimmten Preis (bzw. Wert) habend, abzugelten seiend; *en aðrir skógarmenn allir, þá ero gildir átta aurum* aber alle anderen *outlaws*, die haben einen Preis von acht Unzen, für die sind acht Unzen zu bezahlen **2.** vollgültig, vollwertig, bedeutend

gin ‹n.a› geöffneter Rachen, aufgesperrtes Maul, klaffender Schlund

gína ‹st. Vb. I› 'gähnen', das Maul aufreißen, den Rachen aufsperren

ginn-heilagr ‹Adj.› ℙ :≦5: hochheilig

ginnung ‹f.?› Abgrund(?); *ginnunga gap* Schlund der Abgründe(?)

gipta¹ ‹f.ōn› Glück

gipta² ‹sw. Vb. Ib› (eine Frau) verheiraten; *giptask* sich vermählen (*e-m* mit einem Mann)

giptu-maðr ‹m.*a*/k.› Glückspilz, Sonntagskind

girna ‹sw. Vb. Ib› begierig machen; (unpersönl.) *e-n girnir til e-s* jd. begehrt etw., verlangt nach etw.; *girnask* begehren, verlangen, gelüsten

girnd ‹f.*i*› Begierde, Verlangen, Lust

gisting ‹f.*ō*› Übernachtung, Nachtquartier

gjaf-orð ‹n.*a*› Eheschließung, Heirat (mit einer Frau), Partie

gjald ‹n.*a*› **1.** Vergeltung, Gegengabe **2.** Entgelt, Bezahlung, Lohn **3.** Abgabe, Steuer, Tribut

gjalda ‹st. Vb. IIIb,1› **1.** vergelten, heimzahlen **2.** vergelten, Buße leisten, erstatten, büßen, leiden für (*e-s*) **3.** entgelten, bezahlen, lohnen **4.** bezahlen, entrichten; *gjalda skatt* Tribut leisten

gjalla ‹st. Vb. IIIb,1› gellen, hallen, laut tönen, brüllen

gjarn ‹Adj.› **1.** begehrlich, begierig, strebend nach (*e-s, til e-s*) **2.** willig, ergeben

gjarna ‹Adv.›, **gjarnan** ‹Adv.› gerne, bereitwillig

gjósa ‹st. Vb. II,1› hervorbrechen, heraussprudeln

gjóta ‹st. Vb. II,1› gießen, ausgießen; *Glámr gaut sínum sjónum harðliga* Glam rollte heftig mit den Augen (oder: stierte stechend)

gjǫf ‹f.*ō*› Gabe, Geschenk

gjǫfull ‹Adj.› freigebig, gebefreudig, spendabel

gjǫrð$^{1/2}$ ‹f.*ō*› ⇒ **gerð$^{1/2}$**

glaðan ‹Adv.› fröhlich, vergnügt, gut gelaunt

glað-ligr ‹Adj.› fröhlich, vergnügt, gut gelaunt

glaðr ‹Adj.› **1.** blank, hell, glänzend **2.** fröhlich, heiter, vergnügt, gut gelaunt

glað-stýrandi ‹m.*n*› ℙ :1: Pferd-Lenker; *glað-stýrandi slóða kjalar* (Lenker des [Pferdes des {der Wege des Kiels ≙} Meeres ≙] Schiffs ≙) Mann, Krieger

glaumr ‹m.*a*› Freudenlärm, Festtrubel

gleði ‹f.*īn*› Freude, Fröhlichkeit, Vergnügen   **-bragð** ‹n.*a*› vergnügtes Aussehen, fröhliches Benehmen

gleðja ‹st. Vb. Ia› froh machen, erfreuen, aufheitern, aufmuntern; *gleðjask* sich freuen

gleypa ‹sw. Vb. Ib› verschlucken, verschlingen, vertilgen

glíkendi ‹n.*ja*› **1.** Gleichheit, Ähnlichkeit, Vergleich **2.** Gestalt, Aussehen **3.** Indiz, Beweis, Wahrscheinlichkeit

glíking ‹f.*ō*› **1.** Gleichheit, Ähnlichkeit; *í glíking annarra manna* wie andere Leute, in derselben Weise wie andere **2.** Gestalt, Aussehen

glíkja ‹sw. Vb. Ib› gleichtun, nachahmen; *glíkjask* gleichen

glík-ligr ‹Adj.› wahrscheinlich, erwartungsgemäß, vielversprechend, erfolgverheißend, günstig

glíkr ‹Adj.› **1.** gleich, identisch **2.** wahrscheinlich, geeignet

glita ‹sw. Vb. II›, **glitra** ‹sw. Vb. II› glitzern, glänzen, blinken

glóa ‹sw. Vb. II› **1.** glühen **2.** schimmern, scheinen

gluggr ‹m.*a*› Öffnung, Guckloch, Luke, Fenster

glý ‹n.*ja*› ℗ :1: Freude

glymja ‹sw. Vb. Ia› lärmen, rauschen, brausen, klingen, klirren

glymr ‹m.*i*› (℗) Lärm, Klang, Klirren

gløggr ‹Adj. (*wa*)› **1.** scharfsichtig, scharfsinnig **2.** deutlich, klar **3.** sparsam, geizig; *vera gløggr um e-t* auf etw. erpicht sein

gloepr ‹m.*i*› Vergehen, Untat, Verbrechen

gnaddr ‹m.*a*› ℗ :1: Junges(?)

gnapa ‹sw. Vb. III› hinunterhängen, sich über etw. beugen, den Kopf senken

gnata ‹sw. Vb. II› ℗ :1: (krachend) einstürzen

gnógr ‹Adj.› genug, genügend, ausreichend, reichlich

gnúa ‹st. Vb. VII,1› reiben

gnýja ‹sw. Vb. Ia› lärmen, tosen, krachen

gnýr ‹m.*i*› Lärm, Getöse, Tumult

goð ‹n.*a*› **1.** (heidnische) Gottheit **2.** (Pl.) Gesamtheit der (heidnischen) Gottheiten, die göttlichen Mächte; *goðum ek þat þakka, er þér gengsk illa* den Göttern danke ich es, wenn es dir schlecht ergeht

goða-blót ‹n.*a*› **1.** Opfer an die (heidnischen) Gottheiten **2.** Verehrung der (heidnischen) Gottheiten **-gremi** ‹f.*īn*› :2: Zorn der (heidnischen) Gottheiten

góð-borinn ‹Adj.› ℗ :2: hochgeboren, von edler Herkunft

goð-gá ‹f.*ō*› Götterlästerung, Verspottung der (heidnischen) Gottheiten

góð-gjarn ‹Adj.› guten Willens, wohlwollend, rechtschaffen

goði ‹m.*n*› Gode, eine Art Bezirkshauptmann mit politischen und rechtlichen Befugnissen (im alten Island)

góðr (*gott* n.) ‹Adj.› **1.** gut, vortrefflich, tüchtig; *gott skáld* fähiger Dichter **2.** gut, rechtschaffen, redlich **3.** gütig, gutmütig, freundlich **4.** gut ausgestattet, gut bestückt

góð-vili ‹m.*jan*› guter Wille, Wohlwollen, Rechtschaffenheit

góð-viljaðr ‹Adj.› gutwillig, wohlwollend

gólf ‹n.*a*› **1.** Fußboden, Diele, Mittelraum des Hauses (Zone zwischen den *set* (seitlichen Bankplattformen) **2.** abgeteilter Raum

gólf-Hǫlkvir ‹m.*ja*› ℗ :1: (Fußboden-Pferd ≙) Haus

gotar ‹m.*n* Pl.› ℗ 'Goten', Männer

góz (*góðs*) ‹n.*a*› Gut, Eigentum

grafa ‹st. Vb. VI,1› **1.** graben, aufgraben, eingraben; *grafa undir* untergraben, unterminieren **2.** begraben **3.** eingraben, schnitzen **4.** einfügen **5.** 'ergraben', verstehen; ~ *vísu* den Sinn einer Strophe herausbekommen, eine Strophe verstehen

gramr[1] ‹m.*i*› ℗ Herrscher, Fürst, König

gramr[2] ‹Adj.› **1.** gram, grimm, böse, feindlich **2.** (Pl.) *gramir* m., *grǫm* n. böse Mächte, feindliche Mächte, Unholde

granda ‹sw. Vb. II› schaden, schädigen, verletzen   **-lauss** ‹Adj.› unbeschadet, unbehelligt, ungestört

*****grán-ferð** ‹f.*i*› ℗ :1: (graue Schar ≙) Wolfsrudel(?)

gran-síðr ‹Adj.› ℗ :1: einen lang hinunterhängenden Schnurrbart habend, langbärtig

*****gran-variðr** ‹Adj.›, *****gran-vǫrðr** ‹m.*u*› → *****grán-ferð**

grár ‹Adj.› **1.** grau **2.** feindlich

gras ‹n.*a*› Gras, Kraut; *hníga í gras* ins Gras beißen, sterben   **-garðr** ‹m.*a*› Garten, Kräutergarten

gráta ‹st. Vb. VII,5› weinen, beweinen

grátr ‹m.› das Weinen, Klage

greiða ‹sw. Vb. Ib› **1.** bereiten, in Ordnung bringen, klären; *þær greiddu gullin símu* sie entwirrten goldene Fäden **2.** fördern, befördern, voranbringen **3.** durchführen, verrichten **4.** bezahlen, entrichten

greiðr ‹Adj.› bereit, glatt, problemlos

greifi ‹m.*n*› Graf

grein ‹f.*i*› **1.** Ast, Zweig **2.** Teil, Bestandteil, Stück, Abschnitt **3.** Ding, Sache, Einzelheit, Punkt; *í annari grein* zweitens **4.** Unterschied, Verschiedenheit, Eigenart **5.** Meinungsverschiedenheit, Streit **6.** Grund, Ursache; *með þeirri grein* aus diesem Grund, deswegen

greina ‹Vb.› **1.** teilen, trennen **2.** scheiden, unterscheiden **3.** mitteilen, ankündigen **4.** *greinask* sich trennen, sich unterscheiden

greppr ‹m.*a*› **1.** Mann, Krieger **2.** (ℙ) Dichter

grey ‹n.*ja*› **1.** Hündin **2.** ℙ Hure **3.** Feigling, Schuft, Schurke

grey-skapr ‹m.*i*› :≦5: Feigheit, Schäbigkeit   **-stóð** ‹n.*a*› ℙ :1: 'Hundegestüt', Hundemeute

grið ‹n.*a*› **1.** Heimstätte, Aufenthalt **2.** (Pl.) Friede, Waffenstillstand, Sicherheit, freies Geleit

griða-rof (*grið-*) ‹n.*a*› Friedensbruch   **-staðr** ‹m.*i*› Friedensstätte, Freistätte, Asyl

grimmr ‹Adj.› grimmig, haßerfüllt, erbittert, hart, wild, schrecklich

grind ‹f.*ō*/k.› Gitterwerk, Gatter, Viehhürde

grípa ‹st. Vb. I› greifen, ergreifen, fassen, packen

gripr ‹m.*i*› (wertvolles) Besitztum, Wertgegenstand, Kostbarkeit

grjót ‹n.*a*› grober Sand, Geröll, Gestein, Steinhaufen   **-bjarg** ‹n.*a*› :≦5: 'Steinberg', Felsen, Klippe

gróa ‹st. Vb. VII,1› **1.** wachsen, sprießen, grünen; *enda mun illt af gróa und Böses wird (auch) daraus entwachsen*; *gróinn* bewachsen **2.** anwachsen, zusammenwachsen, heilen

gróf ‹f.*ō*› Grube

gruna ‹sw. Vb. II› ahnen, vermuten, argwöhnen, mißtrauen, bezweifeln; *e-n grunar (um) e-t* jd.em schwant etw.

grund ‹f.*ō*› Grund, Erdboden, Wiese   **-vǫllr** ‹m.*u*› **1.** Baugrund, Grundfläche, Fundament **2.** Grundlage, Basis

grunn ‹n.*a*›, **grunnr** ‹m.*a*› Meeresboden, Meeresgrund

grunr ‹m.*i*› Ahnung, Vermutung, Argwohn, Verdacht, Zweifel; *e-m er grunr um e-t* jd. vermutet etw.

grýta ‹sw. Vb. Ib› mit Steinen werfen, steinigen

græna* ‹sw. Vb. Ib› (ℙ) :≦5: *grænask* 'ergrauen', sich verdüstern, sich verschlechtern

grœða ‹sw. Vb. Ib› **1.** wachsen lassen, vermehren; *grœðask honum fé* der Besitz vermehrt sich ihm, sein Besitz nimmt zu **2.** heilen, helfen

grœnlenzkr ‹Adj.› grönländisch

grœnn ‹Adj.› **1.** grün **2.** frisch

grœta ‹sw. Vb. Ib› zum Weinen bringen, traurig machen

grǫf ‹f.ō/i› **1.** Grube, Graben **2.** Grab

grǫptr ‹m.u› **1.** das Graben **2.** Grube, Graben **3.** Grab **4.** Begräbnis, Bestattung **5.** Einkerbung

guð (*goð*) ‹m.i› **1.** (christlicher) Gott **2.** (heidnische) Gottheit

guð-ligr ‹Adj.› göttlich   **-vefr** ‹m.i› kostbarer (Baumwoll-)Stoff

guðr ‹f.jō› ⇒ **gunnr**

gulr ‹Adj.› gelb

gull ‹n.a› Gold, Goldgegenstand

gull-auðigr ‹Adj.› reich an Gold   **-bitull** ‹m.a› ℙ :1: goldenes Pferdegebiß   **-hjálmr** ‹m.a› Goldhelm   **-hlað** ‹n.a› Goldband   **-hringr** ‹m.a› Goldring   **-lagðr** ‹Adj.› goldbesetzt   **-ligr** ‹Adj.› golden, vergoldet   **-roðinn** ‹Adj.› vergoldet   **-skál** ‹f.i/ō› Goldschale, goldenes Trinkgefäß   **-smíð** ‹f.ō› :≦5: Goldschmiedearbeit   **-variðr** ‹Adj.› ℙ :1: geschmückt mit Gold

gumi ‹m.n› Mann, Mensch

gunn-heilagr ‹Adj.› ℙ :1: 'kampfunantastbar' (von jd.em, gegen den man nicht kämpfen darf)   **-hvatr** ‹Adj.› :≦5: kampflustig, kühn im Kampf

gunnr (*guðr*) ‹f.jō› ℙ Kampf

gýgr ‹f.jō› Riesin, Zauberin

gylla ‹sw. Vb. Ib› vergolden

gyrða ‹sw. Vb. Ib› **1.** gürten, umgürten, umbinden, festbinden; *gyrða hestinn* das Pferd satteln, den Sattelgurt festzurren **2.** umschließen, einfassen **3.** drücken, pressen

gæfa ‹f.ōn› Glück

gæfr ‹Adj.› angenehm, besonnen

gæfu-maðr ‹m.a/k.› Glückspilz, Erfolgsmensch

gær ‹Adv.› **1.** *(í) gær* gestern **2.** ℙ *í gær* morgen

gæta ‹sw. Vb. Ib› **1.** aufpassen, bewachen, hüten; *gætask e-s* sich wegen etw. sorgen; *gætask um e-t* über etw. beratschlagen **2.** beachten, befolgen

H

gætir ‹m.*ja*› ℙ Aufpasser, Bewacher, Hüter, Beschützer
gøra (*gǿrva*) ‹sw. Vb. Ib› ⇒ **gera**
gørsimi ‹f.*īn*› ⇒ **gersemi**
gœða ‹sw. Vb. Ib› **1.** verstärken **2.** bereichern, beschenken
gœði ‹n.*ja* Pl.› **1.** gute Dinge, Güter, Kostbarkeiten **2.** Gewinn, Profit
gœzka ‹f.*ōn*› **1.** gute Dinge, Güter, Kostbarkeiten **2.** Güte, Freundlichkeit, Wohlwollen, Gnade
gǫfugr ‹Adj.› **1.** stattlich, ansehnlich; *húskarlar gǫfgir menjum* die durch Halsringe stattlichen Gefolgsleute, die mit Halsringen geschmückten Gefolgsleute **2.** angesehen, vornehm
gǫgn (*í gǫgn*) ‹Adv., Präp.› ⇒ **gegn**
gǫgnum (*í gǫgnum*) ‹Adv., Präp.› ⇒ **gegnum**
gǫltr ‹m.*u*› **1.** Borg, kastrierter Eber **2.** Eber
gǫrð ‹f.*ō*› ⇒ **gerð¹**
gǫrr (*gerr*) ‹Adj. (*wa*)› **1.** bereit zu etw. (*e-s, til e-s, at* + Inf.) **2.** bereitet, verrichtet, getan, gemacht **3.** geschickt
gǫrva (*gerva*) ‹Adv.› genau, völlig, vollständig
gǫtva ‹sw. Vb. II› begraben, verscharren
gǫtvaðr ‹m.*a*› Töter(?)

H

haddr ‹m.*a*› (ℙ) Haar (von Frauen)
háðung ‹f.*ō*› Beleidigung, Schimpf, Hohn, Verachtung
haf ‹n.*a*› Meer, Ozean, hohe See
hafa ‹sw. Vb. III› **1.** haben, bei sich haben, halten, behalten, besitzen, verfügen; *hafa betr* es besser haben; *Þrymr hefir hamar* Thrym hat den Hammer, verfügt über den Hammer **2.** verwenden, benutzen, gebrauchen; *þat er hamarr sá, er hafðr er at gullsmíð* das ist der Hammer, der bei der Goldschmiedearbeit verwendet wird; *þat er til þess haft, at* das ist der Grund dafür, daß **3.** mit sich haben, führen, tragen, bringen **4.** sich an etw. halten, einhalten; *hafa ráð* einen Rat befolgen **5.** in Gang halten, veranstalten **6.** zu fassen bekommen, erhalten, erlangen; ~ *sigr* den Sieg erringen **7.** sich verhalten, benehmen, unternehmen; ~ *ekki afl við e-m* gegen jd.en nichts ausrichten können **8.** (+ Part. II, zur Bildung von Perfekt und Plusquamperfekt) haben; *hann*

hefir kallat er hat gerufen **9.** *hafask* sich aufhalten, sich verhalten; *hafask e-t at* sich mit etw. beschäftigen; ~ *til ills* Unfug treiben

hafna ‹sw. Vb. II› aufgeben, verlieren, verwerfen

haga ‹sw. Vb. II› **1.** einrichten, in die Tat umsetzen, handeln, durchführen, vorgehen, sich verhalten **2.** ausfallen, sich entwickeln; *þat hagar okkr til auðar* das wird ein Gewinn für uns beide

hag-leikr ‹m.*a*› Geschicklichkeit, Kunstfertigkeit

hagr[1] ‹m.*i*› **1.** Umstand, Zustand, Verhältnis, Lage; *hag manna* Zustand der Gesellschaft **2.** Handlung, Verhalten **3.** Nutzen, Vorteil

hagr[2] ‹Adj.› geschickt, tüchtig, kunstfertig

hald ‹n.*a*› **1.** Halt, das Zurückhalten **2.** das Festhalten, Gewahrsam **3.** Schutz, Unterstützung **4.** Erhaltung, Durchführung **5.** das Einhalten **6.** Nutzen, Gewinn

halda ‹st. Vb. VII,4› **1.** halten, behalten, zurückhalten (*e-u*); *halda lífi* am Leben bleiben **2.** haben, besitzen, verfügen über (*e-t*) **3.** festhalten, aufrecht halten, fortführen, fortsetzen **4.** behalten, schützen, unterstützen; ~ *geitr* Ziegen hüten **5.** aushalten, sich behaupten, standhalten (~ *við e-m*) **6.** abhalten, durchführen **7.** sich bewegen, sich wenden, steuern, fahren; ~ *heim* sich heimwärts wenden; *heldr við (e-t)* es ist nahe an **8.** beachten, beobachten **9.** halten für, glauben, meinen **10.** *haldask* sich halten, anhalten, bleiben, gesund bleiben

hald-orð ‹Adj.› ℙ :≦5: das Wort haltend, treu

há-leitr ‹Adj.› erhaben, herrlich; *háleitr sigr* großer Sieg

hálf- ‹Präf.› **1.** halb-; *hálf-dauðr* halbtot **2.** (vor Num./Adj. auf (-)*tugr*) minus 5; *hálf-þrítugr* 'die Hälfte von (20 und) 30' (i.e. 30–5), 25

hálfa ‹f.*ōn*› **1.** Zone, Region, Weltgegend **2.** Abstammung **3.** Seite; *af minni hálfu* von meiner Seite, meinerseits

hálfr ‹Adj.› **1.** halb, zweigeteilt, zur Hälfte; *hálfr þriði tigr* zur Hälfte der dritte Zehner = 25 **2.** *hálfu* (+ Komp.) noch einmal soviel; *hálfu meirr* doppelt so viel

hali ‹m.*n*› Schwanz

halla ‹sw. Vb. II› **1.** sich neigen, in Schräglage bringen **2.** umbiegen, verkehren, verzerren; *halla dómi* ein ungerechtes Urteil fällen

hall-mæla ‹sw. Vb. Ib› tadeln, lästern, schlecht reden (*e-m*)

hallr ‹Adj.› **1.** sich neigend, geneigt, schief, schräg **2.** geneigt, zugetan

hallr ‹m.*a*› Stein, Steinbrocken, Felsblock

halr ‹m.i› (ℙ) Mann

háls ‹m.a› 1. Hals, Nacken; *hon tók hǫndum um hals honum* sie 'halste' ihn, umfing ihn mit den Händen, umarmte ihn; *góðir hálsar* liebe Leute 2. Felsnacken, Höhenrücken

haltr ‹Adj.› lahm, gelähmt, hinkend

hamarr ‹m.a› 1. Hammer 2. Stein, Steinbrocken, Felsblock 3. Felswand, Klippe

hamingja ‹f.jōn› Schutzgeist, personifiziertes Glück

hamr ‹m.i› äußere Gestalt (teilweise als Überzug gedacht)

hand-bogi ‹m.n› Bogen (als Schußwaffe)   -leggr ‹m.i› 1. (Unter-)Arm 2. (Unter-)Armknochen   -taka ‹st. Vb. VI,2› Hand an jd.en legen, ergreifen, gefangennehmen

hanga ‹st. Vb. VII,4› hängen, aufgehängt sein

hangi ‹m.n› :≦5: Aufgehängter, Gehenkter

hani ‹m.n› Hahn

hann (m.; *hon* f.) ‹Pron.› er, sie

haptr ‹m.a› ℙ :≦5: Gefangener

hár¹ ‹m.i› Dolle, Ruderpflock

hár² ‹n.a› Haar

hár³ ‹Adj. (*wa*)› 1. hoch, groß, lang 2. erhaben, bedeutend 3. kräftig, heftig, hart 4. *hátt* laut; *kalla hátt* laut rufen

harð-fengi ‹f.īn› das Zupacken, energisches Vorgehen, Kühnheit

harðla (*harða, harla*) ‹Adv.› sehr, kräftig, heftig, kühn

harð-liga ‹Adv.› hart, kräftig, heftig, energisch, gewaltsam, kühn   -móðugr (-*móðigr*) ‹Adj.› ℙ :≦5: hartgemut, kühn gesonnen   -mælt ‹Adj.› :≦5: scharfzüngig

harðna ‹sw. Vb. II› 1. hart werden, fest werden; *þá harðnaði bandit* da verfestigte sich das Band 2. stark werden, kräftig werden 3. strenger werden, schlimmer werden; *harðnaði konungr við Þrœndi* der König wurde den Tröndern gegenüber strenger; *ef veðrit tœki at harðna* falls sich das Wetter zu verschlechtern begänne

harðr ‹Adj.› 1. hart, fest 2. hart, kräftig, heftig, energisch, gewaltsam, scharf, kühn 3. hart, streng, unnachgiebig, hartnäckig 4. hart, anstrengend, schwer

hárð-raðr ‹Adj.› hart, streng, willensstark, entschlossen, kompromißlos

hár-fagr ‹Adj.› 'haarschön', schönhaarig
hark¹ ‹n.a› Geräusch, Lärm, Krach, Aufruhr
hark² ‹n.a› harte, strenge Behandlung
harka ‹f.ōn› Härte, Stärke
harka ‹sw. Vb. II› zusammenkratzen
harma ‹sw. Vb. II› **1.** bekümmern; *e-t harmar e-n* etw. kränkt jd.en **2.** beklagen, bedauern
harm-brǫgð ‹n.*a* Pl.› ℙ :1: 'Harmtücke', Leid verursachende Hinterlist **-dauðr** ‹Adj.› im Tod betrauert; *er hann mǫrgum mǫnnum harmdauði* sein Tod wird von vielen betrauert **-dǫgg** ‹f.*wō*› ('Harmtau' ≙) Blut
harmr ‹m.*a*› Harm, Beschwernis, Kränkung, Leid, Kummer, Schmerz; *harmr ok tregi* Kummer und Schmerz
harneskja ‹f.*jōn*› Harnisch, Rüstung
harpa ‹f.*ōn*› Harfe
hárr ‹Adj.› grau, grauhaarig
há-seti ‹m.*n*› (zu *hár* m.) Ruderer
háski ‹m.*n*› Gefahr
há-sæti ‹n.*ja*› Hochsitz, erhöhter Sitz
hata ‹sw. Vb. II› **1.** hassen **2.** ℙ vergeuden, verschwenden
há-tíð ‹f.› Fest, Festtag, Feiertag
hátta ‹sw. Vb. II› **1.** vorgehen, einrichten **2.** geartet sein, beschaffen sein; *háttar svá, at* es kommt dazu, daß
háttr ‹m.*u*› (Pl. *hættir*) **1.** Art, Weise **2.** Benehmen, Verhalten, Brauch, Gewohnheit, Konvention, *way of life* **3.** Versmaß, Metrum
hauðr-men ‹n.*ja*› ℙ :2: (Erdring ≙) **1.** Meer **2.** Schlange
haugr ‹m.*a*› Hügel, Grabhügel
haukr ‹m.*a*› Habicht, Falke
hauk-vǫllr ‹m.*u*› (Falkenfeld ≙) Arm
hauss ‹m.*a*› Schädel, Kopf
hausta ‹sw. Vb. II› *haustar* es herbstelt, es wird Herbst
heðan ‹Adv.› **1.** von hier, von hier aus, weg **2.** von nun an, ab jetzt **3.** *fyrir heðan* (+ Akk.) diesseits
hefja ‹st. Vb. VI,3› **1.** heben, hochheben, emporheben **2.** anheben, anfangen; *hefja (upp) e-t* etw. beginnt **3.** einrichten, gründen **4.** erhe-

ben; *hafðr til ríkis* an die Herrschschaft gelangt **5.** *hefjask* sich erheben, anheben, beginnen, entstehen; *Vǫlundr hófz at lopti* Völund erhob sich in die Luft, flog auf

hefna ‹sw. Vb. Ib› rächen; *hefna e-s á e-m* etw. an jd.em rächen; *þá væri þér hefnt Helga dauða, ef* Helgis Tod wäre dann an dir gerächt, wenn

hefnd ‹f.i› Rache

heggr ‹m.i› (℗) Traubenkirschbaum, Elsenkirschbaum; *hjǫrraddar heggr* (Baum des Schwertklangs ≙) Krieger

hégómi ‹m.n› leeres Geschwätz, Unfug, Unwahrheit **hégóm-ligr** ‹Adj.› leer, haltlos, unwahr

heiðingi[1] ‹m.n› Heide, Ungläubiger

heiðingi[2] ‹m.jan› ℗ (Heidebewohner ≙) Wolf

heiðinn ‹Adj.› heidnisch, pagan; *heiðin goð* die heidnischen Götter

heiðni ‹f.īn› **1.** heidnischer Glaube, heidnischer Brauch, Heidentum **2.** heidnische (vorchristliche) Zeit

heiðr[1] ‹m.a› (Gen. *-rs*) Ehre, Ansehen

heiðr[2] ‹f.jō› Heide, brachliegende Ebene, Ödland

heiðr[3] ‹Adj.› klar, heiter, nicht bewölkt

heilagr ‹Adj.› **1.** heilig, unverletzlich, unantastbar (im rechtlichen Sinn) **2.** heilig (im religiösen Sinn); *heilagr maðr* (christlicher) Heiliger

heili ‹m.n› Gehirn

heill ‹Adj.› **1.** heil, unverletzt, unversehrt, intakt, ganz **2.** gesund, wohlauf **3.** glücklich; *ver (þú) heill!* sei gegrüßt!; *far ~ gute* Reise!

heilsa[1] ‹f.ōn› Gesundheit, Wohl

heilsa[2] ‹sw. Vb. II› Glück wünschen, grüßen, begrüßen

heilyndi ‹n.ja› Gesundheit, Wohl

heim ‹Adv.› heim, heimwärts, nach Hause

heima[1] ‹n.n› Heim, Wohnsitz, Haus **-maðr** ‹m.a/k›. Diener, (Pl.) Hausleute, Gesinde

heima[2] ‹Adv.› daheim, zu Hause

heiman ‹Adv.› von daheim, von zu Hause

heim-boð ‹n.a› **1.** Einladung **2.** Gastmahl **-dragi** ‹m.n› Stubenhocker (jd., der zu Hause bleibt); *hleypa heimdraganum* dem Stubenhocker Beine machen, in die Welt hinauskommen **-fǫr** ‹f.ō› Heimfahrt, Heimreise

heimili ‹n.*ja*› Heim, Wohnsitz, Heimat **-hús** ‹n.*a*› **1.** Heimstätte, Wohnung **2.** Abort, Klosett

heimill ‹Adj.› verfügbar, Verfügung habend, gebührlich, zustehend, Anrecht habend; *eiga (e-t) heimilt* Anrecht (auf etw.) haben

heim-leiðis ‹Adv.› heimwärts, nach Hause, Richtung Heimat

heimr ‹m.*a*› **1.** Heim, Wohnsitz, Heimat, Heimatland **2.** Weltteil, Weltgegend **3.** bewohnte Erde, Welt; *heimr sals dreyra* (Heim [der Wohnung des Blutes ≙] des Körpers ≙) Aufenthaltsort

heimskr ‹Adj.› beschränkt, unbedarft, einfältig, dumm; *heimskr maðr* Einfaltspinsel, Dummkopf, Stümper

heims-kringla ‹f.*ōn*› Erdkreis, Welt

heim-stǫð ‹f.*wō*› ℙ :1: Heimstätte

heimta ‹sw. Vb. Ib› **1.** 'heimsen', zu sich holen, zurückholen, heimbringen **2.** reklamieren, beanspruchen, einfordern

heipt ‹f.*i*› Zorn, Erbitterung, Haß, Feindschaft

heipt-gjarn ‹Adj.› haßgierig **-móðr** ‹Adj.› grimmig gesinnt

heit ‹n.*a*› feierliches Versprechen, Gelübde

heita¹ ‹st. Vb. VII,2› **A.** (Präs. *heit, heitr*) **1.** nennen, benennen, bezeichnen; *þau hétu son sinn Helga* sie nannten ihren Sohn Helgi **2.** verheißen, versprechen, zusichern, in Aussicht stellen; *hefir minn faðir meyju sinni heitit Granmars syni* mein Vater hat sein Mädchen mit dem Sohn Granmars verlobt **3.** heißen, befehlen, auffordern; *heitið mik heðan* fordert mich auf wegzugehen, schickt mich weg **4.** anrufen, bitten, beten; *heita á guð* zu Gott beten **B.** (Präs. *heiti, heitir*) benannt sein, genannt werden, heißen; *hon hét Bǫdvildr* sie hieß Bödvild

heita² ‹sw. Vb. Ib› brauen

heiti ‹n.*ja*› **1.** Bezeichnung, Ausdruck **2.** (poetische) Umschreibung; *kent heiti* 'gekennzeichnete Umschreibung' = *kenning*

heitr ‹Adj.› heiß, glühend

heit-strenging ‹f.*ō*› Ablegung eines feierlichen Versprechens

hel ‹f.*jō*› Jenseits, Totenreich, Unterwelt

héla ‹f.*ōn*› Rauhreif

heldr ‹Adv. Komp.› **1.** lieber, eher, besser, besonders, vielmehr; *eigi – heldr* nicht – sondern; *at ~* trotzdem; *at heldr – at* umso lieber – als

2. recht, ziemlich, beträchtlich, sehr   3. *helzt* (Sup.) am liebsten, am besten, ganz besonders, vor allem; *helzt til mikill* allzu groß

hel-fúss ‹Adj.› ℙ :1: todesbereit, gewillt zu sterben

helga ‹sw. Vb. II› heiligen, heilig machen, weihen

hel-grind ‹f.ō/k.› :≦5: Helgatter, Jenseitspforte

hella ‹f.ōn› flacher Stein, Steinplatte

hellir ‹m.*ja*› Felshöhle

helmingr ‹m.*a*›   1. ½, Hälfte   2. ℙ Schar, Kriegerschar

hélu-fall ‹n.*a*›   Niederschlag von Rauhreif

hel-vegr ‹m.*a/u*›   Weg in das Jenseits   **-víti** ‹n.*ja*› Hölle

helzt ‹Adv. Sup.› → **heldr**

henda ‹sw. Vb. Ib›   1. greifen, erwischen, ergreifen, fassen; *henda knǫttinn* den Ball fangen   2. betreffen, anlangen   3. geschehen, stattfinden

hending ‹f. Vb.›   1. das Greifen, das Fassen; *var jafnan í hendingu með þeim* sie waren immer in Reichweite   2. Binnenreim, Reim von (Silbengipfeln und) Silbensenken

hengja ‹sw. Vb. Ib›   hängen machen, aufhängen, henken

heppinn ‹Adj.›   glücklich

hepta ‹sw. Vb. Ib›   1. binden, fesseln   2. hemmen, hindern, aufhalten

hér ‹Adv.›   1. hier, hierher; *hér með* hiermit   2. nun, jetzt; *hér til* bisher

herað ‹n.*a*›   1. Gebiet, Gegend, Landschaft   2. Bezirk, Provinz

herbergi ‹n.*ja*›   1. Herberge, Bleibe, Unterkunft   2. Aufenthaltsort, Wohnstätte, Heim

her-búð ‹f.*i*›   Kriegszelt, (Pl.) Heerlager

herða[1] ‹f.ōn›   Härte

herða[2] ‹sw. Vb. Ib›   1. härten, befestigen   2. bedrängen

herðar ‹f.*jō* Pl.›   Schultern

herði-meiðr ‹m.*a*› ℙ :1: (Schwertbaum ≙) Mann; *herðimeiðr hríðar mána viðar hauðrmens* (Mann des [Sturmes des {Mondes des ((Baumes des Meeres ≙)) Schiffes ≙} Schildes ≙] Kampfes ≙) Krieger   **-mýll** ‹m.*i*› ℙ :1: harter Klumpen, Felsbrocken; *herðimýlar Hergauts vinu* ‹m.*i*› (Felsbrocken der [Geliebten Hergauts/Odins ≙] Erde ≙) Steine

her-fang ‹n.*a*›   Kriegsbeute; *taka at herfangi* gewaltsam wegnehmen, entführen   **-ferð** ‹f.*i*›, **-fǫr** ‹f.ō› Heerfahrt, Kriegszug

*herfi (*hervi*) ‹f.īn› ℙ :1: Elend, Not
herfi-ligr ‹Adj.› kläglich, jämmerlich, elend, schändlich
her-glǫtuðr ‹m.*u*› (Heervernichter ≙) Held, Herrscher
herja ‹sw. Vb. II› **1.** heeren, Krieg führen; *herja á e-n* jd.en angreifen, jd.en überfallen **2.** verheeren, mit Krieg überziehen; ~ *land*, ~ *á ríki* ein Land, ein Gebiet mit Krieg überziehen **3.** verheeren, plündern
herki ‹m.*jan*› :1: plumper Kerl, Stümper
herkja ‹sw. Vb. Ib› :1: sich dahinschleppen
her-klæði ‹n.*ja* Pl.› Rüstung
her-maðr ‹m.*a*/k.› Krieger, Kriegsmann, Heerführer
hernuðr (*hernaðr*) ‹m.*u*› **1.** Kriegszug **2.** Verheerung, Plünderung
her-numinn ‹Adj.› :≦5: **1.** gefangengenommen **2.** verschleppt, deportiert   **-óp** ‹n.*a*› Schlachtruf, Kampfschrei
herr ‹m.*ja*› **1.** Schar, Gruppe, Menschenhaufen, Menschenmenge, Menschenversammlung **2.** Truppe, Kriegsvolk, Heer
herra ‹m.*n*› Herr, Gebieter
hersir ‹m.*ja*› Herse, 'Häuptling', Lokalherrscher (in Norwegen)
her-skapr ‹m.*i*› Feldzug, Kriegsführung   **-taka** ‹st. Vb. VI,1› **1.** gefangennehmen **2.** (eine Frau) entführen   **-togi** ‹m.*n*› **1.** Heerführer **2.** Herzog   **-vegr** ‹m.*a/u*› ℙ :2: Heerweg, Heerstraße
hervi ‹f.īn› ⇒ *herfi
hér-vist ‹f.*i*› Anwesenheit, Aufenthalt
her-væða ‹sw. Vb. Ib› :2: *hervæða sik* sich die Rüstung anlegen
hesli-stǫng ‹f.ō/k.› :≦5: Haselholzstange
hesta-at ‹n.*a*› Pferdehatz, Pferdekampf   **-stafr** ‹m.*a*› Stock, mit dem die Pferde zum Kampf angetrieben werden   **-víg** ‹n.*a*› Pferdekampf
hestr ‹m.*a*› **1.** Hengst **2.** Pferd **3.** Reittier
hetja ‹f.*jōn*› Held, Kämpfer
hey ‹n.*ja*› Heu
heygja ‹sw. Vb. Ib› 'einhügeln', in einem Grabhügel beisetzen, begraben, bestatten
heyja ‹sw. Vb. Ia› in Gang setzen, beginnen lassen, betreiben, ausführen, durchführen; *heyja hólmgǫngu* einen Zweikampf ausfechten
heyra ‹sw. Vb. Ib› **1.** hören, vernehmen, anhören (*til e-s*) **2.** angehören, anbelangen

heyrn ‹f.i› das Hören, Gehör
hildingr ‹m.a› (℗) Kämpfer, Krieger, Held
hildr ‹f.jō› (℗) Kampf
hilmir ‹m.ja› ℗ Herrscher, Fürst, König
himinn ‹m.a› Himmel
***himin-jǫðurr** ‹m.a› ℗ :1: Himmelrand(?)
himin-ríki ‹n.ja› Himmelreich   **-tungl** ‹n.› Himmelskörper, Gestirn
himna ‹f.ōn› ⇒ **hinna**
himneskr ‹Adj.› himmlisch
hindri ‹Adj. Komp.› **1.** hinterer **2.** späterer, letzter; *(h)innsta sinni* das letzte Mal
hingat ‹Adv.› hierher, hier
hinn¹ (m.; *hin* f., *hitt* n.) ‹Pron.› jener, derjenige, der andere; *hinn veg* anders
hinn² (m.; *hin* f., *hitt* n.) ‹Art.› ⇒ **inn**
hinna ‹f.ōn› **1.** Hirnhaut, Bauchfell **2.** dünne Schicht, Schleier
hirð ‹f.ō› Gefolgschaft, Hofgefolge (eines Herrschers), Hof
hirð-maðr ‹m.a/k.› Gefolgsmann
hirða ‹sw. Vb. Ib› **1.** bewahren, in Obhut nehmen, in Sicherheit bringen **2.** sich kümmern, achten auf; *hirð (-um, -it* Imp., + Inf. bei Negation) zum Ausdruck des Verbots: *hirð-a oss hrœða* bemühe dich nicht, uns zu erschrecken, erschrecke uns nicht
hirðir ‹m.ja› Hirte
hiti ‹m.n› **1.** Hitze **2.** ℗ Feuer
hitna ‹sw. Vb. Ib› heiß werden, sich erhitzen
hitta ‹sw. Vb. Ib› **1.** treffen, antreffen, finden; *hitta á e-t* auf etw. stoßen **2.** aufsuchen, besuchen; *~ e-n* zu jd.em gehen **3.** *hittask* sich finden, zusammenkommen, aufeinandertreffen
hjá (*í hjá*) ‹Präp.› **A.** (+ Dat.) **1.** bei, nahe, in der Nähe, neben; *vóru hjá þeim álptarhamir þeira* neben ihnen befanden sich ihre Schwanenhemden **2.** vorbei an; *Gestr leit til mannsins er gekk hjá honum* Gest blickte den Mann an, der an ihm vorbeiging **3.** verglichen mit; *hefir hann nú litit fjǫlmenni hjá því, sem hann hafði í sumar* er hat nun eine kleinere Truppe als im Sommer (im Vergleich zu der, die er im Sommer hatte) **B.** ‹Adv.› **1.** dabei, daneben **2.** dabei, zugegen

hjáldr (*hjaldr*) ‹m.a› (Gen. *-rs*) (ℙ) **1.** Lärm, Krach, Kampfgetöse **2.** Kampf

hjálmr (*hjalmr*) ‹m.a› Helm

hjalm-stallr ‹m.a› ℙ :1: (Helmgestell ≙) Kopf

hjálp (*hjǫlp*) ‹f.ō› **1.** Hilfe, Hilfeleistung, Unterstützung, Beistand **2.** Rettung, Erlösung

hjálpa ‹st. Vb. IIIb,1› **1.** helfen, unterstützen, beistehen **2.** retten, erlösen

hjalt ‹n.a› **1.** Parierstange (des Schwerts) **2.** Knauf (des Schwerts) **3.** (Pl. *hjǫlt*) Handhabe, Schwertgriff (mit Beschlägen und Parierstange)

hjarta ‹n.n› **1.** Herz **2.** Gesinnung, Gemüt, Mut

hjart-næmr ‹Adj.› herzergreifend

hjól-vagn ‹m.a› ⇒ **hvél-vagn**

hjǫlp ‹f.ō› ⇒ **hjálp**

hjǫrð ‹f.i› Herde

hjǫrr ‹m.wa› (ℙ) Schwert

hjǫr-rǫdd ‹f.ō› (Schwertklang ≙) Kampf

hlað ‹n.a› **1.** Stapel, Aufgeschichtetes, Mauer **2.** (gepflasterter) Platz vor dem Haus **3.** Schmuckband, Borte

hlaða ‹st. Vb. VI,1› **1.** laden, beladen **2.** aufschichten, anhäufen, errichten **3.** hinunterbefördern, niederstrecken, töten; *hlaða seglum* die Segel streichen **4.** *hlaðask* sich hinaufschwingen

hlað-hǫnd ‹f.ō/k› Schmuckbandarm (Beiname der Thora)

hlakka ‹sw. Vb. II› lärmen, kreischen, jauchzen

hlaupa ‹st. Vb. VII,3› laufen, springen; *hlaupa undan* weglaufen

hleifr ‹m.a› Laib (Brot, Käse)

hleypa ‹sw. Vb. Ib› zum Laufen bringen, Beine machen, jagen, sprengen, bewegen, tummeln

hlið[1] ‹f.ō› Seite

hlið[2] ‹n.a› Öffnung, Loch, Zwischenraum, Eingang

hlíð ‹f.ō› Berghang, Abhang, Leite

hlíf ‹f.ō› Schutzwaffe, Schild

hlífa ‹sw. Vb. Ib› **1.** schützen, decken **2.** schonen

hlíta ‹sw. Vb. Ib› **1.** genug haben, das Auslangen finden, zufriedengestellt sein **2.** vertrauen **3.** zusagen, annehmen, sich einverstanden erklären

H 179

hljóð ‹n.*a.*› **1.** Ruhe, Stille, Schweigen, Gehör, Aufmerksamkeit; *kveða sér hljóðs* Ruhe verlangen, Gehör fordern **2.** Laut, Ton, Klang

hljóð-liga ‹Adv.› still, leise, heimlich

hljóðr ‹Adj.› ruhig, still, schweigend, leise, kaum hörbar, heimlich

hljómr ‹m.*a*› Ton, Geräusch, Klang, Stimme

hljóta ‹st. Vb. II,1› ausgelost werden, zufallen, zuteil werden, bekommen, erhalten, erleiden; *hon hlaut at sitja hjá Bjǫrgólfi* sie wurde ausgelost, neben Björgolf zu sitzen; *nú hefi ek hlotið tafl þetta* nun habe ich dieses Spiel gewonnen; *e-t hljótask af e-u* etw. ergibt sich aus etw.

hlunnr ‹m.*a*› Rolle, Rundholz (Unterlage, auf der Schiffe aus dem Wasser gezogen oder zu Wasser gelassen werden)

hluta ‹sw. Vb. II› **1.** auslosen, durch Los bestimmen, ermitteln **2.** *hlutask* sich einmischen, eingreifen

hlut-fall ‹n.*a*› das Auslosen, das Losewerfen

hlutr ‹m.*i*› **1.** Los; *kom upp hlutr Víkars konungs* das Los fiel auf König Vikar **2.** Schicksal **3.** Glücksbringer, Amulett, Talisman **4.** Teil, Anteil, Stück **5.** Ding, Sache, Angelegenheit, Lage **6.** Verhältnis, Hinsicht; *á engi hlut, at engum hlut* in keiner Weise

hlýða ‹sw. Vb. Ib› **1.** lauschen, horchen, hinhören, zuhören **2.** gehorchen, gehorsam sein, befolgen **3.** glücken, gelingen

hlýðni ‹f.*īn*› Gehorsam, Unterordnung

hlýja ‹sw. Vb. Ia› schützen, beschützen

hlæja ‹st. Vb. VI,3› lachen

hnefa-tafl (*hnef-tafl*) ‹n.*a*› ein Brettspiel

hnefi[1] ‹m.*n*› **1.** Faust **2.** ℙ Baumkrone (?)

hnefi[2] ‹m.*n*› Hauptfigur ('König') einer Partei im *hnefatafl*

hneigja ‹sw. Vb. Ib› **1.** neigen, beugen, senken **2.** sich abwenden (*af e-u*)

hneppr ‹Adj.› :≦5: knapp, gering, dürftig

hnet-tafl ‹n.*a*› ⇒ **hnef(a)-tafl**

hníga ‹st. Vb. I› **1.** sich neigen, sich beugen, sinken **2.** niedersinken, fallen, sterben; *Hamðir hné at húsbaki* Hamdir starb hinter dem Gebäude **3.** sich verneigen **4.** sich wenden

hníta ‹st. Vb. I› anstoßen, auftreffen; *hneit mér við hjarta hjǫrr Angantýs* das Schwert des Angantyr stieß mir gegen das Herz; *hneit þar!* dort traf es auf!, das saß!

hnot ‹f.ō/k.› Nuß
hnykkja ‹sw. Vb. Ib› reißen, zucken, zurückzucken; *hnykkja hendi sinni* seine Hand zurückziehen
hodd ‹f.ō› Hort, Schatz
hof ‹n.a› 1. Hof, Gehöft (eines Großbauern, wo auch Opferfeste durchgeführt werden) 2. (heidnische) Kultstätte, Gebäude mit sakralem Bezug, 'Tempel'
hóf ‹n.a› Mäßigung, (rechtes) Ausmaß; *at sama hófi* in demselben Grad, gleich gut
hof-goði ‹m.n› 'Großgode', der eine (heidnische) Kultstätte verwaltet
hóf-líf ‹n.a› :2: Hofleben
hóg-líf ‹n.a› bequemes Leben, Müßiggang
hold ‹n.› Fleisch
hold-gróinn ‹Adj.› angewachsen, am Körper festgewachsen
hóll ‹m.a› Hügel, Anhöhe
hollr ‹Adj.› hold, gewogen, wohlgesonnen, loyal, treu, zuverlässig
hollusta (*hollosta*) ‹f.ōn› Huld, Loyalität, Treue
holl-vinr ‹m.i› ℙ treuer Freund
hólm-ganga ‹f.ōn› Holmgang, nach bestimmten Regeln (ursprünglich auf einer kleinen Insel) ausgetragener Zweikampf
hólmi ‹m.n›, **hólmr** ‹m.a› Holm, Eiland, kleine Insel (insbes. als Austragungsort von Zweikämpfen)
holt ‹n.a› 1. Gehölz, Wald 2. (bewaldeter) Hügel
hon f. ‹Pron.› → **hann**
hopa ‹sw. Vb. II› zurückweichen, zurückziehen
hóra ‹f.ōn› Hure
hór-dómr ‹m.a› Hurerei, Ehebruch
horfa ‹sw. Vb. III› 1. gewendet sein, gerichtet sein 2. den Blick richten, ansehen, anschauen 3. sich wenden, eine Wendung nehmen, sich entwickeln; *þetta horfir vænliga* das trifft sich gut
horfna ‹sw. Vb. Ib› :1: verschwinden
horn ‹n.a› 1. Horn, (Pl.) Geweih 2. Trinkhorn, Blashorn
hornungr ‹m.a› uneheliches Kind, Bastard
horskr ‹Adj.› klug, verständig

H

hor-vetna ‹Adv.› ⇒ **hvar-vetna**
hosa ‹f.ōn› Gamasche, Langstrumpf (Bekleidung der Unterschenkel)
hosna-sterta ‹f.jōn› :1: Strumpfband (zum Hinaufbinden der *hosa*)
hot-vetna ‹Adv.› ⇒ **hvat-vetna**
hrafn ‹m.a› Rabe   **-blár** ‹Adj.› ℙ :1: rabenschwarz   **-svartr** ‹Adj.› ℙ :1: rabenschwarz
hrapa ‹sw. Vb. II› **1.** stürzen, hinfallen **2.** hasten, sich beeilen, überstürzen
hrata ‹sw. Vb. II› **1.** taumeln, stolpern, straucheln **2.** stürzen, hinfallen **3.** hasten, sich beeilen, überstürzen
hraust-leikr ‹m.a› Mut, Furchtlosigkeit
hraustr ‹Adj.› **1.** mutig, furchtlos, wacker **2.** kräftig, rührig, rüstig
hregg ‹n.ja› Sturm, Unwetter
hreinn ‹Adj.› rein, sauber
hreinsa ‹sw. Vb. II› reinigen, säubern
hreysti ‹f.īn› Mut, Tapferkeit   **-maðr** ‹m.a/k.› tapferer Mann, Held
hríð ‹f.i› **1.** Sturm, Unwetter; *hríð mána viðar hauðrmens* (Sturm des [Mondes des {Baumes des Meeres ≘} Schiffes ≘] Schildes ≘) Kampf **2.** Ansturm, Angriff **3.** Weile, Zeitspanne; *um hríð* eine Zeitlang
hrím ‹n.a› Reif   **-þurs** ‹m.a› Reifriese
hrína ‹st. Vb. I› durchdringend kreischen (von Tieren), gackern, quieken, wiehern
hrinda ‹st. Vb. IIIa,1› **1.** stoßen, fortstoßen; *hrinda skipi fram* ein Schiff ins Wasser schieben, zu Wasser lassen **2.** umstoßen, abwerfen, beenden
hringa-brynja ‹f.jōn› Ringbrünne, Panzerhemd aus zusammengeschmiedeten Ringen
hring-drifi ‹m.n› (Ringverstreuer ≘) Fürst
hringr ‹m.a› **1.** Ring, Kreis **2.** Ring (insbes. Armring), (Pl.) ℙ Schätze
hrís ‹n.a› **1.** Reisig **2.** Gebüsch, Gestrüpp **3.** ℙ Wald
hrista ‹sw. Vb. Ib› **1.** schütteln, rütteln, erschüttern, *hrista í sundr* etw. zerbrechen **2.** *hristask* beben
hrjóta ‹st. Vb.› **1.** zerspringen, brechen **2.** herausspringen, herabfallen, geschleudert werden **3.** losbrechen, hinausbrüllen
hrókr ‹m.a› :1: Turm (im Schachspiel)

hrópa ‹sw. Vb. II› **1.** verspotten, diffamieren, verleumden **2.** laut rufen
hrósa ‹sw. Vb. II› prahlen, rühmen, sich rühmen (*e-u*)
hross ‹n.*a*› **1.** Roß, Pferd **2.** Stute
hrossa-kjǫtsát ‹n.*a*› :≦5: Verzehr von Pferdefleisch
hryggr[1] ‹m.*i*› **1.** Rücken, Rückgrat; *lotr hryggr* krumm (war) der Rücken **2.** Bergrücken, Grat **3.** Kante
hryggr[2] ‹Adj.› traurig, betrübt, bedrückt, unglücklich
hryggva (*hryggja*) ‹sw. Vb. Ib› betrüben, bedrücken, ängstigen
hrynja ‹sw. Vb. Ia› **1.** (polternd) zusammenstürzen **2.** (klirrend) fallen, hinunterstürzen, herabfließen; *þér hrynja tár* dir rinnen Tränen herunter
hræ ‹n.*wa*› **1.** Leiche, Kadaver, (Pl.) Leichenteile; *síðan huldi Hrútr hræ hans* dann bedeckte Hrut seinen Leichnam **2.** Überrest, Bruchstück
hræða ‹sw. Vb. Ib› Furcht einjagen, erschrecken, verängstigen; *hrædask* sich fürchten, sich erschrecken, sich ängstigen
hræddr ‹Adj.› furchtsam, erschrocken, ängstlich
hræði-ligr ‹Adj.› fürchterlich, schrecklich
hræ-dreyrugr ‹Adj.› ℙ :1: leichenblutig, blutig wie ein Toter
hrøkkva ‹st. Vb. IIIa,2› **1.** sich einkrümmen, sich kräuseln, sich ringeln, sich falten **2.** zurückweichen, sich zurückziehen **3.** *hrokkinn* runzelig
hrørna ‹sw. Vb. II› **1.** verfallen, verwittern **2.** vergehen, eingehen, absterben
hrœra ‹sw. Vb. Ib› rühren, bewegen
húð ‹f.*i*› Tierhaut, Fell   **-keipr** ‹m.*a*› Fellboot, Kanu
húfa ‹f.*ōn*› Haube
huga ‹sw. Vb. II› denken, überdenken, überlegen; *huga um e-t* sich über etw. Gedanken machen
hug-fastr ‹Adj.› :≦5: im Gedächtnis haftend, unvergeßlich   **-lauss** ‹Adj.› mutlos, verzagt
hugga ‹sw. Vb. II› trösten, beruhigen
huggun (*huggan*) ‹f.*ō*› Trost
hug-lauss ‹Adj.› zaghaft, ängstlich   **-leiða** ‹sw. Vb. Ib› nachdenken, beachten
hugna ‹sw. Vb. II› gefallen, zusagen
hugum-stórr ‹Adj.› beherzt, hochherzig, großmütig

hugr ‹m.*i*› **1.** Sinn, das Denken, Gedanke, Gedächtnis, Verstand, Überlegung, Überzeugung, Vorstellung, Wunsch, Zuneigung, Liebe; *hafa hug sínum á e-m (e-u), til e-s* seinen Sinn auf jd.en (etw.) richten, an jd.en (etw.) denken **2.** Sinnesart, Denkart, Einstellung, Gesinnung, Gemüt **3.** tapferer Sinn, Mut

hugsa ‹sw. Vb. II› **1.** bedenken, überdenken, überlegen **2.** erwägen, beabsichtigen

hug-skot ‹n.› **1.** Sinn, Verstand, Geist **2.** Gesinnung, Gemüt   **-svinnr** ‹Adj.› (ℙ) :≦5: klug

hunang ‹n.*a*› Honig

hundr ‹m.*a*› Hund; *hundrinn þinn!* du Hund!

hundrað ‹n.*a*› ein (Groß-)Hundert (120; später 100)

hund-víss ‹Adj.› ungemein klug

húnn ‹m.*a*› **1.** Junges, Jungtier, Junge, Sohn **2.** Würfel, Stein im Brettspiel **3.** Mastkorb

hurð ‹f.*i*› Tür, Falltür

hús ‹n.*a*› Haus, Gebäude

hús(a)-bak ‹n.*a*› Häuserhinterseite; *at húsbaki* hinter dem Haus, hinter dem Gebäude   **hús-bœr** ‹m.*i*› Gehöft, Gebäudekomplex, Anwesen **-freyja** ‹f.*jōn*›, **-frú** ‹f.*ōn*› **1.** Hausfrau, Hausherrin **2.** Ehefrau   **-karl** ‹m.*a*› **1.** Knecht **2.** Hausmann, Gefolgsmann

hvaðan ‹Adv.› **1.** woher **2.** woher auch immer, von überall her

hvalr ‹m.*i*› Wal

hvar ‹Adv.› **1.** wo, wohin (vor *koma*); *hvar vartu í nótt?* wo warst du in der Nacht?; *~ kómu vit?* wohin kamen wir beide? **2.** *~ (sem)* wo auch immer, überall **3.** (vor Komp.) viel, sehr; *~ fjarri* weit entfernt

hvárgi (*hvárrgi* m.; *hvárgi* f., *hvár(t)ki* n.) ‹Pron.› **A.** keiner von beiden **B.** ‹Konj.› *hvár(t)ki – né, hvár(t)ki – ok* weder – noch

hvárigr ‹Pron.› ⇒ **hvárgi**

hvárki ‹Konj.› → **hvárgi**

hvárr (m.; *hvár* f., *hvárt* n.) ‹Pron.› **A. 1.** wer von beiden, welcher von zweien; *hvárt ertu feigr, eða ertu framgenginn?* was von beidem bist du, todgeweiht oder tot? **2.** jeder von beiden, jeder von zweien **B.** ‹Adv.› *at hváru* jedenfalls, gleichwohl, dennoch

hvárrgi ‹Pron.› ⇒ **hvárgi**

hvárr-tveggi (m.; *hvár-tveggja* f., *hvár(t)-tveggja* n.) ‹Pron.› **A.** jeder von beiden, beide **B.** ‹Konj.› *hvár(t)tveggja – ok* beides, dies und jenes, sowohl – als auch
hvárt ‹Konj.› **1.** ob; *hvárt – eða* ob – oder **2.** (in Fragesätzen) nun, und
hvártki ‹Konj.› ⇒ **hvárgi**
hvar-vetna (*horvetna, hvarvitna*) ‹Adv.› **1.** wo auch immer, überall, allerorts **2.** in jeder Beziehung, in jeder Hinsicht
hvass ‹Adj.› **1.** scharf, schmerzlich, durchdringend **2.** scharf, aggressiv, wild, energisch, mutig
hvat ‹Pron.› **A. 1.** was, was für ein, welch; (+ Gen. Pl.) *hvat er þat fira?* was für ein Lebewesen ist das?; (+ Dat.) *hann spurði ~ mǫnnum þeir væri* er fragte, welche Männer sie seien **2.** wie; *hvat heitir hann?* wie heißt er? **B.** ‹Adv.› *hvat (sem)* was auch immer, jedes, alles
hvatr ‹Adj.› **1.** rasch, schnell, hurtig **2.** entschlossen, energisch, tapfer
hvat-vetna (*hotvetna, hvatvitna*) ‹Adv.› was auch immer, alles
hvé ‹Adv.› **1.** wie; *hvé þu heitir?* wie heißt du?; *~ nær* wann **2.** wie auch immer
hveiti ‹n.*ja*› Weizen **-akr** ‹m.*a*› Weizenfeld
hvelpr ‹m.*a*› **1.** Tierjunges, insbes. Welpe, junger Hund **2.** Grünschnabel
hvé-líkr ‹Adj.› ⇒ **hví-líkr**
hvél-vagn (*hjól-*) ‹m.*a*› :2: Radgefährt, Wagen mit Rädern
hverfa[1] ‹st. Vb. IIIb,2› **1.** sich drehen, kreisen, rollen; *hverfa saman* zusammenkommen, sich zusammenrotten **2.** sich wenden, sich abwenden, umkehren **3.** sich fortbegeben, weggehen, verschwinden, verlassen
hverfa[2] ‹sw. Vb. Ib› drehen, wenden
hvergi[1] ‹Adv.› **1.** nirgendwo, nirgends **2.** keineswegs, keinesfalls, überhaupt nicht
hvergi[2] ‹Pron.› ⇒ **hverrgi**
hvernig (*hvernug, hvernveg*) ‹Adv.› auf welche Weise, wie; *eigi veit ek, hvernig þat gefsk* ich weiß nicht, wie das ausgeht
hverr ‹Pron.› **1.** wer, was für ein, welcher; *nú er í ráði, hverr giptumaðr þú verðr* nun entscheidet sich, was für ein Glückspilz du wirst **2.** jeder; *í hvert sinn* jedesmal; *í hverju* stetig, immer **3.** irgendeiner, ein beliebiger, jemand

hverrgi (*hvergi* m.; *hvergi* f., *hver(t)ki* n.) ‹Pron.› wer auch immer, jeder

hvers-dagligr ‹Adj.› täglich, alltäglich

hversu ‹Adv.› wie; *hversu lízk þér á mey þessa?* wie gefällt dir dieses Mädchen?

hvert ‹Adv.› wohin; *hvert (sem)* wohin auch immer

hver-vetna (*hvervitna*) ‹Adv.› **1.** wo auch immer, überall, allerorts **2.** in jeder Beziehung, in jeder Hinsicht

hvessa ‹sw. Vb. Ib› **1.** scharf machen, schärfen, wetzen; *sverð þat er ek hvesta* das Schwert, das ich schärfte; *hvessa augu* scharf blicken **2.** antreiben, reizen, aufreizen, aufhetzen, aufstacheln, provozieren **3.** (unpersönlich) sich verschärfen; *hvesti (veðrit)* der Wind verschärft sich

hvetja ‹sw. Vb. Ia› **1.** schärfen, wetzen; *hvetja øxi* die Axt wetzen **2.** antreiben, reizen, aufreizen, aufhetzen, aufstacheln, provozieren

hví ‹Pron.› **A.** was, wie; *hví gegnir þat?* was bedeutet das, wie hängt das zusammen? **B.** ‹Adv.› warum, weshalb

hvíla¹ ‹f.ōn› Schlafplatz, Bett

hvíla² ‹sw. Vb. Ib› **1.** ruhen, (im Bett) liegen, schlafen **2.** ruhen, (im Grab) liegen, begraben sein **3.** ruhen, rasten, eine Pause einlegen

hvíl-beðr ‹m.*i*› ℙ :1: Ruhestätte, Bett

hvíld ‹f.ō/i› das Verweilen, Ruhezeit, Pause

hví-líkr ‹Adj.› wie beschaffen, was für ein, welcher; *segja hvílíkr drengir hann hafa heim sótt* sagen, welche Männer ihn besucht haben

hvítr ‹Adj.› weiß, hell; *hvítr á hár ok hǫrund* weiß an Haar und Haut, (hell)blond und hellhäutig

hvǫt ‹f.ō› Ermunterung, Aufreizung, Aufstachelung, Provokation

hý-býli ‹n.*ja* Pl.› **1.** Wohnung, Wohnstätte, Heim **2.** Haushalt

hyggja ‹sw. Vb. Ia› **1.** denken, bedenken, überlegen, erwägen, sich vorstellen; *hyggja um sik* an sich selbst denken **2.** im Sinn haben, vorhaben, beabsichtigen **3.** denken, meinen, annehmen, vermuten, erwarten; *hugði hann, at væri hon aptr komin* er glaubte, daß sie zurückgekommen sei **4.** gesonnen sein, gestimmt sein; *hyggja illa e-u* mit etw. unzufrieden sein; ~ *vel* guten Mutes sein

hyggjandi (*hyggendi*) ‹f.īn› Klugheit, Verstand

hylja ‹sw. Vb. Ia› **1.** einhüllen, bedecken, abdecken **2.** verhüllen, verbergen, verstecken

hylli ‹f.īn› Huld, Gunst

hyrna ‹f.ōn› Spitze des Axtblatts
hýrr ‹Adj.› 'geheuer', freundlich, gutmütig, zahm, ungefährlich
hæð ‹f.ō› **1.** Höhe, Länge, Größe **2.** Anhöhe
hæði-ligr ‹Adj.› höhnisch, schimpflich, schmählich, herabwürdigend
hæll ‹m.a› Ferse
hætta[1] ‹sw. Vb. Ib› beenden, abbrechen
hætta[2] ‹sw. Vb. Ib› wagen, riskieren; *mun verða til at hætta, hvern veg verðr man soll es darauf ankommen lassen, wie es ausgeht*
hætt-ligr ‹Adj.› gefährlich, bedrohlich
hœfa ‹sw. Vb. I› **1.** zielen, treffen; *hœfa til e-s* auf etw. zielen **2.** sich gut treffen, richtig sein, passen; *e-m hœfir eigi, at* es steht jd.en nicht an, es ist nicht das richtige für jd.en, daß
hœgendi ‹n.ja› **1.** Bequemlichkeit, Annehmlichkeit **2.** Polster, Kissen
hœgja ‹sw. Vb. Ib› **1.** angenehm machen, erleichtern, beruhigen; *veðrit hœgisk* das Wetter beruhigt sich **2.** verringern
hœgr ‹Adj.› **1.** bequem, einfach, mühelos **2.** bequem, angenehm, passend, geeignet, richtig **3.** umgänglich, freundlich **4.** *hœgri* recht; *á hœgri hǫnd* rechter Hand, rechts
hœla ‹Vb.› rühmen, preisen, prahlen
hœveskr ‹Adj.›, **hœversk-ligr** ‹Adj.› höfisch, kultiviert, feingesittet
hǫfðingi ‹m.n› 'Häuptling', mächtiger Mann, Anführer, Oberhaupt
hǫfðing-ligr ‹Adj.› nach Art eines 'Häuptlings'
hǫfn ‹f.i› Hafen
hǫfuð ‹n.a› **1.** Haupt, Kopf; *at hǫfði* kopfüber **2.** Haupt, Oberhaupt
hǫfuð-gnípa ‹f.ōn› ℙ :1: Kopfspitze, Scheitel   **-niðr** ‹m.ja› ℙ :2: engster Verwandter   **-skǫmm** ‹f.ō› ärgste Schande
hǫfugr ‹Adj.› **1.** schwer, gewichtig **2.** schwer, schwierig **3.** schläfrig
hǫgg ‹n.wa› **1.** Hieb, Schlag **2.** Hinrichtung, Schlachtung
hǫgg-ormr ‹m.a› Giftschlange   **-spjót** ‹n.a› Hauspieß, Speer (als Hieb- und Stichwaffe)   **-staðr** ‹m.i› 'Hiebstelle', verwundbare Stelle des Gegners
hǫggva ‹st. Vb. VII,3› **1.** hauen, schlagen; *hǫggva skjǫld af e-m* jd.em den Schild wegschlagen **2.** niederhauen, erschlagen, töten **3.** zerhauen, in Stücke schlagen **4.** zurechthauen, zurichten, zimmern **5.** *hǫggvask* sich schlagen, kämpfen

hǫldr ⟨m.*a*⟩ **1.** freier Erbbauer **2.** ⓟ Mann
hǫlkvir ⟨m.*ja*⟩ → Wörterverzeichnis II: Namen (3. 'Bionyme')
hǫll ⟨f.*i*⟩ 'Halle', Saal, (aus einem Raum bestehendes) Wohnhaus
hǫnd ⟨f.*ō*/k.⟩ Hand, Arm; *verja hendr sínar* sich wehren, verteidigen; *taka hǫndum e-n, hafa hendr á e-m* jd.en ergreifen, jd.en gefangennehmen; *í hendr (e-m)* zu, von; *til handa (e-m)* für
hǫr-Bil ⟨f.*ō*⟩ (Flachs-Bil ≙) Frau
hǫrund[1] ⟨f.*ō*⟩ Fleisch, Körper
hǫrund[2] ⟨n.*a*⟩ **1.** Haut; *hans hǫrund var sva hart sem horn* seine Haut war so hart wie Horn **2.** Fleisch, Körper **3.** Penis
hǫttr ⟨m.*u*⟩ Hut, Kappe, Kapuze

I, Í

í ⟨Präp.⟩ **A.** (+ Dat.) **1.** in, innerhalb von, auf, an, bei; *fé í gulli* ein Vermögen an Gold; *í hafi* auf See **2.** in, während; *í því* in dem(selben) Moment **B.** (+ Akk.) **1.** in, in – hinein, nach; *láta í haf* in See stechen; *í holm einn* auf eine kleine Insel **2.** in, während; *í dag* heute; *í þann tima* zu dieser Zeit, damals **3.** als, zu; *hann gaf í mála* er gab als Bezahlung, er bezahlte **C.** ⟨Adv.⟩ darin, daran, hinein; *er þeir í sjá* als sie hineinsahen
iðja ⟨sw. Vb. II⟩ tun, in die Tat umsetzen, betreiben, verrichten; *veit engi maðr hvat þeir hafa iðjat* niemand weiß, was sie vollbracht haben
ðn ⟨f.*i*⟩ Tätigkeit, Handlung, Arbeit
iðna ⟨sw. Vb. II⟩ tun, in die Tat umsetzen, betreiben, verrichten
iðr ⟨n.*a* Pl.⟩ Eingeweide, Innereien
iðra ⟨sw. Vb. II⟩ **1.** reuen **2.** *iðrask* bereuen
iðri ⟨Adv. Komp.⟩ ⇒ **innri**
iðrótt ⟨f.*i*⟩ ⇒ **íþrótt**
iðrun (*iðran*) ⟨f.*ō*⟩ Reue
iðu-liga (*iður-*) ⟨Adv.⟩ **1.** oft, häufig **2.** stets, ständig
ifa ⟨sw. Vb. II⟩ zweifeln, anzweifeln, bezweifeln
í-huga ⟨sw. Vb. II⟩ nachdenken, überdenken, bedenken
íkorni ⟨m.*a*⟩ Eichhörnchen
il ⟨f.*jō*⟩ Fußsohle

ílendr ‹Adj.› **1.** inländisch, heimisch **2.** heimatberechtigt
ilki ‹m.*n*› Fußsohle
illa ‹Adv.› **1.** schlecht, schlimm, übel **2.** schlecht, böse, arg **3.** schlecht, schwierig, unzulänglich, kaum
ill-gjarn ‹Adj.› bösartig, böswillig, übelwollend, verschlagen
illi-ligr ‹Adj.› gräßlich, grauenhaft, abscheulich; *þeir váru svartir menn ok illiligir* sie waren dunkel(häutig) und häßlich
ill-menni ‹n.*ja*› schlechter Kerl, Bösewicht, Schuft
illr ‹Adj.› **1.** schlecht, schlimm, übel, miserabel **2.** schlecht, böse, arglistig, infam **3.** schlecht, schwierig, mühsam **4.** geizig, knausrig, schäbig
illska ‹f.*ōn*› **1.** Böswilligkeit **2.** Bösartigkeit, Feindschaft **3.** Schaden, Unheil
illúð ‹f.*i*› ℙ :2: böse Absicht, Heimtücke, Arglist
ill-vili ‹m.*jan*› Böswilligkeit, Feindseligkeit **-virki** ‹m.*ja*› Übeltäter
imbru-dagar ‹m.*a* Pl.› Quatembertage, vierteljährliche Buß- und Fastentage
inn[1] (m.; *in* f., *it* n.) ‹Art.› **A.** der, die, das; *it fyrsta orð* das erste Wort; *orðit* das Wort; *hundrinn þinn!* du Hund! **B.** ‹Adv.› *it fyrsta* zuerst, zunächst
inn[2] ‹Adv.› **1.** hinein, in das Haus hinein, landeinwärts **2.** *innar* (Komp.) weiter hinein, weiter herein
inna ‹sw. Vb. Ib› **1.** tun, ausführen **2.** einzahlen, bezahlen, heimzahlen **3.** hersagen, mitteilen, hinweisen, aufzeigen; *tekr Kostbera at líta á rúnarnar ok innti stafina* Kostbera begann die Runen zu betrachten und entschlüsselte (las) die Schriftzeichen; *inna upp* darlegen
innan A. ‹Adv.› **1.** von innen, hinaus **2.** innen, drinnen **B.** ‹Präp.› **1.** (+ Gen.) innerhalb; *innan hallar* in der Halle **2.** *fyrir innan* (+ Akk.) innerhalb, inwendig; *fyrir innan fjǫrðinn* innerhalb des Fjordes, um den Fjord herum
inn-fjálgr ‹Adj.› ℙ :1: hineinbrennend, bohrend(?) **-ganga** ‹f.*on*›, **-gangr** ‹m.*a*› **1.** Eintritt **2.** Eingang
inni ‹Adv.› innen, drinnen, im Haus
inn-lenzkr ‹Adj.› inländisch, einheimisch, hiesig
innri (*iðri*) ‹Adv. Komp.› innerer, weiter innen
inn-sigli ‹n.› versiegeln **-virðuliga** ‹Adv.› eingehend, gründlich, genau

írskr ‹Adj.› irisch
ís-leggr ‹m.i› :1/2: Schlittschuh (aus Schafsknochen)
íslenzkr ‹Adj.› isländisch
íss ‹m.a› Eis, Eisdecke
it (þit) ‹Pron.› ihr beide
ítr ‹Adj.› (℗) herrlich, großartig, hervorragend -mannligr ‹Adj.› :≦5: ansehnlich -skapaðr ‹Adj.› ℗ :1: prächtig gewachsen -sleginn ‹Adj.› ℗ :1: meisterhaft geschmiedet
*ívið-gjarna ‹Adv.› ℗ :1: auf tückische Weise, auf boshafte Weise (oder *ívið-gjarn Adj.?)
í-þrótt ‹f.i› (physische oder intellektuelle) Fähigkeit, Fertigkeit, sportliches Können, Kunst íþróttar-maðr ‹m.a/k.› Könner, Meister, As

J

já¹ ‹sw. Vb. II› bejahen, zustimmen (e-u)
já² ‹Interj.› A. ja, gut B. ‹Adv.› ja, nun
jaðarr ‹m.a› 1. Kante, Rand 2. ℗ Schutz; fólks jaðarr (Schutz der Kriegerschar ≃) Herrscher, Fürst
jafn ‹Adj.› 1. gleich, gleichartig, ebensolch 2. gleichwertig, ebenbürtig, passend 3. gleichbleibend, konstant
jafna ‹sw. Vb. II› 1. ebnen, glätten 2. vergleichen, gleichsetzen, gegenüberstellen
jafnaðar-maðr ‹m.a/k.› vergleichbarer Mann, ebenbürtiger Mann
jafnan ‹Adv.› stets, immer, ständig
jafn-borinn ‹Adj.› ebenbürtig, von gleicher Geburt -drjúgr ‹Adj.› ebensoviel, gleich weit reichend -gamall ‹Adj.› gleichaltrig -hár ‹Adj.› gleich hoch, gleich groß, gleichrangig -mikill ‹Adj.› gleich groß, ebensoviel -ræði ‹n.ja› passende Partie, Verbindung (insbes. Heirat) zweier ebenbürtiger Partner -skjótt ‹Adv.› 1. gleich schnell 2. sogleich
jafnt ‹Adv.› gerade, eben
jafn-tefli ‹n.ja› :≦5: Remis (im Schachspiel) -vel ‹Adv.› ebenso
jaga ‹sw. Vb. II› jagen
jara ‹f.ōn› ℗ Streit, Kampf
jarða ‹sw. Vb. II› beerdigen

jarðar-men ‹n.*ja*› Erdband (ein halbkreisförmig ausgeschnittener, an den Enden mit dem Erdboden verbundener Rasenstreifen); *ganga undir jarðarmen* unter ein Erdband treten (zu einem Schwur)

jarð-hús ‹n.*a*› **1.** Erdhaus, unterirdische Räumlichkeit(en) **2.** unterirdischer Gang   **-ligr** ‹Adj.› irdisch, weltlich   **-ríki** ‹n.*ja*› Erdenreich, Erde

jarkna-steinn ‹m.*a*› :≦5: Edelstein

jarl ‹m.*a*› Jarl, 'Fürst', dem König untergeordneter Herrscher (in Norwegen, auf den Orkaden und in Schweden)   **-dómr** ‹m.*a*›, **-dœmi** ‹n.*ja*› Jarltum, Jarlswürde

jarls-nafn ‹n.*a*› Jarlstitel, Jarlswürde

járn ‹n.*a*› **1.** Eisen **2.** Eisengegenstand, Waffe

jarpr ‹Adj.› braun, dunkelbraun

jarp-skammr ‹m.*a*› ℙ :1: brauner Knirps

jarteign (*-tegn*, *-tein*) ‹f.*i*› Zeichen, Wahrzeichen, Mirakel   **jarteignagerð** ‹f.*ō*› Wunderwerk, das Bewirken eines Wunders

játa (*játta*) ‹sw. Vb. II/III› **1.** bejahen, beipflichten, zustimmen, anerkennen **2.** sich bekennen zu; *játa guði* sich zu Gott bekennen **3.** bekennen, einräumen, gestehen **4.** zusichern, versprechen

játning ‹f.*ō*› Glaubensbekenntnis

játta ‹sw. Vb. II/III› ⇒ **játa**

jaxl ‹m.*a*› Backenzahn, Mahlzahn

já-yrði (*ját-yrði*) ‹n.*ja*› Jawort, Zustimmung, Zusage

jóð ‹n.*a*› Kind, Nachkomme

jól ‹n.*a* Pl.› Julfest, Weihnachten

jóla-dagr ‹m.*a*› (erster) Weihnachtstag   **-fasta** ‹f.› vorweihnachtliche Fastenzeit

jór ‹m.*(w)a*› (ℙ) Pferd

jungfrú ‹f.*ōn*› Jungfrau, Mädchen, junge Dame, Prinzessin   **-dómr** ‹m.*a*› Jungfräulichkeit

jungherra ‹m.*n*›, **junkeri** ‹m.*n*› Junker, junger Herr, Prinz

jǫfurr ‹m.*a*› (ℙ) Herrscher, Fürst

jǫkull ‹m.*a*› Eis, Gletscher

jǫrð ‹f.*i*› **1.** Erde, Boden **2.** Erde; *jǫrð ok (upp)himinn* Erde und Himmel **3.** (Pl.) Ländereien, Grundbesitz

jǫrmun-gandr ‹m.a› (mächtiges Monster ≙) Weltschlange   **-grund** ‹f.i›
℗ :≦5: 'gewaltiger Erdboden', Welt; *jǫrmungrund Endils* (Welt des
Endil [eines Seekönigs] ≙) Meer
jǫtun-heimr ‹m.a› Riesenland
jǫtunn ‹m.a› Riese
jǫtun-móðr ‹m.a› Riesenzorn

K

kaf ‹n.a.› **1.** das Tauchen **2.** Tiefe
kafa ‹sw. Vb. II› tauchen
kaf-syndr ‹Adj.› :2: *vera kafsyndr* unter Wasser schwimmen können
kaldr ‹Adj.› **1.** kalt, frostig **2.** feindlich, unheilvoll, fatal; *kǫld eru kvenna ráð* unheilvoll sind die Ratschläge von Frauen
kala ‹st. Vb. VI,1› **1.** frieren, frösteln; *kell mik í hǫfuð* mich fröstelt im Kopf **2.** *kalinn* durchfroren
kalekr ‹m.a› Kelch, Abendmahlskelch
kálfr ‹m.a› Kalb
kálkr ‹m.a› Kelch, Becher
kall ‹n.a› Ruf, Schrei
kalla ‹sw. Vb. II› **1.** rufen, schreien; *kalla á e-n* jd.en anschreien **2.** rufen; ~ *á e-n* jd.en herbeirufen **3.** sagen, erklären, vorbringen **4.** nennen, einen Namen geben; *at* ~ sozusagen, (nur) dem Namen nach **5.** fordern; ~ *til e-s*, ~ *á e-t* etw. beanspruchen
kalls (*kallz*) ‹n.a› Stichelei, Spott, Hohn
kampr ‹n.a› Stichelei, Spott, Hohn
kanna ‹sw. Vb. II› **1.** erkunden, erforschen, überprüfen, kontrollieren **2.** *kannask við* kennenlernen
kápa ‹f.ōn› Kutte, Kapuzenmantel
kapella ‹f.ōn› Kapelle
kapp ‹n.a› **1.** Eifer, Energie **2.** Überschwang, Übermut, Streitlust, Streit **3.** Wettstreit, Wettkampf
kappi ‹m.n› Kämpe, Kämpfer, Krieger, Streiter, Haudegen
karl ‹m.a› **1.** Kerl, Mann **2.** alter Mann **3.** gemeinfreier (einfacher, nichtadeliger) Mann   **-maðr** ‹m.a/k.› Kerl, Mann

karlmann-liga ‹Adv.› mannhaft, tüchtig **-ligr** ‹Adj.› männlich, mannhaft, tüchtig

karlmen(n)ska ‹f.ōn› Mannhaftigkeit, Tüchtigkeit

kasta ‹sw. Vb. II› **1.** werfen, hinwerfen, schleudern; *kasta tenningum* würfeln; ~ *daus ok ás* 2 und 1 würfeln, Mißerfolg haben **2.** umwerfen

kastali ‹m.n› Kastell, Burg, Festung, Befestigung

kát-ligr ‹Adj.› heiter, lustig, vergnügt, vergnüglich, unterhaltsam

kátr ‹Adj.› heiter, lustig, fröhlich, vergnügt

kaup ‹n.a› **1.** Handel, Geschäft **2.** Vereinbarung, Übereinkommen **3.** Bezahlung, Lohn

kaupa ‹sw. Vb. III› **1.** einen Handel abschließen, einhandeln, kaufen, erwerben; *kaupa at e-m* jd.en durch Bezahlung gewinnen, jd.en bestechen **2.** vereinbaren, übereinkommen, abmachen

kaupangr ‹m.ja› (Gen. *-s, -rs*) Handelsplatz, Handelsstadt, Stadt (insbes. *Niðaróss*)

kaup-eyrir ‹m.ja› Handelsware **-ferð** ‹f.i› Handelsreise **-laust** ‹Adv.› unentgeltlich, kostenlos, gratis **-maðr** ‹m.a/ k.› Händler, Kaufmann **-skip** ‹n.a› Handelsschiff **-staðr** ‹m.i› Handelsplatz, Markt

kefja ‹sw. Vb. Ia› nach unten drücken, untertauchen

kefli ‹n.ja› (rundes) Hölzchen, Holzstab, Kolben

keisari ‹m.n› Kaiser

kelda ‹f.jōn› **1.** Quelle **2.** Morast, Sumpf

kempa ‹f.ōn› Kämpe, Kämpfer, Held

kenna ‹sw. Vb. Ib› **1.** kennen, erkennen **2.** bemerken, vernehmen, spüren, riechen, schmecken; *kenna sér sóttar* sich krank fühlen **3.** zeigen **4.** bekannt machen, lehren **5.** benennen, bezeichnen; *kalla manninn Ása heitum ok ~ svá til vápna eðr skipa* den Mann mit einem Asennamen belegen und dann nach Waffen oder Schiffen bezeichnen **6.** belasten, beschuldigen; ~ *e-m um e-t* jd.em die Schuld an etw. geben **7.** *kennask* einander erkennen, sich zeigen, sich erweisen

kenning ‹f.ō› **1.** Erkennen, Erkenntnis **2.** zweigliedrige poetische Umschreibung

kenni-maðr ‹m.a/k.› geistlicher Lehrer, Priester

keppa ‹sw. Vb. Ib› bemühen, erstreben, nachdrücklich verfolgen (*til e-s, um e-t*); *keppa(sk) við e-n* sich mit jd.em messen

ker ‹n.*a*› 1. Trinkgefäß, Becher 2. Behälter, Waschzuber
kerling ‹f.*ō*› 1. Frau 2. alte Frau 3. einfache (nicht-adelige) Frau
kerra ‹f.*ōn*› Karre, Wagen, Gefährt
kerti ‹n.*ja*› Kerze   **kerti(s)-sveinn** ‹m.*a*› Kerzenträger (in Diensten eines Herrschers)
kesja ‹m.*a*› Spieß, Speer (als Hieb-, Stich- und Wurfwaffe)
ketill ‹m.*a*› Kessel
ketta ‹f.*jōn*› :2: weibliche Katze
keyra ‹sw. Vb. Ib› 1. treiben, antreiben, anspornen 2. treiben, schlagen, hauen, schleudern
-ki ‹Partikel› ⇒ **-gi**
kind ‹f.*i*› 1. Nachkomme 2. (Pl.) Nachkommenschaft, Geschlecht, Sippe
kinn ‹f.*ō*/k.› Wange, Backe; *kómu rauðir flekkir í kinnr honum* er bekam rote Flecken an den Wangen
kinn-hestr ‹m.*a*› Ohrfeige
kippa ‹sw. Vb. Ib› 1. (schnell) ziehen, reißen; *hann kippir mǫnnum at sér* er zieht schnell Mannschaft zusammen, versammelt Männer um sich 2. *kippask* zusammenfahren, zusammenzucken
kirkja ‹f.*jōn*› Kirche
kirkju-dyrr ‹f.*ō*/*i* Pl.› Kirchentür, Kircheneingang   **-garðr** ‹m.*a*› Kirchhof   **-virki** ‹n.*ja*› Kirchenbau, Kirchengebäude
kista ‹f.*ōn*› 1. Kiste, Truhe 2. Sarg
kjarr ‹n.*a*› Gestrüpp, Gebüsch
kjóll ‹m.*a*› (ℙ) großes Schiff
kjósa ‹st. Vb. II,1› wählen, auswählen, aussuchen, bestimmen; *kjósa val* entscheiden, wer im Kampf fallen soll; ~ *heldr* den Vorzug geben
kjǫptr (*kjaptr*) ‹m.*u*› Kiefer, Maul; *inn efri kjǫptr* Oberkiefer
kjǫlr ‹m.*u*› 1. Kiel 2. Schiff
kjǫt ‹n.*wa*› Fleisch
klappa ‹sw. Vb. II› 1. schlagen, klopfen 2. klatschen 3. tätscheln
klárr ‹Adj.› klar, hell
klaustr ‹n.*a*› (Gen. -*rs*), **klaustri** ‹m.*n*› Kloster
kleif ‹f.*ō*›, **klif** ‹n.*a*› Klippe, Felsabhang, Bergwand
klerk-dómr ‹m.*a*› klerikale Gelehrsamkeit

klerkr ‹m.a› Kleriker, Geistlicher
kljúfa ‹st. Vb. II,2› klieben, spalten, zertrennen
klofna ‹sw. Vb. II› sich spalten, bersten
klokka (*klukka*) ‹f.ōn› Glocke
klókr ‹Adj.› klug, findig, gerissen
klumba (*klubba*) ‹f.ōn› Keule, Knüppel
klyf ‹f.jō› zweigeteilte Packlast (auf einem Pferd)
klæða ‹sw. Vb. Ib› kleiden, ankleiden
klæði ‹n.ja› **1.** Stoff, Tuch, Decke, Pl. Bettzeug **2.** Gewand, Kleidungsstück, Pl. Kleidung
klæðnuðr (*klæðnaðr*) ‹m.u› Kleidung
klæki ‹n.ja› Schmach; *skǫmm ok klæki* Schimpf und Schande
klǫpp ‹f.i› Stock
kløkkva ‹st. Vb. IIIa,2› jammern, klagen, schluchzen, weinen
kná (1. P. Sg.; *knáttu* Inf. II) ‹PP Vb.› (+ Inf.) **1.** können, imstande sein **2.** dürfen
knappr ‹m.a› Knopf
knarrar-skip ‹n.a› ⇒ **knǫrr**
knatt-leikr ‹m.a› ein Schlagballspiel **-tré** ‹n.a› :≦5: Spielholz, Schläger (im *knattleikr*)
kné ‹n.a› Knie, (Pl.) Schoß; *hann setti hana í kné sér* er nahm sie auf seinen Schoß
knés-fótr ‹m.u/k.› Kniekehle
knífr ‹m.a› Messer
knútr ‹m.a› **1.** Knoten **2.** Geschwulst, Beule
knýja ‹sw. Vb. Ia› (Prät. *knúða*, ℙ *kníða*) **1.** schlagen, stoßen **2.** vorantreiben
knýta ‹sw. Vb. Ib› knoten, knüpfen, schlingen
knǫrr ‹m.u› (größeres) Handelsschiff
knǫttr ‹m.u› kleiner, hölzerner Ball (im *knattleikr*)
kol ‹n.a Pl.› Holzkohle
kol-bítr ‹m.a› :≦5: 'Aschenlieger', Nichtsnutz, Faulpelz **-svartr** ‹Adj.› kohlschwarz, trostlos
kollr ‹m.a› **1.** Kahlkopf, Kopf **2.** Bürschchen

kólna ‹sw. Vb. II› abkühlen, auskühlen, erkalten

koma ‹st. Vb. IV› **1.** kommen, ankommen; *koma á e-n* jd.en überfallen; *~ at e-u* an eine Stelle gelangen; *~ í móti e-m* jd.en angreifen; *~ niðr* hinkommen, an eine Stelle kommen; *kemr Áki ekki síðan við þessa sǫgu* Aki kommt in dieser Saga fortan nicht vor **2.** kommen zu, sich entwickeln; *kom svá, at* es kam dazu, daß; *hann sér, hvar komit var* er sieht die Gelegenheit gekommen; *kemr at þingi* das Thing rückt heran; *koma fram* zutage treten, geschehen; *hlutr e-s kom upp* das Los fällt auf jd.en **3.** erlangen, erreichen (*e-m*); *koma við e-t* an etw. stoßen **4.** bringen, schaffen; *Hrungnis bani mun þér í hel koma* der Töter des Hrungnir (i.e. Mjöllnir) wird dich in die Hel bringen; *koma e-u fyrir sik* etw. vor sich schieben; *~ við váttum* Zeugen beibringen **5.** zustandebringen, herbeiführen; *~ fyrir ekki* zu nichts führen; *~ e-u við* etw. gebrauchen, etw. einsetzen **6.** *komask* gelangen, erreichen; *komask undan* entkommen; *komask við* zuwege bringen, imstande sein; *komask e-m ór hǫndum* jd.em entkommen, jd.em entwischen

kóma ‹f.ōn› ⇒ **kváma**

kompánn (*kumpánn*) ‹m.a› Kumpan, Kumpel, Geselle

kona ‹f.ōn› **1.** Frau **2.** Ehefrau

(-)konar (*alls konar* etc.) ‹Adj. indekl.› → **alls-, eins-, margs-, þesskonar**

konr ‹m.i› **1.** Sohn, Nachkomme; *Auða konr* (Nachkomme des Audi ≙) Königssohn (oder → **auðkonr*?) **2.** ℙ Mann

konung-borinn ‹Adj.› königentstammend, von königlicher Geburt, aus einem Königsgeschlecht **-dómr** ‹m.a›, **-dœmi** ‹n.ja› Königtum, Königswürde **-ligr** ‹Adj.› königlich

konungr ‹m.a› König

konungs-barn ‹n.a› Königskind **-garðr** ‹m.a› Königshof, Residenz des Königs **-maðr** ‹m.a/k.› Bediensteter des Königs **-merki** ‹n.a› Königsbanner, Feldzeichen des Königs **-nafn** ‹n.a› Königstitel, Königswürde **-prýði** ‹m.n› :1: königliche Pracht, vornehme Hofhaltung **-sonr** ‹m.u› Königssohn, Prinz

korn ‹n.a› Korn, Getreide

kóróna[1] ‹f.ōn› Krone

kóróna[2] ‹sw. Vb. II› krönen

kórr ‹m.a› **1.** Chor, Presbyterium, Altarraum der Kirche **2.** Gesangschor

kosningr ‹m.a› Wahl
koss ‹m.a› Kuß
kosta ‹sw. Vb. II› **1.** 'kosten', versuchen, erproben **2.** aufwenden, verwenden **3.** bezahlen, die Kosten tragen **4.** verköstigen
kostr ‹m.i› **1.** Wahl **2.** Wahlmöglichkeit, Alternative **3.** Bedingung **4.** Lage, Umstände, Verhältnisse **5.** Art, Beschaffenheit, Eigenschaft; *alls kostar* in jeder Weise **6.** Mittel **7.** Lebensmittel, Vorräte
krankr ‹Adj.› krank, erkrankt, angegriffen
kraptr (*kraftr*) ‹m.a› **1.** Kraft, Stärke **2.** magische Kraft, Zaubermacht **3.** Hilfe, Unterstützung
krás ‹m.a› Leckerbissen, Schmankerl, Köstlichkeit
krefja ‹sw. Vb. Ia› fordern, verlangen; *krefja e-n máls* jd.en zu einem Gespräch auffordern
kreppa ‹sw. Vb. Ib› **1.** einengen, drücken, quetschen **2.** verkrampfen
kringja ‹sw. Vb. Ib› umringen, umgeben, einkreisen
kringla ‹f.ōn› Ring, Kreis
kringlóttr ‹Adj.› kreisförmig, rund
kristinn ‹Adj.› christlich, christianisiert
kristni ‹f.īn› christlicher Glaube, Christentum, Christenheit
kristr ‹m.a› Christus
krjúpa ‹st. Vb. II,2› kriechen
króka-spjót ‹n.a› Hakenspieß, Speer mit Widerhaken
krókr ‹m.a› **1.** Haken **2.** Winkel **3.** Winkelzug, Trick, List
kross ‹m.a› **1.** Kreuz; *í kross* gekreuzt **2.** (christliches) Kreuz, Kruzifix
-messa ‹f.ōn› (Tag der) Kreuzmesse (am 3.5. und 14.9.)
krúna ‹sw. Vb. II› krönen
kryfja ‹sw. Vb. Ia› ausweiden, die Eingeweide entfernen
kufl ‹m.a› Kutte, Kapuzenmantel
kúga ‹sw. Vb. II› **1.** zwingen **2.** bezwingen, unterwerfen
kú-gildi ‹n.ja› Kuhwert (als Werteinheit; = 12–20 *lǫgaurar*)
kuldi ‹m.n› **1.** Kälte, Frost **2.** Abneigung, Feindseligkeit
kumbl (*kuml*) ‹n.a› Zeichen, Denkmal, Monument
kumbla-smiðr ‹m.a› ℙ :1: (Schmied der [Helm-]Zeichen ≙) Krieger
kumpánn ‹m.a› ⇒ **kompánn**

kunna ‹PP Vb.› **1.** kennen, bekannt sein (*e-t, e-u*) **2.** verstehen, wissen; *kunna rúnar* runenkundig sein; *því at kann ek yrkja* weil ich zu dichten verstehe **3.** können, imstande sein **4.** sich abfinden mit (*e-u*)
kunnasta ‹f.ōn› **1.** Kenntnis **2.** Können, Vermögen **3.** Zauberkunst, Magie
kunnigr (*kunnugr*) ‹Adj.› **1.** bekannt **2.** kenntnisreich, wissend, kundig, zauberkundig
kunnr (*kuðr*) ‹Adj.› **1.** bekannt, berühmt **2.** kenntnisreich, wissend
kurteisi ‹f.īn› **1.** Courtoisie, Höflichkeit, höfische Manieren **2.** höfische Konvention
kurteiss ‹Adj.› höflich, höfisch, ritterlich, kultiviert
kváma (*kóma*) ‹f.ōn› Ankunft, Eintreffen
kván ‹f.ō› Ehefrau, Gattin
kvánga ‹sw. Vb. II› sich mit einer Frau vermählen, eine Frau ehelichen; *kvángaðr* verheiratet
kveða ‹st. Vb. V,1› **1.** sagen, sprechen; *Þórr kvezk vilja róa miklu lengra* Thor sagte, er wolle viel weiter rudern; *kveða á* angeben, erwähnen, bestimmen, festsetzen **2.** aussprechen, artikulieren (auch ~ *upp*) **3.** (einen poet. Text) vortragen, rezitieren, dichten **4.** rufen, schreien
kveðja ‹sw. Vb. Ia› **1.** anreden, begrüßen; *kveðja e-n at e-u* jd.en auf etw. hinauf ansprechen **2.** auffordern, verlangen, berufen; ~ *sér hljóðs* sich Ruhe erbitten; ~ *e-n máls* jd.en zu einem Gespräch auffordern
kveld ‹n.*a*› Abend; *fram var kveld* es war spät am Abend
kvelja ‹sw. Vb. Ia› **1.** quälen, mißhandeln, martern; *kveljask* sich abmühen **2.** ℙ töten
kven-fólk ‹n.*a*› :≦5: 'Frauenvolk', Frauen
kvenna-flokkr ‹m.*a*› Frauenschar, Gruppe von Frauen
kven-skap ‹n.*a*› :1: weibliches Geschlechtsteil
kveykva (*kveikja*) ‹sw. Vb. Ib› **1.** beleben **2.** entfachen, entzünden
kverk ‹f.*i*/k.› **1.** Biegung, Krümmung; *kverk øxa* untere Krümmung des Axtblattes **2.** (Pl.) Kehle, Gurgel
kvern ‹f.ō› **1.** Mühlstein **2.** Mühle (auch Pl.)
kviða ‹f.ōn› erzählendes Lied
kvíða ‹sw. Vb. Ib› bangen, ängstigen, fürchten (*e-u*)
kviðu-háttr ‹m.*u*› ein (in der Merkdichtung verwendetes) Versmaß

kviðlingr ⟨m.*a*⟩ kleines Gedicht (insbes. Spottstrophe)
kviðr ⟨m.*i*⟩ 1. Spruch, Urteilsspruch, Verdikt; *kviðr norna* Schicksalsspruch der Nornen 2. Geschworenengremium
kvikendi (*kvikvendi, kykvendi*) ⟨n.*ja*⟩ Lebewesen, Tier
kvik-fé ⟨n.*u*⟩ Viehbestand
kvikr (*kykr*) ⟨Adj. (*wa*)⟩ lebend, lebendig
kvísl ⟨f.*ō*⟩ Zweig, Verzweigung
kvistr ⟨m.*u*⟩ Zweig, Ast
kvist-skœðr* ⟨Adj.⟩ ℙ :1: den Zweigen schädlich; *kvistskæða* die Zweigschädliche: Sonne?, Windbö?
kvittr[1] ⟨m.*u*⟩ Gerücht, Gemunkel, Gerede
kvittr[2] ⟨Adj.⟩ quitt, entlastet
kvæði ⟨n.*ja*⟩ Gedicht, Lied; *yrkja kvæði* ein Gedicht verfassen
kvæntr ⟨Adj.⟩ 'beweibt', (mit einer Frau) verheiratet
kvǫl ⟨f.⟩ Qual, Tortur, Pein, Schmerz
kykr ⟨Adj.⟩ ⇒ **kvikr**
kykvendi ⟨n.*ja*⟩ ⇒ **kvikendi**
kylfa ⟨f.*ōn*⟩ Keule, Knüppel
kýli ⟨n.*ja*⟩ Beule, Geschwür
kyn[1] ⟨n.*ja*⟩ 1. Familie, Geschlecht, Abstammung 2. Art, Sorte
kyn[2] ⟨n.*ja*⟩ Wunder, etwas Unerklärliches
kyn-kvísl ⟨f.*i*⟩ Familienzweig, Linie eines Geschlechts
kynda ⟨sw. Vb. Ib⟩ anzünden, entfachen; *mjǫtuðr kyndisk* das Verhängnis tritt ein, nimmt seinen Lauf
kyn-ligr ⟨Adj.⟩ verwunderlich, eigenartig, merkwürdig, seltsam
(-)kyns (*alls kyns* etc.) ⟨Adj. indekl.⟩ → **alls-, margs-, þess-kyns**
kyn-slóð ⟨f.*i*⟩ Nachkommenschaft
kýr ⟨f.*ō*/k.⟩ Kuh
kyrr ⟨Adj.⟩ ruhig, still, unbeweglich, friedlich; *sitja um kyrt* in Ruhe (daheim) sitzen, stillhalten; (*láta*) *vera kyrt* es bleiben lassen
kyrtill ⟨m.*a*⟩ Überhemd, Kleid, Rock
kyssa ⟨sw. Vb. Ib⟩ küssen
kæra ⟨sw. Vb. Ib⟩ 1. beanspruchen, sich beklagen, klagen, eine Rechtssache verfolgen 2. besprechen, verhandeln

kær-leiki ‹m.*n*›, **-leikr** ‹m.*a*› innige Freundschaft, enge Beziehung, heftige Zuneigung, Liebe
kærr ‹Adj.› **1.** lieb, beliebt, geschätzt **2.** herzlich, innig
kǫttr ‹m.*u*› Katze; *ser kǫttrinn músina?* sieht die Katze die Maus?

L (anorw. **l-** s. auch **hl-**)

laða ‹sw. Vb. II› **1.** einladen **2.** *laðask* sich sammeln
láð ‹n.*a*› Land; *land ok láð* Land und Herrschaft
laf-hræddr ‹Adj.› bibbernd, zitternd vor Angst
lag ‹n.*a*› **1.** Lage, Schicht, Stellung, Ordnung; *lag orða* Wortfolge **2.** Gemeinschaft, Bündnis; (Pl. *lǫg*) Rechtsgemeinschaft **3.** außereheliche Beziehung, Geschlechtsverkehr **4.** Wert, Preis **5.** Weise, Grad; *í fyrra lagi* zuerst **6.** Hieb, Stich, Stoß **7.** (Pl. *lǫg*) Rechtsfestlegung, Gesetz(e), Recht **8.** (Pl. *lǫg*) Schicksal, Bestimmung
laga-brot ‹n.*a*› Vergehen, Gesetzesbruch
lágr ‹Adj.› **1.** tief, niedrig, klein, kurz **2.** untergeordnet, unwichtig, unbedeutend **3.** *lágt* leise; *mæla lágt* leise sprechen
lags-maðr ‹m.*a*/k.› Gefährte, Verbündeter; *lagsmenn konungs* Gefolgsleute des Königs
lán ‹n.*a*› **1.** Ausleihe, Anleihe **2.** Gut **3.** Lehen
land ‹n.*a*› **1.** Land, Gebiet, Herrschaftsbereich; *land Jónakrs konungs*; ~ *af landi* von Land zu Land **2.** Land, Grund, Landbesitz; *nema* ~ Land nehmen (und besiedeln) **3.** (festes) Land; *taka* ~ landen
landa-leit ‹f.*ō*›, **-leitun** (-*leitan*) ‹f.*ō*› Suche nach (neuen) Ländern
land-auðn ‹f.*i*› Verödung des Landes **-flótti, -a** ‹Adj.› landesflüchtig, des Landes verwiesen
landi ‹m.*n*› Landsmann
land-kostr ‹m.*i*› Landesbeschaffenheit **-nám** ‹n.*a*› Landnahme, Besitznahme (und Besiedlung) von unbewohntem Land **-rǫgnir** ‹m.*ja*› ℙ :1: Landesherrscher, König **-tjald** ‹n.*a*› an Land aufgebautes Zelt
lands-fólk ‹n.*a*› Landesbevölkerung, Einwohner **-maðr** ‹m.*a*/k.› Einwohner, Einheimischer, Landsmann **-réttr** ‹m.*u*› Landesrecht, Gesetze eines Landes **land(s)-skyld** ‹f.*i*› Grundsteuer, Besitzabgabe
land-suðr ‹n.*a*› Südosten **-varnarmaðr** ‹m.*a*/k.› mit der Landesverteidigung beauftragter Mann

langa-fasta ‹f.ōn› Fastenzeit (vor Ostern)
langr ‹Adj.› lang, weit (von Raum und Zeit); *langt* weit, weit entfernt
lang-skip ‹n.a› Langschiff, großes Kriegsschiff
láss ‹m.a› Schloß, Verschluß, Riegel
lasta ‹sw. Vb. II› tadeln, schmähen, herabsetzen; *lasta goðin* über Gott lästern
lát ‹n.a› **1.** Aufgabe, Verlust **2.** Tod **3.** Benehmen, Verhalten, Manieren; *skipta litum ok látum* Gestalt und Verhalten tauschen **4.** Laut, Ton, Geräusch
láta ‹st. Vb. VII,5› **1.** lassen, zulassen, gestatten; *láta vera kyrt* es auf sich beruhen lassen; ~ *e-t aptr* etw. (ver)schließen **2.** (+ Inf.) veranlassen, befehlen; ~ *e-n drepa* jd.en töten lassen; *lokit létu* sie ließen es abgeschlossen sein, sie beendeten **3.** verlauten lassen, sich äußern, sagen, erklären, schreien **4.** sich benehmen, sich verhalten; *láta illa í svefni* unruhig schlafen **5.** lassen, freilassen, weglassen, wegfahren; ~ *í haf* in See stechen **6.** ablassen von (*af e-u*), aufgeben, (das Leben) verlieren, sterben; *látinn* gestorben **7.** *látask* (von sich) sagen, sterben
latína ‹f.ōn› Latein, die lateinische Sprache
latínu-letr ‹n.a› (Gen. *-rs*) Lateinbuchstaben **-tunga** ‹f.ōn› die lateinische Sprache
lauf ‹n.a› Laub, Blattwerk; *lauf runna landa Leifa* (Laub der [Bäume {der Länder des Leifi ≙ } des Meeres ≙] Schiffe ≙) Schild **-grœnn** ‹Adj.› laubgrün
laug ‹f.ō› **1.** das Waschen, Bad **2.** Waschwasser
lauga ‹sw. Vb. II› **1.** waschen, baden, reinigen **2.** eintauchen; *laugaðr í rauðu gulli* in rotes Gold getaucht, mit Gold beschichtet
laugar-dagr ‹m.a› 'Badetag', Samstag
laukr ‹m.a› Lauch
laun[1] ‹f.ō/i› **1.** Geheimhaltung, das Verbergen **2.** Heimlichkeit, das Verborgensein; *á laun* im geheimen, heimlich, nicht öffentlich
laun[2] ‹n.a› Lohn, Belohnung, Entgelt, Gegengeschenk
launa ‹sw. Vb. II› lohnen, sich erkenntlich zeigen, vergelten, entschädigen, entgelten, ein Gegengeschenk machen
laun-getinn ‹Adj.› 'heimlich geboren', außerehelich geboren **-víg** ‹n.a› heimlicher Totschlag

lausa-fé ‹n.*a*› beweglicher Besitz, Geld   **-vísa** ‹f.*ōn*› Einzelstrophe (in der Skaldendichtung)

lausn ‹f.*i*› **1.** Lösung, Aufklärung **2.** Auslösung, Freikauf **3.** Lösegeld **4.** Erlösung; *til hjálpar ok lausnar ǫllu mannknyi* zur Rettung und Erlösung der ganzen Menschheit

lausnari ‹m.*n*› Erlöser

lauss ‹Adj.› **1.** los, gelöst, frei **2.** lose, beweglich, schwankend; *lausir aurar* beweglicher Besitz **3.** vakant, leer **4.** ungebunden, ledig

lausung ‹f.*ō*› **1.** Untreue, Falschheit **2.** zügelloses Leben, liederlicher Lebenswandel

lávarðr ‹m.*a*› Herr, Gebieter

lax ‹m.*a*› Lachs

leg ‹n.*a*› Grabstätte

leggja ‹sw. Vb. Ia› **1.** legen **2.** anlegen, bauen, errichten; *leggja garða* Zäune errichten **3.** belegen, anbringen; *gulli lagðr* goldbeschlagen **4.** angeben, vorlegen, sich äußern, bewerten; *leggja e-t fyrir e-n* jd.em etw. unterbreiten; *~ til* seine Meinung sagen **5.** festlegen, bestimmen, einrichten, anordnen; *~ lǫg á e-t* ein Gesetz über etw. machen, etw. gesetzlich festlegen **6.** ablegen, niederlegen, beilegen, aufgeben, beenden; *hann bað þá leggja vápnin* er bat da, die Waffen niederzulegen **7.** erlegen, bezahlen; *~ af við e-n* etw. an jd.en abtreten **8.** stoßen, stechen, erstechen, durchbohren; *~ e-n til bana* jd.en töten; *Kolskeggr lagði Karl spjóti í gegnum* Kolskegg durchbohrte Karl mit dem Speer **9.** sich begeben, zusteuern, fahren; *leggja á flótta* die Flucht ergreifen; (unpersönl.) *leggr e-t á* etw. tritt ein **10.** daransetzen, aufwenden, einsetzen; *leggja fram allan mátt* die ganze Kraft aufbieten; *~ til* hinzufügen, beisteuern **11.** *leggjask* sich niederlegen, sich legen, sich begeben, sich wenden, schwimmen, tauchen **12.** *lag(i)ðr* veranlagt, geeignet

leggr ‹m.*i*› **1.** (Unter-)Schenkel, Wade **2.** (Unter-)Schenkelknochen **3.** Bein, Knochen

leið ‹f.*ō/i*› **1.** Weg, Fahrt; *á leið* unterwegs **2.** Strecke, Entfernung **3.** Art, Weise **4.** Seekriegsordnung (= *leiðangr*)

leiða ‹sw. Vb. Ib› **1.** bewegen, (weg)bringen **2.** leiten, lenken, geleiten, führen; *leiða athuga* überlegen, bedenken; *~ hest fram* ein Pferd vorführen; *~ til arfs* erbberechtigt machen **3.** beerdigen, begraben

leiðangr ‹m.a› (Gen. -rs) **1.** Seekriegsordnung, Wehrpflicht (zur Stellung von Schiffen, Mannschaft und Ausrüstung), Kriegsabgabe **2.** Kriegsfahrt (zur See)
leiði ‹n.ja› **1.** Wind, (guter) Segelwind; *gott leiði* günstiger Wind **2.** Grab
leiði-ligr ‹Adj.› widerlich, abscheulich
leiðr ‹Adj.› leid, unbeliebt, verhaßt, abscheulich, widerlich, zuwider
leið-rétta ‹sw. Vb. Ib› in Ordnung bringen, berichtigen, abhelfen; *leiðréttask* sich bessern **-togi** ‹m.n› Wegekundiger, Führer
leif ‹f.ō› **1.** Nachlaß, Hinterlassenschaft **2.** Überbleibsel
leifa ‹sw. Vb. Ib› **1.** nachlassen, hinterlassen **2.** zurücklassen, übriglassen, verlassen
leiga[1] ‹f.ōn› **1.** Miete, Zinsen **2.** Lohn, Bezahlung
leiga[2] ‹sw. Vb.› **1.** mieten **2.** lohnen, bezahlen
leika ‹st. Vb. VII,2› **1.** sich bewegen, tanzen **2.** spielen, sich unterhalten; *geirum leika* mit Speeren spielen, kämpfen **3.** behandeln, sein Spiel treiben, überlisten; *hann mun illa leikinn* ihm wird übel mitgespielt
leik-maðr ‹m.a/k.› **1.** Spieler, Sportler **2.** Spielmann
leikr ‹m.a› **1.** Spiel, Sport, Wettkampf **2.** Kampf
leir ‹n.a›, **leirr** ‹m.a› Lehm, Schlamm
leita ‹sw. Vb. II› **1.** suchen (*e-s*); *leita sér ráðs* sich eine Frau suchen; ~ *á fund e-s* jd.en aufsuchen; ~ *at e-u* nach etw. suchen **2.** versuchen, anstreben, nachforschen; ~ *sér lífs* zu überleben versuchen; ~ *undan* zu entkommen versuchen; ~ *eptir* sich bemühen **3.** sich wenden; ~ *suðr* sich südwärts halten **4.** behandeln, zufügen, antun
leiti ‹n.ja› Erhöhung, Anhöhe (als Aussichtspunkt)
lemja ‹sw. Vb. Ia› **1.** schlagen **2.** zerschlagen, verletzen, totschlagen
lén ‹n.a› Lehen
lend ‹f.ō› Lende
lenda ‹sw. Vb. Ib› **1.** landen, an Land kommen; *þessi lendir* das hat ein Ende **2.** mit Land belehnen
lend-borinn ‹Adj.› von Lehensleuten abstammend, von adeliger Geburt
lendr ‹Adj.› mit Landbesitz belehnt; *lendr maðr* Landherr, Lehensmann, Adeliger
lengð ‹f.ō› Länge (von Raum und Zeit)
lengi ‹Adv.› lange Zeit; *eigi lengr* nicht länger, nicht mehr

lengja ‹sw. Vb. Ia› lange machen, verlängern, dehnen
lengra ‹Adv. Komp.› (Sup. *lengst*) weiter
leó (*léon*) ‹m./n.a› Löwe
leppr ‹m.a› 1. Haarlocke, Haarsträhne 2. Stoffstück, Lappen
lérept ‹n.› Gewebe (aus gröberem Leinen oder Hanf)
lesa ‹st. Vb. V,1› 1. auflesen, sammeln 2. lesen
letja ‹sw. Vb. Ia› 1. abraten, warnen 2. ausreden, abbringen, abhalten
letr ‹n.a› (Gen. *-rs*) 1. Letter, Buchstabe 2. Schrift
létta ‹sw. Vb. Ib› 1. erleichtern 2. aufheben, hochheben 3. beenden, einhalten
létt-látr ‹Adj.› 1. gelöst, heiter, umgänglich, erfreut 2. leichtlebig, liederlich
léttr ‹Adj.› 1. leicht 2. leicht, unbeschwert, mühelos; *hann var á léttasta aldri* er war im unbeschwertesten Alter, in den besten Jahren 3. gelöst, heiter, umgänglich, erfreut 4. wendig, gewandt
leyfa ‹sw. Vb. Ib› 1. loben, rühmen, preisen 2. erlauben, billigen, gestatten, zulassen
leyfi ‹n.ja› Erlaubnis, Billigung, Zustimmung
leyna ‹sw. Vb. Ib› geheimhalten, verheimlichen, verbergen, verstecken (*e-u* etw., *e-n* vor jd.em); *fór þat eigi leynt* das blieb nicht unentdeckt
leyni ‹n.ja› Versteck, Unterschlupf **-ligr** ‹Adj.› insgeheim, verborgen
leysa ‹sw. Vb. Ib› 1. lösen 2. losmachen, losbinden, befreien; *leysa til sekkja* Säcke aufbinden, öffnen 3. auslösen, freikaufen; ~ *líf sitt* sein Leben freikaufen, retten 4. einlösen, erfüllen 5. auflösen, zerfallen; *leysir ísa* das Eis schmilzt 6. *leysask* sich befreien, sich freikaufen; *leysask undan* sich entziehen
lið ‹n.a› 1. Hausleute, Hofleute, Gefolge, Kriegsvolk, Truppe, Streitmacht 2. Leute, Volk, Schar 3. Beistand, Hilfe; *veita e-m lið* jd.em Unterstützung gewähren, jd.em beistehen
líða ‹st. Vb. I› 1. sich (vorwärts) bewegen, gleiten, ziehen, gehen; *líða á lopti* durch die Luft schweben 2. verlaufen, dahingehen, vergehen, zu Ende gehen; *líðr fram e-u* etw. geht hin, verstreicht; *liðinn* dahingegangen, tot 3. vor sich gehen, geschehen
liði ‹m.n› Gefolgsmann
lið-semð (*-semd*) ‹f.ō/i› Hilfeleistung, Unterstützung

lið-skjálf ‹f.ō› ℙ :1: Wachturm(?; unklar)

liðugr ‹Adj.› **1.** beweglich, ungehindert, ungebunden **2.** freundlich, entgegenkommend

lið-veizla ‹f.ōn› Hilfeleistung, Unterstützung

líf ‹n.a› **1.** Leben; *hafa ekki líf* nicht überleben; *lífs* lebendig **2.** Leib, Körper

lifa ‹sw. Vb. III› **1.** leben, währen; *lifa eptir e-n* jd.en überleben **2.** fortbestehen

líf-dagar (*lífs-*) ‹m.a Pl.› Lebtag(e), Lebenszeit

lífga ‹sw. Vb. II› wiederbeleben, wieder zum Leben erwecken

líf-lát ‹n.a› Ableben, Tod

lifnaðr ‹m.u› way of life, Lebensweise

lifr ‹f.ō› (Gen. *-rar*) Leber

lífs-háski ‹m.n› Lebensgefahr **-hvatr** ‹Adj.› ℙ :1: lebenstüchtig, tatkräftig

liggja ‹st. Vb. V,2› **1.** liegen, gelagert sein, ruhen; *liggja sjúkr* krank darniederliegen; ~ *(hjá) konu* bei einer Frau liegen, mit einer Frau schlafen; ~ *eptir* zurückbleiben, unterbleiben **2.** liegen, gelegen sein, vorhanden sein, sich befinden; ~ *til* nötig sein; ~ *við* auf dem Spiel stehen; (unpersönl.) *e-m liggr við bana* jd. ist dem Tod nahe **3.** stilliegen, festsitzen **4.** liegen, sich ausdehnen, verlaufen; *fram lágu brautir* nach vor verliefen die Wege

lík ‹n.a› **1.** Leib, Körper **2.** Leiche

líka ‹sw. Vb. II› gefallen, behagen, angetan sein

líkami ‹m.n›, **líkamr** ‹m.a› Leib, Körper; *líkams munuð* körperliche Begierde, Fleischeslust **líkam-ligr** ‹Adj.› körperlich, fleischlich

lík-blauðr ‹Adj.› :≦5: leichenscheu

líki ‹n.ja› Gestalt, Aussehen

líkja ‹sw. Vb. Ib› ⇒ **glíkja**

lík-ligr ‹Adj.› ⇒ **glík-ligr**

líkn ‹f.ō› **1.** Hilfe, Heilung, Rettung **2.** Vergebung, Gnade

líkneski ‹n.ja›, **líkneskja** ‹f.jōn› **1.** Form, Gestalt, Aussehen **2.** Bildnis, Statue; *hon sér í snjónum líkneskju sína* sie sieht im Schnee ihre Umrisse (die Umrisse ihres Körpers)

líkr ‹Adj.› ⇒ **glíkr**

lim ‹n.*a*, Pl. f.*ō*› **1.** Zweig, Ast, Geäst **2.** Körperteil, Körperglied, Extremität

limr ‹m.*u*› Körperteil, Körperglied, Extremität; *missa lífs eða lima* Leib und Leben verlieren

lín ‹n.*a*› **1.** Flachs, Lein **2.** Leinen, leinener Brautschleier

lina ‹sw. Vb. II› **1.** lindern **2.** nachgeben (*e-u*)

lind ‹f.*i*› **1.** Linde **2.** ℙ (Linden-)Schild

lindi ‹m.*n*› Gürtel; *lindi jarðar* (Gürtel der Erde ≙) Weltschlange

linr ‹Adj.› **1.** gelinde, mild, sanft **2.** weich, schwach

list ‹f.*i*› **1.** Kunst, Kunstfertigkeit, Können **2.** Kunst, Wissen, Klugheit, List **3.** Wissenschaft

lita* ‹sw. Vb. II› *litask um* sich umsehen

líta ‹st. Vb. I› **1.** blicken, sehen; *líta í* hineinschauen **2.** erblicken, sehen, wahrnehmen **3.** *lítask* (gut) scheinen, gefallen; *hversu lízk þér á mey þessa?* wie gefällt dir dieses Mädchen?

lítill ‹Adj.› **A 1.** klein, kurz (von Raum und Zeit) **2.** klein, unbedeutend, von wenig Tragweite **3.** wenig, wenig zahlreich, gering an Zahl **B.** ‹Adv.› *lítit* = *lítt* (Nom./Akk. Sg. n.); *litlu* (Dat. Sg. n.) ein wenig, etwas; *fyrir litlu* vor kurzem; *lítinn* (Akk. Sg. m.) ein wenig

lítil-látr ‹Adj.› **1.** bescheiden, demütig **2.** umgänglich **-læti** ‹n.*ja*› **1.** Bescheidenheit, Demut **2.** Umgänglichkeit

litr ‹m.*u*› **1.** Aussehen, Gestalt; *skipta litum ok látum* Gestalt und Verhalten tauschen **2.** Farbe, Gesichtsfarbe; *bregða lit* die Gesichtsfarbe wechseln, erbleichen

lítt ‹Adv.› **1.** wenig, in geringem Ausmaß, kaum; *minnst, minzt* so gut wie nicht **2.** kurzzeitig, vorübergehend **3.** schlecht, miserabel

lituðr ‹m.*u*› ℙ Färber; *lituðr hringserks* Krieger (≙ Färber der Rüstung [≙ des Ringhemds])

ljá ‹sw. Vb. III› (Prät. *léða*) **1.** leihen, ausleihen **2.** verleihen, verborgen, schenken (*e-m e-s*)

ljóð ‹n.*a*› Strophe, (Pl.) Lied, Spruchdichtung, Zauberspruch

ljóða-háttr ‹m.*u*› ein (in der Spruchdichtung verwendetes) Versmaß

ljóma ‹sw. Vb. II› leuchten, glänzen

ljómi ‹m.*n*› Leuchten, Glanz

ljóri ‹m.*n*› Dachöffnung (Licht- bzw. Rauchloch)

ljós ‹n.› **1.** Licht **2.** Leuchte, Fackel

ljóss ‹Adj.› **1.** licht, hell, leuchtend, strahlend; *beið hann sinnar ljóssar kvánar* er wartete auf seine strahlende Frau **2.** einleuchtend, sichtlich, klar

ljósta ‹st. Vb. II,1› **1.** schlagen, hauen, stoßen **2.** treffen

ljótr ‹Adj.› häßlich, abscheulich, unförmig, mißgebildet

ljúfr ‹Adj.› lieb, beliebt, geliebt

ljúga ‹st. Vb. II,2› **1.** lügen, verleumden, fälschlich bezichtigen (*á e-n*); *ljúga eiða* Eide brechen **2.** belügen; *hon laug at honum* sie sagte ihm die Unwahrheit

loði ‹m.*n*› (℗) **1.** Loden **2.** Lodenmantel, -umhang

lof ‹n.*a*› **1.** Lob, Preis, Preislied **2.** Erlaubnis, Billigung, Zustimmung

lofa ‹sw. Vb. II› **1.** loben, rühmen, preisen **2.** erlauben, billigen, gestatten, zulassen

lofðar ‹m.*n* Pl.› Männer, Herrscher

lofðungr ‹m.*a*› (℗) Herrscher, Fürst

lof-ligr ‹Adj.› **1.** löblich, lobenswert, rühmlich **2.** lobend, rühmend, preisend

lof-tunga ‹f.*ōn*› Lobzunge (Beiname des Skalden Thorarinn)

loga ‹sw. Vb. II› lohen, lodern, brennen

logi ‹m.*n*› Lohe, Feuerflamme

logn ‹n.*a*› Windstille; *logn var veðrs* es herrschte Flaute

lok ‹n.*a*› **1.** Ende, Schluß; *til loks* bis zum Ende, ganz **2.** Schloß, Deckel **3.** verschließbarer Behälter

lokka ‹sw. Vb. II› locken, herbeilocken

lokkr ‹m.*a*› Locke

lopt ‹n.*a*› **1.** Luft, Luftraum; *lopt ok lǫgr* Luft und Wasser **2.** 'Loft', Bodenkammer

losna ‹sw. Vb. II› **1.** sich losmachen, sich lösen, loskommen **2.** sich auflösen

lotr ‹Adj.› ℗ :1: krumm, gebeugt

lúka ‹st. Vb. II,3› **1.** schließen, verschließen, zuschließen **2.** aufschließen, öffnen **3.** schließen, enden; *ok lýkr hér sǫgu* und hier schließt die Saga **4.** abschließen, beenden **5.** umschließen **6.** zahlen, bezahlen **7.** *lúkask* zum Ende kommen

lund ‹f.i› **1.** Gesinnung, Einstellung, Wesen **2.** Art, Weise
lundr ‹m.a› Wäldchen, Hain
lunga ‹n.n› Lunge
lurkr ‹m.a› Knüppel, Schlegel
lúta ‹st. Vb. II,3› sich beugen, sich bücken, sich (ver)neigen; *lúta saman* 'sich zueinanderneigen', miteinander schlafen; *lotinn* gekrümmt
lýðr ‹m.a/i› Volk, (Pl.) Leute; *lýðir (lýðar) ok lǫnd* Leute und Land
lýgi ‹f.īn› Lüge
lýja ‹sw. Vb. Ia› schlagen, hämmern, zerschlagen
lykð (*lykt*) ‹f.ō› Abschluß, Ende; *at lykðum* zum Schluß
lykða (*lykta*) ‹sw. Vb. II› abschließen, beenden, fertigmachen
lykill ‹m.a› Schlüssel
lykja ‹sw. Vb. Ia› **1.** schließen **2.** einschließen, umschließen, umgeben, umschlingen **3.** zusammenschließen, zusammenfügen **4.** beenden
lypta ‹sw. Vb. Ib› **1.** lüften, hochheben, hinaufziehen **2.** in Gang setzen
lýritar-eiðr (*ly-?*) ‹m.a› selbdritt zu leistender Eid
lýritr (*ly-?*) ‹m.a› gerichtlicher Einspruch, Einwendung
lýsa ‹sw. Vb. Ib› **1.** leuchten **2.** beleuchten, erhellen, hell machen **3.** klar werden, zeigen **4.** klar machen, bekanntgeben, verkünden
lýsi-gull ‹n.a› hell(er)es Gold
lýsing ‹f.ō› **1.** Morgendämmerung **2.** gerichtliche Kundmachung
lysta ‹sw. Vb. Ib› gelüsten, gieren, begehren, wünschen; *(hann) lysta at kyssa* (er) war begierig zu küssen
lystr ‹Adj.› begierig, begehrend
lýti ‹n.ja› Makel, Fehler, Vergehen
læ ‹n.wa› (ℙ) Unheil, Schaden, Verderben; *læ sviga* (Schaden der Zweige ≙) Feuer
lægi ‹n.ja› **1.** Anlegeplatz (für Schiffe) **2.** ℙ Windstille
lægja ‹sw. Vb. Ib› **1.** senken, vermindern, beruhigen; *lægjask* sich legen **2.** erniedrigen, herabsetzen
lækning ‹f.ō› **1.** ärztliche Behandlung **2.** Heilung **3.** Heilmittel
læknir ‹m.ja› Arzt, Ärztin
læmingi ‹m.jan› Lemming; *læmingja hǫgg* scharfer Hieb(?)
lær ‹n.a› (Ober-)Schenkel, Schinken

læra ‹sw. Vb. Ib› **1.** lehren, unterrichten; *lærðr maðr* gelehrter Mann, Kleriker **2.** lernen

læring ‹f.ō› Unterricht, (geistliche) Unterweisung

læsa ‹sw. Vb. Ib› **1.** schließen, verschließen, versperren **2.** einschließen, einsperren

læti ‹n.*ja*› **1.** Benehmen, Verhalten, Manieren **2.** Geräusch, Laut, Ton

lœkr ‹m.*i*› Bach

lǫg-berg ‹n.*a*›, **-bergi** ‹n.*ja*› Gesetzesfelsen (von dem der Gesetzessprecher auf dem Allthing spricht) **-bók** ‹f.ō/k.› Rechtsbuch, Rechtscodex **-brot** ‹n.*a*› Rechtsbruch, Vergehen **-eyrir** ‹m.*ja*› (Pl. *-aurar*) gesetzlich festgelegte Werteinheit (= 6 Ellen *vaðmál*) **-fenginn** ‹Adj.› rechtsgültig geheiratet **-maðr** ‹m.*a*/k.› **1.** Rechtskundiger **2.** Gesetzessprecher **-mál** ‹n.*a*› **1.** Rechtssache **2.** Einigung, Übereinkunft **3.** Gesetz **-prettr** ‹m.*u*› Rechtskniff, Dreh, Winkelzug **-saga** ‹f.ōn› Vortrag der Gesetze **-sǫgu-maðr** ‹m.*a*/k.› Gesetzessprecher **-taka** ‹st. Vb. VI,2› gesetzlich einführen

lǫgr ‹m.*u*› **1.** Flüssigkeit, Wasser **2.** Gewässer, See, Meer **lǫg-vellir** ‹m.*ja*› ℙ :1: (Flüssigkeitskocher ≙) Kessel

lǫstr ‹m.*u*› Makel, Fehler, Laster, Schande

M

maðr ‹m.*a*/k.› **1.** Mann **2.** Gefolgsmann **3.** Ehemann **4.** Mensch, Person, (Pl.) Leute; *þessir inir ungu menn unnusk mikit* diese jungen Leute (Valtari und Hildigund) liebten einander sehr; *ormr, er menn kalla Miðgarðzormr* die Schlange, die man M. nennt

magi ‹m.*n*› Magen

mágr ‹m.*a*› angeheirateter Verwandter: Schwager, Schwiegervater, -sohn

mak-ligr ‹Adj.› passend, ratsam, geeignet, gebührend, würdig

mál[1] ‹n.*a*› **1.** Sprache; *norrœnt mál* altwestnordische Sprache **2.** Sprache, Stimme **3.** Worte, Äußerung, Rede; *þat er mál manna, at* man sagt, daß **4.** Sprichwort, Spruch, Spruchdichtung; *Vafþrúðnismál* **5.** Erzählung, erzählendes Lied; *Skírnismál* **6.** Gespräch, Unterredung **7.** Ding, Sache, Angelegenheit; *hafa sitt mál* seinen Willen durchsetzen **8.** Rechtssache, Rechtsangelegenheit **9.** Abmachung, Vereinbarung, Vergleich

mál[2] ‹n.*a*› **1.** Maß **2.** Grenze, Punkt **3.** Zeit, Zeitpunkt **4.** Mahlzeit

mála-lok ‹n.*a* Pl.› Abschluß einer Sache
mála-spjót ‹n.*a*› :≦5: 'Ornamentspeer', Speer mit verziertem Blatt
máli ‹m.*n*› **1.** Abmachung, Vereinbarung **2.** Sold, Lohn, Bezahlung
málmr (*malmr*) ‹m.*a*› **1.** Metall **2.** ℙ Waffe
málsendi ‹m.*n*› Rede, Äußerung
mána-dagr ‹m.*a*› Montag
mangari ‹m.*n*› Kleinhändler, Krämer
mangi ‹Pron.› niemand, keiner
máni ‹m.*n*› Mond; *máni reiðar Ræs* (Mond des [Wagen des Rär (eines Seekönigs) ≙] Schiffes ≙) Schild; *máni viðar hauðrmens* (Mond des [Baumes des Meeres ≙] Schiffes ≙) Schild
mannaðr ‹Adj.› *vel mannaðr* zu einem tüchtigen Mann entwickelt
manna-forráð ‹n.*a*› Herrschaft, Vorsteherschaft **-mál** ‹n.*a*› Menschenstimmen, Rede von Menschen **-munr** ‹m.*i*› Unterschied zwischen den Leuten
mann-dómr ‹m.*a*› **1.** Mannhaftigkeit, Tapferkeit **2.** menschliche Natur, Menschlichkeit **-dráp** ‹n.*a*› Totschlag, Mord, (Pl.) Gemetzel **-fjǫlði** ‹m.*n*› Vielzahl von Menschen, Menschenmenge **-fólk** ‹n.*a*› Leute, Menschen, Menschheit **-fundr** ‹m.*i*› Treffen, Zusammenkunft, Versammlung **-hringr** ‹m.*a*› von Menschen gebildeter Kreis **-jafnaðr** ‹m.*u*› Männervergleich (mit unterhaltendem Charakter) **-ligr** ‹Adj.› **1.** männlich **2.** menschlich
mann-vit (*man-*) ‹n.*a*› Menschenverstand, Lebensklugheit
mánuðr (*manaðr*) ‹m.*u*› Monat
marg-dýrr ‹Adj.› ℙ :≦5: überaus herrlich
margr ‹Adj.› (*mar(g)t* n.) manch, viel, in großer Zahl; *mǫrgu sinni* oftmalig
margreifi ‹m.*n*› Markgraf
margs-konar ‹Adj. indekl.›, **-kyns** ‹Adj. indekl.› von mancher Art, vielerlei
mark ‹n.*a*› **1.** Marke, Merkmal, Zeichen **2.** wichtige Sache; *lítit mark er at því* das hat wenig zu bedeuten
marka ‹sw. Vb. II› **1.** markieren, kennzeichnen **2.** bezeichnen, zeigen **3.** zeichnen, abbilden **4.** ersehen, bemerken, erkennen
marr[1] ‹m.*a/i*› ℙ Pferd, Roß

marr² ‹m.i› ℙ Meer, See
mát ‹n.a› Matt (im Schachspiel)
matr ‹m.i› Speise, Essen
máttr ‹m.u› **1.** Macht, Kraft, Stärke **2.** Wohlbefinden, gesundheitliche Verfassung
máttugr (*máttigr*) ‹Adj.› mächtig, gewaltig, stark
með (auch *meðr*) ‹Präp.› **A.** (+ Dat.) **1.** mit, bei; *með ǫllu* vollständig **2.** gemeinsam mit, samt **3.** mit, mittels **4.** entlang, längs **5.** zwischen; *bardagi með þeim* der Kampf zwischen ihnen **6.** *með því at* deshalb weil, aufgrund von **B.** (+ Akk.) mit **C.** ‹Adv.› damit; *þar með* noch dazu, außerdem
meðal (*á meðal, í meðal*) ‹Präp.› (+ Gen.) **A.** zwischen **B.** ‹Adv.› dazwischen
meðal-snotr ‹Adj.› ℙ :≦5: 'mittelklug', durchschnittlich klug
meðan (*á meðan*) **A.** ‹Konj.› während, solange **B.** ‹Adv.› inzwischen, unterdessen
með-ferð ‹f.i› **1.** das Mitführen **2.** Nutzung, Gebrauch **3.** Verhalten, Benehmen, Handlungsweise, Vorgehen
mega ‹PP Vb.› **1.** vermögen, können **2.** (+ Inf.) können, dürfen; *vel má þat* das kann gern geschehen
megin¹ ‹n.a› Kraft, Stärke
megin² **A.** ‹Adv.› -seits, -seitig; *tvei(m) megin* beiderseits, beiderseitig; *ǫllu(m) megin* allseits, auf allen Seiten, von allen Seiten; *(inum) hœgra megin* rechts; *þeim megin* diesseits **B.** ‹Präp.› (+ Gen.) seitwärts, auf der Seite von; *Hjarðarholts megin* auf der Seite, wo Hjardarholt gelegen ist
megin-land ‹n.a› Festland
megum ‹Adv.› -seits, -seitig; *einu(m) megum* 'einerseits', (nur) von einer Seite; *ǫðru(m) megum* auf der anderen Seite, von der anderen Seite; *ǫllu(m) megum* allseits, auf allen Seiten, von allen Seiten; *(inum) vinstra megum* links
meiða ‹sw. Vb. Ib› mißhandeln, lädieren, verletzen, verstümmeln
meiðmar ‹f.ō Pl.› ℙ Kostbarkeiten
meiðr ‹m.a› **1.** Baum, Baumstamm **2.** Querholz (des Galgens), Balken
mein ‹n.a› **1.** Hindernis, Leiden, Schaden, Nachteil, Unglück **2.** Untat, Schandtat

meina ‹sw. Vb. II› **1.** schaden **2.** verderben, hindern, verhindern (*e-m e-t*); *henni var þat meinat* sie wurde daran gehindert

mein-gerð ‹f.*ō/i*› Verletzung, Kränkung **-svari** ‹Adj.› ℙ :2: meineidig

meiri ‹Adj. Komp.› → **mikill**

meir(r) ‹Adv. Komp.› **1.** mehr; *meirr at þat* danach **2.** ferner

meistari ‹m.*n*› **1.** gelehrter Mann **2.** Meister, geschickter Handwerker **3.** Herr, Herrscher

meita ‹sw. Vb. Ib› **1.** schneiden **2.** ℙ beschneiden

meizla-sár ‹n.*a*› :2: schwere Verwundung, entstellende Verletzung

mél¹ ‹n.*a*› **1.** Zwischenzeit, Zeitspanne **2.** Zeitpunkt

mél² ‹n.*a*› (Pferde-)Gebiß

meldr ‹m.*a*› (Gen. *-rs*) (ℙ) **1.** das Mahlen **2.** Mehl

mél-greypr ‹Adj.› ℙ :≦5: gebißumfassend (vom Pferd)

melr ‹m.*a*› Sand, Sandhügel

mel-rakki ‹m.*n*› (Polar-)Fuchs

melta ‹sw. Vb. Ib› verdauen

men ‹n.*ja*› Halsschmuck (Halsring, Halsband), (Pl.) Schmuck, Kleinode, Schmuckstücke

mengi ‹n.*ja*› Menge, Masse

mennskr (*menskr*) ‹Adj.› **1.** menschlich **2.** männlich

men-skorð ‹f.*ō*› ℙ :1: (Halsschmuckstütze ≙) Frau **-vǫrðr** ‹m.*u*› ℙ :1: (Schatzhüter ≙) Herrscher, Fürst

merki ‹n.*ja*› **1.** Merkmal, Kennzeichen **2.** Feldzeichen, Banner

merki-ligr ‹Adj.› **1.** beachtenswert, bemerkenswert, außergewöhnlich **2.** bedeutend, hervorragend

merkja ‹sw. Vb. Ib› **1.** markieren, kennzeichnen **2.** bezeichnen, zeigen **3.** zeichnen, abbilden **4.** beachten, bemerken

messa ‹f.*ōn*› Messe, Gottesdienst

mestr ‹Adj. (Sup.)› → **mikill**

mest ‹Adv. (Sup.)› **1.** am meisten, vor allem, besonders **2.** fast

meta ‹st. Vb. V,1› **1.** bemessen, festsetzen **2.** einschätzen, abwägen **3.** schätzen, würdigen; *meta orð e-s* jd.es Worte achten

metnuðr (*metnaðr*) ‹m.*u*› **1.** Bemessung, Bewertung **2.** Geltung, Ansehen, Ehre **3.** Hochmut, Stolz, Ehrgeiz

mey ‹f.*jō*› ⇒ **mær**

mið ‹n.*a*› Mitte; *miðr dagr* Mittag; *í mið(it)* in der Mitte

miðgarðr ‹m.*a*› irdischer Bereich, Menschenwelt

miðgarðs-ormr ‹m.*a*› Weltschlange (im Weltmeer lebendes Ungeheuer)

miðhæfi ‹?› zur Seite! (o.ä.; Bedeutung des fremdsprachigen Ausdrucks nicht völlig klar)

miðja ‹f.*ōn*› Mitte; *í miðju* in der Mitte

miðla ‹sw. Vb. II› **1.** vermitteln **2.** teilen **3.** überlassen, hinterlassen

miðlandi ‹m.*n*/k.› ℙ :1: Austeiler, Verteiler

miðli ‹Präp.› ⇒ **milli**

miðr ‹Adj. (*ja*)› in der Mitte befindlich, mittlerer; *miðr dagr* Mittag; *at miðri nótt* zu Mitternacht

mið-vikudagr ‹m.*a*› Mittwoch

mikill ‹Adj.› **A. 1.** groß, lang (von Raum und Zeit) **2.** groß, bedeutend, von großer Tragweite; *e-t þykkir e-m mikit* etw. geht jd.em nahe **3.** viel, zahlreich, in großer Zahl, bedeutend **B.** ‹Adv.› *miklu* (Dat. Sg. n.) viel, erheblich (vor Komp.), höchst (vor Sup.); *mikinn* (Akk. Sg. m.) heftig, sehr

mildi ‹f.*īn*› **1.** Freigebigkeit; *mikit er um mildi slíkra* großartig steht es um solche Freigebigkeit **2.** Milde, Güte, Gnade

milli (*á milli, í milli, millum*) ‹Präp.› (+ Gen.) **A.** zwischen **B.** ‹Adv.› dazwischen

mildr ‹Adj.› **1.** freigebig **2.** mild, gütig, gnädig

minjar ‹f.*jō* Pl.› Erinnerung, Andenken

minka ‹sw. Vb. II› vermindern; *minkask* abnehmen

minn ‹Pron.› mein

minna[1] ‹sw. Vb. Ib› erinnern; *minnask* sich erinnern (*e-s, e-t*)

minna[2]* ‹sw. Vb. Ib› *minnask* küssen (*til e-s, við e-n*); *Bolli gekk at Kjartani ok minntisk til hans* Bolli ging zu Kjartan und küßte ihn

minni[1] ‹n.*ja*› **1.** Erinnerung, Gedächtnis **2.** Andenken **3.** Gedenktrunk

minni[2] ‹Adj. Komp.› → **lítill**

minning ‹f.*ō*› **1.** Gedenken, Erinnerung; *minning blótsins* Scheinopfer **2.** Vorzeichen, Warnung, Mahnung

minka (*minnka*) ‹sw. Vb. II› vermindern, verringern, abnehmen

minnr ‹Adv. Komp.› → **lítt**

minnst (*minzt*) ‹Adv. Sup.› → **lítt**

minnstr (*minstr, minztr*) ‹Adj. Sup.› → **lítill**

mis-gera ‹f.ī n› eine Untat begehen, sich vergehen (*með, við e-n* an jd.en)

-kunn ‹f.ō› Gnade, Barmherzigkeit   **-lika** ‹sw. Vb. II› nicht behagen, mißfallen; *e-m mislíkar e-t* jd.em mißfällt etw.   **-lyndi** ‹f.ī n› Unentschlossenheit, Wankelmut

missa[1] ‹f.ō n› Verlust

missa[2] ‹sw. Vb. Ib› **1.** missen, mangeln, nicht haben, entbehren (*e-s*) **2.** verlieren, einbüßen, einen Schaden erleiden (*e-s, e-t*); (unpersönl.) *ef Gunnars missir* wenn man Gunnar verliert **3.** verfehlen, fehlgreifen, nicht bekommen

misseri ‹n.ja› **1.** Halbjahr **2.** (Pl.) Jahr (als Zeitmaß, 12 Monate)

mis(s)-fengr ‹Adj.› sein Ziel verfehlend   **mis-sýni** ‹n.ja› Fehleinschätzung, Sinnestäuschung

mistil* ‹f.ō› Mistel

mistil-teinn ‹m.a› :≦5: 'Mistelzweig', Mistel

mjór (*mjár*) ‹Adj. (wa)› **1.** schmal, dünn, eng **2.** spitz

mjúk-leikr ‹m.a› Geschmeidigkeit, Behendigkeit

mjúkr ‹Adj.› **1.** geschmeidig, behende, leicht **2.** nachgiebig, freundlich, entgegenkommend **3.** leicht, bequem

mjǫðr ‹n.a› Met

mjǫð-rann ‹n.a› ℙ :1: (Methaus ≙) Festhalle

mjǫk ‹Adv.› **1.** sehr, hochgradig; *vera mjǫk með konungum* sich viel bei Königen aufhalten **2.** fast, beinahe; *vera ~ dauðr* fast tot sein

mjǫtuðr ‹m.u› (ℙ) Schicksal, Schicksalsmacht, Verhängnis, Tod

móðugr (*-igr*) ‹Adj.› **1.** erregt, ergrimmt **2.** ℙ mutig

móðir ‹f.r› Mutter

móðr[1] ‹m.a› Erregung, Grimm, Rage, Zorn; *af móði* erregt, erzürnt

móðr[2] ‹Adj.› müde, entkräftet

móður-faðir ‹m.r› Großvater (mütterlicherseits)

mold ‹f.ō› Erde, Erdboden, Boden

monu ‹PP Vb.› ⇒ **munu**

mór ‹m.a› Heide, Ödland

morð ‹n.a› Mord, Ermordung

morð-vargr ‹m.a› Mörder
morgin-dǫgg ‹f.wō› Morgentau
morginn (Dat. *morni*) ‹m.a› Morgen; *á morgin, í morgin* am Morgen, heute morgen; *at morni* morgens, am (nächsten) Morgen; *of morgin, um morgininn* am (nächsten) Morgen
mót[1] ‹n.a› 1. Treffen, Zusammenkunft, Versammlung 2. Begegnung, Zusammenstoß
mót[2] ‹n.a› 1. Zeichen, Kennzeichen 2. Art, Weise; *með engu móti* keinesfalls
mót[3] (*á móti, í móti*) ‹Präp.› (+ Dat.) A. 1. gegen, entgegen 2. anstelle B. ‹Adv.› dagegen
motr ‹m.a› (Akk. *motr*) eine Art Kopftuch
mót-taka ‹f.ōn› Gegenwehr, Widerstand
múgr ‹m.a› Vielzahl, Menge, Masse (von Menschen)
muna ‹PP Vb.› sich erinnern, denken an; *m. e-t eptir* etw. im Gedächtnis behalten
mund ‹f.ō› ℙ Hand
mun-gát ‹n.a› (Leicht-)Bier
munka-kufl ‹m.a› Mönchskutte
munkr ‹m.a› Mönch
munnr (*muðr*) ‹m.a› Mund, Maul; *mæla fyrir munni sér* vor sich hinreden
munr[1] ‹m.i› 1. Wunsch, Verlangen, Begehren, Lust 2. ℙ Wunscherfüllung, Freude 3. (Pl.) Besitz, Mittel, Sache
munr[2] ‹m.i› Unterschied, Verschiedenheit; *mun(i)* (Dativ; vor Komp., Sup.) ein Gutteil, erheblich, enorm; *þeim mun – er* insofern als
munu ‹PP Vb.› (+ Inf.) 1. werden (zum Ausdruck eines zukünftigen oder zu erwartenden Geschehens); *þann mun ek kjósa* den werde ich wählen; *betra mun þat vera, at* es wird das beste sein, es ist bestimmt das beste, daß 2. wollen, beabsichtigen 3. sollen
munúð ‹f.i› sexuelle Begierde, Lust
mús ‹f.ō/k.› Maus
musteri (*mustari*) ‹n.ja› Münster, Dom
mykill ‹Adj.› ⇒ **mikill**
mýkva (*mýkja*) ‹sw. Vb. Ib› beruhigen, besänftigen, freundlich stimmen

mynd ⟨f.i⟩ **1.** Gestalt, Figur **2.** Abbild **3.** Vorbild

myrkr ⟨Adj. (wa)⟩ **1.** dunkel, finster, düster **2.** dunkel, unverständlich

myrkva (*myrkja*) ⟨sw. Vb. Ib⟩ dunkeln, verdunkeln

mækir ⟨m.*ja*⟩ Schwert

mæla ⟨sw. Vb. Ib⟩ **1.** sprechen, reden, sagen, mitteilen, vorbringen, vortragen; *mæla eptir e-m* jd.em nach dem Mund reden; ~ *fyrir* eine Verwünschung aussprechen; ~ *í lǫgum* gesetzlich verkünden; ~ *við e-u* etw. einwenden; *e-t mælisk illa fyrir* etw. wird verurteilt, etw. wird mißbilligt; *mælask við* miteinander sprechen **2.** vereinbaren **3.** *mælask fyrir* für sich sprechen, beten

mær (Pl. *meyjar*) ⟨f.*jō*⟩ Mädchen, junge Frau, unverheiratete Frau

mærr ⟨Adj.⟩ **1.** hervorragend, trefflich **2.** ℙ berühmt

mæti ⟨n.*ja* Pl.⟩ Hochschätzung; *hafa mæti á e-u* etw. für wertvoll halten

mœða ⟨sw. Vb. Ib⟩ ermüden, erschöpfen, entkräften

mœði ⟨f.*īn*⟩ Ermüdung, Erschöpfung, Entkräftung

mœta ⟨sw. Vb. Ib⟩ **1.** begegnen, treffen (*e-m*) **2.** *mœtask* einander begegnen, zusammentreffen, aneinanderstoßen; *þar er mœtisk Sogn ok Hǫrðaland* dort, wo Sogn und Hördaland aneinandergrenzen

mǫgr ⟨m.*u*⟩ **1.** Sohn **2.** Jüngling, junger Mann **3.** ℙ Mann

mǫn ⟨f.*ō*⟩ Mähne

mǫrk[1] ⟨f.*ō*/k.⟩ **1.** eine Gewichtseinheit (ca. 214 g; = 8 *aurar*, 24 *ørtogar*) **2.** 'Mark', eine Werteinheit (Umrechnung s. vorhin)

mǫrk[2] ⟨f.*i*/k.⟩ **1.** Wald **2.** Grenzwald

mǫsurr ⟨m.*a*⟩ :2:, **mǫsur-tré** ⟨n.*a*⟩ :1: eine Baumart (Ahornart)

mǫtull ⟨m.*a*⟩ ärmelloser Mantel, Umhang

N
(anorw. **n-** s. auch **hn-**)

ná ⟨sw. Vb. III⟩ **1.** nahekommen, erreichen, gelangen zu, erlangen, bekommen (*e-u* etw.); ~ *hendi til e-m* jd.en berühren **2.** (+ Inf.) fertigbringen, können **3.** ~*sk* gefaßt werden

ná-bjargir ⟨f.*i* Pl.⟩ Leichenhilfe

nað ⟨f.*i*⟩ **1.** (Pl.) Ruhe, Schutz, Frieden **2.** Gnade, Barmherzigkeit

nadd-hristir ⟨m.*ja*⟩ ℙ :1: ('Pfeilschüttler' ≙) Krieger

naddr ⟨m.*a*⟩ Nagel, Stift

naðr ‹m.*a*› (Gen. *-rs*), **naðra** ‹f.*ōn*› Natter, Schlange

nafn ‹n.*a*› Name, Benennung, Bezeichnung, Titel; *e-m er nafn gefit* für jd.en wird ein Name gewählt

nagl ‹m.*a*/k.› Nagel (am Finger oder an der Zehe)

nagl-fari ‹m.*n*› ℙ :≦5: Schwert

ná-liga ‹Adv.› beinahe, fast   **-lægr** ‹Adj.› **1.** naheliegend **2.** nahegelegen

nánd ‹f.*i*› Nähe

nár ‹m.*i*› Toter, Leiche

nátt ‹f.*ō*/k.› ⇒ **nótt**

nátt-myrkr ‹n.*a*› nächtliche Dunkelheit

náttúra ‹f.*ōn*› Natur, (besondere) Eigenschaft

nauð-fǫlr ‹Adj. (*wa*)› ℙ :1: todesblaß, totenbleich

nauðigr (*nauðugr*) ‹Adj.› genötigt, gezwungen, widerwillig, ungern

nauð-leytamaðr ‹m.*a*/k.› (angeheirateter) Verwandter, naher Angehöriger

nauðr ‹f.*i*› **1.** Notwendigkeit, Erfordernis, Zwang, (Pl. ℙ) Fesseln **2.** Not, Bedrängnis, Schwierigkeit

nauð-syn ‹f.*jō*› **1.** Notwendigkeit, Erfordernis, Bedürfnis, (Pl.) notwendige Verrichtungen; *ganga nauðsynja* seine Notdurft verrichten **2.** Not, Bedrängnis, Schwierigkeit   **-synligr** ‹Adj.› notwendig, dringlich

náungi ‹m.*n*›, **náungr** ‹m.*a*› naher Angehöriger

naut ‹n.*a*› Rind, (Pl.) Rindvieh, Vieh

né ‹Adv.› **A.** nicht; *né einn, neinn* (nach Negation) irgendein   **B.** ‹Konj.› und nicht; *né – né, hvár(t)ki – né* weder – noch

neðan ‹Adv.› **1.** von unten her, nach oben, hinauf **2.** unten; *fyrir neðan* (+ Akk.) unterhalb von, unter

neðarliga ‹Adv.› tief unten

neðri ‹Adj. Komp.› niederer, unterer

nef ‹n.*ja*› **1.** Nase **2.** Schnabel

nef-fǫlr ‹Adj. (*wa*)› ℙ :2: **1.** bleichnasig **2.** blaßschnäbelig

nefna ‹sw. Vb. Ib› **1.** nennen, benennen **2.** beim Namen nennen, rufen, anrufen, herbeirufen **3.** berufen, bestellen (*til e-s*)

neita ‹sw. Vb. Ib/II› verneinen, negieren, ablehnen, zurückweisen, verweigern (*e-m e-u*)

nema¹ ‹st. Vb. IV› **1.** nehmen, sich aneignen; *nema e-n e-u* jd.en einer Sache berauben; ~ *af* wegnehmen, abschaffen **2.** vernehmen, lernen, verstehen, hören, lernen **3.** ℙ (+ Inf.) beginnen, anfangen zu (teilweise auch pleonastisch)

nema² ‹Konj.› **1.** außer, ausgenommen, nur **2.** wenn nicht, außer wenn

nenna ‹sw. Vb. Ib› Mut haben, Lust haben; *ek nenni eigi at gista Óðin í kveld* ich habe keine Lust, heute abend bei Odin zu Gast zu sein

neppr ‹Adj.› ℙ :1: mühevoll?, vornübergebeugt?

nes ‹n.*ja*› Vorgebirge, Landzunge, Landspitze

nest ‹n.*a*› Reiseproviant, Wegzehrung

neyta ‹sw. Vb. Ib› **1.** brauchen, gebrauchen, benutzen **2.** genießen, essen

nið ‹n.*ja* Pl.› Neumond, Vollmond

níð ‹n.*a*› ehrenrührige Verhöhnung, Beschimpfung, Schmähung, Herabsetzung

níða ‹sw. Vb. Ib› verhöhnen, beschimpfen, schmähen

nið-fǫlr ‹Adj. (*wa*)› ℙ :1: rostfahl?, fahl wie der abnehmende Mond?

níðingr ‹m.*a*› ehrloser Mensch, Halunke, Schurke, Schuft; *hvers manns níðingr* allseits verachteter Mensch

níðings-verk ‹n.*a*› Missetat, Untat, Schandtat

nið-myrkr (*niða-*) ‹n.*a*› nächtliche Dunkelheit bei Neumond

niðr ‹m.*ja*› Nachkomme, ℙ Verwandter

niðr ‹Adv.› nieder, hinab, abwärts

niðri ‹Adv.› unten

nifl-farinn ‹Adj.› ℙ :1: in die Unterwelt gefahren, tot

nipt ‹f.*i*› ℙ :≦5: Verwandte

nist ‹n.*a*› das Zusammenheften, Verschluß (an der Kleidung), Fibel

níta ‹sw. Vb. Ib/II› **1.** ablehnen, zurückweisen **2.** leugnen

nítján ‹Num.› neunzehn

níu ‹Num.› neun

níundi ‹Num.› neunter

njósn ‹f.*i*› **1.** das Spähen, Erkundung **2.** Kunde, Nachricht

njóta ‹st. Vb. II,1› **1.** ausnützen, Vorteil ziehen aus (*e-s*) **2.** genießen, Freude haben an (*e-s*); *njótask* einander (sexuell) befriedigen

nógr ‹Adj.› ⇒ **gnógr**

norðan ‹Adv.› **1.** nördlich, im Norden **2.** nördlich, aus dem Norden

norð-maðr ‹m.*a*/k.› **1.** Skandinavier(in), Nordmann (m.), (Pl.) Nordleute **2.** Norweger(in), Bewohner(in) eines von Norwegen aus besiedelten Gebietes (insbes. Island)

norðr[1] ‹m.*a*› **1.** Norden **2.** nördlicher Teil der Erde

norðr[2] ‹Adv.› nordwärts, nach Norden

norn ‹f.*i*› Norne, Schicksalsgöttin; *nesta norn* (Göttin der Fibeln ≙) Frau

norrœna ‹f.*ōn*› **1.** die altwestnordische (altnorwegisch-isländische) Sprache; *á norrœnu* auf Altwestnordisch **2.** Nordwind

norrœnn ‹Adj.› **1.** nördlich, aus nördlicher Richtung kommend **2.** nordisch, skandinavisch, aus Nordeuropa stammend **3.** westnordisch, norwegisch-isländisch

nótt (*nátt*) ‹f.*ō*/k.› **1.** Nacht; *í nótt* in der Nacht, heute nacht; *um* ~ in der Nacht, die Nacht über **2.** Tag (als Zeitmaß, 24 Stunden)

nú ‹Adv.› **1.** jetzt, nun, nunmehr, gerade, soeben, plötzlich **2.** nun aber, nun doch

ný ‹n.*a*.› Neumond

nýja-leikr ‹m.*a*› Neues; *á nýja-leik* aufs neue, von neuem, erneut

ný-liga ‹Adv.› neulich, kürzlich, unlängst   **-lunda** ‹f.*ōn*›, **-mæli** ‹n.*ja*›, **-næmi** ‹n.*ja*› Neuigkeit

nýr ‹Adj. (*ja*)› **1.** neu, neu entstanden **2.** frisch

nyrðri (*nørðri*) ‹Adj. Komp.› nördlicher

nyt ‹f.*jō*› **1.** Nutzen, Ertrag **2.** Milch, Milchertrag

nýra ‹n.*n*› Niere

nýta ‹sw. Vb. Ib› **1.** benutzen, gebrauchen **2.** genießen, essen

nýtr ‹Adj.› **1.** nützlich, brauchbar; *engu nýtr* unnütz **2.** passend, zweckmäßig

nyt-samligr ‹Adj.› nützlich   **-semð** (*-semd*) ‹f.*ō/i*› Nutzen, Vorteil

næma ‹sw. Vb. Ib› berauben, wegnehmen (*e-n e-u* jd.em etw.)

nær ‹Adv.› **1.** nahe, bei **2.** nahezu, beinahe, fast **3.** übereinstimmend mit

nærr (*nærri*) ‹Adv. Komp.› näher, eher

nærri ‹Adj. Komp.› näher

næst ‹Adv. Sup.› am nächsten; *því næst* demnächst, gleich darauf

næsta ‹Adv.› **1.** nahezu, beinahe, fast **2.** nächstens

næstr ‹Adj. Sup.› **1.** nächster, nächstfolgender, anschließender **2.** voriger, letzter; *it næsta sumar* den letzten Sommer

nǫkkurr (*nakkvarr*) ‹Pron.› **A. 1.** irgendein(er), jemand, etwas (n.), (Pl.) einige **2.** ein gewisser **B.** ‹Adv.› *nǫkkut* (n.) **1.** etwas, ein wenig **2.** irgendwie, in gewisser Weise **3.** etwa, vielleicht

nǫkkvi ‹m.*wan*› Nachen, Ruderboot, Boot

nǫs ‹f.*ō/i*› Nasenloch, (Pl.) Nase, Nüstern

O, Ó

ó- ‹Präf.› un-; hier nicht verbuchte Bildungen s. Grundwort, z.B. *(ó-)teitr* (un)froh

ó-auðigr ‹Adj.› arm   **-byg(g)ð** ‹f.*i*› unbewohntes Gebiet   **-byg(g)ðr** ‹Adj.› unbewohnt, unbesiedelt

óðal (Pl. *óðul*) ‹n.*a*› **1.** Eigentum, Landeigentum, erbliche Liegenschaft, Erbgut **2.** Heimat

óðal-borinn ‹Adj.›   von freier (edler) Geburt, durch Geburt (zum Erbe) berechtigt

oddr ‹m.*a*› Spitze (meist einer Waffe)

ó-deigliga ‹Adv.› wagemutig, unerschrocken

óðins-dagr ‹m.*a*› Mittwoch

óðr[1] ‹m.*a*› **1.** Dichtung, Dichtkunst **2.** ℙ :1: Geist, Seele

óðr[2] ‹Adj.› **1.** erregt, wütend, rasend **2.** wild, heftig, stürmisch

ó-dœmi ‹n.*ja* Pl.›   Unerhörtes, Ungeheuerlichkeit; *þat var með ódœmum* das war beispiellos

of[1] (*óf*) ‹n.*a*› **1.** (große) Menge, Übermaß **2.** Übermut, Überheblichkeit

of[2] ‹Präp.› **A.** (+ Dat.) über   **B.** (+ Akk.) **1.** über, über – hin; *of Rosmofjǫll Rínar* über das R.-Gebirge am Rhein **2.** um – herum **3.** zu einer Zeit, an; *snemma of morgin* früh am Morgen **4.** bezüglich, hinsichtlich; *dvergr of vǫxt* ein Zwerg an Wuchs **5.** wegen   **C.** ‹Adv.› darüber, darüber hinaus

of[3] ‹Partikel› (ℙ) (meist vor Partizipia) entgegentretendes Füllwort ohne selbständige Bedeutung

of- ‹Präf.› über-, übermäßig; hier nicht verbuchte Bildungen s. Grundwort, z.B. *(of-)lengi* (über-)lange, (allzu) lange

ó-fagr ‹Adj.› unschön, häßlich; *eigi ófegri* nicht weniger schön

ofan ‹Adv.› **1.** von oben her, nach unten, hinab **2.** oben; *fyrir ofan* (+ Akk.) oberhalb, über

of-beldi ‹n.*ja*› Übermut, Hochmut, Anmaßung   **-drykkja** ‹f.*ōn*› übermäßiges Trinken, Betrunkenheit

offra ‹sw. Vb. II› **1.** übergeben, schenken **2.** opfern

of-kapp ‹n.*a*› Eigensinn, Streitsucht   **-kátr** ‹Adj.› übermütig, hochfahrend, unbeherrscht   **-léttleikr** ‹m.*a*› :1: Bereitwilligkeit

ofn ‹m.*a*› Ofen

ofr- ‹Präf.› über-, übermäßig; hier nicht verbuchte Bildungen s. Grundwort, z.B. *(ofr-)harmr* (übermäßiges) Leid

ofr-efli ‹n.*ja*› **1.** Übermaß **2.** Übermacht **3.** unlösbare Aufgabe   **-gamall** ‹Adj.› :1: uralt, hochbetagt

ó-friðr ‹m.*u*› **1.** Unfriede, Streit, Angriff, Krieg **2.** Gefahr

ofr-lið ‹n.*a*› Übermacht

ó-fróðr ‹Adj.› unverständig, unerfahren   **-frýnliga** ‹Adv.› unfreundlich, unangenehm, finster aussehend

ofr-yrði ‹n.*ja* Pl.› Prahlerei

ofsi ‹m.*n*› **1.** Übermut, Überheblichkeit **2.** Gewalt, Gewaltherrschaft

of-sókn ‹f.*i*› Verfolgung   **-stopi** ‹m.*n*› **1.** Übermut **2.** Ungestüm, Gewalttätigkeit   **-stopamaðr** ‹m.*a*/k.› **1.** anmaßender Mensch **2.** Draufgänger, Gewalttäter

oft ‹Adv.› ⇒ **opt**

of-valt (*-vallt*) ‹Adv.› unablässig, fortwährend, ständig, ununterbrochen

ó-fœrr ‹Adj.› **1.** nicht bewegungsfähig, unbeweglich **2.** nicht befahrbar, unpassierbar **3.** nicht durchführbar, unmöglich   **-gagn** ‹n.*a*› Schaden, Unheil   **-glaðr** ‹Adj.› unfroh, bedrückt, traurig   **-gleðja** ‹sw. Vb. Ia› mißvergnügt machen

ógn ‹f.*i*› **1.** Schrecken, Entsetzen, Furcht **2.** Drohung

ógur-ligr ‹Adj.› schrecklich, entsetzlich, furchtbar   **-stund** ‹f.*i*› P :1: Schreckenszeit(?)

ó-gæfr ‹Adj.› **1.** glücklos, vom Pech verfolgt **2.** unfügsam   **-gǫrr** ‹Adj.› (*wa*)› unerledigt, unfertig   **-hallkvæmr** ‹Adj.› unvorteilhaft   **-happ** ‹n.*a*› Unglück   **-heppinn** ‹Adj.› :2: unglücklich   **-hœfa** ‹f.*ōn*› Ungehörigkeit, Unziemlichkeit, Untat   **-hœgja** ‹sw. Vb. Ib› erschweren, Probleme machen; *óhœgjask* unbehaglich werden   **-jafnuðr** (*-jafnaðr*) ‹m.*u*› **1.** Ungleichheit **2.** Ungerechtigkeit

O, Ó

ok¹ ‹Konj.› **1.** und, auch **2.** aber, doch **3.** wie **4.** wenn, falls **5.** damit, daß **B.** ‹Rel.› (selten) der, die, das **C.** ‹Adv.› auch

ok² ‹n.*a*› Joch, Zwangsarbeit

okkarr ‹Pron.› unser beider; *hvárrtveggi okkarr* jeder von uns beiden

ó-kunnr (*ó-kuðr*) ‹Adj.› unbekannt, fremd   **-kvíðinn** ‹Adj.› furchtlos, unbesorgt (*e-s* um etw.)

ol-bogi ‹m.*n*› ⇒ **ǫln-bogi**

ó-lið ‹n.*a*› Schaden   **-lifðr** ‹Adj.› leblos, tot   **-líkr** ‹Adj.› ungleich, verschieden   **-merkiligr** ‹Adj.› **1.** unbedeutend, bedeutungslos **2.** unklug, dumm   **-mætr** ‹Adj.› bedeutungslos   **-neiss** ‹Adj.› untadelig, tadellos   **-nýta** ‹sw. Vb. Ib› **1.** nutzlos machen, unbrauchbar machen, zerstören **2.** ungenutzt lassen   **-nýtr** ‹Adj.› unnütz, nutzlos, unhaltbar

óp ‹n.*a*› Geschrei, Wehgeschrei

opa ‹sw. Vb. II› **1.** rückwärts gehen **2.** zurückgehen, -weichen

opinn ‹Adj.› **1.** offen **2.** offensichtlich, offenkundig, augenscheinlich

opt (*oft*) ‹Adv.› oft, häufig

ór ‹Präp.› (+ Dat.) **A.** aus **B.** ‹Adv.› daraus, heraus

orð ‹n.*a*› **1.** Wort, Äußerung, Rede; *gera orð á e-u* über etw. sprechen; *taka til orða* das Wort ergreifen **2.** Botschaft, Nachricht **3.** Gerede **4.** Ruf, Ansehen

orð-djarfr ‹Adj.› freiweg, geradeheraus redend   **-snjallr** ‹Adj.› redegewandt

orðs-tírr ‹m.*a*› Nachruhm

orð-tak ‹n.*a*› **1.** Wort, Äußerung, Rede, Gespräch **2.** Ausdruck, sprachliche Konvention, Redensart

ó-réttr ‹Adj.› unrecht, unrichtig

orka ‹sw. Vb. II› **1.** planen, wirken; *orka e-m til bana* jd.em nach dem Leben trachten **2.** vermögen, imstande sein **3.** zustande bringen, bewirken, bewerkstelligen, hervorbringen

ór-lausn ‹f.*i*› **1.** Hilfe **2.** Ausweg, Lösung, Befreiung

orlof ‹n.*a*› Erlaubnis (insbes. zur Abreise)

orm-garðr ‹m.*a*› 'Schlangenhof', Schlangengrube

ormr ‹m.*a*› Schlange

orms-tunga ‹f.*ōn*› Schlangenzunge

ó-ró ‹f.*ō*› Unruhe, Unfrieden
orrosta (-*rusta*) ‹f.*ōn*› Schlacht, Kampf   **orrostu-maðr** ‹m.*a*/k.› Krieger
ór-skurðr ‹m.*i*› Entscheidung
ó-sáinn ‹Adj.› ℙ :≦5: unbesät   **-sárr** ‹Adj.› unverletzt   **-sigr** ‹m.*a*› Niederlage
ósk ‹f.*i*› Wunsch
óska-byrr ‹m.*i*› gewünschter Fahrtwind
ó-skapligr ‹Adj.› ungeheuerlich, unpassend   **-skorinn** ‹Adj.› nicht zerschnitten, ungeschnitten   **-snjallr** ‹Adj.› 1. feige, ängstlich 2. unverständig   **-snotr** ‹Adj.› unklug, blöd, dumm   **-spiltr** ‹Part. II› unbeschädigt   **-svinnr** (-*sviðr*) ‹Adj.› unklug, blöd, dumm   **-sætt** ‹f.*i*›, **-sætti** ‹n.*ja*› Unfriede, Zerwürfnis, Feindschaft   **-sœmd** ‹f.*i*› Unehre, Schande
óss ‹m.*a*› Mündung (eines Flusses)
óst ‹f.*ō*›, **óstr** ‹m.*a*› Kehle, Halsgrube
ó-taliðr ‹Adj.› ungezählt   **-tiginn** ‹Adj.› nicht vornehm, gewöhnlich
otr ‹m.*a*› Otter (*Lutra*)
ó-trauðr ‹Adj.› nicht abgeneigt, willig, (schnell) bereit (*e-s* zu etw.)
otr-belgr ‹m.*i*› Otterbalg, -fell   **otr-gjǫld** (*otrs-*) ‹n.*a* Pl.› :≦5: Otterbuße, Bußzahlung für die Tötung des Otters
ótta[1] ‹f.*ōn*› letzter Teil der Nacht, Zeit vor Tagesanbruch
ótta[2] ‹sw. Vb. II› fürchten, befürchten; *óttask e-t* sich vor etw. fürchten
ótta-lauss ‹Adj.› furchtlos
ótti ‹m.*n*› 1. Furcht, Schrecken 2. Befürchtung
óttu-sǫngr ‹m.*wa*› Frühmesse
ó-varr ‹Adj.› unaufmerksam, unvorsichtig, achtlos; *koma at e-m óvǫrum, koma e-m á óvart* jd.em unerwartet kommen, jd.en überrumpeln, jd.en überraschen   **-vinr** ‹m.*i*› 1. Feind 2. Teufel   **-virðuliga** ‹Adv.› schmachvoll   **-virðing** ‹f.*ō*› Unehre, Schmach   **-víss** ‹Adj.› ungewiß, unklar   **-vit** ‹n.*a*› Bewußtlosigkeit, Ohnmacht   **-vændiskona** ‹f.*ōn*› :1: üble Frau   **-vænn** ‹Adj.› 1. unwahrscheinlich 2. nicht erfolgversprechend   **-vættr** ‹f.*i*› Unhold, böses (übernatürliches) Wesen   **-þokka** ‹sw. Vb. II› unzufrieden sein, feindlich gesonnen sein; *hann var óþakkaðr af e-u* er hatte sich bei jd.em verhaßt gemacht, er wurde von jd.em verabscheut

oxi ‹m.*n*› ⇒ **uxi**
ó-þrifinn ‹Adj.› faul, träge

P

pá ‹m.*n*› ⇒ **pái**
padda ‹f.*ōn*› Kröte
páfi ‹m.*n*› Papst
pá-fugl ‹m.*a*› Pfau
pái ‹m.*n*› Pfau
pallr ‹m.*a*› (breiteres) Podest, Bankerhöhung (entlang der Seitenwände?, auf eine Seite beschränkt?)
papi ‹m.*n*› 1. Papst 2. (Pl.) 'Pfaffen', irische Mönche auf Island vor der Landnahme
partr ‹m.*a*› Teil, Anteil
páska-dagr ‹m.*a*› (erster) Ostertag   **-friðr** ‹m.*u*› :1: Osterfriede
páskar ‹m.*a*, f.*ō* Pl.› Ostern
páska-tíð ‹f.*i*› Osterzeit   **-vika** ‹f.*ōn*› Osterwoche
páskir ‹f.*i* Pl.› Ostern
peð ‹n.*a*› :1: Bauer (im Schachspiel)
peðs-mát ‹n.*a*› :1: Bauernmatt (im Schachspiel)
pell ‹n.*a*› ein kostbarer (Seiden-)Stoff
penninga-laun ‹n.*a*› Pl. materieller (Gegen-)Lohn
penningr (*peningr*) ‹m.*a*› 1. 'Pfennig', kleinste Wert- bzw. Münzeinheit (= ¹/₁₀ *ørtog*, ¹/₃₀ *eyrir*) 2. (Pl.) Geld, Vermögen
piltr ‹m.*a*› Junge, Bub, Bursche
pína[1] ‹f.*ōn*› 1. Pein, Qual 2. Strafe
pína[2] ‹sw. Vb. Ib/II› peinigen, quälen
piparr ‹m.*a*› Pfeffer
píslar-fœri ‹n.*ja*› Marterwerkzeug
plógr ‹m.*a*› Pflug
plokka ‹sw. Vb. II› pflücken, rupfen, ausreißen
prestr ‹m.*a*› (christlicher) Priester
prófa ‹sw. Vb. II› 1. prüfen, untersuchen 2. versuchen

prúðr ‹Adj.› 1. ansehnlich, prächtig, protzig 2. prachtliebend
prýða ‹sw. Vb. Ib› schmücken, vornehm ausstatten
prýði ‹f.*īn*› 1. Schmuck, Pracht, Pomp 2. Tapferkeit
punktr ‹m.*a*› Punkt, Zeitpunkt
púta ‹f.*ōn*› Hure
pyttr ‹m.*i*› Pfütze, Wasserlache (-lacke)

qu- (*qv-*) → **kv-**

R (anorw. **r-** s. auch **hr-**)

rá¹ ‹f.*ō*› Rahe, Segelstange
rá² ‹f.*ō*› Ecke, Winkel
ráð ‹n.*a*› 1. Rat, Ratschlag, Empfehlung; *leggja ráð til við e-m, ráða e-m ráð* jd.em einen Rat erteilen; *hafa ekki ráð* zuwiderhandeln 2. Ratgeber, Berater 3. Beschluß, Entschluß, Entscheidung; *gera ráð, taka e-t ráðs* etw. beschließen; *vera í ráði* entschieden sein, besiegelt sein 4. Zustimmung 5. Absicht, Plan; *setja ráð til* einen Plan entwerfen, einen Weg finden; *vera í ráðum með e-m* an jd.es Plan beteiligt sein 6. was ratsam ist, Abhilfe, Mittel und Wege; *varð allt at ráði* es bewährte sich alles 7. Herrschaft, Macht 8. Haushalt 9. Zustand, Umstände, Ergehen 10. Heirat, Ehe, sexuelle Beziehung; *leita sér ráðs* sich eine Frau suchen 11. ℙ Deutung

ráða ‹st. Vb. VII,5› 1. raten, einen Rat erteilen (*e-m e-t*) 2. beraten; *ráða ráðum* eine Beratung abhalten; *ráða við e-n* jd.en beeinflussen 3. beschließen, vereinbaren; *~ fyrir sér* bei sich beschließen 4. *ráða e-n, ~ e-m bana* jd.en töten (lassen); *~ sér sjálfr bana* Selbstmord begehen 5. beabsichtigen, planen, vorbereiten 6. bestimmen, verfügen (*e-u* über etw.); *auðna mun því ~* das Schicksal wird darüber bestimmen 7. gebieten, beherrschen, regieren (*e-u, fyrir e-u*) 8. erraten, deuten, verstehen (*e-t*) 9. sich in Bewegung setzen, sich an etw. machen; *~ á e-n, ~ til e-s* auf jd.en losgehen, jd.en angreifen 10. (+ Inf.) sich zu etw. anschicken 11. *ráðask* sich begeben; *ráðask í móti e-m* gegen jd.en (im Kampf) vorgehen

ráða-gerð ‹f.*ō*› 1. Beratung, Ratschlag 2. Abmachung, Beschluß, Entschluß   **-hagr** ‹m.*i*› Heirat
ráðandi ‹m.*n/k.*› Ratgeber, Berater

ráð-bani ‹m.n› Anstifter zum Totschlag   **-gjafi** ‹m.n› Ratgeber, Berater
-ligr ‹Adj.› ratsam, empfehlenswert, zweckmäßig, vorteilhaft
ráðs-maðr ‹m.n/k.› 1. Ratgeber, Berater 2. einflußreicher Mann
ragna-røkkr (-røkr) ‹n.a› (Gen. -rs) Götterdämmerung, Untergang der Götter (und der Welt) **-rǫk** ‹n.a Pl.› Begebenheiten bei den Göttern, Bestimmung der Götter, Götterschicksal (und Weltuntergang)
ragr ‹Adj.› 1. arg, schändlich 2. unmännlich, feige 3. unmännlich, weibisch, pervers
raka ‹sw. Vb. II› 1. scharren 2. scheren, rasieren
rakki ‹m.n› Hund
rakna ‹sw. Vb. II› 1. wegstrecken, lockern, loslassen; *þá lætr Loðinn rakna hendr af Sigríði* da läßt Lodinn seine Hände von Sigrid, läßt Sigrid los 2. entgleiten, aufgeben, herausgeben, zurückgeben; *þá raknar undan þeim er áðr hǫfðu* dann entgleitet (es, das Erbgut) denen (dann ist es von denen herauszugeben), die es vorher hatten
rakkr ‹Adj.› 1. aufrecht, aufrichtig 2. tapfer
rammr ‹Adj.› 1. kräftig, mächtig, zauberkräftig 2. scharf, bitter
rán ‹n.a› Raub, gewaltsame Aneignung; *með engi rán vil ek fara* keinen Raub möchte ich verüben
rang-liga ‹Adv.› unredlich, unrechtmäßig
rangendi (*rangyndi*) ‹n.ja Pl.› Unrecht, Ungerechtigkeit
rangr ‹Adj.› 1. verkehrt, falsch 2. unrecht
rani ‹m.n› 1. Schnauze, Rüssel (vom Schwein) 2. Spitze der Kämpferschar (in keilförmiger Schlachtordnung)
rann ‹n.a› (großes) Haus
rann-saka ‹sw. Vb. II› 1. eine Hausdurchsuchung durchführen 2. untersuchen, erforschen
rás ‹f.ō› 1. Lauf, Galopp 2. Weg
rasa ‹sw. Vb. II› rasen, stürmen, stürzen
rass (*raz, arz*) ‹m.a› Arsch
rata ‹sw. Vb. II› 1. umherstreifen 2. stolpern, stürzen
rauðr ‹Adj.› rot (auch von Gold)
rauf ‹f.ō› Öffnung, Loch, Lücke, Spalte
raumska ‹sw. Vb. II› sich (beim Erwachen) strecken; *raumska af svefni* sich schlaftrunken räkeln

raun ‹f.*i*› **1.** Erprobung, Prüfung, (Bewährungs-)Probe **2.** Erfahrung, Beweis, Nachweis; Gen. *raunar* nachweislich, tatsächlich, wahrhaft, fürwahr **3.** Gefahr, Schwierigkeit; *vera e-m engi frama raun í e-u* für jd.en ist etw. kein besonderes Problem

rausn[1] ‹f.*i*› Bereich im Vorderteil eines Schiffes

rausn[2] ‹f.*i*› **1.** Pracht **2.** Großzügigkeit **3.** Ehre

raz ‹m.*a*› ⇒ **rass**

refr ‹m.*a*› Fuchs

refsa ‹sw. Vb. Ib/II› strafen, bestrafen

regin ‹n.*a* Pl.› (Gen. *ragna*) lenkende Mächte, Götter

regin-kunnigr ‹Adj.› ℙ :1: von göttlicher Abstammung

regn ‹n.*a*› Regen

reið ‹f.*ō*› **1.** Ritt **2.** ℙ Wagen, Gefährt; *reið á(a)r horna* (Gefährt [des Flusses der Trinkhörner ≙] des Biers ≙) Frau; ~ *iǫrmungrundar Endils* (Wagen [der Welt des Endil ≙] des Meeres ≙) Schiff

reiða[1] ‹sw. Vb. Ib› **1.** schwingen, schwenken **2.** zum Schwanken bringen, stoßen

reiða[2] ‹sw. Vb. Ib› entrichten, bezahlen

reiða[3] ‹sw. Vb. Ib› ärgern; *reiðask* sich ärgern, zornig werden, wütend werden (*e-m* auf jd.en, *e-u*, *við e-u* über etw.)

reiði[1] ‹m.*n*› **1.** Schiffszubehör, Schiffsausrüstung **2.** Pferdezubehör, Pferdeausrüstung (Zaumzeug, Geschirr, Sattel)

reiði[2] ‹f.*īn*› Zorn, Wut

reiðingr ‹m.*a*› Pferdezubehör, Pferdeausrüstung (Zaumzeug, Geschirr, Sattel)

reiðr ‹Adj.› zornig, verärgert, wütend

reifa ‹sw. Vb. Ib› **1.** einhüllen (*í e-u*) **2.** erfreuen, beschenken **3.** fördern

reika ‹sw. Vb. II› **1.** umherziehen, umherstreifen, umherirren **2.** wanken, schwanken, straucheln, stolpern

reikna ‹sw. Vb. II› **1.** rechnen, ausrechnen, eruieren **2.** bewerten

reip ‹n.*a*› Strick, Seil

reisa ‹sw. Vb. Ib› **1.** erheben, aufrichten, aufstellen (auch ~ *upp*), errichten **2.** beginnen

reisu-ligr ‹Adj.› ansehnlich, stattlich

reitr ‹m.*a/u*› **1.** abgegrenzte Fläche, Revier **2.** Feld (eines Spielbretts)

reka ‹st. Vb. V,1› **1.** treiben, antreiben **2.** treiben, jagen, verfolgen, vertreiben; *reka e-m frá* jd.en verstoßen, jd.en wegstoßen **3.** betreiben, durchführen, ausführen, verfolgen **4.** rächen (*e-s*) **5.** werfen, schleudern

rekki-lát ‹n.*a* Pl.› ℙ :1: tapfere Haltung

rekkja ‹f.*jōn*› (Gen. Pl. *rekkna*) Bett

rekkju-stokkr ‹m.*a*› Bettkante

rekkr ‹m.*a*› Recke, Krieger

renna[1] ‹st. Vb. IIIa,1› **1.** rennen, laufen; *e-t rennr á e-n* etwas überkommt jd.en **2.** weglaufen, verlassen **3.** rinnen, fließen, schwimmen **4.** verlaufen

renna[2] ‹sw. Vb. Ib› **1.** zum Rennen bringen, treiben, jagen **2.** in Bewegung versetzen **3.** rinnen lassen, fließen lassen **4.** (Metall) schmelzen, gießen; *gulli var rent í skurðina* mit Gold waren die Schnitzereien verziert **5.** sich schnell bewegen; *atgeirinn rendi í gegnum skjǫldinn* der Speer durchstieß den Schild

rétta ‹sw. Vb. Ib› **1.** 'richten', recken, strecken, reichen; *rétta e-m e-t í hǫnd* jd.em etw. überreichen **2.** aufrichten, hochrichten, in die richtige Lage bringen **3.** berichtigen, korrigieren, in Ordnung bringen, begleichen, ausgleichen

réttendi ‹n.*ja* Pl.› Recht, Richtigkeit, Gerechtigkeit

rétt-látr ‹Adj.› rechtschaffen, gerecht **-liga** ‹Adv.› rechtlich, rechtmäßig

réttr[1] ‹m.*u*› Recht, Rechtsordnung

réttr[2] ‹Adj.› **1.** recht, richtig **2.** rechtmäßig; *hafa rétt at mæla* recht haben, im Recht sein

reykr ‹m.*i*› Rauch, Dampf

reyna ‹sw. Vb. Ib› **1.** erproben, versuchen, prüfen **2.** erfahren, erweisen, erfahren; *reynask* sich erweisen, sich zeigen

reynir ‹m.*ja*› ℙ Erprober, Prüfer

reyr-sproti ‹m.*n*› Rohrstengel

ríða[1] ‹st. Vb. I› **1.** reiten; *ríða hesti* auf einem Pferd reiten; ~ *at e-m* auf jd.en losreiten, jd.en angreifen **2.** *ríða ørendi* eine Botschaft zu Pferd überbringen **3.** sich (um eine Achse) drehen, schwanken, umsinken

ríða[2] ‹st. Vb. I› flechten, knüpfen, schlingen

riddara-skapr ‹m.i› 'Ritterschaft', Rittertum, Ritterlichkeit
riddari ‹m.n› 1. Ritter, Reiter 2. Springer (im Schachspiel)
rífa ‹st. Vb. I› zerreißen, zerkratzen
ríki ‹n.ja› 1. Macht, Gewalt, Herrschaft 2. Machtstellung, Ansehen 3. Reich, Herrschaftsbereich
ríkis-maðr ‹m.a/k.› mächtiger Mann, angesehener Mann, Vornehmer
ríkr ‹Adj.› 1. mächtig, stark 2. angesehen, wichtig 3. ansehnlich, stattlich, prächtig 4. vornehm, reich
ripti ‹n.ja› Tuch, ein Stück Stoff
rísa ‹st. Vb. I› 1. sich erheben, sich aufrichten, aufstehen (auch ~ *upp*), hinaufschnellen 2. entstehen
risi ‹m.n› Riese
risna ‹f.ōn› Großzügigkeit
risnar-maðr ‹m.a/k.› :1: großzügiger, freigebiger Mann
***risnu-maðr** ‹m.a/k.› :1: großzügiger, freigebiger Mann
rísta ‹st. Vb. I› 1. reißen; *rísta upp jarðarmen* einen Grasstreifen herausschneiden 2. ritzen, einschneiden; *rísta rúnar* Runen ritzen
risu-ligr ‹Adj.› ansehnlich, stattlich
rit ‹n.a› Schreiben, Brief, Schriftstück
rita ‹sw. Vb. II› schreiben, aufschreiben
ríta ‹st. Vb. I› schreiben, ritzen
rjóða ‹st. Vb. II,1› röten, rot färben
rjóðr[1] ‹n.a› Rodung, Lichtung
rjóðr[2] ‹Adj.› rot
rjúfa ‹st. Vb. II,2› 1. aufreißen, aufbrechen 2. abbrechen, beenden 3. brechen, nicht einhalten; *rjúfa eiða* Eide brechen
rjúka ‹st. Vb. II,2› rauchen, dampfen
rjúpa ‹f.ōn› Schneehuhn
rjúp-keri ‹m.n› (männliches) Schneehuhn
róa ‹st. Vb. VII,1› rudern
roðna ‹sw. Vb. II› sich röten, erröten
roðra ‹f.ōn› Blut
róðrar-ferja ‹f.ōn› Ruderboot, Ruderfähre
rof ‹n.a› 1. Öffnung, Lücke 2. Aufhebung 3. ℙ Zerstörung, Untergang

rofna ‹sw. Vb.› **1.** aufgerissen werden, zerrissen werden **2.** aufgehoben werden
róg ‹n.a› **1.** Verunglimpfung, Verleumdung **2.** Zwist, Streit **3.** ℙ Kampf
róg-beri ‹m.n› Verleumder **-málmr** ‹m.a› ℙ :2: (Kampfmetall ≙) Gold **-starkr** ‹Adj.› ℙ :1: kampfstark **-þorn** ‹m.a› ℙ :1: (Kampfdorn ≙) Schwert (oder: Krieger)
rógr ‹m.a› ⇒ **róg**
róma ‹f.ōn› ℙ Kampf, Lärm
rósta ‹f.ōn› Unruhe, Streit, Schlägerei, Scharmützel, Kampf
rúm ‹n.a› **1.** Raum **2.** Platz, Stelle
rún ‹f.ō› **1.** Rune **2.** Geheimnis, Geheimwissen **3.** geheime Unterredung
rúna ‹f.ōn› Vertraute, gute Freundin
rúna-kefli ‹n.ja› Runenhölzchen
rúni ‹m.n› Vertrauter, guter Freund
runnr (*ruðr*) ‹m.a› **1.** Busch, Gebüsch **2.** ℙ Baum, Wald; *runnar landa Leifa* (Bäume [der Länder des Leifi ≙] des Meeres ≙) Schiffe
ryðja ‹sw. Vb. Ia› **1.** roden, räumen, frei machen **2.** ausräumen, leeren
rýma ‹sw. Vb. Ib› **1.** räumen, verlassen; *rýma land* das Land verlassen **2.** aus dem Weg räumen, beseitigen **3.** räumen, frei machen
rýnandi ‹m.n/k.› ℙ :1: Runenkundiger (oder: Vertrauter)
rytta ‹f.jōn› (elender, schäbiger) Kerl
ræna ‹sw. Vb. Ib› rauben, berauben (*e-n e-u*)
ræsir ‹m.ja› (ℙ) Herrscher, Fürst
røk(k)va ‹st. Vb. V,1› dämmern, dunkel werden
rœða[1] ‹f.ōn› Rede, Predigt, Gespräch
rœða[2] ‹sw. Vb. Ib› reden, sprechen; *rœða um e-t* über etw. sprechen, ~ *með sér, rœðask við* miteinander sprechen
rœgja ‹sw. Vb. Ib› verunglimpfen, verleumden, anzeigen
rœta ‹sw. Vb. Ib› **1.** *rœta upp* entwurzeln **2.** *rœtask á* (unpersönl.) erwachen, es kommt zu etw.
rǫdd ‹f.i› Stimme, Laut, Klang
rǫgnir ‹m.ja› ℙ :1: Herrscher
rǫk ‹n.a Pl.› **1.** Ursache, Grund **2.** Begebenheit, Ereignis **3.** Schicksal; *ragna rǫk* Götterschicksal (und Weltuntergang) → *ragnarǫk*

rǫk-stóll ‹m.*a*› ℙ :≦5: Richterstuhl (oder: Herrscherstuhl?)

rǫnd ‹f.*ō*/k.› **1.** Rand, Kante, Einfassung des Schildes **2.** Schild

rǫsk-leikr ‹m.*a*› Tapferkeit **-liga** ‹Adv.› tapfer

rǫskr ‹Adj.› rüstig, tapfer

rǫst ‹f.*i*› 'Landmeile', längere Wegstrecke (zwischen zwei Raststellen); *þeir gengu um nóttina sex rastir* sie legten während der Nacht sechs 'Landmeilen' zurück

S

sá[1] (m.; *sú* f., *þat* n.) ‹Pron.› **A.** (demonstrativ) **1.** der (die, das) **2.** dieser (diese, dieses) **3.** ein derartiger, solch ein   **B.** (Pl.) *þau Helgi ok Yrsa* Helgi und Yrsa; *þeir Gunnarr* Gunnar und (der zuvor genannte) Njal; *klædi brunnu af þeim Hrólfi* die Kleider brannten von Hrolf und seinen (zuvor erwähnten) Leuten

sá[2] ‹st. Vb. VII,1› säen, ausstreuen

saðr ‹Adj.› ⇒ **sannr**[2]

safn- ⇒ **samn-**

saga ‹f.*ōn*› **1.** Gesagtes, Aussage, Mitteilung **2.** Erzählung, Saga (als literarische Gattung) **3.** Ereignis, Handlung

sagna-skem(m)tan (-*skem(m)tun*) ‹f.*ō*› Unterhaltung durch (das Erzählen von) Sagas

saka ‹sw. Vb. II› **1.** vorwerfen, anklagen **2.** schaden, beschädigen; (unpersönl.) *e-n sakar ekki* jd. bleibt unverletzt

sak-lauss ‹Adj.› schuldlos, unschuldig **-maðr** ‹m.*a*/k.› :2: Übeltäter

sakna ‹sw. Vb. II› vermissen (*e-s*)

sak-rúnar ‹f.*ō* Pl.› ℙ :1: Streit bewirkende Runen

salerni ‹n.*ja*› Abort, Klosett; *þat er sagt, at Róðbert jarl hafi gengit þessa nótt til salernis* es wird gesagt, daß Jarl Robert in dieser Nacht auf den Abort gegangen sei

sal-garðr ‹m.*a*› ℙ :2: **1.** Hauswand **2.** Schwert **-hús** ‹n.*a*› Wohngebäude

sálmr ‹m.*a*› Psalm

salr[1] ‹m.*i*› **1.** Wohnraum, Saal; *dreyra salr* (Saal des Blutes ≙) Herz **2.** Gebäude (mit nur einem Wohnraum), Pl. Gehöft; *hvar hon sali átti* wo sie zu Hause war

salr² ‹m.i› ℙ :1: Erdboden(?)
sált ‹n.a› 1. Salz 2. Meer; *it eystra salt* Ostsee
sal-þjóð ‹f.i› Hausleute, Gesinde
sam- ‹Präf.› zusammen-, gemeinsam; hier nicht verbuchte Bildungen s. Grundwort, z.B. *(sam-)dauði* (gemeinsamer) Tod
sama ‹sw. Vb. III› entsprechen, sich geziemen
saman ‹Adv.› zusammen, gemeinsam; *allir saman* allesamt; *allt ~ ok* außerdem; *einn ~* allein, einsam, abseits; *fimm ~* insgesamt fünf
sam-gangr ‹m.a› 1. Heirat, Ehe 2. Zusammentreffen, Kampf   **-lag** ‹n.a› 1. das Zusammenlegen 2. Verbindung, Vereinigung, Partnerschaft 3. Zusammenleben, Heirat 4. sexuelle Vereinigung, Beischlaf   **-mœðr** ‹Adj.› dieselbe Mutter habend
samna ‹sw. Vb. II› sammeln, versammeln (*e-u* oder *e-t*)
samr ‹Adj.› derselbe, der gleiche; *it sama* ebenso, ebenfalls
sam-ráði ‹m.n› ℙ :1: gemeinsamer Beschluß
samt ‹Adv.› 1. zusammen; *eint samt* allein, einsam 2. zusammenhängend; *tvær nætr í samt* zwei Nächte nacheinander
sam-tengja ‹sw. Vb. Ib› verbinden, vereinen   **-vizka** ‹f.ōn› Verstand, Bewußtsein   **-þykki** ‹n.ja› Übereinstimmung, Einmütigkeit, Zustimmung, Einverständnis   **-þykkja** ‹sw. Vb. Ib› 1. übereinstimmen, einmütig sein, zustimmen 2. versöhnen   **-þykkr** ‹Adj.› einträchtig, einmütig
sandr ‹m.a› Sand, Sandstrand
sanna ‹sw. Vb. II› bewahrheiten, bestätigen; *sannask* sich bewahrheiten
sannendi ‹n.ja› 1. Wahrheit, Gewißheit 2. Beweis
sann-liga ‹Adv.› wahrlich, wirklich, tatsächlich   **-ligr** ‹Adj.› 1. wahr 2. recht, richtig
sannr¹ ‹m.a› 1. das Wahre, Wahrheit 2. das Rechte, Richtigkeit
sannr² (*saðr*) ‹Adj.› 1. wahr, wahrhaft, wirklich 2. recht, rechtmäßig
sann-spár ‹Adj.› richtig prophezeiend, zutreffend weissagend
sár¹ ‹m.a/i› (größeres) Gefäß; *sár gólf-Hǫlkvis* (Gefäß des [Fußboden-Pferdes ≙] Hauses ≙) Bett
sár² ‹n.a› Wunde, Verletzung
sár-dropi ‹m.n› ℙ :1: (Wundtropfen ≙) Blut
sárr ‹Adj.› 1. verwundet, verletzt 2. schmerzend, schmerzlich, schlimm

sátt-mál ‹n.a› Versöhnungsvergleich, Friedensvereinbarung
sáttr ‹Adj.› versöhnt, verglichen, einig
sauðr ‹m.i› Schaf
saumr ‹m.a› **1.** 'Saum', Schiffsnägel, Schiffsnieten **2.** (Pl.) das Nähen, Näharbeiten
saurga ‹sw. Vb. II› beschmutzen, verdrecken, verunreinigen, besudeln
saurr ‹m.a› Schmutz, Dreck, Kot
saurugr ‹Adj.› schmutzig, dreckig
sax ‹n.a› großes (Kampf-)Messer, einschneidiges Kurzschwert
seðja ‹sw. Vb. Ia› **1.** sättigen, füttern **2.** *saddr* satt; *ek em saddr á fangbrǫgðum við hann* ich bin es satt, mit ihm zu ringen
sefi[1] ‹m.n› (ℙ) Sinn, Gemüt
sefi[2] ‹m.n› (ℙ) :≦5: Verwandter
seggr ‹m.i› (ℙ) Bursche, Mann, Krieger
segja ‹sw. Vb. III› **1.** sagen, mitteilen, sich äußern, erzählen; *segja frá e-u* etw. anschneiden; (unpersönl.) *segir* man sagt, es heißt; *sem segir í sǫgu hans* wie in seiner Saga erzählt wird **2.** antworten, erwidern **3.** erklären, verlautbaren; *segja skilit við e-n* die Scheidung von jd.em verkünden; ~ *til e-s* über jd.en Auskunft geben; ~ *til sín* seinen Namen nennen; ~ *e-m til (um e-t)* jd.em (über etw.) Bescheid geben; ~ *upp* verkünden; *sǫgðusk hvárer ór lǫgom við aðra* jede von beiden Parteien kündigte der anderen die Rechtsgemeinschaft auf **4.** besagen, bedeuten
segl ‹n.a› Segel; *segl saums* (Segel der Nägel ≙) Schild
sekð (*sekt*) ‹f.ō/i› **1.** Verschulden, Schuld **2.** Buße, Strafe, Ächtung
seiðr ‹m.a› Zauber, Magie
seina (*seinka*) ‹sw. Vb. II› verzögern, versäumen; *seinat* zu spät
seinn ‹Adj.› **1.** langsam, gemächlich **2.** langwierig **3.** spät
sekja ‹sw. Vb. Ia› **1.** bestrafen, ächten **2.** *sekjask* sich strafbar machen
sekr ‹Adj.› **1.** straffällig **2.** schuldig **3.** verurteilt, geächtet, vogelfrei
selja ‹sw. Vb. Ia› **1.** übergeben, ausliefern **2.** abgeben, überlassen; *selja e-m grið* jd.em Frieden gewähren **3.** verkaufen; *selja e-t til lausafjár* etw. zu Geld machen
sem ‹Konj.› **A. 1.** wie, ebenso wie; *svá – sem* so – wie; ~ + Sup. so – wie möglich (~ *skjótast* schnellstens) **2.** als, wie wenn **3.** sowie **B.**

S   233

‹Rel.› **1.** der, die, das **2.** (verallgemeinernd) *hvat sem* was auch immer, *hvar ~* wo auch immer

semja ‹sw. Vb. Ia› **1.** vereinbaren **2.** ordnen, regeln, zustandebringen; *semja dóma* Urteile fällen

senda ‹sw. Vb. Ib› **1.** senden, schicken **2.** von sich geben, opfern, als Opfer darbringen

sendi-maðr ‹m.*a*/k.› Bote, Gesandter

senn ‹Adv.› **1.** zugleich, gleichzeitig; *allir senn* alle auf einmal **2.** sogleich, unverzüglich, schnell

senna ‹f.*ōn*› Wortwechsel, Streitgespräch

sér (Dat.) ‹Pron.› → **sín**

serða ‹st. Vb. IIIb,2› 'perversen' (insbes. homosexuellen) Geschlechtsverkehr haben

serkr ‹m.*i*› kurzärmeliges (oder ärmelloses) Hemd

sess ‹m.*a*› Sitz, Sitzplatz

sess-meiðr ‹m.*a*› ℙ :1: (Sitzbaum ≙) Bank

set ‹n.*a*› Raum zum Sitzen (bzw. Schlafen), leicht erhöhte Plattform entlang der Hauswände

seta ‹f.*ōn*› **1.** das Sitzen, Verweilen, Herumsitzen, Müßiggang **2.** Sitz, Sitzplatz

set-geiri ‹m.*n*› :≦5: Zwickel (an einer Männerhose)

set-geira-brœkr ‹f.*ō*/i Pl.› :1: Zwickelhose; *hon skarsk í setgeirabrœkr sem karlkonur* sie zwängte sich in Zwickelhosen wie Mannweiber

setja ‹sw. Vb. Ia› **1.** setzen, stellen; *þing er sett* die Versammlung ist zusammengetreten, wird abgehalten; *setja skip fram* ein Schiff zu Wasser lassen **2.** errichten **3.** festsetzen, festlegen **4.** zusammenstellen, gestalten, verfassen; *~ kvæði* ein Gedicht verfassen **5.** einsetzen, machen zu **6.** bleiben; *setjask um kyrt* sich zur Ruhe setzen **7.** *setjask* bleiben, sich niederlassen; *friðr settisk* es herrschte Frieden

setning ‹f.*ō*› **1.** Beschaffenheit, Einrichtung, Ordnung **2.** Regel, Regelung **3.** Plan; *af setningu* plangemäß

sétti ‹Num.› sechster

sex ‹Num.› sechs

sex-họfðaðr ‹Adj.› ℙ :1: sechsköpfig **-tán** ‹Num.› sechzehn

síð ‹Adv.› spät; *síð dags* am Abend

síðan ‹Adv.› **A.** dann, danach, seither, hinfort **B.** ‹Präp.› (+ Akk.) seit, nach **C.** ‹Konj.› seitdem

síðarr (*síðar*) ‹Adv. Komp.› (Sup. *síðast*) **1.** später, hinten **2.** *síðast* zuletzt, als letztes

síðarri (*síðari*) ‹Adj. Komp.› (Sup. *síðarstr, síðastr*) späterer, nächster, hinterer

síða ‹f.*ōn*› **1.** Seite, Richtung **2.** Seite, Flanke

siða-skipti ‹n.*ja*› Sittenwechsel, Wechsel der Lebensweise

sið-látr ‹Adj.› anständig

siðr ‹m.*u*› Sitte, Brauch, Gewohnheit, Konvention, Religion, (Pl.) *way of life*, Lebensweise

síðr[1] ‹Adj.› lang hinunterhängend, weit hinabreichend

síðr[2] ‹Adv. Komp.› weniger, minder; *at síðr – at* um so weniger – als; *eigi ~* ebensosehr

sið-samr ‹Adj.› sittsam, anständig   **-venja** ‹f.*jōn*› Sitte, Brauch, Usus

sifjar ‹f.*jō* Pl.› **1.** (durch Heirat entstandenes) Verwandtschaftsverhältnis **2.** Freundschaft

sifja-slit ‹n.*a*› Inzest, Geschlechtsverkehr zwischen Verwandten

sifjungr ‹m.*a*› Heiratsverwandter

síga ‹st. Vb. I› **1.** sinken, herabgleiten **2.** losgehen; *sígr þá saman orrosta* die Schlacht bricht los

sigla[1] ‹f.*ōn*› Mast; *siglur naglfara* (Masten des Schwertes ≙) Krieger

sigla[2] ‹sw. Vb. Ib› segeln, mit dem Schiff reisen

signa ‹sw. Vb. II› **1.** (heidnisch) weihen **2.** (christlich) weihen, segnen, das Kreuzzeichen schlagen

sigr ‹m.*a*› (Gen. *-rs*) Sieg

sigra ‹sw. Vb. II› besiegen, siegen, Erfolg haben

sigr-þjóð ‹f.*i*› ℙ :1: siegreiche Kämpferschar

sig-rúnar ‹f.*ō* Pl.› siegverheißende Runen   **-tívar** ‹m.*a* Pl.› ℙ :≦5: Sieggötter

sik (Akk.) ‹Pron.› → **sín**

silfr ‹n.*a*› (Gen. *-rs*) Silber, Silbergeld

silfr-gyltr ‹Adj.› ℙ :1: silberverziert, versilbert

silki ‹n.*ja*› Seide

S

sin ‹f.ō› **1.** Sehne **2.** Penis (von männlichen Tieren)

sín ‹Pron., Gen.› sich; *gæta sín* sich in acht nehmen; *ætla sér* (Dat.) vornehmen; *hafa sér á hǫfði* auf seinem Kopf haben; *sér hverr* jeder für sich; *einn sér* für sich allein; *hvíla sik* (Akk.) sich ausruhen

sín-girnd ‹f.i› :≦5: Habsucht   **-gjarn** ‹Adj.› egoistisch, eigennützig, habgierig

sínkr ‹Adj.› egoistisch, eigennützig, habgierig

sinn[1] ‹n.a›, **sinni** ‹n.ja› Mal; *at sinni* diesmal, *einu sinni* einmal, *(h)innsta sinni* das letzte Mal, *sínu sinni* abwechselnd einmal

sinn[2] ‹Pron.› sein, ihr (reflexiv); *hann fann at sitt lagði hverr til* er erkannte, daß jeder das Seine riet (einen anderen Standpunkt hatte)

sinni[1] ‹m.n› Begleiter, Gefährte

sinni[2] ‹n.ja› **1.** ℙ Weg, Reise **2.** Begleitung, Gefolge **3.** Hilfe, Unterstützung; *vera (með) e-m í sinni* jd.en unterstützen

sitja ‹st. Vb. V,2› **1.** sitzen; *sitja fyrir* bereits dasitzen; *~ yfir e-u* über etw. sitzen, sich mit etw. befassen; *~ at e-u* sich mit etw. beschäftigen **2.** bleiben, (ruhig) verweilen, sich aufhalten **3.** wohnen **4.** ertragen, auf sich sitzen lassen

síz (*sízt*) **A.** ‹Konj.› seit, seitdem **B.** ‹Präp.› (+ Akk.) seit, nach

sízt ‹Adv. Sup.› am wenigsten, überhaupt nicht, in keiner Weise

sjá[1] ‹st. Vb. V,1› **1.** sehen, ansehen, erblicken; *sjá fyrir e-m (e-u)* sich um jd.en (etw.) kümmern, für jd.en (etw.) sorgen; *at eigi of sá á milli* daß man nicht dazwischensah, nicht unterscheiden konnte **2.** sichten, besehen, untersuchen **3.** einsehen, erkennen; *þat er sét* es ist klar **4.** besuchen; *sjá heim* **5.** ℙ *sjásk* fürchten (*e-t* etw., *um e-n* um jd.en)

sjá[2] (*þessi* m. f.; *þetta* n.) ‹Pron.› dieser (diese, dieses); *af þessu* (Dat.) davon, daraus, dadurch, deswegen; *í þessu* in diesem Moment

sjaldan ‹Adv.› selten

sjálf-dœmi ‹n.ja› Selbsturteil, Urteil in eigener Sache

sjálfr ‹Adj.› selbst; *deyr sjálfr it sama* man selbst stirbt ebenso; *þá var við sjálft, at* da fehlte nicht viel, daß

sjálf-ráðr ‹Adj.› frei, freiwillig; *er e-m sjálfrátt* jd.em steht frei, jd.em ist möglich   **-sáinn** ‹Adj.› von selbst gesät, wild gewachsen

sjau ‹Num.› sieben

sjaundi ‹Num.› siebenter

sjau-tán (*-tján*) ‹Num.› siebzehn

sjóðr ‹m.*a*› Beutel, Tasche

sjón ‹f.*i*› **1.** Sehen, Sehkraft **2.** Aussehen, Anblick **3.** (Pl.) die Augen, Blick

sjór (*sær*) ‹m.*wa*› die See, Meer

sjúkr ‹Adj.› siech, krank

skaða ‹sw. Vb. II› schädigen, behelligen

skaða-maðr ‹m.*a*/k.› Totschläger

skaði ‹m.*n*› **1.** Schaden, Verlust **2.** Tod **3.** ℙ Schädiger, Feind

skafa ‹st. Vb. VI,1› **1.** schaben, glattreiben **2.** abschaben, abkratzen

skaka ‹st. Vb. VI,2› schütteln

skáka ‹sw. Vb. II› :1: einen Stein schlagen (im Schachspiel)

skakkr ‹Adj.› schief, ungleich, einseitig

skák-tafl ‹n.*a*› **1.** Schachbrett **2.** Schachspiel

skál ‹f.*i*/*ō*› Schale

skáld ‹n.*a*› Skalde, Dichter

skáld-kona ‹f.*ōn*› Dichterin   **-maðr** ‹m.*a*/k.› Dichter   **-skapr** ‹m.*i*› Dichtkunst

skáli ‹m.*n*› **1.** Hauptwohnraum (Aufenthalts- und Schlafraum) **2.** Wohnhaus

skálkr ‹m.*a*› (ℙ) Diener

skalli ‹m.*n*› Glatze, Kahlkopf

skálm (*skǫlm*) ‹f.*ō*› **1.** einschneidiges Kurzschwert **2.** (Pl.) Astgabelung

skálm-ǫld ‹f.*i*› ℙ :≦5: Schwertzeitalter, Kriegszeit (vor dem Weltuntergang)

skamma ‹sw. Vb. II› **1.** schänden, entehren **2.** *skammask* sich schämen

skamm-lauss ‹Adj.› ohne Schande, anständig

skamm-lífr ‹Adj.› kurzlebig; *Sigrún varð skammlíf* Sigrun starb bald

skamr (*skammr*) ‹Adj.› **1.** kurz, nicht weit entfernt; *skamt* nahe **2.** kurz, eine kurze Zeit; *skamt* nicht lange, bald; *lengr eða skemr* länger oder kürzer

skap ‹n.*a*› **1.** Art, Beschaffenheit, Zustand **2.** Sinnesart, Einstellung, Gesinnung, Gemüt, Charakter **3.** (Pl. *skǫp*) das den Menschen Geschaffene, Schicksal, Verhängnis **4.** (Pl. *skǫp*) Genitalien

skapa ‹sw. Vb. II› **1.** schaffen, erschaffen **2.** bestimmen, verhängen **3.** verschaffen, zusprechen, zuerkennen, gewähren, festsetzen

skap-góðr ‹Adj.› **1.** gutmütig **2.** gut gelaunt, heiter, angeheitert

skapt ‹n.*a*› Schaft

skarð ‹n.*a*› Scharte, Kerbe, Einschnitt, Lücke, Zwischenraum

skark ‹n.*a*› Lärm, Unruhe

skarn ‹n.*a*› :1: Mist, Dung

skarpr ‹Adj.› **1.** scharf, hart, rauh, ausgetrocknet, verschrumpelt, faltig **2.** scharf, heftig

skati ‹m.*n*› (ℙ) Fürst, Krieger, Mann

skattr ‹m.*a*› **1.** Schatz, kostbarer Besitz **2.** Abgabe, Steuer

skaut ‹n.*a*› **1.** Ecke, Zipfel **2.** Kopfbeckung (von Frauen) **3.** viereckiger Stoff, viereckiger Umhang

skegg ‹n.*ja*› Bart

skegg-øx ‹f.*jō*› :2: Bartaxt, Streitaxt (mit unten verlängertem Blatt) **-ǫld** (*skeggi-*) ‹f.*i*› ℙ :1: Axtzeitalter, Kriegszeit (vor dem Weltuntergang)

skeggja ‹f.*jōn*› :≦5: Bartaxt, Streitaxt (mit unten verlängertem Blatt)

skeið[1] ‹f.*ō/i*/k.› (größeres) Kriegsschiff

skeið[2] ‹n.*a*› **1.** Lauf, Rennen **2.** Rennstrecke, Wegstrecke

skelfa ‹sw. Vb. Ib› **1.** schwingen **2.** schwanken machen, zum Wackeln bringen, in Furcht versetzen

skella ‹sw. Vb. Ib› unter Geräuschentwicklung schlagen, klirren lassen, klatschen

skemma[1] ‹f.*ōn*› Nebengebäude (Frauenhaus, Schlafhaus)

skemma[2] ‹sw. Vb. Ib› **1.** abkürzen, verkürzen **2.** beleidigen, kränken **3.** beschädigen, verletzen

skemd (*skemð*) ‹f.*i*› Beleidigung, Schande

skemta (*skemmta*) ‹sw. Vb. Ib, II› unterhalten, vergnügen, die Zeit vertreiben

skemtanar-rœða (*skemmtanar-*) ‹f.*ōn*› vergnügliches Gespräch, unterhaltsame Plauderei

skemtun (*skemmtun, skemtan, skemmtan*) ‹f.*ō*› Unterhaltung, Vergnügung, Kurzweil

skenkja ‹sw. Vb. Ib› einschenken, kredenzen

skenkjari ‹m.*n*› Mundschenk (ein Hofamt)

skepja ‹st. Vb. VI,3; sw. Vb. Ia› **1.** schaffen, erschaffen **2.** bestimmen, verhängen **3.** zusprechen, zuerkennen, festsetzen, verschaffen

skepna ‹sw. Vb. Ib› **1.** Gestalt, Form **2.** Geschöpf, Kreatur **3.** Schicksal

skepta ‹sw. Vb. Ib› mit einem Schaft versehen

skera ‹st. Vb. IV› **1.** schneiden, zerschneiden, zerlegen; *skera ór e-u* etw. herausschneiden, etw. entscheiden **2.** einschneiden, einritzen, schnitzen **3.** schlachten **4.** *skerask*: *hon skarsk í setgeirabrœkr* sie zwängte sich in Zwickelhosen

skeyti ‹n.*ja*› Geschoß

skíð ‹n.*a*› **1.** Scheit, Holzstück **2.** Schi   **-fœrr** ‹Adj.› gut auf Schiern, geschickt im Schifahren

skíði ‹n.*ja*› ℙ :1: Scheide (eines Schwertes)   **-járn** ‹n.*a*› ℙ :1: (Scheideeisen ≙) Schwert

skil ‹n.*a*› **1.** Unterschied, Unterscheidung; *kunna skil e-s* über etw. Bescheid wissen **2.** Bedingung, Bestimmung, Regulativ

skila-maðr ‹m.*a*/k.› verläßlicher Mann

skilja ‹sw. Vb. Ia› **1.** trennen, teilen **2.** beenden **3.** sich trennen, scheiden; *hon sagði skilit við Þórð* sie erklärte sich von Thord geschieden, erklärte die Scheidung **4.** unterscheiden; *þá skilr á (um) e-t* sie stimmen in etw. nicht überein **5.** verstehen **6.** vereinbaren, festsetzen, entscheiden; *skilja fyrir* (eine Meinung) aussprechen **7.** *skilinn* verständig

skilning ‹f.*ō*›, **skilningr** ‹m.*a*› **1.** Unterschied **2.** Bezeichnung, Bedeutung **3.** Vorstellung, Meinung, Ansicht **4.** Einsicht

skil-ríkr ‹Adj.› verläßlich, rechtschaffen

skína ‹st. Vb. I› scheinen, leuchten, strahlen, glänzen

skinn ‹n.*a*› Haut, Fell, Pelz

skip ‹n.*a*› Schiff, Boot

skipa ‹sw. Vb. II› **1.** ordnen, regeln, einrichten **2.** anordnen, zuweisen, einteilen, ausstatten **3.** einsetzen, besetzen, einen Platz einnehmen; *skipa skip (mǫnnum)* ein Schiff bemannen

skip-flak ‹n.*a*› Schiffswrack

skipta ‹sw. Vb. Ib› **1.** teilen, aufteilen **2.** beenden **3.** entscheiden; *e-m er skipt til hlutfalla* jd. wird durch Los bestimmt **4.** entscheidend sein, den Ausschlag geben **5.** tauschen, austauschen, ändern; *skipta vápnum* kämpfen **6.** ℙ ordnen, einrichten **7.** *skiptask* sich teilen, sich ändern; *skiptask við málum* Rechtssachen ausfechten

skipti ‹n.*ja*› **1.** Teilung **2.** Unterschied **3.** Tausch, Änderung **4.** (Pl.) Beziehung, Streit, Kampf

skipun (*skipan*) ‹f.*ō*› **1.** Ordnung, Regelung **2.** Anordnung, Anweisung, Regel **3.** Änderung, Veränderung **4.** Mannschaft, Schiffsbesatzung

skír-leitr ‹Adj.› eine lichte Erscheinung (ein lichtes Antlitz) habend

skíra ‹sw. Vb. Ib› **1.** reinigen **2.** taufen

skírn ‹f.*i*› Taufe; *taka skírn* sich taufen lassen

skírr ‹Adj.› **1.** rein, unvermischt, klar, deutlich **2.** ℙ hell, licht

skír-skota ‹sw. Vb. II› sich berufen (*undir e-n* auf jd.en)

skíta ‹st. Vb. I› scheißen

skít-karl ‹m.*a*› :2: Scheißkerl

skjala ‹sw. Vb. II› quatschen, plappern, schwatzen

skjaldar-rǫnd ‹f.*ō*/k.› Schildrand

skjald-borg ‹f.*i*› Schildburg, schützender Ring aus Schilden (im Kampf) **-mær** ‹f.*jō*› (Schildmädchen ≙) **1.** Kämpferin **2.** Walküre

skjálfa ‹st. Vb. IIIb,1› zittern, erzittern, beben

skjalla ‹st. Vb. IIIb,1› **1.** schallen, klirren, erklingen **2.** unter Geräuschentwicklung schlagen, klatschen

skjóta ‹st. Vb. II,1› **1.** schnell bewegen, schießen, werfen, schleudern, stoßen, schieben, rammen; *skjóta dýr* auf ein Tier schießen, ein Tier erschießen; ~ *spjóti at e-m* mit dem Speer auf jd.en schießen; ~ *stokki á dyrr* einen Balken gegen die Tür rammen; ~ *vitum upp* Leuchtfeuer anzünden; (unpersönl.) *e-u skýtr upp* etw. kommt nach oben, wird emporgehoben **2.** *skjótask* sich schnell bewegen, springen, stürzen; *hann skauzk ofan* er sprang (von oben) herab

skjótr ‹Adj.› schnell, rasch; *skjótt* schnell, bald

skjǫldr ‹m.*u*› Schild, Schutzwaffe

skjǫldungr ‹m.*a*› ℙ (Schildling ≙) Herrscher, Fürst

skoða ‹sw. Vb. II› Ausschau halten, spähen, nachsehen

skógar-maðr ‹m.*a*/k.› 'Waldmensch', Geächteter, Ausgestoßener, *outlaw*

skóg-gangr ‹m.*a*› 'Waldgang', strenge Acht, lebenslanges Ausgestoßensein (Friedlosigkeit)

skógr ‹m.*a*› Wald

skókr ‹m.*a*› ℙ :1: Schüttler; *skókr bituls* (Gebißschüttler ≙) Pferd

skolla ‹sw. Vb. III› **1.** schweben **2.** hängen, baumeln, schlenkern **3.** schwanken, sich fernhalten

skolu ‹PP Vb.› ⇒ **skulu**

skopa ‹sw. Vb. II› rennen; *skopa skeið* einen Anlauf nehmen

skór ‹m.*a*› (Pl. *skúar*) Schuh

skora ‹sw. Vb. II› **1.** kerben, schneiden, einschneiden **2.** zählen, abzählen **3.** auffordern, herausfordern; *skora e-m til hólmgǫngu* jd.en zum Holmgang herausfordern

skorða ‹f.*ōn*› Stütze; *skorða haukvallar* (Stütze des [Falkenfeldes ≙] Arms ≙) Frau

skorta ‹sw. Vb. III› mangeln, fehlen

skot ‹n.*a*› **1.** Schuß **2.** Schußwaffe, Geschoß, Pfeil

skrá ‹f.*ō*› **1.** ein Stück Haut oder Leder **2.** Pergament **3.** Schriftstück, Dokument, Aufzeichnung

skraut-ligr ‹Adj.› prachtvoll, protzig

skreppa ‹st. Vb. IIIb,2› gleiten, ausrutschen; *Þorgrími skruppu fœtrnir* dem Thorgrim schlitterten die Füße weg

skríða ‹st. Vb. I› **1.** gleiten, dahingleiten (insbes. von Schnee-, Schlittschuhläufern) **2.** kriechen

skrifa ‹sw. Vb. II› **1.** schreiben, aufschreiben **2.** abbilden, bemalen; *hann var skrifaðr fornsǫgum* er (ein Schild) war mit (Darstellungen aus) alten Erzählungen bemalt

skrípi ‹n.*ja*› Schreckgestalt, Phantom, Monster

skript (*skrift*) ‹f.*i*› **1.** Schrift **2.** Bild, Abbildung; *en alt milli skriptanna váru lagðar yfir spengr af gulli ok settr steinum* und zwischen den Abbildungen waren überall Goldplättchen darübergelegt und mit Edelsteinen besetzt **3.** Beichte **4.** Buße, Strafe

skripta (*skrifta*) ‹sw. Vb. II› **1.** die Beichte abnehmen **2.** als Buße auferlegen **3.** strafen

skrúð ‹n.*a*› **1.** kostbarer Stoff, prächtige Kleidung **2.** Pracht **3.** ℙ Ausrüstung, Rüstung

skrýða ‹sw. Vb. Ib› bekleiden, schmücken

skúfaðr ‹Adj.› :2: mit Quasten versehen, geschmückt

skuggi ‹m.*n*› **1.** Schatten **2.** Schattengestalt, Gespenst

skugg-sjá ‹f.*jōn*› Spiegel

skuld ‹f.*i*› **1.** Schuld, Verschulden **2.** Schuld, Schulden; *halda skuld* eine Schuld behalten, unbeglichen lassen **3.** Abgabe, Steuer
skulderi ‹m.*n*› :2: Schuldiger
skulu ‹PP Vb.› (+ Inf.) **1.** sollen, können, müssen; *eigi skal þat* das soll nicht sein **2.** wollen, werden (zur Bildung des Futurs, meist der 1. Person)
skunda ‹sw. Vb. II› eilen, sich beeilen (mit etw. *e-u*)
skúta ‹f.*ōn*› Schute, kleines, leichtes Schiff
ský ‹n.*ja*› Wolke
skygna ‹sw. Vb. Ib› Ausschau halten; *skygnask um* sich umsehen
skýla ‹sw. Vb. Ib› schützen, schirmen, sichern
skyld ‹f.*i*› **1.** Abgabe, Steuer **2.** Schuld **3.** Ursache, Anstoß
skylda[1] ‹f.*ōn*› **1.** Abgabe, Steuer **2.** Schulden **3.** Schuldigkeit, Pflicht
skylda[2] ‹sw. Vb. Ib/II› verpflichten, zwingen (*e-n til e-s*)
skyldr ‹Adj.› **1.** verpflichtet zu (*e-s, til at* + Inf.) **2.** angebracht, erforderlich, notwendig, dringlich
skyn ‹f.*jō*› Einsicht, Wissen, Kenntnis; *kunna skyn* Bescheid wissen
skyndi-liga ‹Adv.› hastig, eilig, flugs
skynding ‹f.*ō*› Hast, Eile; *af skyndingu* hastig, eilig, flugs
skyndir ‹m.*ja*› Hast, Eile
skyn-semð (-*semd*) ‹f.*ō/i*›, **-semi** ‹f.*īn*› **1.** Bewußtsein, Verstand **2.** Einsicht, Wissen, Kenntnis **3.** Beweis, Grund
skyr ‹n.*ja*› joghurtähnliches Milchprodukt
skyrta ‹f.*ōn*› Hemd
skyti ‹m.*jan*› Schütze
skærr ‹Adj.› rein, unvermischt, klar
skæva ‹sw. Vb. II› ℗ :≦5: sich (gleitend) fortbewegen
skǫlm ‹f.*ō*› ⇒ **skalm**
skǫmm ‹f.*i*› Schande, Schimpf, Schmach, Spott
skǫp ‹n.*a* Pl.› Schicksal, Bestimmung
skǫr ‹f.*ō*› **1.** Rand, Kante **2.** Abstufung, Stufe **3.** Kopfhaar, Haarschopf, Haarschnitt **4.** Schar (Männer, Krieger)
skǫru-ligr ‹Adj.› kräftig, eindrucksvoll, nachdrücklich
skǫrungr ‹m.*a*› tüchtiger Mensch

slá ‹st. Vb. VI,2› **1.** schlagen **2.** ein Saiteninstrument schlagen, spielen **3.** schmieden **4.** verfertigen, zustandebringen; *slá (upp) eld*, ~ *eldi (í e-t)* (etw.) anzünden **5.** lösen; *slegit hár* gelöstes Haar, offenes Haar **6.** ℙ erschlagen **7.** ℙ *sleginn* umgeben, benetzt
slag ‹n.*a*› **1.** Schlag, Hieb **2.** Schlag, Verlust **3.** Überfall, Kampf
sléttmæli ‹n.*ja*› **1.** Redegewandtheit **2.** Schmeichelworte   **-orðr** ‹Adj.› **1.** redegewandt **2.** beschwatzen, einlullen
sléttr ‹Adj.› eben, flach, glatt
slíðr-beitr ‹Adj.› :≦5: gefährlich scharf (von Waffen)
slíkr ‹Adj.› solch, derartig, dergleichen   **slíkt** ‹Adv.› ebenso, derlei
slíta ‹st. Vb. I› **1.** reißen; *slíta upp* abreißen **2.** zerreißen, zerschleißen; *vargr sleit vera* der Wolf zerriß die Männer **3.** auflösen, brechen, beenden; *slíta málum* einen Vertrag brechen
slitna ‹sw. Vb. II› **1.** zerreißen; *netin slitnuðu* die Netze zerrissen **2.** abreißen, enden, aufhören
slokna ‹sw. Vb. II› erlöschen, ausgehen (vom Feuer)
slóð ‹f.*i*› Spur, Weg, Fahrweg, Bahn; *slóðir kjalar* (Wege des Kiels ≙) Meer
slyngva ‹st. Vb. IIIa,2› **1.** schwingen, werfen, schleudern (*e-u*) **2.** winden, flechten, umschlingen **3.** *slunginn* umgeben, umfangen
sløkkva (*sløkva*) ‹sw. Vb. Ib› löschen, auslöschen, tilgen
slœgr ‹Adj.› schlau, gerissen
smár ‹Adj.› **1.** klein, gering **2.** fein **3.** unwichtig, unwesentlich
smá-skip ‹n.*a* Pl.› kleine Schiffe   **-þarmar** ‹m.*a* Pl.› **1.** Dünndarm **2.** Leistenregion
smíð ‹f.*ō*› **1.** Arbeit **2.** Werk, Produkt
smíða ‹sw. Vb. II› **1.** schmieden **2.** arbeiten, bereiten, herstellen, bauen
smíð-belgr ‹m.*i*›, **smidju-belgr** ‹m.*i*› :2: Blasebalg
smiðja ‹f.*ōn*› Schmiede, Schmiedewerkstatt
smiðr ‹m.*a/i*› **1.** Schmied **2.** Handwerker **3.** geschickter, kunstfertiger Mann
smjúga ‹st. Vb. II,2› sich schmiegen, sich zwängen, sich hineinzwängen, eindringen, hineinschlüpfen (*e-t, í e-t*)
smyrja ‹sw. Vb. Ia› bestreichen, salben
snapa ‹sw. Vb. III› :≦5: schnappen

snara¹ ‹f.ōn› **1.** Schnur, Strick **2.** Schlinge
snara² ‹sw. Vb. II› **1.** drehen, entwinden **2.** bewegen, schleudern, werfen (*e-u*) **3.** sich wenden (auch *snarask*)
snarliga ‹Adv.› **1.** schnell **2.** hart, heftig
snarpr ‹Adj.› **1.** tapfer, kühn **2.** scharf, hart, ungestüm **3.** rauh
snarr ‹Adj.› **1.** schnell, rasch **2.** tapfer, mutig, beherzt **3.** scharf
snekkja ‹f.jōn› (kleineres, schnelleres) Kriegsschiff
snemma (*snimma*) ‹Adv.› bald, früh; *snemst* zuerst, schleunigst
snemmendis (*snimhendis*) ‹Adv.› bald, prompt, früh
snerill ‹m.a› :2: Drehstock (zum Straffen eines Seils)
snerta ‹st. Vb. IIIb,2› berühren
sníða ‹st. Vb. I› **1.** schneiden; *sníða af hǫfuð* den Kopf abschneiden, abtrennen **2.** zerschneiden, zerlegen
snild ‹f.ō› Tüchtigkeit, Tapferkeit
snimma ‹Adv.› ⇒ **snemma**
snjallr ‹Adj.› **1.** tüchtig, tapfer **2.** gewandt, wortgewandt
snjór (*snær*) ‹m.wa› Schnee
snotr ‹Adj.› (Gen. *-rs*) klug, gescheit, schlau, weise
snúa ‹st. Vb. VII,1› **1.** drehen, winden **2.** bewegen, in die Wege leiten **3.** wenden, sich wenden, sich aufmachen (auch *snúask*); *snúa nafn* den Namen ändern; *~ af veg* vom Weg abbiegen; *~ undan* entwischen, entweichen **4.** *snúask* sich verändern, sich verwandeln; *snúask frá e-u* sich von etw. abwenden
snær ‹m.wa› ⇒ **snjór**
snør ‹f.ō› Schwiegertochter
snœri ‹n.ja› Schnur, Bogensehne, Strick, Seil
sofa ‹st. Vb. IV› schlafen; *er menn hǫfðu svefn sofit* nachdem die Männer geschlafen hatten
sofna ‹sw. Vb. II› einschlafen
sókn ‹f.i› **1.** Verfolgung einer Rechtssache, Klage, Prozeß **2.** Andrang **3.** Angriff, Kampf
sóknar-þing ‹n.a› 'Prozeßthing', insbes. erster Teil des Frühjahrthings (in dem Rechtsangelegenheiten verhandelt wurden)
sókn-rýrir ‹m.ja› ℙ :1: 'Angriffszerstörer', Verteidiger, tapferer Mann(?)

sól ‹f.ō› Sonne; *undir sólu* bei Tage, ℙ auf der Erde

sól-bjartr ‹Adj.› ℙ :≦5: sonnenhell **-heiðr** ‹Adj.› ℙ :1: 'sonnenheiter', sonnig

sóma ‹sw. Vb. III› eignen, passen, angemessen sein

sómi ‹m.n› 1. Ehre, Ansehen 2. Ehre, Ehrung

sonr (*son, sunr*) ‹m.u› Sohn

sopp-leikr ‹m.a› :1: ein Ballspiel

soppr ‹m.a› :≦5: Ball

sorg ‹f.i› Sorge, Kummer

sortna ‹sw. Vb. II› schwärzen, schwarz werden

sótt ‹f.i› Krankheit, Leiden; *taka sótt* erkranken, leiden

sótt-dauðr ‹Adj.› an einer Erkrankung gestorben

spá ‹f.ō› Weissagung, Prophezeiung

spakr ‹Adj.› 1. klug, gescheit 2. besonnen, vernünftig 3. friedfertig

spánn ‹m.u› 1. Span, Holzsplitter 2. Losstäbchen; *fella spán til e-s* die Losstäbchen wegen (im Hinblick auf) etw. werfen

spara ‹sw. Vb. II/III› 1. sparen, aufsparen 2. schonen, verschonen

speki ‹f.īn› 1. Klugheit 2. Wissen, Kenntnis

spekingr ‹m.a› kluger Mann, kenntnisreicher Mann, Ratgeber, Weiser

speld ‹n.a› Holzplatte, Fensterladen

spell-virki ‹m.ja› ⇒ **spill-virki**

spenna ‹sw. Vb. Ib› 1. spannen 2. umspannen, umfassen 3. überstreifen, anlegen, anziehen

spilla ‹sw. Vb. Ib› 1. verderben, schädigen 2. vernichten, zerstören, töten (*e-m*) 3. *spillask* verdorben werden, geschädigt werden, sich verschlechtern

spillir ‹m.ja› Schädiger; *spillir bauga* (Schädiger [Verschenker] der Ringe ≏) Herrscher, Fürst

spill-virki (*spell-*) ‹m.ja› Übeltäter, Räuber

spinna ‹st. Vb. IIIa,1› spinnen

spjall ‹n.a› 1. Schaden, Verlust, Untergang 2. Fehler

spjalla ‹sw. Vb. II› (ℙ) reden

spjót ‹n.a› Speer, Spieß

spjóta-lag ‹n.a› Speerstich

spjǫll ‹n.*a* Pl.› (ℙ) **1.** Rede, Mitteilung, Neuigkeit, Erzählung **2.** Spruch, Zauberspruch

***spokkr** ‹Adj.› spitzohrig

spor ‹n.*a*› Spur, Fußspur, Fährte

spretta ‹st. Vb. IIIb,2› **1.** sich schnell bewegen, schnellen, springen; *hann spratt af baki* er sprang vom (Rücken des) Pferd(es) **2.** entspringen, aufkommen **3.** entwachsen, sprießen

springa ‹st. Vb. IIIa,1› **1.** springen **2.** aufspringen, zerspringen, platzen **3.** zusammenbrechen, sterben; *hon sprakk af harmi* aus Kummer zugrunde gehen

sproti ‹m.*n*› Stengel, Stab, Gerte

spyrja ‹sw. Vb. Ia› **1.** fragen, befragen **2.** aufspüren, ausfindig machen **3.** gewahr werden, erfahren; *spyrjask* bekannt werden

spyrna ‹sw. Vb. Ib› treten; *þótt þú spyrnir fótum í* obwohl du mit den Füßen dagegenstemmst

spýta ‹f.*jōn*› Holznadel, Holznagel, Holzstift

spǫlr ‹m.*u*› :2: **1.** Latte **2.** Abschnitt

spǫng ‹f.*i*› **1.** Plättchen (aus Metall) **2.** Eisplatte, Eisscholle

spǫnn ‹f.*ō*› Fingerspanne (Längenmaß)

spǫrr ‹m.*a/u*› Sperling, Spatz

staðar-menn ‹m.*a*/k.› Stadtbewohner

staddr ‹Part.› → **steðja**

stað-festa¹ ‹f.*ōn*› **1.** fester Wohnsitz **2.** Festigkeit, Beständigkeit

stað-festa² ‹sw. Vb.› **1.** (festen) Aufenthalt geben; *staðfestask* sich niederlassen, einen festen Wohnsitz nehmen **2.** beschließen, vereinbaren

staðr ‹m.*i*› **1.** Stillstand, Halt, Aufenthalt; *nema staðar* stehenbleiben, innehalten, enden **2.** Stätte, Stelle, Platz, Ort; *(þegar) í stað* auf der Stelle, unverzüglich; *í engan ~* keinesfalls; *í annan ~* anderseits **3.** Wohnstätte **4.** Ort, Stadt

stafn ‹m.*a*› **1.** Steven **2.** vorderer Bereich des Kriegsschiffs **3.** Giebel

stafr ‹m.*i*› **1.** Stab, Stock **2.** Runenstab, Rune, Buchstabe, Schriftzeichen **3.** (Pl.) Worte, Kenntnisse, Gelehrsamkeit; *fornir stafir* Vorzeitwissen

stál ‹n.*a*› **1.** Stahl **2.** (ℙ) Schwert, Waffe

stal-húfa ‹f.*ōn*› Stahlhaube, Metallhelm

stallr ‹m.*a*› **1.** Gestell **2.** (heidnischer) Altar **3.** Krippe

standa ‹st. Vb. VI,1› **1.** stehen **2.** sich befinden **3.** bleiben, bestehen, gelten, dauern; *standa yfir* sich erstrecken über **4.** stehenbleiben, innehalten **5.** stoßen, treffen auf; ~ *í gegnum* durchbohren; ~ *til hjarta* ins Herz stoßen **6.** wiegen, wert sein **7.** *standask* zum Stehen kommen, aushalten, widerstehen; *standask á* übereinstimmen

starf ‹n.*a*› **1.** Arbeit, Beschäftigung **2.** Anstrengung

starfa ‹sw. Vb. II› **1.** arbeiten, sich beschäftigen **2.** fertigbringen, zuwege bringen

steðja ‹sw. Vb. Ia› **1.** zum Stehen bringen, stoppen, anhalten **2.** *staddr* angehalten, stehend, sich befindend

stef ‹n.*ja*› **1.** Termin, Frist **2.** Kehrreim, Refrain (eines Skaldengedichts)

stefna[1] ‹f.*ōn*› **1.** Richtung **2.** Termin, Zeitpunkt **3.** Treffen, Zusammenkunft

stefna[2] ‹sw. Vb. Ib› **1.** eine Richtung einschlagen, ansteuern; *stefna austr* sich ostwärts wenden **2.** vorladen; *stefna e-m þing* jd.en vor Gericht laden

stein-dyrr ‹f.*i*/k. Pl.› ℙ :1: Felsentor

steinn ‹m.*a*› **1.** Stein, Felsen **2.** Edelstein **3.** Grabstein **4.** Steingebäude, Kloster

stela ‹st. Vb. IV› **1.** stehlen, entwenden **2.** sich heranschleichen

sterkr ‹Adj. (*ja*)› stark, kräftig, mächtig

sterta[1]* ‹f.*jōn*› 'Straffer', Halteband

sterta[2] ‹sw. Vb. Ib› ℙ :1: straffen, spannen, steif aufrichten

sterti-maðr ‹m.*a*/k.› :2: stolzer, hochmütiger Mann

stétt ‹f.*i*› **1.** Spur **2.** (mit Steinen gepflasterter) Gehweg **3.** Rang, Stand

steypa ‹sw. Vb. Ib› **1.** stürzen, umstürzen, zu Fall bringen (*e-u, e-m*) **2.** an- oder ausziehen (Kleidung) **3.** *steypask* sich stürzen, niederfallen; *steypask af brynjunni* die Brünne abwerfen

stíga ‹st. Vb. I› steigen, schreiten, gehen; *stíga af hesti*, ~ *af baki* absitzen; ~ *undir borð* sich zu Tisch setzen

stigr (*stígr*) ‹m.*a*/*u*› Steig, Weg

stilla ‹sw. Vb. Ib› **1.** beruhigen, mildern, mäßigen; *hon stil(l)ti rǫddo* sie dämpfte die Stimme **2.** einrichten, arrangieren; *stilla um e-t* eine Angelegenheit regeln

stilli ‹n.*ja*› Selbstbeherrschung

stinga ‹st. Vb. IIIa,1› stechen, stoßen; *stinga e-u á e-m* nach jd.em mit etw. stoßen

stirðr ‹Adj.› **1.** steif, hölzern, unbeholfen **2.** hart, streng, barsch, schroff

stjarna ‹f.ōn› Stern

stjarna-ljós ‹n.a› Sternenlicht

stjórn ‹f.i› **1.** Steuerung, Lenkung **2.** Leitung, Regierung **3.** Steuerruder

stoða ‹sw. Vb. II› **1.** nützen, helfen **2.** verhelfen, unterstützen

stofa ‹f.ōn› Stube, Hauptwohnraum

stofn ‹m.a› **1.** Baumstumpf, Strunk **2.** Basis

stokkr ‹m.a› **1.** Stock, Kantholz **2.** Pfosten **3.** Balken, Türbalken; *innan stokks* im Haus; *vera fyrir innan stokks* dem Haushalt vorstehen **4.** Abschlußbalken, Bettkante, Tischkante

stóll ‹m.a› Stuhl, Sitz

stór-brǫgðóttr ‹Adj.› ℙ :1: sehr gerissen, überaus listig

stór-liga ‹Adv.› **1.** bedeutend, bedeutsam **2.** hochtrabend, selbstgefällig **-menni** ‹n.ja› **1.** große Menschen, Riesen **2.** großzügige Menschen **3.** Oberschicht, große Herren, mächtige Männer   **-merki** ‹n.ja› Pl.› Großtaten, erstaunliche Dinge, Wunderlichkeiten   **-mæli** ‹n.ja Pl.› **1.** wichtige Dinge, belangvolle Angelegenheiten **2.** entscheidende Vereinbarungen

stórr ‹Adj.› **1.** groß, gewaltig, bedeutend, bedeutsam, wichtig **2.** stark, kräftig **3.** reich, wertvoll

straumr ‹m.a› **1.** Strom, Fluß **2.** Strömung

strengja ‹sw. Vb. Ib› festmachen, bekräftigen; *strengja heit* ein feierliches Gelöbnis ablegen

strengr ‹m.i› **1.** Strang, Sehne, Saite **2.** Seil, Tau

stríð[1] ‹n.a› **1.** Streit, Kampf **2.** Pein, Qual, Kummer, Schmerz

stríða[2] ‹sw. Vb. Ib› **1.** streiten, kämpfen **2.** plagen, peinigen, Schmerzen bereiten, schaden

stríðr ‹Adj.› **1.** hart, unnachgiebig, kompromißlos **2.** heftig, ungestüm, scharf **3.** hart, grob

strjúka ‹st. Vb. II,2› **1.** streichen, glätten **2.** peitschen **3.** weglaufen, enteilen; *strjúka brott* sich davonmachen

stræti ‹n.ja› Weg, Überlandweg, Straße (in einer Stadt)

strǫnd ‹f.i/k.› Strand, Ufer

stuðill ‹m.*a*› Stütze

stund ‹f.*i*› **1.** Zeit, Zeitspanne, Weile; *stundum* zeitweilig, bisweilen, gelegentlich; *af stundu* beizeiten, binnen kurzem, sogleich **2.** Zeitpunkt **3.** Stunde

stunda ‹sw. Vb. II› streben, anstreben, trachten nach, versuchen

stuttr ‹Adj.› **1.** kurz, knapp **2.** wortkarg, schroff

styðja[1] ‹sw. Vb. Ia› **1.** stützen, unterstützen, aufrecht halten **2.** anlehnen, abstützen

styðja[2] ‹sw. Vb. Ia› ℙ :≦5: stoßen, stechen; *styðja e-n* auf jd.en einstechen

styggr ‹Adj.› **1.** scheu, furchtsam **2.** mißmutig

stykki ‹n.*ja*› Stück, Teil

stynja ‹sw. Vb. Ia› stöhnen

stýra ‹sw. Vb. Ib› **1.** steuern, lenken **2.** anführen, regieren

stýri ‹n.*ja*› Steuer (eines Schiffs)

stýri-maðr ‹m.*a*/k.› Schiffsführer, Schiffsherr

styrkja ‹sw. Vb. Ib› **1.** stärken, verstärken, festigen **2.** unterstützen, beistehen

styrkr[1] ‹m.*i*› **1.** Stärke, Macht, Gewalt, Autorität **2.** Unterstützung, Beistand

styrkr[2] ‹Adj.› ⇒ **sterkr**

støkkva[1] ‹st. Vb. IIIa,2› **1.** sich schnell bewegen, springen, abspringen, stürzen, hinunterfallen; *støkkva af baki* vom Pferd abspringen **2.** zerspringen, zerbrechen **3.** entspringen, fliehen, sich losreißen **4.** spritzen

støkkva[2] ‹sw. Vb. Ib› **1.** vertreiben **2.** besprengen, bespritzen

støkkvir ‹m.*ja*› ℙ Beweger, Betreiber, Vertreiber; *støkkvir flaums stála* (Betreiber [des Getümmels der Waffen ≙] des Kampfes ≙) Krieger

stǫð ‹f.*wō*› **1.** Gestade, Anlegestelle **2.** Stelle, Platz

stǫðugr ‹Adj.› **1.** starr, unbeweglich, fest **2.** standhaft, beständig

stǫðva ‹sw. Vb. II› **1.** zum Stehen bringen, anhalten **2.** hemmen, aufhalten **3.** beenden

stǫng ‹f.*ō*/k.› Stange

stǫpull ‹m.*a*› Turm

suðr[1] ‹n.*a*› (Gen. *-rs*) Süden; *sigla í suðr* in südlicher Richtung segeln

suðr[2] ‹Adv.› südwärts, nach Süden

suðr-hallr ‹Adj.› ℙ :1: südwärts geneigt, gewendet **-land** ‹n.a› Südland, Gebiet im Süden **-maðr** ‹m.a/k.› Mensch aus dem Süden, insbes. Deutscher **-þjóð** ‹f.i› im Süden wohnendes Volk

suðrœnn ‹Adj.› aus dem Süden stammend

súð-þakiðr ‹Adj.› :1: mit überlappenden Dachbrettern gedeckt

súga ‹st. Vb. II,3› saugen

sumar ‹n.a› 1. Sommer; *um sumarit* den Sommer über 2. Sommerhalbjahr **-nótt** ‹f.ō/k.› Sommernacht

sumr ‹Pron.› einer, irgendeiner, mancher, (Pl.) einige; *sumr – sumr* der eine – der andere; *í sumu* in manchem, teilweise

sund ‹n.a› 1. das Schwimmen 2. Sund, Meeresenge **-fœrr** ‹Adj.› gut im Schwimmen, tüchtig schwimmend

sundr (*í sundr*) ‹Adv.› auseinander, entzwei

sundr-mœðr ‹Adj.› ℙ :1: 'andersmütterlich', eine andere Mutter habend

sunnan ‹Adv.› 1. südlich, im Süden; *fyrir sunnan* südlich von 2. südlich, aus dem Süden

sunr ‹m.u› ⇒ **sonr**

súpa ‹st. Vb. II,3› trinken, saufen

svá ‹Adv.› 1. so, derartig, dermaßen 2. ebenso, auch; *ok svá* und auch; *né* ~ noch auch; *eða* ~ *hit sama* und somit auch 3. *svá sem* so wie 4. *svá at* sodaß; ~ *at eigi* ohne daß; *hagastr maðr, svá at menn viti* der kunstfertigste Mann, soweit man weiß 5. ungefähr (so); *hér svá* hier etwa; *slíkir* ~ *menn* dergleichen Leute; ~ *nær* nahezu

svalr ‹Adj.› kalt, naßkalt, kühl, frisch

svan-hvítr ‹Adj.› ℙ :≦5: schwanenweiß

svanr ‹m.a› Schwan

svara ‹sw. Vb. II› antworten, entgegnen, erwidern; *svara engu* nichts erwidern; ~ *þessu vandmæli* dieses Problem lösen

svardagi ‹m.n› Eideszusicherung, Schwur

svartr ‹Adj.› schwarz, dunkel

sváss ‹Adj.› ℙ 1. eigener 2. lieb, lieblich, gut

svefja ‹sw. Vb. Ia› 1. beruhigen, besänftigen 2. schlichten 3. stillen (vom Blut)

svefn ‹m.a› Schlaf, Traum

svefn-fǫr ‹f.ō› :≦5: Träume **-hǫfgi** ‹m.n› Schläfrigkeit, Müdigkeit

sveigja ‹sw. Vb. Ia› biegen, beugen; *sveigja ofan kvist* einen Ast herabbiegen
sveinn ‹m.*a*› Junge, Knabe, Bub, Bursche
sveipa[1] ‹st. Vb. VII,2 (auch sw. Vb.)› **1.** schwingen, schwanken **2.** umhüllen, einwickeln, einfassen; *sveip hann silfri* mit Silber beschichten
sveipa[2] ‹sw. Vb. Ib/II› streichen, wischen; *sveipa hǫndinu* tasten
sveit ‹f.*i*› **1.** Schar, Trupp, Gruppe **2.** Bezirk, Gebiet, Landesteil
sveiti ‹m.*n*› **1.** Schweiß **2.** Blut
sveitungr ‹m.*a*› Mitkämpfer, Kamerad
svelta ‹st. Vb. IIIb,2› **1.** hungern **2.** verhungern, sterben; *soltinn* getötet
svenskr ‹Adj.› schwedisch
sverja ‹st. Vb. VI,3, sw. Vb. Ia› schwören; *sverja rangan eið* einen falschen Eid ablegen; ~ *til e-s* auf etw. schwören; ~ *við e-t* bei etw. schwören
svíða ‹st. Vb. I› **1.** brennen, rösten, braten **2.** brennen, schmerzen
svigi ‹m.*n*› Rute, Zweig
svik ‹n.*a* Pl.› Betrug, Täuschung, Verrat, Arglist; *gefa e-m svik* jd.en vergiften
svikari ‹m.*n*› Betrüger, Gauner, Verräter
svíkja (*svíkva*) ‹st. Vb. I› betrügen, täuschen, verraten
svima ‹st. Vb. IV› schwimmen
svinnr (*sviðr*) ‹Adj.› klug, gescheit, verständig
svipta (*svifta*) ‹sw. Vb. Ib› schnell bewegen, wegreißen, wegziehen
syðri ‹Adj. Komp. › südlicher
syfja ‹sw. Vb. II› schläfrig werden, ermüden
sýn ‹f.*i*› **1.** Ansicht, Anblick, Aussehen **2.** Sehvermögen, Augenlicht
sýna ‹sw. Vb. Ib› **1.** zeigen, an den Tag legen, erweisen, darlegen **2.** *sýnask* sich zeigen, an den Tag gelegt werden, sich erweisen, aussehen wie, scheinen
synd (*synð*) ‹f.*i*› Sünde
syngva (*syngja*) ‹st. Vb. IIIa,2› **1.** singen **2.** sausen, schwirren (von geschwungenen Waffen)
sýni ‹n.*ja*› **1.** das Ansehen, Ansicht **2.** Zeichen, Merkmal
synja ‹sw. Vb. II› verneinen, mißbilligen, zurückweisen

sýnn ‹Adj.› sichtbar, offensichtlich, offenkundig, deutlich
sýsla[1] ‹f.ōn› 1. Verrichtung, Tätigkeit 2. Amt, Verwaltung 3. Amtsbezirk, Verwaltungsregion, Gebiet
sýsla[2] ‹sw. Vb. Ib/II› verrichten, tätig sein, sich bemühen
systir ‹f.r› Schwester
systkin (*syskin*) ‹n.*a* Pl.› Geschwister
systrungr ‹m.*a*› Kind (Sohn) der Mutterschwester
systur-sonr (-*son*) ‹m.*u*› Sohn der Schwester, Neffe
sæ-borg ‹f.*i*› Hafenstadt, Festung am Meer
sæll ‹Adj.› 1. beglückt, glücklich, begütert, reich 2. selig, gesegnet
sæ-lægja ‹f.*jōn*› :1: Dunst an der Meeresoberfläche
sæng ‹f.*i*/k.› Bett
sær ‹m.*wa*› ⇒ **sjór**
særa ‹sw. Vb. Ib› verwunden, verletzen
sæta ‹sw. Vb. Ib› 1. unternehmen (*e-u*) 2. sich einer Sache aussetzen
sæti ‹n.*ja*› Sitz, Platz
sætt ‹f.*i*› 1. (gütliche) Einigung, Versöhnung, Frieden 2. Vergleich, Abmachung, Vereinbarung, Übereinkunft
sævar-gangr ‹m.*a*› Meeresflut, Wogen
søkkva[1] ‹st. Vb. IIIa,2› sinken, versinken, untergehen
søkkva[2] ‹sw. Vb. Ib› versenken; *søkkvask* sich senken, sinken
sœkja ‹sw. Vb. Ib› 1. suchen 2. aufsuchen, besuchen (*sœkja e-n heim*) 3. erreichen, fassen, holen 4. heimsuchen, angreifen, überfallen; ~ *e-n heim* jd.en zu Hause angreifen; ~ *á e-n*, ~ *at e-m* jd.en angreifen; ~ *fram* vordringen (im Kampf) 5. überwältigen, bezwingen, besiegen 6. eine Rechtssache verfolgen, prozessieren, eine Klage führen (~ *sǫk*) 7. *sœkjask* einander angreifen, miteinander kämpfen, überwältigt werden
sœmd (*sœmð*) ‹f.*ō*› 1. Ehre, Ansehen 2. Ehre, Ehrung 3. ehrenvolles Geschenk, (Pl.) Entschädigung
sœmi-ligr ‹Adj.› ehrenvoll, angemessen, gebührend, eindrucksvoll, ansehnlich
sœmr ‹Adj.› passend, ziemend
sœnskr ‹Adj.› ⇒ **svenskr**
sœtr ‹Adj.› süß, niedlich, lieb

sǫðla ‹sw. Vb. II› satteln

sǫðul-klæði ‹n.*ja*› Satteldecke

sǫðull ‹m.*a*› Sattel

sǫgn ‹f.*i*› Aussage, Angabe, Bericht

sǫgu-bók ‹f.*ō*/k.› Sagabuch, Handschrift mit literarischen Texten

sǫk ‹f.*ō/i*› **1.** Rechtssache, Rechtsstreit, Prozeß **2.** Klage, Beschuldigung; *gefa e-m sǫk* gegen jd.en eine Beschuldigung erheben **3.** Ursache, Anlaß, Grund; *fyrir e-s sakar (sakir), fyrir e-s sǫkum* aufgrund von etw., wegen etw. **4.** Schuld, Vergehen; *um e-s sǫk* durch jd.es Schuld

sǫngr ‹m.*wa*› **1.** Gesang, Musik **2.** ℙ Lärm

T

-t ‹Partikel› (verbunden mit finitem Verb) ℙ nicht; *verða-t* (sie) werden nicht

tá¹ ‹f.*ō*/k.› Zehe

tá² ‹n.*a*› ℙ :≦5: Vorplatz

tafl ‹n.*a*› **1.** Brettspiel **2.** Spiel, Partie **3.** Spielbrett **4.** Spielstein, Schachfigur

tafla ‹f.*ōn*› Spielstein, Schachfigur

tafl-borð ‹n.*a*› **1.** Tablett **2.** Spielbrett, Schachbrett   **-bragð** ‹n.*a*› :≦5: Spielkunst, Spielstärke   **-maðr** ‹m.*a*/k.› :2: **1.** Mitspieler **2.** Figur (im Gegensatz zu den Bauern im Schachspiel)

taka ‹st. Vb. VI,2› **1.** nehmen, fassen, greifen; *taka í e-t* in etw. hineingreifen, -langen **2.** ~ *konu* eine Frau heiraten, zur Geliebten nehmen **3.** anfassen, ergreifen, wegnehmen, rauben, in Besitz nehmen; ~ *e-n (hǫndum)* jd.en gefangennehmen; ~ *e-t undir sik* sich etw. aneignen; *tekr af byri* der Wind flaut ab **4.** entgegennehmen, annehmen, erhalten, bekommen; *taka grið* ein Waffenstillstandsangebot akzeptieren **5.** auswählen; ~ *þat ráð(s)* sich dazu entschließen **6.** sich erstrecken, reichen; *hárit tók ofan á bringuna tveim megin* das Haar reichte beiderseits auf die Brust hinunter **7.** erreichen; *taka land* landen, an Land kommen **8.** (+ Inf.) beginnen, anfangen zu (teilweise auch pleonastisch); ~ *til orðs (orða, máls)* anfangen zu sprechen **9.** *takask* beginnen, zustandekommen, geschehen, verlaufen; *Ásgrími tóksk svá til, at* es passierte Asgrim, daß; *takask í hendr* sich die Hände reichen

tákn ‹n.*a*› **1.** Zeichen **2.** Mirakel, Wunder

tal ‹n.*a*› **1.** Zahl **2.** Zählung, Aufzählung, Reihe **3.** Gespräch; *vera á tali við e-n* eine Unterhaltung mit jd.em führen **4.** Sprache

tál ‹f.*ō*› Hinterlist, Betrug, Verrat

tala[1] ‹f.*ōn*› **1.** Zahl **2.** Zählung **3.** Rede, Mitteilung, Bericht

tala[2] ‹sw. Vb. II› **1.** sprechen, reden, sich unterhalten; *hann talaði á þýzku* er sprach auf deutsch **2.** mitteilen, berichten

tálma ‹sw. Vb. II› entgegenwirken, hindern, verhindern

tapa ‹sw. Vb. II› **1.** beenden, vernichten, töten; *tapask* umkommen, getötet werden **2.** verlieren, abhanden kommen; *þeir tǫpuðu af sér vápnunum* sie verloren ihre Waffen

tár ‹n.*a*› Zähre, Träne

taska ‹f.*ōn*› Tasche, Beutel, Sack, Behälter

taug ‹f.*ō*› Tau, Seil, Strick

taug-reptr ‹Adj.› ℙ :1: seilgedeckt, ein Dach aus Seilen (oder aus Flechtwerk) habend

taumr ‹m.*a*› Zaum, Zügel

tefla ‹sw. Vb. Ib› **1.** ein Brettspiel spielen; *sumir tefldu skáktafl* einige spielten Schach **2.** einen Spielstein ziehen **3.** im Spiel gewinnen; *verða tefldr* im Spiel besiegt werden, unterliegen

teigr ‹m.*a*› Landstreifen

teikn ‹n.*a*› **1.** Zeichen **2.** Mirakel, Wunder

teikna ‹sw. Vb. II› ein Zeichen geben, zeigen, bedeuten

teinn ‹m.*a*› Schößling, Sproß, Zweig

teinungr ‹m.*a*› :≦5: Sproß, Zweig

teita ‹sw. Vb. Ib› erfreuen, erheitern

teiti ‹f.*īn*› Freude, Heiterkeit, Unterhaltung

teitr ‹Adj.› froh, fröhlich, heiter, aufgeräumt, gut gelaunt

telja ‹sw. Vb. Ia› **1.** zählen, aufzählen, anführen **2.** erzählen, sprechen, sagen, erklären, meinen; *telja til e-s* etw. fordern

tempra ‹sw. Vb. II› **1.** mäßigen, mildern **2.** mixen, mischen

tendra ‹sw. Vb. II› entzünden, entflammen, erhitzen

tenningr ‹m.*a*› Würfel

teygja ‹sw. Vb. Ib› **1.** ziehen, strecken; *tenn hánom teygiaz* er fletscht die Zähne **2.** locken, verführen

tíð ‹f.i› **1.** Zeit, Zeitpunkt, (Pl.) Gottesdienst **2.** Zeit, Zeitraum, Periode
tíðendi *(tíðindi)* ‹n.*ja* Pl.› **1.** Neuigkeiten, Nachrichten **2.** mitteilenswerte Vorkommnisse, Geschehnisse, Begebenheiten
tíðr ‹Adj.› **1.** vor sich gehend, sich ereignend; *konungr sá þá, hvat títt var* der König sah da, was los war **2.** geläufig, üblich, modern; *þau vápn váru þá tíð* diese Waffen waren damals modern **3.** verbreitet, bekannt, beliebt **4.** lieb, geschätzt, teuer; *e-m er títt til e-s* jd. ist erpicht auf etw.
tígin-borinn ‹Adj.› aus vornehmem Geschlecht
tíginn *(tiginn)* ‹Adj.› vornehm, honorig, nobel
tígn ‹f.*i*› **1.** Vornehmheit, Erhabenheit **2.** Würde, hoher Rang
tigr *(tegr, togr, tugr, tøgr)* ‹m.*u*› Zehner, Vielfaches von zehn; *sex tigir manna* 60 Männer, *hálfr þriði tøgr skipa* 25 Schiffe
til ‹Präp.› (+ Gen.) **A. 1.** zu, nach, auf – zu, nach – hin, bis zu; *leggja spjót til e-s* mit dem Speer nach jd.em stechen; *stóð til hiarta hiǫrr Sigurði* das Schwert steht Sigurd zum Herzen, steckt ihm im Herzen **2.** zum Zwecke von, für; *til varúðar* vorsichtshalber **3.** wegen, um – willen; *til þess* deshalb **4.** betreffend, hinsichtlich **B.** ‹Adv.› **1.** dazu, hinzu, herbei **2.** dabei **3.** deshalb, darum **4.** *þar til* noch dazu
til-burðr ‹m.*i*› was sich zuträgt, Begebenheit, Geschehnis **-felli** ‹n.*ja*› Vorfall, Vorkommnis, Begebenheit **-kall** ‹n.*a*› Anspruch, Forderung, Verlangen **-kváma** *(-koma)* ‹f.*ōn*› **1.** das Ankommen, Ankunft **2.** Bedeutsamkeit **-ræði** ‹n.*ja*› Angriff, Attacke, Überfall, Anschlag **-stilling** ‹f.*ō*› Veranlassung, Beihilfe, Anweisung, Regelung, Leitung **-tekja** ‹f.*jōn*› Unternehmen, Vorgehen **-vísun** *(-vísan)* ‹f.*ō*› Anleitung, Anweisung
timbr ‹n.*a*› Bauholz, Balken
tími ‹m.*n*› **1.** Zeit, Zeitspanne **2.** Zeitpunkt, richtige Zeit **3.** Mal: *einn tíma* einmal **4.** Glück
tína ‹sw. Vb. Ib› **1.** aufsammeln **2.** aufzählen, aufsagen
tíu ‹Num.› zehn
tíundi ‹Num.› zehnter
tjá ‹sw. Vb. III› **1.** zeigen; (+ Inf.) teilweise pleonastisch: *sól tér sortna* die Sonne wird schwarz **2.** erweisen, nachweisen, darlegen
tjald ‹n.*a*› **1.** Zelt **2.** Wandbehang, Vorhang
tjalda ‹sw. Vb. II› 'zelten', ein Zelt aufstellen, einen Wandbehang bzw. Vorhang aufhängen

T   255

tjóa (*týja*) ‹st. Vb. II,1, sw. Vb. Ia/II› helfen
tóft ‹f.*i*› ⇒ **topt**
toga ‹sw. Vb. II› **1.** ziehen; *fara sem fœtr toga* so schnell wie möglich laufen **2.** *togask um e-t* sich um etw. reißen
tólf (*tolf*) ‹Num.› zwölf
tólfti ‹Num.› zwölfter; *með (við) tólfta mann* selbzwölft, mit elf Begleitern
tóm ‹n.*a*› **1.** übrige Zeit **2.** passende Zeit, Gelegenheit
tómr ‹Adj.› leer, inhaltslos
topt (*tóft*) ‹f.*i*› Baugrund, freier Platz, Wohnplatz
torf ‹n.*a*› Torf, Torfsode, Rasenstück
torfa ‹f.*ōn*› Torfsode, Rasenstück, Torfwiese
trauðr ‹Adj.› widerstrebend, abgeneigt
traust ‹n.*a*› **1.** Vertrauen, Zuversicht **2.** Rückhalt, Unterstützung, Schutz; *Eiríkr konungr setti hann eptir til trausts Berg-Qnundi* König Eirik ließ ihn zur Unterstützung Berg-Önunds zurück
trautt ‹Adv.› kaum, schwerlich
tré ‹n.*a*› **1.** Baum **2.** Holz **3.** Holzstück, Stock, Balken, Galgen, Mastbaum
treðja ‹sw. Vb. Ia› ℙ zertreten lassen, zertrampeln lassen
trega ‹sw. Vb. II› bekümmern, bedauern, bedrücken
tregi ‹m.*n*› **1.** Kummer, Leid, Schmerz **2.** Schwierigkeit, Problem
treysta ‹sw. Vb. Ib› **1.** vertrauen, sich verlassen auf **2.** sich getrauen, wagen
trjóna[1] ‹f.*ōn*› Schnauze, Rüssel
trjóna[2] ‹f.*ōn*› ℙ :1: Stange
troða ‹st. Vb. IV› **1.** treten, betreten **2.** zertreten, zertrampeln; *troða undir fótum* niedertreten, mißhandeln **3.** stecken, stopfen
tróða ‹f.*ōn*› dünne Stange, Latte; *tjalda tróða* (Stange der Wandbehänge ≙) Frau
troll (*trǫll*) ‹n.*a*› Troll, Riese, (zauberkundiger) Unhold
trú ‹f.*ōn*› **1.** Glaube, religiöse Überzeugung **2.** Gelöbnis
trúa ‹sw. Vb. III› **1.** trauen, vertrauen **2.** glauben, für wahr halten **3.** glauben, gläubig sein; *trúa á einn guð* an einen Gott glauben

trúnuðr (*trúnaðr*) ‹m.u› **1.** Vertrauen, Vertraulichkeit **2.** Treue, Zuverlässigkeit **3.** Treuegelöbnis, Zusicherung

trygð (*tryggð*) ‹f.ō/i› **1.** Treue, Treuegelöbnis; *svíkja e-n í trygð(um)* die Treue gegenüber jd.em verräterisch brechen **2.** Vertrag, Friedensvereinbarung

tryggr ‹Adj.› **1.** treu, zuverlässig **2.** vertrauensvoll **3.** gesichert, sicher

trygill ‹m.a› Schüssel, Schale

trylla ‹sw. Vb. Ib› **1.** in einen Troll verwandeln, verzaubern, verhexen **2.** in einen Troll verwandelt werden, verzaubert werden, verhext werden

trǫll ‹n.a› ⇒ **troll**

tugr ‹m.u› ⇒ **tigr**

tún ‹n.a› **1.** eingezäuntes Grundstück **2.** Hof, Gehöft, Wohnsitz, Ansiedlung

tunga ‹f.ōn› **1.** Zunge **2.** Sprache; *kunna margar tungur* viele Sprachen beherrschen **3.** Landzunge

tungl ‹n.a› **1.** Himmelsgestirn **2.** Mond

tveir (m.; *tvær* f., *tvau* n.) ‹Num.› zwei

tvennr ‹Adj.› **1.** zweifach, doppelt **2.** zweierlei

tví-faldr (*tvé-*) ‹Adj.› zweifach, doppelt -**tján** ‹Num.› zwanzig

tvæ-vætr (*tvé-*) ‹Adj.› zwei Jahre ('Winter') alt, zweijährig

tyggi ‹m.n› ℙ Herrscher, Fürst, König

tyggva (*tyggja*) ‹st. Vb. IIIa,2› kauen

tygill ‹m.a› Schnur, Band, Riemen

tygil-knífr ‹m.a› Seitenmesser, ein (mittels Riemen) am Gürtel befestigtes Messer; *Þórir hafði haft tygilkníf á halsi* Thorir hatte ein *tygilknífr* am Hals (an einem Gurt um den Hals) getragen

týja¹ ‹f.ōn› ℙ :1: Zweifel

týja² ‹sw. Vb. Ib› ⇒ **tjóa**

tylpt (*tylft*) ‹f.i› Dutzend, Vielfaches von zwölf; *þrennar tylptir manna* 36 Männer

týna ‹sw. Vb. Ib› **1.** verlieren, vergessen **2.** vernichten, töten **3.** *týnask* verlorengehen, untergehen, umkommen

týs-dagr (*týrs-*) ‹m.a› Dienstag

tæla ‹sw. Vb. Ib› betrügen, hintergehen, überlisten

tøgr ‹m.u› ⇒ **tigr**

tǫfl ‹f.ō› :≦5: Spielstein, Schachfigur
tǫng ‹f.i/k.› Zange
tǫnn ‹f.ō/k.› Zahn

U, Ú

ú- ‹Präf.› ⇒ **ó-**
ugga ‹sw. Vb. III› fürchten, bangen, befürchten
úlfr ‹m.a› Wolf
úlfs-hugr ‹m.i› :1: wölfische (feindliche) Gesinnung
um¹ ‹Präp.› **A.** (+ Dat.) über **B.** (+ Akk.) **1.** über, über – hin; *hárit fell um alla hana* das Haar fiel über ihren ganzen Körper **2.** um – herum **3.** zu einer Zeit, an; *um kveldit* am Abend **4.** bezüglich, hinsichtlich **5.** wegen **C.** ‹Adv.› darüber, darüber hinaus
um² ‹Partikel› (ℙ) (meist vor Partizipia) entgegentretendes Füllwort ohne selbständige Bedeutung
um-boð ‹n.a› Auftrag, Vollmacht **-búð** ‹f.ō› **1.** Einrichtung, Vorrichtung **2.** Ausstattung, Kleidung
um-hverfis **A.** ‹Präp.› rings um, um – herum **B.** ‹Adv.› ringsum, im Umkreis, herum
um-ráð ‹n.a› Beratung **-rœða** ‹f.ōn› Unterredung, Diskussion **-sjá** ‹f.jōn› Betreuung, Hilfe, Unterstützung **-stilli** ‹n.ja› Beihilfe, Anweisung, Regelung, Leitung **-sýsla** ‹f.ōn› Bemühung, Hilfe, Unterstützung **-tal** ‹n.a› Unterredung, Gespräch
una ‹sw. Vb. III› zufrieden sein mit, Gefallen finden an, billigen (*e-u, við e-t*); *una lífi* zufrieden leben
und¹ ‹f.i› Wunde, Verletzung
und² ‹Präp.› ⇒ **undir**
unda ‹sw. Vb. II› ℙ :≦5: verwunden, verletzen
undan ‹Präp.› (+ Dat.) **A. 1.** unter – hervor, unter – weg **2.** weg von, fort von **B.** ‹Adv.› weg, fort
undan-lausn ‹f.i› Befreiung, Freikauf, Abgeltung, Entschädigung
undar-ligr ‹Adj.› verwunderlich, erstaunlich, eigenartig, merkwürdig
undir ‹Präp.› **A.** (+ Dat.) **1.** unter, unterhalb **2.** unter der Leitung von, in der Gewalt von, abhängig von; *vera undir e-m* jd.em unterstehen; *þat er undir mér* das liegt in meiner Macht **B.** (+ Akk.) **1.** unter, an den

unteren Teil von **2.** unter die Leitung von, in die Gewalt von, abhängig von; *þeir lǫgðu undir sik Svíaveldi* sie unterwarfen sich Schweden **C.** ‹Adv.› darunter; *vera undir* dahinterstecken

undir-standa ‹st. Vb. VI,1› verstehen, erfassen, begreifen, merken

undorn (*undurn*) ‹m.*a*› Jausenzeit (am Vormittag oder Nachmittag, i.e. um 9 Uhr oder 15 Uhr)

undr ‹n.*a*› (Gen. *-rs*) Wunder, Wunderliches, Erstaunliches, Seltsamkeit, Merkwürdigkeit

undra ‹sw. Vb. II› sich wundern, erstaunt sein, bewundern; (unpersönl.) *e-m undrar* jd. ist erstaunt

ungr ‹Adj.› jung, jugendlich

unna ‹PP Vb.› lieben, gern haben, gönnen (*e-m e-s* jd.em etw.)

unnasta ‹f.*ōn*› Geliebte, Liebste

unnasti ‹m.*n*› Geliebter, Liebster

unnr (*uðr*) ‹f.*i*› ℙ Woge, Welle

unz ‹Konj.› bis

upp ‹Adv.› **1.** auf, hinauf, empor; *upp ok niðr* **2.** oben **3.** ganz, völlig

upp-fœzla ‹f.*ōn*› **1.** das Aufziehen, Erziehung **2.** das Aufwachsen, Heranwachsen **-haf** ‹n.*a*› **1.** Anfang, Beginn; *þat er upphaf þessar sǫgu* das ist der Beginn dieser Erzählung **2.** Aufstieg, Verbesserung

upp-himinn ‹m.*a*› (ℙ) 'Obenhimmel', der Himmel oben

uppi ‹Adv.› oben; *vera uppi* fortleben, unvergessen bleiben

upp-nám ‹n.*a*› **1.** Entgegennahme **2.** *tefla riddara í uppnám* den Springer (im Schachspiel) *en prise* stellen **-reist** ‹f.*ō*› **1.** Aufstieg, Verbesserung **2.** Aufstand, Erhebung, Rebellion **-réttr** ‹Adj.› aufrecht **-stertr** ‹Adj.› stolz, aufgeblasen, hochnäsig

úr[1] ‹n.*a*› Nieselregen

úr[2] ‹Präp.› ⇒ **ór**

urðr ‹f.*i*› ℙ Schicksal, Verhängnis

úr-svalr ‹Adj.› ℙ naßkalt

út ‹Adv.› **1.** hinaus, auf das Meer hinaus, in die Fremde hinaus; *fara út* von Norwegen segeln (insbes. nach Island, in den Süden); ~ *í frá* außerdem, obendrein; *innan* ~ aus dem Haus heraus **2.** (= *úti*) draußen

útan (*utan*) **A.** ‹Adv.› **1.** von draußen, von draußen aus der Fremde, von draußen vom Meer; *fara útan* von Island (insbes. nach Norwegen) segeln **2.** außen, draußen **B.** ‹Präp.› (+ Gen., Akk.) **1.** außerhalb; *útan lands* außer Landes **2.** außer, ausgenommen **3.** ohne (auch *fyrir útan*) **C.** ‹Konj.› **1.** ausgenommen, außer daß **2.** wenn nicht, außer wenn

útan-verðr ‹Adj.› außen befindlich, an der Außenseite gelegen

útar-liga ‹Adv.› außerhalb, draußen

út-ferð ‹f.*i*› Ausfahrt, Auslandsfahrt (insbes. von Norwegen nach Island oder in den Süden); *útferðar-saga* Erzählung über eine Auslandsfahrt

úti ‹Adv.› **1.** draußen, draußen im Freien, draußen auf See **2.** aus, vorbei; *veizlan var úti* das Festessen war zu Ende

úti-búr ‹n.*a*› Nebengebäude, abseits gelegenes Vorratshaus

út-jǫrð ‹f.*i*› äußerer (abgelegener) Landbesitz **-lagi** ‹m.*n*› outlaw, Geächteter, Vogelfreier **-lagr** ‹Adj.› **1.** (zu einer Geldbuße) verurteilt **2.** ausgestoßen, verbannt **-lausn** ‹f.*ō*› **1.** Auslösung, Freikauf **2.** Lösegeld, Entschädigung **-legð** ‹f.*ō*› **1.** Verbannung, Exil **2.** Acht, Friedlosigkeit **3.** Geldbuße, Geldstrafe **-lendr** ‹Adj.›, **-lenzkr** ‹Adj.› ausländisch, fremd **-lægr** ‹Adj.› **1.** verbannt **2.** geächtet, vogelfrei **-vegr** ‹m.*a/u*› Ausweg, Ausrede, Kniff

uxa-verð ‹n.*a*› ⇒ **ǫxna-verð**

uxi ‹m.*n*› Ochse

V (anorw. **vr-** → **r-**)

vá ‹f.*ō*› Unglück, Leid, Schaden, Gefahr

váð ‹f.*i*› **1.** Gewebe, Wollstoff **2.** (Pl.) Gewand, Kleidung; *váðir heiðingja* (Kleider des Heidebewohners ≙) Wolfshaare

vaða ‹st. Vb. VI,1› **1.** waten, schreiten, stapfen **2.** gehen, losgehen (*at e-m*) **3.** *vaðinn* beraubt; *vaðinn at vilia* freudlos

váði ‹m.*n*› Unglück, Schaden, Verderben, Gefahr

vað-mál ‹n.*a*› **1.** (gröberer) Wollstoff, Fries, Loden **2.** 'Wollstoffmaß', Tuchgeld, Zahlungseinheit (1 Elle *vaðmál* = ⅙ *lǫgeyrir*)

vaf ‹n.*a*› Gewebe, Umhüllung

vagn ‹m.*a*› Wagen, Fahrzeug

vágr ‹m.*a*› **1.** Meeresbucht **2.** ℙ Woge, wogende Flut, Meer

vaka[1] ‹f.*ōn*› **1.** das Wachen, Wache **2.** Vigil, Nachtwache vor Feiertagen

vaka[2] ‹sw. Vb. III› **1.** wachen, wach sein **2.** erwachen, wach werden

vakna ‹sw. Vb. II› erwachen, wach werden, zu Bewußtsein kommen; *vakna við e-t* durch etw. wach werden

val ‹Adv.› ⇒ **vel**

vala-málmr ‹m.*a*› ℙ :2: 'Welschenmetall', fremdländisches Gold

val-baugar ‹m.*a* Pl.› 'Welschringe', aus dem Süden stammende Ringe

val-blóð ‹n.*a*› Blut eines Getöteten

*****val-bráð** ‹f.*i*› ℙ :1: Leichen als Beute (der Wölfe)

vald ‹n.*a*› Gewalt, Macht, Herrschaft; *með valdi* gewaltsam

valda ‹st./sw. Vb.› **1.** walten, beherrschen **2.** bewirken

val-dýr ‹n.*a*› ℙ :1: (Walstatt-Tier ≙) Wolf   **-dǫgg** ‹f.*wō*› ℙ :2: (Walstatt-Tau ≙) Blut   **-fǫðr** ‹m.*r*› Walstattvater (Beiname Odins)

val-hǫll ‹f.*i*› ℙ :2: 'Welschhalle', exotische Halle(?)

válka ‹sw. Vb. II› **1.** hin- und herschleppen; *válkuðu þeir mjǫk lengi ráðin fyrir sér* sie überlegten sehr lange hin und her **2.** *válkask* sich wälzen

val-kyrja ‹f.*jōn*› Walküre (überirdische Kriegerin, die in den Kampf eingreift und Gefallene nach Valhöll zu Odin bringt)

valr[1] ‹m.*i*› **1.** Schlachttote(r), Kampfleiche(n); *fella val* Krieger töten **2.** Walstatt, Schlachtfeld, Kampfplatz

valr[2] ‹m.*i*› Falke, Habicht

valr[3] ‹Adj.› :2: rund; *á valt = ávalt* unentwegt, unablässig, ständig, ununterbrochen

val-rauðr ‹Adj.› ℙ :1: 'welschrot', blutrot(?)

valskr ‹Adj.› **1.** 'welsch' (romanisch, keltisch): französisch, italienisch, spanisch, südländisch **2.** fremdländisch, exotisch

val-teigr ‹m.*a*› ℙ :1: (Falkenland ≙) Arm

val-tívar ‹m.*wa* Pl.› ℙ :≤5: Schlachtgötter

valtr ‹Adj.› unbeständig, unstet, unzuverlässig

ván ‹f.*i*› Hoffnung, Aussicht, Erwartung, Annahme; *er ván (til)* es ist anzunehmen; *ván er þess engi* es ist keine Aussicht darauf; *(engi) ván er mér þess* ich erwarte das (nicht), ich bin darauf (nicht) gefaßt; *vita enga ván til* sich keine Vorstellung von etw. machen   **vánar-vǫlr** ‹m.*u*› Bettelstab

vanda ‹sw. Vb. II› **1.** sorgsam handeln, gründlich vorgehen, penibel agieren, wählerisch sein, auswählen **2.** Einwände haben, sich beklagen, sich beschweren **3.** *vandask* schwierig werden; *vandask málit* die Sache wird problematisch

vanda-hús ‹n.*a*› :≦5: Haus mit Wänden aus Flechtwerk

vandi[1] ‹m.*n*› Gewohnheit, Brauch, Regel

vandi[2] ‹m.*n*› **1.** Schwierigkeit, Problem, mißliche Situation, Notlage **2.** Verpflichtung, Verantwortung; *binda sér vanda við e-n* eine Verpflichtung gegenüber jd.em eingehen

vand-látr ‹Adj.› *vera vandlátr um e-t* auf etw. heikel sein, etw. sorgfältig behüten **-liga** ‹Adv.› sorgfältig, penibel

vand-mæli ‹n.*ja*› Schwierigkeit, Problem

vandr ‹Adj.› **1.** penibel, genau **2.** schwierig, schwer

vándr ‹Adj.› **1.** schlecht, böse, schlimm **2.** schlecht, unansehnlich, häßlich; *vánt veðr* Schlechtwetter

vand-ræði ‹n.*ja*› Schwierigkeit, Problem, mißliche Situation, Notlage, (Pl.) Spannungen, Feindschaft

vani ‹m.*n*› Gewohnheit, Brauch, Regel

vann-styggr ‹Adj.› ℙ :1: gertenscheu, den Reitstock scheuend

vanr[1] ‹Adj.› gewöhnt (*e-u, við e-t* an etw.); *vanr í sǫknum* kampfgewohnt

vanr[2] ‹Adj.› fehlend, mangelnd; *e-m er e-s vant* jd.em fehlt etw.

van-stilli ‹n.*ja*› Unbeherrschtheit, Jähzorn

vápn ‹n.*a*› Waffe

vápna ‹sw. Vb. II› bewaffnen

vápna-burðr ‹m.*i*› **1.** das Tragen von Waffen **2.** Waffengebrauch, Angriff, Kampfgetümmel **-skipti** ‹n.*ja*› Kampf

vápn-dauðr ‹Adj.› durch Waffen gefallen **-fœrr** ‹Adj.› **1.** waffentauglich **2.** als Waffe geeignet **-lauss** ‹Adj.› unbewaffnet, nicht bewaffnet **-sǫngr** ‹m.*wa*› 'Waffengesang', Waffengeklirr

vár ‹n.*a*› Frühling

vara[1] ‹sw. Vb. Ia› ahnen, mit etw. rechnen, mutmaßen; (unpersönl.) *e-n varir e-s* jd.em schwant etw.; *mart gengr verr enn varir* vieles geht schlechter als man vermutet

vara[2] ‹sw. Vb. II› **1.** warnen, abraten **2.** *varask* 'bewahren', sich vorsehen, auf der Hut sein, achten auf (*e-t*)

vára ‹sw. Vb. II› (unpersönl.) *várar* es wird Frühling

varða[1] ‹f.*ōn*› Warte, Wegmarke

varða² ‹sw. Vb. II› **1.** bewachen, abwehren **2.** strafbar sein, einer Strafe unterliegen; *varðar þat fjǫrbaugsgarð* darauf steht dreijährige Landesverweisung **3.** bedeutend sein, Belang haben; *varða miklu* sehr wichtig sein; *þat varðar ekki* das macht nichts
varð-maðr ‹m.*a*/k.› Wächter -**veita** ‹sw. Vb. Ib› bewachen, verwalten, verwahren, lagern
vargr ‹m.*a*› **1.** Wolf **2.** Verbrecher; *vargr í véum* Schänder eines Heiligtums
varg-ǫld ‹f.*i*› ℙ :2: Verbrecherzeit (vor dem Weltuntergang)
varla ‹Adv.› kaum
vár-kunn ‹f.*ō/i*› Nachsicht, Toleranz; *várkunn er þér til þess* das ist dir nicht zu verdenken, das ist dir nachzusehen
var-liga ‹Adv.› **1.** vorsichtig, achtsam **2.** ℙ kaum -**ligr** ‹Adj.› vorsichtig
varmr ‹Adj.› warm
varna ‹sw. Vb. II› **1.** verwehren, vorenthalten (*e-m e-s*) **2.** *varna við e-u* sich vor jd.em hüten
varnan ‹f.*i*› Warnung, Beachtung, Vorsicht
varningr ‹m.*a*› Ware, Handelsgut
varp ‹n.*a*› **1.** das Werfen, Wurf **2.** ℙ Krümmung(?)
varr ‹Adj.› **1.** gewahr; *verða varr við e-t* etw. bemerken **2.** vorsichtig
várr ‹Pron.› unser; *hverr várr* jeder von uns
varúð ‹f.*i*› Vorsicht; *til varúðar* vorsichtshalber
vaskr ‹Adj.› tapfer, tüchtig, tatkräftig
vá-stígr ‹m.*a/u*› ℙ :1: Unglückspfad, Weg des Verderbens
vatn ‹n.*a*› **1.** Wasser **2.** Teich, See **3.** (Pl.) Gewässer
vatna ‹sw. Vb. II› **1.** tränken **2.** (unpersönlich:) *vatnar land(it)* das Land wird 'gewässert', verschwindet hinter (unter) dem Horizont
vatns-strǫnd (*vats-*) ‹f.*i*/k.› Seeufer
vátta ‹sw. Vb. II› bezeugen, bekräftigen, versichern
váttr ‹m.*a*› Zeuge
vaxa ‹st. Vb. VI,1› **1.** wachsen, aufwachsen **2.** anwachsen, sich vermehren **3.** *vaxinn* erwachsen
vé ‹n.*a*› **1.** Wohnstätte **2.** Heiligtum, unverletzliche Stätte
vé-bǫnd ‹n.*a* Pl.› 'Unverletzlichkeitsbande', Ab- bzw. Umgrenzung der (unverletzlichen) Gerichtsstätte

veð ‹n.*ja*› Pfand, Bürgschaft
veðja ‹sw. Vb. Ia› wetten (*um e-t*)
veðr ‹n.*a*› (Gen. *-rs*) **1.** Wetter, Witterung; *mæla á veðr um* anspielen auf, andeuten **2.** Unwetter, Sturm
veðr-eygr ‹Adj.› ℙ :1: 'wetteräugig', wetterkundig **-spár** ‹Adj.› wetterkundig
vefa ‹st. Vb. IV› weben, flechten
vefja ‹sw. Vb. Ia› **1.** wickeln, umwickeln, einwickeln **2.** verwickeln, verwirren
vega¹ ‹st. Vb. V,1› **1.** bewegen, heben; *vega á brott* forttragen, fortbefördern **2.** wiegen **3.** wägen, abwiegen
vega² ‹st. Vb. V,1› **1.** schlagen, anfallen, kämpfen; *vega at e-m* auf jd.en losschlagen **2.** erschlagen, töten
vegandi ‹m.*n*› **1.** Kämpfer **2.** Totschläger
vegg-berg ‹n.*a*› ℙ :2: Felswand
veggr ‹m.*i*› Wand
vegna ‹Präp.› **1.** *á vegna, af vegna* (+ Gen.) seitens, namens; *á vegna Ingibjargar, konu sinnar* **2.** wegen, aufgrund; *vegna tollsins* wegen der Abgabe
vegnest ‹n.*a*› :2: Wegzehrung
vegr¹ ‹m.*a/u*› **1.** Weg; *mun verða til at hætta, hvern veg verðr* man soll es darauf ankommen lassen, wie es ausgeht **2.** Richtung, Seite; *tveggja vegna* auf beiden Seiten, beiderseits **3.** Art, Weise; *þann veg* solcherart, auf diese Weise
vegr² ‹m.*a*› Ruhm, Ehre, Ansehen
vegr-eygr ‹Adj.› ℙ :1: 'wegäugig', wegkundig (oder: *veðreygr?)
veiða ‹sw. Vb. Ib› fangen, jagen, erlegen
veig ‹f.*ō*› ℙ starkes (alkoholisches) Getränk
veikr ‹Adj.› weich, schwach, nachgiebig
veill ‹Adj.› schwächlich, gebrechlich
veita ‹sw. Vb. Ib› **1.** gewähren, leisten, bereiten, zufügen, durchführen; *veita atsókn* jd.en angreifen **2.** helfen, unterstützen **3.** bewirten, veranstalten; *~ brúðlaup sitt* seine Hochzeit ausrichten
veizla ‹f.*ōn*› **1.** Hilfe, Unterstützung **2.** Bewirtung, Gastmahl, Festessen, Gelage

vekja ‹sw. Vb. Ia› **1.** wecken **2.** heraufbeschwören, hervorrufen, auslösen, eröffnen; *vekja rœðu* ein Gespräch beginnen; ~ *blóð* Blut fließen lassen

vel ‹Adv.› **1.** wohl, gut; *vera vel* sich anständig verhalten; *þat má* ~ das kann geschehen, es ist (mir) recht; ~ *kominn* willkommen **2.** ziemlich, sehr; *vel mart* sehr viel

vél ‹f.ō› **1.** handwerkliches Geschick, Kunstfertigkeit, Kunst **2.** (kunstvolles) Gerät, Kunstwerk **3.** List **4.** Hinterlist, Perfidie, Betrug, Verrat

véla ‹sw. Vb. Ib› überlisten, betrügen, hintergehen

veldi ‹n.*ja*› **1.** Macht, Gewalt, Herrschaft **2.** Herrschaftsbereich, Einflußsphäre, Reich

velja ‹sw. Vb. Ia› **1.** wählen, auswählen (*e-n til e-s* jd.en zu etw.) **2.** *veljask* sich entscheiden (*til e-s*)

vel-skúfaðr ‹Adj.› ℙ :1: wohlgeschmückt

velta[1] ‹st. Vb. IIIb,2› rollen, eine Richtung nehmen

velta[2] ‹sw. Vb. Ib› **1.** wälzen, rollen, kippen; *veltir skipinu* das Schiff kentert **2.** *veltask* sich wälzen

venda ‹sw. Vb. Ib› wenden, umkehren; *venda aptr* zurückkehren

venja ‹sw. Vb. Ia› **1.** gewöhnen an (*e-u*) **2.** abrichten, erziehen

véorr ‹m.*a/u*› ℙ :1: Beschützer (auch als Name Thors)

vér ‹Pron.› wir

vera ‹st. Vb. V,1› **1.** sein, vorhanden sein; *má vera* mag sein, vielleicht; ~ *lífs* leben; ~ *á*, ~ *til* vorhanden sein, bestehen; ~ *mikill fyrir sér* bedeutend sein; *mér er grunr* ich habe den Verdacht; *mér er ekki um e-t* mir liegt nichts an etw. **2.** stattfinden, passieren; *þat var einn dag, at Imsigull gekk um akra sína* eines Tages geschah es, daß Imsigul über seine Felder ging **3.** anwesend sein, bleiben; *vera fyrir*, ~ *við* anwesend sein, ~ *með e-m* sich bei jd.em aufhalten; ~ *í barðǫgum með e-m* jd.em in Kämpfen beistehen; ~ *uppi* verbleiben, fortleben, unvergessen bleiben **4.** (+ Part. II, zur Bildung von Perfekt und Plusquamperfekt) sein; *hann er farinn* er ist gefahren **5.** (+ Part. II, zur Bildung von Zustands- und Vorgangspassiv) sein, werden; *hann var drepinn* er war erschlagen, er wurde erschlagen **6.** *vera at* (+ Inf.) im Begriff sein zu; *hann var at (at) hlaða skútuna* er war dabei, die Schute zu beladen

veraldar-líf ‹n.*a*› weltliches (sündhaftes) Leben
verald-ligr ‹Adj.› weltlich, irdisch
verð ‹n.*a*› Wert, Preis, Bezahlung
verða ‹st. Vb. IIIb,2› **1.** werden, entstehen, sich bilden, werden zu; *verða dauðr* tot werden, sterben; *ymr varð á bekkjum* Tumult entstand auf den Bänken; *verða at ráði* sich als richtig herausstellen; *e-m verðr frá fé* jd.em zum Schaden gereichen **2.** stattfinden, passieren, geschehen, hereinbrechen; *verða af e-u* durch etw. zustandekommen; *ekki verðr af oss* nichts bringen wir zustande, wir kommen nicht weiter; *honum þótti verða mega, at* ihm schien es möglich, daß **3.** widerfahren, passieren; ~ *fyrir* von etw. betroffen werden; *hvat varð af húnum mínum?* was wurde aus meinen Jungen? **4.** gehen, geraten; *verða á brottu,* ~ *í brottu* verschwinden; ~ *til e-s* sich zu etw. bereitfinden, etw. übernehmen **5.** (+ Part. II, zur Bildung des Vorgangspassivs) werden; *hann varð drepinn* er wurde erschlagen **6.** (+ Inf.) müssen, gezwungen sein zu; *nú verð ek liggja lífs andvani* nun muß ich leblos liegen
verð-kaup ‹n.*a*› Bezahlung, Entlohnung; *gefa e-m verðkaup* jd.en belohnen   **-leikr** ‹m.*a*› Verdienst
verðr[1] ‹m.*u*› Bewirtung, Mahlzeit
verðr[2] ‹Adj.› **1.** wert, wertvoll, geschätzt **2.** bedeutend, schwerwiegend; *e-m þykkir e-t (um e-t) mikils vert* jd.em scheint etw. von großer Bedeutung
verja[1] ‹sw. Vb. Ia› **1.** umhüllen, umfassen **2.** verwenden, aufwenden
verja[2] ‹sw. Vb. Ia› **1.** wehren, abwehren **2.** schützen, verteidigen **3.** verwehren, vorenthalten
verk ‹n.*a*› **1.** Arbeit, Tätigkeit **2.** Werk, Tat, Produkt der Arbeit
verki ‹m.*n*› Werk, insbes. Dichtwerk, Gedicht
verk-maðr ‹m.*a*/k.› Arbeiter(in)
vermi ‹m.*n*› Wärme
verpa ‹st. Vb. IIIb,2› **1.** werfen, schleudern; *varp hann hendinni frá sér ok kom við kinn hennar* er streckte die Hand aus und stieß gegen ihre Wange **2.** aufwerfen, bewerfen, bedecken; *verpa haug eptir e-n* einen Grabhügel nach (dem Tod von) jd.em aufwerfen; ~ *hendi um e-t* den Arm um etw. legen(?); ~ *orðum á e-n* das Wort an jd.en richten, jd.en ansprechen **3.** veranschlagen, schätzen
verr[1] ‹m.*a*› **1.** Mann **2.** Ehemann

verr² ‹Adv. Komp.› (Sup. *verst*) schlechter
verri ‹Adj. Komp.› (Sup. *verstr, vestr*) schlechterer
versna ‹sw. Vb. II› schlechter werden, sich verschlechtern
verǫld ‹f.*i*› **1.** Welt, Erde; *veraldar bygð* bewohnte Welt **2.** weltliche Dinge, irdische Angelegenheiten
vesall ‹Adj.› armselig, elend, unglücklich
vestan ‹Adv.› **1.** westlich, im Westen; *fyrir vestan* westlich von **2.** westlich, aus dem Westen
vestr¹ ‹n.*a*› Westen
vestr² ‹Adv.› westwärts, nach Westen
vestr³ ‹Adj. Sup.› → **verri**
vestr-lǫnd ‹n.*a* Pl.› im Westen gelegene Länder, insbes. die britischen Inseln
vesǫld ‹f.*ō/i*› Misere, mißliche Situation, Notlage
vetr ‹m.*a*/k.› (Gen. *-rar*) **1.** Winter; *í vetr* im Winter, diesen Winter; *um vertrinn* im Winter, den Winter über **2.** Jahr (als Zeitmaß, 12 Monate)
við¹ ‹f.*jō*› **1.** Weidengerte, Zweig **2.** Halseisen
við² (*viðr*) ‹Präp.› **A.** (+ Dat.) **1.** gegen; *leggja e-n við jǫrðu* jd.en niederstrecken **2.** an, bei; *hlæja við e-m* jd.en anlachen **3.** mit, gemeinsam mit **4.** mit, mittels **5.** gegenüber, hinsichtlich **B.** (+ Akk.) **1.** wider, gegen **2.** an, bei **3.** mit, gemeinsam mit; *við tólfta mann* selbzwölft, mit elf Begleitern **4.** mit, mittels **5.** gegenüber, hinsichtlich **6.** wegen, aufgrund, infolge **C.** ‹Adv.› **1.** dagegen **2.** daran, dabei; *vera við* dabei sein, anwesend sein **3.** miteinander; *talask við* **4.** deswegen
viða ‹sw. Vb. II› abholzen, Holz fällen
víða ‹Adv.› **1.** weithin, weit und breit; *víða um lǫnd* durch viele Länder **2.** weitgehend, vielfach
viðar-teinungr ‹m.*a*› :1: Baumsproß
við-bragð ‹n.*a*› schnelle Bewegung, Stoß, Ruck
vídd ‹f.*i*› Weite, Ausdehnung
við-fang ‹n.*a*› **1.** Umgang **2.** Utensil, Ausstattung
víð-fǫrull ‹Adj.› viel unterwegs seiend, weit reisend
við-hlæjandi ‹m.*n*/k.› ℙ :2: 'Anlächler', einer, der jd.en angrinst bzw. zulacht

viðr¹ ‹m.u› **1.** Wald, Gebüsch **2.** Baum, Baumstamm; *viðr hauðrmens* (Baum des Meeres ≙) Schiff **3.** Holz, Holzbau

viðr² ‹Präp.› ⇒ **við²**

víðr ‹Adj.› weit, breit, weitläufig, ausgedehnt

viðr-kvæmiligr (*-kæmiligr*) ‹Adj.› passend, geziemend

við-sœmandi ‹Adj.› erträglich; *nú er eigi viðsœmanda* es ist nun nicht mehr zu ertragen **-taka** ‹f.ōn› **1.** Aufnahme **2.** Entgegennahme **3.** Widerstand

víf ‹n.a› Frau, Ehefrau

víg ‹n.a› **1.** Kampf **2.** das Erschlagen, Totschlag

*****víg-frœkn** ‹Adj.› ℙ :1: kampfkühn, tapfer im Kampf

vígi ‹n.ja› (gut zu verteidigender) Kampfort

vígja ‹sw. Vb. Ib› weihen

víg-móðr ‹Adj. **1.** kampfmüde **2.** ℙ kampfeifrig, kampfbegierig **-nest** ‹f.ō› ℙ :2: ('Kampfdorn' ≙) Schwert (oder: Speer)

vígr ‹Adj.› kampffähig, kampftüchtig

víg-skár ‹Adj.› ℙ :1/2: kampfstark **-þrot** ‹n.a› ℙ :1: Kampfende

vík ‹f.i/k.› Bucht

vika ‹f.ōn› Woche

víking ‹f.ō› Raubfahrt (zur See), Wikingerfahrt

víkingr ‹m.a› Wikinger, Räuber (zur See), Übeltäter

víkja (*víkva, ýkva*) ‹st. Vb. Ib› **1.** wenden, drehen, bewegen; *víkja skipi* ein Schiff manövrieren **2.** sich wenden, eine Richtung einschlagen; *nú víkr þessi sǫgu norðr* nun wendet sich diese Saga dem Norden zu **3.** *víkjask* sich bewegen; *víkjask við* (schnell) reagieren

víl ‹n.a› Mühsal, Beschwernis

vild ‹f.ō/i› **1.** Wille, Wunsch **2.** Wohlwollen

vildr ‹Adj.› gewollt, erwünscht, erfreulich, gut; *með hinum vildastum klæðum* mit der besten Kleidung

vili ‹m.jan› **1.** Wille, Wunsch **2.** Absicht **3.** Freude, (sexuelles) Begehren, Lust

vilja ‹sw. Vb. Ia› **1.** wollen, wünschen; *ek vil, ek vilda* (auch:) ich möchte **2.** gewillt sein, beabsichtigen **3.** erwarten, verlangen, fordern

villa¹ ‹f.ōn› **1.** Verwirrung, Irrtum **2.** Irrglaube, Aberglaube

villa² ‹sw. Vb. Ib› **1.** verwirren, irreführen, durcheinander bringen, fälschen **2.** *villask* verwirrt werden, sich verirren

villr ‹Adj.› **1.** irrend, verwirrt; *þá varð ek villr vega* da verirrte ich mich **2.** irrig, unrichtig, falsch

villu-maðr ‹m.*a*/k.› Ungläubiger, Ketzer

vil-mál ‹n.*a*› ℙ :2: wohltuende Worte

vilna ‹sw. Vb. II› hoffen, erhoffen; *vilnask e-s* sich etw. erhoffen, sich etw. wünschen

vín ‹n.*a*› Wein

vina ‹f.*ōn*› Freundin, Geliebte; *Hergauts vina* (Hergauts/Odins Geliebte ≙) Erde

vin-átta ‹f.*ōn*› Freundschaft

vín-ber ‹n.*ja*› Weinbeere, Weintraube

vinda ‹st. Vb. IIIa,1› **1.** winden, wringen **2.** wenden, drehen, emporziehen; *vinda segl* das Segel hissen; *vindum af ræfrit* (wir) tragen das Dach ab **3.** schnell bewegen, schleudern **4.** *vindask* sich umdrehen

vind-áss ‹m.*a*› Windebalken, Winde

vind-hjálmr ‹m.*a*› ℙ :1: (Windhelm ≙) Himmel

vindga-meiðr ‹m.*a*› ℙ :1: (Windigbalken ≙) Galgen

vindr ‹m.*a*› Wind, Luftstoß

vind-ǫld ‹f.*i*› ℙ :1: Windzeit, stürmische Zeit (vor dem Weltuntergang)

vin-fengi ‹n.*ja*› Freundschaft **-góðr** ‹Adj.› freundlich, freundschaftlich

vín-hǫfugr ‹Adj.› ℙ :1: weinschwer, betrunken

vinna ‹st. Vb. IIIa,1› **1.** arbeiten, tun, betreiben, durchführen; *hann vann þar mikinn hernað* er unternahm dort einen großen Heerzug **2.** (+ Part. II) gelingen, fertigbringen; *ef hann hefnt ynne* wenn er gerächt bekäme, wenn ihm die Rache gelänge; *vinna e-n sáran* jd.en verwunden **3.** zufügen, antun (*e-m e-t*); ~ *e-m bana* jd.em den Tod geben, jd.en töten; ~ *bǫl* Schaden anrichten **4.** gewinnen, besiegen, erobern, überwältigen; *vinna sigr* den Sieg erringen **5.** widersetzen, entgegensetzen **6.** versorgen, leisten; ~ *e-m eiða* jd.em Eide schwören **7.** *vinnask* reichen, ausreichen, erreichen; *meðan dagrinn vannsk* solange der Tag dauert, untertags; *vinnask at* sich einsetzen für

vinr ‹m.*i*› Freund

vin-skapr ‹m.*i*› Freundschaft

vinstri ‹Adj. Komp.› linker; *á vinstri hǫnd* linker Hand, links

vin-sæll ‹Adj.› beliebt

vín-viðr ‹m.*u*› Weinrebe, Weinstock, (kollektiv:) Weinreben, Weinstöcke

virða ‹sw. Vb. Ib› **1.** werten, abschätzen, veranschlagen **2.** bewerten, einschätzen **3.** schätzen, achten, würdigen; *maðr vel virðr* ein hochangesehener Mann **4.** *virðask* sich erweisen; *virðask e-m vel* jd.em gefallen

virðar ‹m.*a* Pl.› (ℙ) Männer

virðing ‹f.*ō*› **1.** Wertung, Schätzung, Abschätzung **2.** Bewertung, Einschätzung **3.** Wertschätzung, Achtung, Ansehen, Würde, Ehre

virðu-ligr (*virði-*) ‹Adj.› geschätzt, ehrwürdig, vornehm, prächtig, herrlich

virgill (*virgull*) ‹m.*a*› Galgenstrick, Strick zum Erhängen

vísa[1] ‹f.*ōn*› Strophe (eines Gedichts, eines Liedes)

vísa[2] ‹sw. Vb. II› weisen, verweisen, hinweisen, zeigen; *vísa augum á e-n* jd.en ansehen

vís-dómr ‹m.*a*› **1.** Weisheit, Klugheit **2.** Wissen, Kenntnis

vísi ‹m.*n*› (ℙ) Anführer, Herrscher, Fürst

víss ‹Adj.› **1.** weise, wissend, kundig, klug **2.** gewiß, gesichert; *sér Svalr þá vísan bana sinn* Sval sieht da seinen sicheren Tod **3.** bekannt; *verða víss e-s* etw. gewahr werden

vist ‹f.*i*› **1.** Aufenthalt **2.** Aufenthaltsort, Wohnstätte

víst ‹Adv.› gewiß, sicherlich, tatsächlich; *fyrir víst* fürwahr, zweifelsohne; *verða víst e-s* einer Sache gewiß werden, etw. erfahren

vísu-helmingr ‹m.*a*› :≦5: Strophenhälfte, Halbstrophe **-orð** ‹n.*a*› Verszeile einer Strophe

vit[1] ‹n.*a*› **1.** Verstand, Erkenntnisvermögen, Vernunft **2.** Erkenntnis, Wissen; *hafa eigi vit* keine Ahnung haben **3.** Meinung

vit[2] ‹n.*a*› Besuch; *á vit e-s* zu jd.em, zu etw.; *ganga á vit síns verka* an die Arbeit gehen

vit[3] ‹Pron.› wir beide

vita ‹PP Vb.› **1.** erfahren, kennenlernen **2.** verstehen, kennen, erkennen, wissen; *vita til e-s* etw. begreifen, etw. wissen, von etw. wissen **3.** zu erfahren suchen, sehen, zusehen **4.** weisen, anzeigen **5.** *vitaðr* bekannt, bestimmt

vitja ‹sw. Vb. II› **1.** besuchen, aufsuchen (*e-s*) **2.** einfordern
vitka* ‹sw. Vb. II› *vitkask* (wieder) zur Besinnung kommen, (wieder) zu sich kommen
vit-lauss ‹Adj.› **1.** unverständig, dumm, verrückt; *fóstra mín er nú vitlaus orðin* meine Ziehmutter ist nun verblödet **2.** bewußtlos
vitni ‹n.*ja*› **1.** Zeugnis; *bera vitni (um e-t)* etw. bezeugen **2.** Zeuge
vitnis-burðr ‹m.*i*› Bezeugung, Zeugnis
vitr ‹Adj.› verständig, scharfsinnig, klug, weise
vitra ‹sw. Vb. II› unterrichten, offenlegen, verkünden
vægja ‹sw. Vb. Ib› **1.** den Weg freimachen, ausweichen, zurückweichen, nachgeben; *sjaldan vægir inn verri* selten gibt der Schlechtere nach **2.** mildern, schonen
væn-liga ‹Adv.› **1.** aussichtsreich **2.** schön, gut
vænn ‹Adj.› **1.** zu hoffen, aussichtsreich, hoffnungsvoll, verheißungsvoll, vielversprechend **2.** schön, hübsch, gut
vænta ‹sw. Vb. II› **1.** hoffen, glauben **2.** erwarten, rechnen mit; *vænta sér e-s* sich etw. versprechen
vætr ‹n.› **A.** nichts; *át vætr Freyja átta nóttum* Freyja aß 8 Nächte nichts **B.** ‹Adv.› nicht; *svaf vætr Freyja átta nóttum* Freyja schlief 8 Nächte nicht; ~ *manna* niemand
vætta ‹sw. Vb. II› ⇒ **vænta**
vættki (*vætki*) ‹Pron.› nichts
vættr ‹f.*i*› **1.** Wicht, Geschöpf; *þegi þú, rǫg vættr!* schweig du, schändliches Geschöpf! **2.** übernatürliches Wesen **3.** Ding; *ekki vætta* nichts
vǫðvi ‹m.*wan*› Muskel
vǫllr ‹m.*u*› Ebene, Feld, Wiese, Erdboden, Boden, Platz (insbes. Schlachtfeld, Kampfplatz)
vǫlr ‹m.*u*› ℙ :≦5: Stab, Stock
vǫlundar-hús ‹n.*a*› :≦5: Labyrinth
vǫlundr ‹m.*a*› :≦5: Könner, Meister; *vera vǫlundr at hagleik* ein Meister an Kunstfertigkeit sein
vǫlva ‹f.*wōn*› Seherin, Wahrsagerin, Weissagerin, weise Frau, Zauberin
vǫndr ‹m.*u*› **1.** Zweig, Gerte, Rute, Stock **2.** Streifen
vǫrðr ‹m.*u*› **1.** Wache, Bewachung **2.** Wache, Wächter, Hüter
vǫrn ‹f.*i*› **1.** Verteidigung **2.** Abwehr einer Klage, Einspruch

Y, Ý   271

vǫrnuðr ‹m.*u*› Warnung
vǫxtr ‹m.*u*› **1.** Wuchs, Gestalt **2.** Größe (insbes. Körpergröße) **3.** Zuwachs **4.** Sachlage, Stand der Dinge; *svá er þó mál með vexti, at* die Sache verhält sich aber so, daß

Y, Ý

yðvarr (yðarr) ‹Pron.› euer
yfir ‹Präp.› **A.** (+ Dat.) über   **B.** (+ Akk.) **1.** über   **2.** über – hin(weg), über – hinaus   **C.** ‹Adv.› darüber, hinüber; *flýgr ǫrn yfir* ein Adler fliegt darüber
yfir-bót ‹f.*ō*/k.› Ersatz, Wiedergutmachung, Buße   **-bragð** ‹n.*a*› **1.** Aussehen, Auftreten **2.** Anschein, Vorwand   **-gangr** ‹m.*a*› Anmaßung, Provokation, Übermut, Tyrannei   **-hǫfn** ‹f.*i*› Überbekleidung   **-lit** ‹n.*a*› Aussehen, Erscheinung   **-læti** ‹n.*ja*› **1.** Behandlung **2.** Ansehen   **-maðr** ‹m.*a*/k.› **1.** Anführer, Machthaber, Herrscher **2.** ℙ Held   **-stíga** ‹st. Vb. I› überwinden, bezwingen
yfrinn ‹Adj.› genügend, ausreichend, reichlich
ýgr ‹Adj.› grimmig, böse, schroff
ykkarr ‹Pron.› euer beider, euch beiden gehörig; *systir ykkur heitir Svanhildr* euer beider Schwester heißt Svanhild
ýkva ‹sw. Vb. Ib› ⇒ **víkja**
ýla ‹sw. Vb. Ib› heulen
ylfskr ‹Adj.› ℙ :1: wölfisch, tückisch
ylgr f.*jō* Wölfin
ýmiss ‹Adj.› verschieden, abwechselnd; *þeir hafa ýmsir sigr* sie erringen abwechselnd den Sieg
ymja ‹sw. Vb. Ia› lärmen, schreien, dröhnen, erklingen, rauschen
ymr ‹m.*i*› Laut, Lärm, Krach, Gedröhn
yndi (*ynði*) ‹n.*ja*› **1.** Zufriedenheit, Behagen, Behaglichkeit **2.** Wohnsitz
yppa ‹sw. Vb. Ib› **1.** heben, emporheben **2.** kundmachen
yrkja ‹sw. Vb. Ib› (Prät. *orta*) **1.** wirken, bearbeiten **2.** dichten, verfassen; *því at kann ek yrkja* weil ich zu dichten verstehe **3.** beginnen
yrkjandi ‹m.*n*/k.› Arbeiter
yss ‹m.*i*› Lärm, Tosen, Toben, Aufruhr
ýta ‹sw. Vb. Ib› **1.** (ein Boot) zu Wasser lassen **2.** aussegeln

ýtar ‹m.*a* Pl.› ℙ Menschen
ýtri (*ytri*) ‹Adj. Komp.› äußerer, weiter außen

Þ

þá ‹Adv.› **1.** da, damals, zu dieser Zeit; *þá er* damals, als **2.** da, darauf, dann, danach **3.** *þá – er* dann – wenn; *kom þá til mín er þú ferr aptr* komm dann zu mir, wenn du zurückkehrst
þaðan ‹Adv.› **1.** von dort (aus, her) **2.** von da an, seitdem **3.** *þaðan af* von daher
þagna ‹sw. Vb. II› still werden, verstummen, schweigen
þak ‹n.*a*› Dach; *undir þaki* unter einem Dach
þakka ‹sw. Vb. II› danken
þakk-samliga ‹Adv. › dankbar
þangat ‹Adv.› dorthin, dort; *þangat til* bis zu der Zeit, bis dahin
þannig (*þannug*) ‹Adv.› **1.** dorthin, dort **2.** derart, so
þar ‹Adv.› dort, dorthin; *þar er*, *þar sem* dort(hin) – wo; ~ *af* davon, daher; ~ *fyrir* dafür; ~ *með* damit, (noch) dazu; ~ *til* dorthin, bis dahin, (noch) dazu
þarmr ‹m.*a*› Darm, (Pl.) Gedärme
þarna ‹Adv.› dort
þat (n. zu *sá*) ‹Pron.› **A.** das; *þat ok með* (das) außerdem **B.** ‹Adv.› so, derart; *þat – þat* einmal so – dann so
þáttr ‹m.*u*› **1.** Strang (eines Seils) **2.** ℙ Zweig (einer Familie) **3.** Teil, Abschnitt eines Textes **4.** Kurzerzählung
þegar A. ‹Adv.› sofort, gleich **B.** ‹Konj.› sobald, sofort – wenn
þegja ‹sw. Vb. III› schweigen, still sein
þegn ‹m.*a*› **1.** (freier) Mann **2.** ℙ Krieger **3.** Gefolgsmann
þekja[1] ‹f.*jōn*› Dach
þekja[2] ‹sw. Vb. Ia› decken, bedecken; *hon er þǫkt lýsigulli* sie ist mit hellem Gold bedeckt
þekkja ‹sw. Vb. Ib› **1.** entdecken, bemerken, wahrnehmen **2.** erkennen, verstehen
þeli ‹m.*n*› Bodenfrost
þenja ‹sw. Vb. Ia› dehnen, strecken, spannen

þengill ‹m.*a*› Herrscher, Fürst

þér ‹Pron.› ⇒ **ér**

þerna¹ ‹f.*ōn*› 'Dirne', Dienstmädchen

þerna² ‹f.*ōn*› :≦5: Mangel

þerra ‹f.*ōn*› Handtuch

þess (Gen. zu *sjá*, *þat*) ‹Pron.› **1.** derart, so **2.** *þess þó, at* doch so, daß

þessi, þetta ‹Pron.› → **sjá**

þess-konar ‹Adj. indekl.›, **þess-kyns** ‹Adj. indekl.› von dieser Art, derartig, solch

þiggja ‹st. Vb. V,2› **1.** bekommen, erhalten; *þiggja undan* die Freiheit erlangen **2.** annehmen, akzeptieren; ~ *boð* eine Einladung annehmen **3.** ℙ sich jd.es annehmen

þikkja ‹sw. Vb. Ib› ⇒ **þykkja**

þili ‹n.*ja*› **1.** Holz-, Bretterwand **2.** Fußboden

þilja ‹f.*jōn*› Deckplanke, (Pl.) Deck

þing ‹n.*a*› **1.** Thing, öffentliche (Rechts-)Versammlung **2.** Treffen, Zusammenkunft

þing-boð ‹n.*a*› Thingankündigung **-ferð** ‹f.*i*› Fahrt zum Thing **-lok** ‹n.*a* Pl.› Ausgang des Things, Ende des Things **-maðr** ‹m.*a*/k.› **1.** Thingteilnehmer **2.** Angehöriger des Thingverbands **-stefna** ‹f.*jōn*› Einberufung einer Thingversammlung **-vǫllr** ‹m.*u*› Thingebene, Ort der Versammlung

þingat ‹Adv.› ⇒ **þangat**

þinig ‹Adv.› ℙ **1.** hierher **2.** dorthin

þinn ‹Pron.› dein; *illmenni þitt* du Schuft

þit ‹Pron.› ⇒ **it**

þjá ‹sw. Vb. III› **1.** knechten, versklaven **2.** quälen, plagen

þjó ‹n.*a*› Arschbacke, (Pl.) Arsch, Gesäß

þjóð ‹f.*i*› Volk, Völkerschaft, Leute

þjóðann ‹m.*a*› König

þjóð-konungr ‹m.*a*› Großkönig **-kunnr** ‹Adj.› ℙ :1: allgemein bekannt **-leið** ‹f.*i*› Hauptverkehrsweg, stark befahrene (See-)Route **-lǫð** ‹f.*ō*› ℙ :1: freundliche Einladung **-skáld** ‹n.*a*› berühmter Dichter

þjófr ‹m.*a*› Dieb

þjóna ‹sw. Vb. II› dienen
þjónn ‹m.a› Diener, Knecht
þjónusta ‹f.ōn› Dienst, Bedienung
þjónustu-maðr ‹m.a/k.› Dienstmann, Vasall, Diener, Untertane
þó A. ‹Adv.› doch, aber, dennoch, außerdem; *ok þó* und dazu, und zwar; *en þó* übrigens B. ‹Konj.› *þó at* = *þótt* obwohl, obgleich, wenn auch, selbst wenn, wenn; *þó at þit bǫrn konungs* wenn ihr beide auch die Kinder des Königs seid
þoka¹ ‹f.ōn› Nebel
þoka² ‹sw. Vb. II› 1. bewegen, wegrücken (*e-u*) 2. sich bewegen
þola ‹sw. Vb. III› 1. dulden 2. erleiden; *þola (e-m) her* einen Überfall (durch jd.en) erleiden 3. aushalten, ertragen
þora ‹sw. Vb. III› wagen, sich trauen
þorn ‹m.a› 1. Dorn, Nadel; *þorna þorn* (Dorn der Dorne ≙) Mann 2. Dornbusch, Baum
þorp ‹n.a› 1. Hausgruppe, Weiler, Dorf 2. ℙ :1: freie Fläche (kahler Hügel?) 3. Gruppe
þórs-dagr ‹m.a› Donnerstag
þótt (*þó at*) ‹Konj.› → þó
þrá¹ ‹f.ō› Sehnsucht, Verlangen
þrá² ‹n.a› Entschlossenheit, Beharrlichkeit, Hartnäckigkeit, Trotz
þrá³ (*þreyja*) ‹sw. Vb. Ia› sich sehnen
þraut ‹f.ō› (Kraft-)Anstrengung, Gewaltanwendung, Mühe; *berjask til þrautar* bis zur Entscheidung kämpfen
þref-tǫnn ‹f.ō/k.› Reißzahn
þrek-leysi ‹n.ja› Kraftlosigkeit
þrekr ‹m.a› (Mannes-)Mut, Courage, Mumm
þrek-virki ‹n.ja› Großtat, Heldentat
þrennr ‹Num.› 1. dreifach 2. dreierlei, (Pl.) drei; *þrennir konungar* drei Könige
þrettán ‹Num.› dreizehn
þrettándi ‹Num.› dreizehnter
þré-vetr ‹Adj.› drei Jahre ('Winter') alt, dreijährig
þreyja ‹sw. Vb. Ia› ⇒ þrá³

þreyta ‹sw. Vb. Ib› sich anstrengen, energisch betreiben, alle Kraft einsetzen, auskämpfen; *þreyta við e-n* mit jd.em eine Auseinandersetzung haben; *~ lǫg um e-t* ein Urteil in einer Sache anstreben

þriði ‹Num.› dritter

þriðjungr ‹m.*a*› ⅓, Drittel; *þverðu þeir þrótt sínn at þriðjungi* sie verminderten ihre Stärke um ein Drittel

þrífa ‹st. Vb. I› greifen, fassen

þrifinn ‹Adj.› eifrig, fleißig

þrí-merkingr ‹m.*a*› ℙ :1: 'Dreimärker', ein drei Mark (ca. 640 g) wiegender Ring   **-nættr** ‹Adj.› drei Tage ('Nächte') alt

þrír (m.; *þrjár* f., *þrjú* n.) ‹Num.› drei

þriskja (*þryskva*) ‹sw. Vb. Ib› dreschen

þrí-tugr ‹Adj.› dreißig (zählend)

þrjóta ‹st. Vb. II,1› **1.** (unpersönl.) *þrýtr e-n* mit jd.em geht es zu Ende; *þrýtr e-t* etw. endet; *þrýtr e-n e-t* jd.em geht etw. aus   **2.** *þrotinn* am Ende seiend, geschwunden

þroska-maðr ‹m.*a*/k.› tüchtiger Mann

þroski ‹m.*n*› **1.** Reife, Kraft, männliche Tüchtigkeit; *vera bráðgjǫrr á allan* rasch all seine Anlagen entfalten **2.** Wohlergehen

þroskr ‹Adj.› stark, kräftig, tüchtig

þróttr ‹m.*a*› Kraft, Schlagkraft, Stärke, Tapferkeit

þruma ‹f.*ōn*› Donner(schlag), Krach

þrútna ‹Vb.*ōn*› schwellen, anschwellen, sich vergrößern

þrymja ‹sw. Vb. Ia› donnern, dröhnen, krachen

þrymr ‹m.*i*› Lärm, Krach

þryngva ‹st. Vb. IIIa,2› **1.** sich drängen **2.** drängen, drücken, pressen **3.** *þrunginn* (Part. II) ℙ (gedrängt) voll, erfüllt, durchsetzt; (unpersönl.) *ykkr er þrungit eptir* ihr seid 'hinterhergedrückt' (= zurückgedrängt?, beiseitegeschoben?, degeneriert?)

þryskva ‹sw. Vb. Ib› ⇒ **þriskja**

þræll ‹n.*a*› Unfreier, Knecht, Sklave, Bediensteter

þræta ‹f.*ōn*› **1.** Widerspruch **2.** Streit, Zank, Auseinandersetzung

þrǫng ‹f.*wō*› **1.** enge Stelle **2.** Bedrängnis **3.** Gedränge, Getümmel

þrǫngr ‹Adj.› **1.** eng, schmal **2.** bedrängend, drückend, belastend **3.** gedrängt, dicht zusammen

þröngva (*þröngja*) ‹sw. Vb. Ib› **1.** drängen, drücken, pressen; *þröngvask* sich drängen **2.** bedrängen; *þröngva e-m til e-s* jdn. en zu etw. zwingen

þú ‹Pron.› du

þungi ‹m.*n*› **1.** Last, (Schiffs-)Ladung **2.** Beschwernis

þungr ‹Adj.› **1.** schwer, gewichtig **2.** beschwerlich, schwierig **3.** schwer erträglich

þurör ‹m.*i*› Reduktion, Abnahme, Schwund

þurfa ‹PP Vb.› **1.** bedürfen, brauchen, nötig haben (*e-s (við)* und *e-t*); *ekki þurfti at* es wäre nicht erforderlich, daß **2.** *þurfa at* (+ Inf.) brauchen, müssen

þurft ‹f.*i*› **1.** Bedürfnis, Bedarf, Verlangen **2.** Notdurft

þurftugr ‹Adj.› bedürftig, notleidend

þurr ‹Adj.› dürr, trocken

þurs ‹m.*a*› Thurse, Riese

þusl ‹f.*ō*› :1: Knüppel

þús-hundrað ‹n.*a*› ⇒ **þúsund**

þúsund ‹f.*i*› ein (Groß-)Tausend (1200; später 1000)

þvá ‹st. Vb. VI,2› waschen

þvengr ‹m.*i*› Riemen, Band

þverr ‹Adj.› **1.** quer **2.** abgeneigt

þverra[1] ‹st. Vb. IIIb,2› schwinden, abnehmen, schrumpfen, vergehen

þverra[2] ‹sw. Vb. Ib› schwinden lassen, vermindern

þver-tré ‹n.*a*› Querbalken -**þili** ‹n.*ja*› Querwand

því (Dat. zu *þat*) ‹Pron.› **A.** *í því* in dem(selben) Moment; *því næst* demnächst, gleich darauf **B.** ‹Adv.› **1.** deshalb, deswegen; *því at*, *fyrir því at*, *með því at* (deshalb) weil, denn **2.** derart, so

því-líkr (-*glíkr*) ‹Adj.› derartiger, solcher

þý ‹f.*jō*› unfreie Frau, Sklavin, Magd

þý-borinn ‹Adj.› von einer Sklavin geboren

þýða ‹sw. Vb. Ib› **1.** deuten, interpretieren, auslegen **2.** bedeuten, meinen; *hafa ekki at þýða* nichts zu bedeuten haben

þýðverska ‹f.*ōn*› nach deutscher Art, auf deutsche Weise

þýðverskr ‹Adj.› deutsch

þykkja[1] ‹f.*jōn*› **1.** Meinung, Standpunkt **2.** Ablehnung, Mißfallen

þykkja² ‹sw. Vb. Ib› **1.** dünken, scheinen, (ver)meinen, glauben, halten für; *þykki(r) mér = þykkjumk* mir scheint; *e-m þykkir e-t vel* jd.em gefällt etw.; *e-m þykkir e-t mikit* etw. macht großen Eindruck auf jd.en; *þat þykki mér at* das mißfällt mir; *þykkja glíkligr* erwarten **2.** *þykkjask* sich dünken, (von sich) glauben; *þóttisk hann rísta rúnar* er bildete sich ein, Runen zu ritzen

þykkr ‹Adj. (*wa*)› **1.** dick, massig **2.** dicht

þylja ‹sw. Vb. Ia› vortragen, vor sich hinsagen, murmeln; *hann fór opt frá ǫðrum mǫnnum einn saman ok þulði* er ging oft für sich allein umher und redete vor sich hin

þyngja ‹sw. Vb. Ia› schwierig machen, erschweren, komplizieren, verschlechtern; *þyngjask* schwierig werden, sich verschlechtern

þyrja ‹sw. Vb. Ia› ℙ laufen, traben

þyrma ‹sw. Vb. Ib› **1.** schonen, unverletzt lassen **2.** achten, verehren

þyrnir ‹m.*ja*› **1.** Dorn **2.** Dorngebüsch

þys-hǫll ‹f.*ō*› ℙ :1: 'Tumulthalle', Halle, in der es laut zugeht

þysja ‹sw. Vb. Ia› vordringen, vorstürzen

þyss ‹m.*i*› Lärm, Krach, Krawall, Tumult, Aufruhr

þýverskr, þýzkr ‹Adj.› ⇒ **þýðverskr**

þýzka ‹f.*ōn*› :2: die deutsche Sprache; *á þýzku* auf Deutsch

þǫgn ‹f.*i*› Schweigen

þǫkk ‹f.*i*› **1.** Dank **2.** Zustimmung, Beifall, Gefallen

þǫll ‹f.*ō*› ℙ Föhre, Kiefer

þǫrf ‹f.*ō*› **1.** Bedarf, Bedürfnis, Drang; *þá er þǫrf verðr* wenn Bedarf entsteht, wenn es notwendig wird **2.** Notdurft

Æ

æ ‹Adv.› **1.** 'ewig', immer, stets, auf immer **2.** jedenfalls

æðr ‹f.*jō*› Ader

æfi ‹f.*īn*› ⇒ **ævi**

æja ‹sw. Vb. Ia› (Prät. *áða*) weiden lassen, grasen lassen (von Pferden)

ær (*á*) ‹f.*ō*/k.› weibliches Schaf, Mutterschaf

ærtog ‹f.*ō*› ⇒ **ørtog**

æsta ‹sw. Vb. Ib› wünschen, begehren, fordern, verlangen (*e-s*)

ætla ‹sw. Vb. II› **1.** meinen, glauben, denken, halten für **2.** erwarten, annehmen; *ætla til e-s* mit etw. rechnen **3.** beabsichtigen, planen, vorhaben, wollen; ~ *sér* sich vornehmen; *búð svá sé til ætlat, at* vielleicht ist es so bestimmt, daß **4.** bestimmen, beschließen; *ætla e-n til e-s* jd.en zu etw. bestimmen, jd.en zu etw. ausersehen

ætlun (*ætlan*) ‹f.ō› **1.** Meinung, Annahme **2.** Absicht, Plan, Vorhaben **3.** Bestimmung

ætt ‹f.i› Familie, Geschlecht, Sippe; *hann spurði hverrar ættar hon væri* er fragte, welcher Abstammung sie sei

ættaðr ‹Adj.› abstammend

æva ‹Adv.›, **æva-gi** ‹Adv.› nie, niemals, durchaus nicht

ævi (*æfi*) ‹f.īn› **1.** Zeit, Zeitalter, Epoche; *þeir trúðu langa ævi, at* sie glaubten lange Zeit, daß **2.** Lebenszeit, Lebtag, Leben

ævintýr ‹n.*a*› **1.** Vorhaben, Tun **2.** Ereignis, Erlebnis **3.** Bericht, Erzählung **4.** Schicksal, Geschick

Ø

øðli ‹n.*ja*› ⇒ **eðli**

øfri (*efri*) ‹Adj. Komp.› oberer, höherer; *inn øfra hlut dags* im späteren Teil des Tages, gegen Abend; *øfstr* (*efstr*) oberster, höchster, letzter

øngi ‹Pron.› ⇒ **engi**

ørendi (*ørindi, erendi, erindi*) ‹n.*ja*› **1.** Botschaft **2.** Auftrag, Anliegen **3.** Strophe (eines Gedichts)

ørend-reki (*ørind-, erend-*) ‹n.*ja*› Bote

ør-endr ‹Adj.› leblos, tot   **-grandr** ‹Adj.› ℙ :1: ohne Fehler, makellos

ør-lǫg ‹n.*a* Pl.› **1.** Schicksal, Bestimmung **2.** Lebensweg, Verlauf des Lebens

ørtog (*ørtug, ertog, ærtig*) ‹f.ō› **1.** eine Gewichtseinheit (ca. 8,9 g; = $\frac{1}{24}$ *mǫrk*, $\frac{1}{3}$ *eyrir*) **2.** eine Werteinheit (Umrechnung s. vorhin, ferner = 10 *penningar*)

ør-uggr ‹Adj.› **1.** entschlossen, furchtlos **2.** sicher, treu, zuverlässig **3.** sicher, gesichert, gefahrlos   **-viti** ‹Adj.› **1.** besinnungslos, bewußtlos **2.** außer sich seiend, rasend   **-vænn** ‹Adj.› nicht zu hoffen, aussichtslos, unrealistisch, undenkbar; *enskis er ørvænt* nichts ist undenkbar, ausgeschlossen ('alles ist möglich'); *hann lét ørvænt, at* er sagte, es sei nicht zu erwarten, daß   **-œfi** ‹n.*ja*› **1.** hafenlose Küste **2.** Wildnis

øx ‹f.jō› Axt
øxna-verð (*uxa-*) ‹n.a› :≦5: Ochsenwert, Preis von Ochsen

Œ
œði[1] ‹f.īn› **1.** Wut, Zorn, Raserei **2.** ℙ Wissen, Verstand
œði[2] ‹n.ja› Art, Wesen, Gesinnung; *þú ert við mitt œði* du paßt zu mir
œðri ‹Adj. Komp.› **1.** besser, vortrefflicher, tüchtiger **2.** ranghöher, vornehmer; *tólf hofgoðar váru œztir* zwölf 'Hofgoden' waren die obersten
œfr ‹Adj.› aufgebracht, erregt, hitzig
œgja ‹sw. Vb. Ib› erschrecken, Furcht einjagen, drohen (*e-m*)
œpa ‹sw. Vb. Ib› rufen, brüllen; *œpa á e-n* jd.en anschreien; ~ *upp* aufschreien
œri ‹Adj. Komp.› jünger
œrinn ‹Adj.› genügend, ausreichend, reichlich
œrr ‹Adj.› irre, verrückt, wahnsinnig
œskja ‹sw. Vb. Ib› wünschen

Ǫ
ǫðla* ‹sw. Vb. II› *ǫðlask* bekommen, erhalten, erlangen, gewinnen
ǫðlingr ‹m.a› Herrscher, Fürst, König
ǫðru-vís ‹Adv.› auf andere Weise, anders; *ef ǫðruvís er* andernfalls
ǫflugr ‹Adj.› **1.** stark, kräftig **2.** ℙ mächtig
ǫfugr ‹Adj.› **1.** verkehrt, umgekehrt, rückwärts **2.** unfreundlich, feindselig
ǫfunda ‹sw. Vb. II› beneiden, eifersüchtig sein
ǫgurr ‹m.a› ℙ :1: Penis?, Schambeinfuge?
ǫkla (*ǫkkla*) ‹n.n› Enkel(knochen), Fußknöchel
ǫl ‹n.wa› **1.** Bier **2.** das Trinken von Bier, Umtrunk, Trinkgelage
ǫld ‹f.i› **1.** Zeitraum, Zeitalter, Menschenalter **2.** ℙ Menschheit, Welt, (Pl. *aldir*) Menschen
ǫldungr ‹m.a› **1.** älterer, angesehener Mann, Held **2.** (ausgewachsener) Stier
ǫl-krás ‹f.i› ℙ :2: 'Bierschmankerl', zum Bier gereichter Leckerbissen
ǫln ‹f.ō› ⇒ **alin**

ǫln-bogi ‹m.*n*› Ellbogen -bogabót ‹f.*ō*/k.› Armbeuge
ǫlpt ‹f.*i*/k.› ℙ :≦5: Schwan
ǫl-reifr ‹Adj.› ℙ :2: (vom Bier) angeheitert -siðr ‹m.*u*› :≦5: 'Biersitte', Gepflogenheit beim (Bier-)Gelage -skál ‹f.*i/ō*› ℙ :≦5: Bierschale -teiti ‹f.*īn*› heitere Unterhaltung beim (Bier-)Gelage
ǫmbun ‹f.*i*› Lohn, Vergeltung
ǫmbuna ‹sw. Vb. II› lohnen, vergelten
ǫnd ‹f.*i*› **1.** Atem **2.** Besinnung, Geist, Seele **3.** Leben
ǫnd-vegi (*ǫndugi*) ‹n.*ja*› Hochsitz, Ehrenplatz in der Mitte der Längsbank
ǫnd-vegismaðr ‹m.*a*/k.› Mann auf dem Ehrenplatz, erster Mann des Königs
ǫnd-verðr (*ǫndurðr*) ‹Adj.› **1.** zugewandt, vorne **2.** zuerst, ursprünglich, anfänglich
ǫngull ‹m.*a*› Angelhaken
ǫr ‹f.*wō*› Pfeil
ǫrk ‹f.*ō*/k.› (Gen. *arkar, erkr*) Kiste, Truhe
ǫrn ‹m.*u*› Adler; *rísta e-m blóðgan ǫrn (á baki)* jd.em den 'Blutadler' (in den Rücken) schneiden (eine Hinrichtungsart)
ǫrvar-oddr ‹m.*a*› Pfeilspitze
ǫrr ‹Adj.› **1.** bereit, rasch, schnell **2.** bereit zu geben, freigebig, großzügig
ǫsp ‹f.*i*› ℙ :2: Espe
ǫxl ‹f.*i*› Achsel, Schulter

Wörterverzeichnis II: Namen

Im folgenden Namenverzeichnis wird nach folgenden Rubriken unterschieden:
1. Anthroponyme I: Individualnamen (Personen- und Götternamen); 2. Anthroponyme II: Kollektivnamen (Familien-, Geschlechter- und Völkernamen); 3. 'Bionyme' (Tier- und Pflanzennamen); 4. Toponyme (geographische Namen: Siedlungen, Räume, Gewässer, Berge); 5. Ergonyme (Sachnamen). – Wo vorhanden, sind deutsche Entsprechungen angegeben (z.B. **Dan-mǫrk** ‹f.ō/k.› Dänemark), nach Schrägstrich stehen Erläuterungen (z.B. **Bjartey** ‹f.jō› / Frau Geirs). – Mit Ⓜ sind Namen aus der mythologischen Überlieferung gekennzeichnet.

1. Anthroponyme I: Individualnamen (Namen von Menschen, Gottheiten und anderen mythischen Gestalten)

Álf-hildr ‹f.jō› / Großmutter Starkads
Agni ‹m.n› / *Skjálfarbóndi*, König in Uppsala
Al-rekr ‹m.a› / König in Uppsala
Angan-týr ‹m.(w)a› / Berserker, Gegner Hjalmars
Arnórr ‹m.a› / Nebenfigur in der *Gísla saga*
Artus (*Artús*?) ‹m. (indekl.)› Artus / Sagenkönig
Ás-brandr ‹m.a› / Gegner Gunnars 2.
Atli ‹m.n› / Sagenkönig, zweiter Mann Gudruns
Auði ‹m.n› / sagenhafter König
Auðr ‹f.jō› / Frau Gislis
Auðun ‹m.i› / Gefolgsmann Rögnvalds
Baldr ‹m.a› (Gen. -*rs*) Balder / Gott, Sohn Odins Ⓜ
Beli ‹m.jan› / Riese Ⓜ
Bil ‹f.ō› / Göttin Ⓜ; *Bil Fróða meldrs* (Bil des [Mehls Frodis ≙] Goldes ≙) Frau
Bjart-ey ‹f.jō› / Frau Geirs
Buðli ‹m.n› / Sagenkönig, Vater Atlis und Brynhilds
Býleistr (-*leiptr*) ‹m.a› / Bruder Lokis Ⓜ
Bǫð-vildr ‹f.jō› / Tochter Niduds
Ead-mundr (*Ját-*) ‹m.a› / ostanglischer König

Egill ‹m.a› / Meisterschütze, Bruder Völunds
Ei-lífr ‹m.a› / Ǫnundarson, Gegner Gunnars 2.
Ei-rekr ‹m.a› / König in Uppsala
Ei-ríkr ‹m.a› / **1.** rauði, Landnehmer in Grönland **2.** Hákonarson, norwegischer Jarl
Endill ‹m.a› / sagenhafter Seekönig
Erex ‹m. (indekl.)› Erek / Artusritter
Erlingr ‹m.a› / Gefolgsmann Rögnvalds
Ermin-gerðr ‹f.jō› Ermengarde / Regentin in Narbonne
Erpr ‹m.a› / Halbbruder von Hamdir und Sörli
Evida ‹f. (indekl.)› Enite / Frau Erex'
Ey-steinn ‹m.a› / orri, Gefolgsmann Haralds 1.
Fitjungr ‹m.a› / reicher Bauer Ⓜ
Fjǫrnir ‹m.ja› / Diener Gunnars 2.
Fjǫrgyn ‹f.jō› / Aliasname Jörds (Mutter Thors) Ⓜ
Fogl-hildr ‹f.jō› / Aliasname Svanhilds ('Vogelhild')
Freyja ‹f.jōn› / Göttin, Schwester des Freyr Ⓜ
Freyr ‹m.ja› / Gott, Bruder der Freyja Ⓜ
Frigg ‹f.jō› / Göttin, Frau Odins Ⓜ
Fróði ‹m.n› / Sagenkönig; Fróða meldr (Mehl des Frodi ≙) Gold
Fulla (Fylla) ‹f.ōn› / Göttin (bzw. Dienerin der Freyja) Ⓜ; Fulla halla (Fulla der Steine ≙) Frau
Gangleri ‹m.n› / Aliasname Gylfis Ⓜ
Geirr ‹m.a› / (góði), Gegner Gunnars 2.
Germanus ‹m.› / Vater Ermingerds
Gestr ‹m.i› / Oddleifsson, Weiser
Gísli ‹m.n› / Súrsson, Protagonist der Gísla saga
Gizurr ‹m.a› / (inn) hvíti Teitsson, Christ, Gegner Gunnars 2.
Gothormr ‹m.a› / Bruder Gunnars 1. und Högnis
Gretta ‹f.ōn› / Märchengestalt
Guð-rún ‹f.ō› / Schwester Gunnars 1. und Högnis; Frau von Sigurd, Atli und Jonakr
Gunnarr ‹m.a› / **1.** Sagenkönig (Bruder Högnis und Gudruns) **2.** Sagaheld (Freund Njals)

Namen 283

Gunnr (*Guðr*) ‹f.jō› / Walküre Ⓜ; *hlaðs bið-Gunnr* (nach dem Schmuckband verlangende Gunn ≙) Frau
Gylfi ‹m.a› / schwedischer König Ⓜ
Hákon ‹m.a› / *Aðalsteinsfóstri*, norwegischer König
Hall-dórr ‹m.a› / *Snorrason*, Kampfgefährte Haralds 1.
Hall-gerð ‹f.ō› / Frau Gunnars 2.
Hallr ‹m.a› / *Þorsteinsson á Síðu*, Isländer zur Bekehrungszeit
Hall-veig ‹f.ō› / *Fróðadóttir*, Frau Ingolfs
Hamðir ‹m.ja› / Sagenheld, Bruder Sörlis
Hannes ‹m.a› / Märchengestalt
Hár (*Hárr*) ‹m.wa› / König in Asgard Ⓜ
Har-aldr ‹m.a› / 1. *harðráði Sigurðarson*, norwegischer König 2. *Guðinason*, englischer König
Hávi ‹m.n› / Aliasname Odins ('der Hohe') Ⓜ
Heim-dalr (*-dallr*) ‹m.a› (Gen. *-dal(l)ar, -dalls*) / Gott Ⓜ
Hel ‹f.jō› / Totengöttin Ⓜ
Her-gautr ‹m.a› / Aliasname Odins Ⓜ; *Hergauts vina* (Odins Geliebte ≙) Erde
Her-móðr ‹m.a› / *inn hvati*, Gott, Sohn Odins Ⓜ
Her-vǫr ‹f.ō› / *alvitr*, Walküre, Frau Völunds
Hildr ‹f.jō› / Walküre Ⓜ; *Hildr valteigs* (Hild des [Falkenlandes ≙] Arms ≙) Frau
Hjalli ‹m.n› / Diener Atlis
Hjálmarr ‹m.a› / Sagenheld
Hjalti ‹m.n› / *Skeggjason*, Isländer zur Bekehrungszeit, Christ
Hlað-guðr ‹f.jō› / *svanhvít*, Walküre, Frau des Slagfiðr
Hlín ‹f.ō› / Aliasname Friggs Ⓜ
Hlóðyn (*Hlǫð-*) ‹f.jō› / Aliasname Jörds (Mutter Thors) Ⓜ
Hlǫkk ‹f.ō› / Walküre Ⓜ; *Hlakkar íss* (Hlökks Eis ≙) Schwert
Hróaldr ‹m.a› / Sohn Geirs
Hross-hárs-grani ‹m.n› / Aliasname Odins ('Roßhaarschnurrbart')
Hrymr ‹m.i› / Riese Ⓜ
Hveðrungr ‹m.a› / Aliasname Lokis Ⓜ
Hyrrokkin ‹f.ō› / Riesin Ⓜ

Hǫðr ‹m.*u*› / Gott, blinder Sohn Odins Ⓜ
Hǫgni ‹m.*n*› / Bruder Gunnars 1.
Ilax ‹m. (indekl.)› / Vater Erex'
Ingi-bjǫrg ‹f.*ō*› / schwedische Königstochter, Geliebte Hjalmars
Ing-ólfr ‹m.*a*› / *Arnarson*, Entdecker Islands
Jónakr ‹m.*a*› (Gen. *-rs*) / Sagenkönig, dritter Mann Gudruns
Jǫrmun-rekkr ‹m.*a*› / Sagenkönig
Karls-efni ‹n.*ja*› / Anführer einer Vinland-Expedition
Ketill ‹m.*a*› / *Garða-Ketill*, isländischer Kampfgefährte Yngvars
Kjárr ‹m.*a*› / Sagenherrscher (~ lat. *Caesar*)
Kne-frøðr ‹m.*u*› / Bote Atlis
Leifi ‹m.*n*› / sagenhafter Seekönig; *lǫnd Leifa* (Länder Leifis ≙) Meer
Leifr ‹m.*a*› / Sohn Eiriks des Roten
Líf ‹f.*ō*› / Ahnin des neuen Menschengeschlechts Ⓜ
Líf-þrasir (*Leif-*) ‹m.*ja*› Ahne des neuen Menschengeschlechts Ⓜ
Litr ‹m.*a*› / Zwerg Ⓜ
Loki ‹m.*n*› / *Laufeyjarson*, Gott Ⓜ
Magni ‹m.*n*› / Gott, Sohn Thors Ⓜ
Maúmet ‹m.› Mohammed / Prophet des Islam
Mímir ‹m.*ja*›, **Mímr** ‹m.*a*› / Weiser (Gott?, Riese?) Ⓜ
Móð-guðr ‹f.*jō*› / Brückenwächterin im Jenseits Ⓜ
Móði ‹m.*n*› / Gott Ⓜ
Muspellr (*-spell*) ‹m.?/n.?› / Riese (und/oder Feuerwelt) Ⓜ
Mǫrðr ‹m.*u*› / Gegner Gunnars 2.
Nanna ‹f.*ōn*› / Göttin, Frau Balders Ⓜ
Níðuðr ‹m.*u*› / Sagenkönig, Gegner Völunds
Njáll ‹m.*a*› / Protagonist der *Njáls saga*, Freund Gunnars 2.
Óðinn ‹m.*a*› Odin / Gott Ⓜ
Oddr ‹m.*a*› / *Ǫrvar-Oddr*, Kampfgefährte Hjalmars
Óðr ‹m.*u*› / Gott Ⓜ
Ólafr (älter *Óláfr*) ‹m.*a*› Olaf / **1.** *Tryggvason*, norwegischer König **2.** *skǫtkonungr* (auch *inn sænski*) *Eiríksson*, schwedischer König **3.** *digri* (später: *inn helgi*) *Haraldsson*, norwegischer König

Namen 285

Rand-vér ⟨m.*a*⟩ / Sohn Jörmunrekks
Rann-veig ⟨f.*ō*⟩ / Mutter Gunnars 2.
Rær ⟨m.*a*⟩ / sagenhafter Seekönig; *reið Ræs* (Wagen des Rär ≙) Schiff
Rǫgn-valdr ⟨m.*a*⟩ / Jarl der Orkaden
Sif ⟨f.*jō*⟩ / Göttin, Thors Frau Ⓜ
Sig-fǫðr ⟨m.*r*⟩ / Aliasname Odins ('Siegvater') Ⓜ
Sig-týr ⟨m.*wa*⟩ / Aliasname Odins ('Sieggott') Ⓜ
Sigurðr ⟨m.*u*⟩ / Sagenheld, erster Mann Gudruns
Silkisif ⟨f.*ō*⟩ / Königin in Rußland
Sindri ⟨m.*n*⟩ / Zwerg Ⓜ
Skírnir ⟨m.*ja*⟩ / Diener des Freyr Ⓜ
Skjálf ⟨f.*ō*⟩ / Königin in Uppsala
Slag-fiðr ⟨m.*a*⟩ / Bruder Völunds
Sóti ⟨m.*n*⟩ / Kampfgefährte Hjalmars
Starkaðr ⟨m.*u*⟩ / Sagenheld, Gefolgsmann Vikars
Stór-virkr ⟨m.*a*⟩ / Vater Starkads
Surtr ⟨m.*a*⟩ / Feuerriese Ⓜ
Svan-hildr ⟨f.*jō*⟩ / Tochter Gudruns, Frau Jörmunrekks
Sveinn ⟨m.*a*⟩ Sven (Gabelbart) / *tjúguskegg Haraldsson*, dänischer König
Sæ-mundr ⟨m.*a*⟩ / *inn fróði Sigfússon*, Gelehrter, Autor, Informant Aris
Sǫrli ⟨m.*n*⟩ / Sagenheld, Bruder des Hamdir
Teitr ⟨m.*a*⟩ / *Ísleifsson*, Informant Aris, Enkel Gizurs
Tósti ⟨m.*n*⟩ / Verbündeter Haralds 1.
Týr ⟨m.*a*⟩ / Gott Ⓜ
Tyrkir ⟨m.*ja*⟩ / Teilnehmer an einer Vinland-Expedition
Ullr ⟨m.*u*⟩ / Gott Ⓜ
Unnr (*Uðr*) ⟨f.*i*⟩ / Göttin, eine der neun Töchter des Ägir Ⓜ
Val-fǫðr ⟨m.*r*⟩ / Aliasname Odins ('Walvater') Ⓜ
Váli ⟨m.*n*⟩ / Gott, Sohn Odins Ⓜ
Valvén ⟨m.*a*⟩ Gawein / Artusritter, Neffe des Königs
Vésteinn ⟨m.*a*⟩ / Schwager Gislis
Víðarr ⟨m.*a*⟩ / Gott, Sohn Odins Ⓜ

Viðurr ‹m.a› / Aliasname Odins Ⓜ; *reið-Viðurr iǫrmungrundar Endils* (Schiff-Vidur ≙) Seekrieger
Víkarr ‹m.a› / norwegischer Sagenkönig
Vingnir ‹m.ja› / Gott, Aliasname Thors Ⓜ
Vǫlundr ‹m.a› / sagenhafter Meisterschmied
Ymir ‹m.ja› / Urriese
Yng-varr ‹m.a› / *víðfǫrla*, Sagaheld
Þak-ráðr (**Þakk-*) ‹m.a› / Diener Niduds
Þang-brandr ‹m.a› / Missionar auf Island
Þjóð-hildr ‹f.jō› / Frau Eiriks des Roten
Þor-brandr ‹m.a› / *Þorleiksson*, Gegner Gunnars 2.
Þórðr ‹m.a› / *inn huglausi*, Knecht Gislis
Þor-geirr ‹m.a› / **1.** *Starkaðarson*, Gegner Gunnars 2. **2.** *Þorkelsson*, *lǫgsǫgumaðr*
Þor-grímr ‹m.a› / **1.** *austmaðr*, Gegner Gunnars 2. **2.** Schwager Gislis
Þor-kell ‹m.a› / **1.** *elfaraskáld*, Skalde **2.** *inn auðgi*, Nachbar der Surssöhne **3.** *Súrsson*, Bruder Gislis
Þor-móðr ‹m.a› / Priester
Þórr ‹m.a› Thor / Gott, Sohn Odins Ⓜ
Þor-steinn ‹m.a› / Sohn Eiriks des Roten
Þor-valdr ‹m.a› / **1.** Sohn Eiriks des Roten **2.** Bruder der Bjartey
Þrúðr ‹f.jō› / Göttin (Tochter Thors) Ⓜ; *Þrúðr dolga* (Thrud der Kämpfe ≙) Hild
Þǫkk ‹f.i› / Riesin (i.e. Loki) Ⓜ
Ǫl-rún ‹f.ō› / Walküre, Frau Egills

2. Anthroponyme II: Kollektivnamen (Namen von Bewohnern, Familien, Geschlechtern, *gentes* bzw. Völkern)

Borgundar ‹m.a Pl.› Burgunden
Buðlungar ‹m.a Pl.› / Sagengeschlecht ('Budli-Nachkommen')
Danir ‹m.i Pl.› Dänen
Finnar ‹m.a Pl.› **1.** Finnen **2.** Sami
Gotar ‹m.n Pl.› Goten

Namen 287

Haukdœlir ‹m.*i* Pl.› Habichtstalleute
Húnar ‹m.*a* Pl.› Hunnen
Íslendingr ‹m.*a*› Isländer
Niflungar ‹m.*a* Pl.› Nibelungen
Njárar ‹m.*a* Pl.› Sagenvolk (in Schweden?)
Orkneyingar ‹m.*a* Pl.› Bewohner der Orkaden (Orkneys)
Saraceni ‹m. Pl.› Sarazenen
Skrælingr ‹m.*a*› / Bewohner Nordamerikas ('Weichlinge'?)
Skjǫldungar ‹m.*a* Pl.› Skjöldunge / Sagengeschlecht
Svíar ‹m.*a* Pl.› Schweden
Ylfingar ‹m.*a* Pl.› Wülfinge / Sagengeschlecht

3. 'Bionyme' (Therionyme und Photonyme;
Namen von Tieren und Pflanzen)

Fáfnir ‹m.*ja*› / Drache (Bruder Regins)
Fenrir ‹m.*ja*›, **Fenris-úlfr** ‹m.*a*› / Fenriswolf, Monster in Wolfsgestalt Ⓜ
Garmr ‹m.*a*› / Höllenhund Ⓜ
Glaumr ‹m.*a*› / Pferd Atlis
Gullinbursti ‹m.*n*› / Eber des Freyr Ⓜ
Gulltoppr ‹m.*a*› / Pferd Heimdalls Ⓜ
Hǫlkvir ‹m.*ja*› / Pferd Högnis; *Hǫlkvir hvílbeðjar* (Pferd der Ruhestätte ≙) Schlafraum, Haus; *gólf-Hǫlkvir* (Fußboden-Pferd ≙) Haus
Miðgarðs-ormr ‹m.*a*› Midgardschlange / Monster im Meer
Níðhǫggr ‹m.*wa*› / Drache Ⓜ
Salgofnir ‹m.*ja*› / Hahn in Valhöll Ⓜ
Sleipnir ‹m.*ja*› / Pferd Odins Ⓜ
Slíðrugtanni ‹m.*n*› / anderer Name des Gullinbursti (Eber des Freyr) Ⓜ
Víg-blær ‹m.*ja*› / Pferd Helgis
Yggdrasill ‹m.*a*› (*askr Yggdrasils*) / Weltenbaum Ⓜ

4. Toponyme (geographische Namen: Namen von Siedlungen,
Räumen, Gewässern und Bergen)

Agða-nes ‹n.*ja*› / Landspitze an der Einfahrt zum Trondheimfjord

II. Wörterbuch

Agðir ‹m.i Pl.› (Dat. *Qgðum*) Agder / *sørlandet* (Südnorwegen)
Agna-fit ‹f.jǭ› / Küstenstrich (um das heutige Stockholm)
Ás-garðr ‹m.a› Asgard / Wohnort der Götter Ⓜ
Bjǫrgyn ‹f.jō› Bergen
Dan-mǫrk ‹f.ō/k.› Dänemark
Danpr ‹m.a› (Gen. *-ar*) Dnjepr
England ‹n.a› England
Fen-salir ‹m.i Pl.› / Friggs Wohnstätte Ⓜ
Firða-fylki ‹n.ja› Fjordane / Bezirk der *Firðir* (Bewohner des Fjordgebietes zwischen Sogn und Möre)
Fjǫtur-lundr ‹m.a› / sagenhaftes Wäldchen ('Fesselhain')
Frakk-land ‹n.a› Frankenland, Frankreich
Fær-eyjar ‹f.jō Pl.› Färöer
Garða-ríki ‹n.ja› / Warägerreich in Rußland
Gimlé ‹n.wa› / Wohnort der Menschen nach den *ragnarǫk* Ⓜ
Gjǫll ‹f.ō› / Fluß im Jenseits ('Lärm') Ⓜ
Gnipa-hellir ‹m.ja› / Höhle Garms Ⓜ
Gnita-heiðr ‹f.jō› / sagenhafte Heide (auf der Fafnir den Schatz der Niflungar bewacht)
Gríms-nes ‹n.ja› / Gegend in Südwestisland (Region *Suðurland*)
Grœn-land ‹n.a› Grönland
Grœnlands-haf ‹n.a› / Meer zwischen Grönland und Island
Her-víða ‹f.ōn› / sagenhafter Wald
Hest-lœkr ‹m.i› / Bach in Grimsnes ('Pferdebach')
Hóll ‹n.a› / Hof Gislis ('Hügel')
Húna-land ‹n.a› / Hunnenland
Hún-mǫrk ‹f.ō/k.› / Hunnenmark
Hvergelmir ‹m.ja› / Quelle im Totenreich Ⓜ
Hǫrða-fylki ‹n.ja› / Bezirk der *Hǫrðar* (Gebiet um den Hardangerfjord bzw. um Bergen)
Hǫrða-land ‹n.a› Hordaland / (Gebiet um den Hardangerfjord bzw. um Bergen)
Iða-vǫllr ‹m.u› / Versammlungsort der Asen Ⓜ
Imbólum ‹n.a Dat. Pl.› / Ort südlich von Byzanz (nicht lokalisierbar)

Ís-land ‹n.*a*› Island
Jórðán ‹f.*ō/i*› Jordan
Jórsalir ‹m.*i* Pl.› Jerusalem
Jórsala-land ‹n.*a*› Palästina
Kardigan (*Kardigán*?) ‹m./f./n. (indekl.)› / Burg Artus'
Kjǫlr ‹m.*a*› Kjölur / Hochebene im Landesinneren Islands
Laugar-dalr ‹m.*a/i*› / Tal östlich von Thingvellir (Südwestisland)
Leiptr ‹f.*ō*› / Fluß in der Unterwelt Ⓜ
Mið-garðr ‹m.*a*› / Menschenwelt, Erde (als Wohnsitz der Menschen)
Mikla-garðr ‹m.*a*› Byzanz, Konstantinopel
Mímis-brunnr ‹m.*a*› / Quelle des Mim(i)r Ⓜ
Mos-fell ‹n.*a*› / Hof (und Berg) in Grimsnes (Südwestisland; 'Moosberg')
Munar-vágr ‹m.*a*› / Bucht(en) auf Samsey
Myrk-heimr ‹m.*a*› / sagenhafte Landschaft im Hunnenland
Myrk-viðr ‹m.*u*› / sagenhafter Grenzwald ('Dunkelwald')
Narbón (*Nerbón*) ‹m./f., Gen. -*ar*› Narbonne / Stadt in Südfrankreich
Ná-strǫnd ‹f.*i*› / Ort in der Unterwelt (myth.; 'Leichenstrand')
Niða-fjǫll ‹n.*a* Pl.› / Gebirge Ⓜ
Nóregr ‹m.*a*› Norwegen
Nǫrva-sund ‹n.*a*› Straße von Gibraltar ('Engsund')
Oddi ‹m.*n*› / Hof in Südisland
Ókólnir ‹m.*ja*› / Wohnort des Riesen Brimir Ⓜ
Orkn-eyjar ‹f.*jō* Pl.› Orkaden (Orkneys)
Rín ‹f.*ō*› Rhein
Róma-borg ‹f.*i*› Rom
Rosmo-fjǫll ‹n.*a* Pl.› / sagenhaftes Gebirge ('Rotberge'?)
Sáms-ey ‹f.*jō*› / Insel, wahrscheinlich Samsø (im Kattegat)
Sardínar-ey ‹f.*jō*› Sardinien
Sefa-fjǫll ‹n.*a* Pl.› / sagenhafter Wohnsitz Sigruns
Serk-land ‹n.*a*› 1. Vorderasien, (Nord-)Afrika ('Sarazenenland') 2. Gebiet am Kaspischen Meer ('Seidenland')?
Síða ‹f.*ōn*› / Landschaft in Südostisland ('Seite')
Sinhólms-sund ‹n.*a*› / Meerenge an der Westküste Norwegens

Sogn ‹m.a› Sogne / Landschaft am Sognefjord
Spánn ‹m.u› Spanien
Suðr-eyjar ‹f.jō Pl.› Hebriden ('Südinseln')
Svía-ríki ‹n.ja›, **-veldi** ‹n.ja› Schweden (im weiteren Sinn) / Machtsphäre der schwedischen Herrscher
Sví-þjóð ‹f.i› Schweden (im engeren Sinn) / (heutiges) Mittelschweden
Sygna-fylki ‹n.ja› Sogn / Bezirk der *Sygnir*
Úlf-dalir ‹m.i Pl.› / sagenhafter Wohnort Völunds ('Wolftäler')
Úlf-sjár ‹m.wa› / sagenhafter See in den *Úlfdalir* ('Wolfsee')
Upp-lǫnd ‹n.a Pl.› Oppland / Landschaften im norwegischen Binnenland
Upp-salir ‹f.i Pl.› Uppsala
Val-hǫll ‹f.i› Valhöll (falsch eingedeutscht: *Walhall*) / Odins Wohnstätte, in der sich die Schlachttoten versammeln Ⓜ
Val-land ‹n.a› 'Welschland': 1. Frankreich 2. Italien 3. ein südlich gelegenes Land allgemein
Vandils-vé ‹n.a Pl.› / sagenhafter Ort ('Wohnstätte des Vandill')
Vellankatla ‹f.ōn› / kleine Bucht im Nordosten des Ölfusvatn ('Siedekessel')
Vestmanna-eyjar ‹f.ō Pl.› / Inselgruppe vor Südisland ('Westmännerinseln', i.e. 'Ireninseln')
Víg-dalir ‹m.i Pl.› / Schlachtort ('Kampftäler') Ⓜ
Víg-ríðr ‹m.a› / Schlachtort Ⓜ
Vík (meist *Víkin*) ‹f.i/k.› Viken / Gebiet um den Oslofjord
Víkars-hólmar ‹m.a/n› / Inselgruppe (Todesort Vikars)
Vín-land ‹n.a› / Landschaft in Nordamerika ('Weinland')
Þras-nes ‹n.ja› / Landspitze (nicht lokalisierbar)
Þruma ‹f.ōn› Tromøy / Insel vor Arendal, Ost-Agder
Þýðversku-land ‹n.a› Deutschland
Ǫlfus ‹n.a› / Gebiet in Südwestisland
Ǫlfus-vatn ‹n.a› Þingvallavatn / See ebenda

5. Ergonyme (Namen von Sachen)

Bifrǫst ‹f.ō› / Himmelsbrücke Ⓜ

Brimir ⟨m.*ja*⟩ / Gebäude Ⓜ
Emma ⟨f.*ōn*⟩ / Rüstung Haralds 1.
Gjallar-brú ⟨f.*wa*⟩ / Brücke über die Gjöll (Fluß im Jenseits) Ⓜ
Gjallar-horn ⟨n.*a*⟩ / Horn Heimdalls Ⓜ
Gungnir ⟨m.*ja*⟩ / Speer Odins Ⓜ
Hodd-Mímir ⟨m.*ja*⟩ / unklarer Name ('Schatz-Mimir') Ⓜ
Hringhorni ⟨m.*n*⟩ / Schiff Balders Ⓜ
Land-eyðan ⟨f.*ōn*⟩ / Feldzeichen Haralds 1. ('die Landverwüsterin')
Mjǫllnir ⟨m.*ja*⟩ / Hammer Thors Ⓜ
Nagl-far ⟨n.*a*⟩ / Totenschiff ('Nagelgefährt') Ⓜ
Orra-hríð ⟨f.*i*⟩ / dritter Kampf in der Schlacht von Stamford Bridge